L'ACTION DES NATIONS UNIES DANS LA PRÉVENTION DU TERRORISME

Mathias Ouédraogo

L'ACTION DES NATIONS UNIES DANS LA PRÉVENTION DU TERRORISME

Préface du Pr Ousseni Illy

L'Harmattan

5-7, rue de l'École-Polytechnique ; 75005 Paris

www.editions-harmattan.fr

ISBN : 978-2-336-50143-7
EAN : 9782336501437

REMERCIEMENTS

Je tiens à exprimer toute ma gratitude au Professeur OUSSENI ILLY pour l'honneur qu'il m'a fait de préfacer ce livre.

Je remercie mon collègue et ami Issaka Ouédraogo pour la relecture du texte.

PRÉFACE

C'est un agréable devoir pour un professeur de préfacer l'ouvrage d'un de ses anciens étudiants. Tel est le cas de Monsieur Mathias Ouédraogo qui, sous ma direction, a soutenu le 16 décembre 2023 à l'Université Thomas SANKARA, sa thèse intitulée « L'action des Nations Unies dans la prévention du terrorisme ». Cet ouvrage reprend d'ailleurs les principaux résultats de ses travaux de recherche dans le cadre de cette thèse.

L'ouvrage vient à point nommé. La réponse de la communauté internationale dans la lutte contre le phénomène terroriste a, en effet, été longtemps réactive. Or, comme le dit un adage bien connu, « mieux vaut prévenir que guérir ». L'ouvrage de Monsieur Ouédraogo présente l'avantage de mettre en lumière cet autre pan important de la lutte contre le terrorisme, à savoir la prévention qui, du reste, constitue la méthode la plus efficace et la plus économe. Comme l'indique l'auteur lui-même, « les méthodes de lutte contre le terrorisme comme la répression et les représailles armées, qui interviennent en général après les actes terroristes, ont un coût humain et matériel immensément élevé, alors que la prévention permet de faire l'économie la plus noble et la plus pertinente, celle des vies humaines épargnées, en s'attaquant aux causes du phénomène ».

Le sujet abordé, au-delà de l'intérêt qui réside dans la prévention d'un phénomène aux conséquences indicibles comme le terrorisme, bat en brèche certaines idées reçues sur l'Organisation des Nations Unies. L'inaction prétendue de la communauté internationale face à des fléaux de grande ampleur qui menacent la paix et la sécurité internationales et l'incapacité alléguée du droit international à régler les questions litigieuses qui émergent entre les différents États confrontés à une crise sécuritaire ne résistent pas à son analyse. Dans cet ouvrage, l'auteur montre clairement que la communauté internationale rejette le terrorisme comme moyen d'action en lui déniant toute justification. Les Nations Unies veillent à ce qu'aucun État n'apporte de soutien, qu'il soit actif ou passif au terrorisme, et imposent aux États des actions d'anticipation pour prévenir la commission d'actes terroristes.

Toutefois, malgré cet engagement des Nations Unies, l'on constate la persistance voire l'exacerbation des attaques terroristes dans certaines parties du monde, en particulier dans la région du Sahel. Pour l'auteur, cela est dû notamment au fait que la plupart des actions de prévention du terrorisme doivent être mises en œuvre par les États, qui ne disposent pas toujours des moyens financiers, techniques et technologiques nécessaires à cet effet ; d'où sa suggestion de renforcer la coopération dans ces domaines.

L'ouvrage de Mathias Ouédraogo a aussi le mérite d'aborder de façon pertinente les actions déployées par les Nations Unies pour empêcher les groupes terroristes d'accéder à des moyens financiers et à des moyens militaires pour agir. Il ne se contente pas de souligner le fait que sans moyens financiers et militaires, la commission d'actes terroristes devient difficile voire impossible. Il analyse de façon détaillée les actions entreprises par les Nations Unies pour prendre en charge ces questions, en mettant en lumière leurs limites et en suggérant des mesures à mettre en œuvre pour combler les lacunes. Cette analyse de l'efficacité de l'action des Nations Unies en matière de prévention de terrorisme n'omet pas également l'épineuse question du respect des droits humains dans la lutte antiterroriste. L'auteur démontre que la lutte contre le terrorisme et le respect de ces droits sont des objectifs complémentaires et que l'irrespect des droits humains dans la lutte antiterroriste alimente en retour le terrorisme par la radicalisation de certaines personnes.

En somme, c'est un ouvrage de très belle facture que Dr Mathias Ouédraogo met à la disposition de la communauté scientifique et des praticiens du droit. Je reste convaincu qu'il contribuera, à travers les solutions proposées, à une meilleure prise en charge de ce phénomène pernicieux et complexe qu'est le terrorisme, qui détruit chaque année des milliers de vies innocentes à travers le monde.

Pr Ousseni Illy

Agrégé de droit public

SOMMAIRE

Liste des principales sigles et abréviations

ADM : Armes de Destruction Massive
AG : Assemblée générale
AFDI : Annuaire Français de Droit International
ASEAN : États d'Asie du Sud Est
ASL : Armée Syrienne Libre
BC/FT : Blanchiment de Capitaux et Financement du Terrorisme
CAI : Conflit Armé International
CANI : Conflit Armé Non International
CARICOM : Communauté des Caraïbes
CCT : Comité Contre le Terrorisme
CDI : Commission de Droit International
CEDEAO : Communauté économique des Etats de l'Afrique de l'Ouest
CICTE : Comité interaméricain contre le terrorisme
CIJ : Cour Internationale de Justice
CCT : Comité Contre le Terrorisme
CDI : Commission de Droit International
CRF : Cellule de Renseignements Financiers
CTED : Counter Terrorism Executive Directorial
CTE : Combattants Terroristes Étrangers
CTO : Criminalité Transnationale Organisée
DECT : Direction Exécutive du Comité contre le terrorisme
Dir. : Sous la direction de
EIIL : État Islamique d'Iraq et du Levant
FATF : Financial Action Task Force
FORDEPRENU : Force de déploiement préventif des Nations Unies en Macédoine
GAFI : Groupe d'action financière contre le blanchiment des capitaux
GIABA : Groupe Intergouvernemental d'Action contre le Blanchiment d'Argent
INTERPOL: Organisation internationale de police criminelle
IRA : Irish Republican Army
ISI : Inter Services Intelligence
N° : Numéro
OACI : Organisation de l'aviation civile internationale

OBNL :	Organisation à But Non Lucratif
OMI :	Organisation maritime internationale
OMS :	Organisation Mondiale de la Santé
ONG :	Organisation Non Gouvernementale
ONU :	Organisation des Nations Unies
ONUDC :	Office des Nations Unies contre la drogue et le Crime
Op.cit:	Opere Citato
OUA:	Organisation de l'Unité Africaine
OUP:	Oxford University Press
p.:	page
PESC :	Politique Etrangère et de Sécurité Commune
PNUD :	Programme des Nations Unies pour le Développement
PUF:	Presses Universitaires de France
PUG :	Presses Universitaires de Grenoble
RAN :	Radicalisation Awareness Network
RBDI :	Revue Belge de Droit International
RCADI :	Recueil des Cours de l'Académie de Droit International
RGDIP :	Revue Générale de Droit International Public
RICR :	Revue Internationale de la Croix Rouge
RQDI:	Revue Québécoise de Droit International
RSDIE :	Revue Suisse de Droit International et Européen
SAM :	Stratégie Antiterroriste Mondiale
SAP :	Système d'Alerte Précoce
SADC :	Communauté de Développement d'Afrique Australe
SDN :	Société des Nations
SFDI :	Société Française pour le Droit International
S I P R I :	Institut International de Recherche sur la Paix, de Stockholm
SWIFT :	Society for Worldwide Interbank Financial Telecommunication
TPIY :	Tribunal Pénal International pour l'Ex-Yougoslavie
TSSL :	Tribunal Spécial pour la Sierra Lionne
TRACFIN :	Traitement du Renseignement et Action contre les Circuits Financiers Clandestins
UE :	Union Européenne
UNITA :	Union Nationale pour l'Indépendance Totale de l'Angola

INTRODUCTION GENERALE

A/ L'intérêt des Nations Unies pour la question terroriste

1. À l'ouverture de son cours sur le terrorisme international à l'Académie de droit international en 1938, Antoine SOTTILE déclarait que *« l'intensification de l'activité terroriste depuis quelques années fait du terrorisme un des problèmes les plus actuels »*[1]. Cette affirmation traduit l'ancienneté du phénomène terroriste qui ne s'est malheureusement pas érodé avec le temps. Au contraire, il s'est amplifié. Plus précisément, l'actualité du sujet résulte de l'intensité de l'activité terroriste en Syrie, sa persistance en Irak et en Afghanistan[2] mais surtout de l'éclosion de nouveaux foyers terroristes. L'Afrique, particulièrement sa partie Occidentale[3] et Centrale[4], sont de nouveaux terrains de prédilection de l'activité terroriste et des États comme le Mali et le Burkina ont même perdu le contrôle de certaines parties de leurs territoires. Cette actualité se traduit aussi par des attaques terroristes qui interviennent çà et là en Europe et aux États-Unis. Ces dernières se distinguent du terrorisme vécu en Afrique ou au Moyen Orient qui lui, perdure dans le temps avec des organisations terroristes identifiables et bien installées. En termes de chiffres, en 2021, 7 142 personnes sont décédées suite à des attaques terroristes[5]. Le nombre d'attaques dans le monde a augmenté de 17 % pour atteindre 5 226 attaques en 2021. Quarante-quatre (44) pays ont enregistré au moins un décès dû au terrorisme au cours de cette même année, et on a noté la détérioration de la situation dans de nombreux pays d'Afrique subsaharienne, en particulier au Sahel. 48% de tous les décès dus au terrorisme dans le monde soit 3 461 décès, sont survenus en Afrique

---

[1] « Le terrorisme international », *RCADI*, tome 65, 1938, pp. 91-184.

[2] V. J. PFIFFNER, « Les décisions de guerre de George W. BUSH : l'Afghanistan et l'Irak », *Politique Américaine*, 2006/2 (n°5) pp.35-52.

[3] V. WANEP, *Current dynamics and challenges of violent extremism in West Africa*, 2018, Accra, WANEP, 100p.

[4] V. par exemple les conflits en cours en République Centrafricaine, au Cameroun et en République Démocratique du Congo.

[5] Ce chiffre représente un tiers du nombre de décès survenu en 2015 au plus fort des attaques terroristes.

subsaharienne[6]. Quatre des dix pays ayant enregistré les plus fortes augmentations de décès dus au terrorisme appartiennent à cette région, à savoir le Burkina Faso, la République Démocratique du Congo, le Mali et le Niger. Plus inquiétant encore, les décès dus au terrorisme ont augmenté de plus de mille pour cent (1000%) entre 2007 et 2022 dans la région du Sahel. Le sahel est aujourd'hui l'épicentre du terrorisme, et compte le plus grand nombre de décès dus au terrorisme en 2022 soit plus que l'Asie du Sud, le Moyen-Orient et l'Afrique du Nord réunis. Les décès au Sahel représentent 43% du total mondial de décès dus au terrorisme en 2022, contre seulement 1% en 2007[7]. La situation du Burkina Faso et du Mali est particulièrement préoccupante selon les données recueillies en 2022. Le Burkina Faso a enregistré une augmentation substantielle du terrorisme de 50% pour atteindre 1 135 décès tandis que le Mali enregistrait une augmentation de 56% pour atteindre 944 décès[8].

2. L'intérêt principal de la prévention du terrorisme réside dans le fait que les méthodes de lutte contre le terrorisme comme la répression et les représailles armées, qui interviennent en général après les actes terroristes, ont un coût humain et matériel immensément élevé, alors que la prévention permet de faire l'économie la plus noble et la plus pertinente, celle des vies humaines épargnées, en s'attaquant aux causes du phénomène. L'intérêt théorique réside dans le rôle de premier plan joué par le Conseil et l'AG des NU dans la lutte contre le terrorisme en général et la prévention du terrorisme en particulier. Ce rôle a constamment évolué dans le temps en fonction des nécessités de chaque moment, accordant de plus en plus de pouvoirs à ces organes. Notre étude permettra d'appréhender ce rôle dans ces divers aspects, et d'analyser les répercussions ou l'influence de cette activité notamment normative, dans les dispositifs et les actions de lutte contre le terrorisme des États. L'intérêt pratique de cette étude est de mettre en lumière la contribution des Nations Unies dans la prévention du terrorisme. En particulier, l'étude permettra de faire connaître l'activité des comités institués par le Conseil et l'AG en la matière, et d'examiner les effets de cette activité sur les comportements des acteurs en matière de prévention du terrorisme.

---

[6] Institute for Economics and Peace, *Global terrorism index, Measuring the impact of terrorism*, 2022, 99p.

[7] Institute for Economics and Peace, *Global terrorism index, Measuring the impact of terrorism*, 2023, 95p.

[8] Idem.

3. Le 09 décembre 1994, l'Assemblée générale (AG) de l'Organisation des Nations Unies (ONU), dans sa déclaration annexée à la Résolution 49/60, a indiqué que « *les actes criminels qui, à des fins politiques, sont conçus ou calculés pour provoquer la terreur dans le public, un groupe de personnes ou chez des particuliers sont injustifiables en toutes circonstances et quels que soient les motifs de nature politique, philosophique, idéologique, raciale, ethnique, religieuse, ou autre que l'on puisse invoquer pour les justifier* »[9]. Le 12 octobre 1999, soit deux ans avant les attentats du 11 septembre 2001, le Conseil de Sécurité, dans sa Résolution 1269 (1999), a dans le même sens, condamné « *tous les actes ainsi que toutes les méthodes et pratiques de terrorisme, qu'il juge criminels et injustifiables, quels qu'en soient les motifs, sous toutes leurs formes et manifestations, où qu'ils soient commis et quels qu'en soient les auteurs, en particulier ceux qui risquent de porter atteinte à la paix et à la sécurité internationales* »[10]. Ces deux organes des Nations Unies rejettent ainsi fermement la position selon laquelle la poursuite de certains buts ou la qualité de certains auteurs, exclurait des actes du domaine du terrorisme. Le Secrétaire Général des NU indique clairement dans son rapport intitulé « *Dans une liberté plus grande : développement, sécurité et respect des droits de l'Homme pour tous* » que « *le droit de résister à l'occupation doit être entendu dans son sens véritable. Il ne peut s'étendre au droit de tuer ou de blesser intentionnellement des civils* »[11]. Si la licéité internationale des mouvements de libération nationale ne fait aucun doute, cette reconnaissance n'autorise pas ces derniers à recourir à des méthodes de combat illicites.

4. Au lendemain des attentats de New York et de Washington en 2001, le Conseil de sécurité a adopté la Résolution (1368) qui amorce une évolution significative du « *maintien de la paix et de la sécurité internationales* » en y considérant « *... tout acte de terrorisme international, comme une menace à la paix et à la sécurité internationales* »[12]. Désormais, tout acte présenté comme relevant du terrorisme international, « *en faisant totalement abstraction de sa*

---

[9] A/RES/49/60 (1995) du 17 février 1995, Annexe, §3.

[10] S/RES/1269 (1999) du 12 octobre 1999, §1.

[11] *Dans une liberté plus grande : développement, sécurité et respect des droits de l'Homme pour tous,* Rapport du Secrétaire Général, A/59/2005 du 21 mars 2005, p. 31, § 91.

[12] V. S/RES/1368 (2001) du 12 septembre 2001, §1.

gravité, de l'ampleur de ses effets, du contexte qui l'entoure, etc. »[13], est susceptible de conduire le Conseil à se référer au chapitre VII de la Charte. Une posture supplémentaire a été rajoutée par la suite, puisque le Conseil a affirmé en 2004 que *« le terrorisme sous toutes ses formes et dans toutes ses manifestations constitue l'une des menaces les plus graves contre la paix et la sécurité »*[14]. Dès ce moment, il n'est plus nécessaire, aux yeux du Conseil, *« qu'un fait terroriste présente un caractère international pour justifier une réaction de sa part, au titre des compétences que lui reconnaît la Charte. »*[15]. D'ailleurs, depuis 2001, le Conseil se réfère presque toujours au Chapitre 7 de la Charte dans ses Résolutions adoptées en matière de terrorisme pour les rendre obligatoires à l'égard des États[16]. Mieux, le Conseil depuis cette date, ne se contente plus de ses compétences de nature essentiellement « exécutive »[17] qui se limitaient d'une part à régler pacifiquement les conflits en application du chapitre VI de la Charte, et d'autre part, à imposer la paix par le recours à la force tel que le chapitre VII de la même charte le prévoit[18]. Le Conseil de sécurité a élargi son champ de compétence en matière de terrorisme en s'attribuant désormais, un pouvoir véritablement normatif[19], *« une action législative soutenue »*[20], rentrant ainsi en concurrence avec l'Assemblée générale dans l'une de ses missions, mais au profit d'une efficacité juridique plus importante. Le texte de la Résolution 1373 (2001) est considéré dans ce sens comme la manifestation d'un véritable pouvoir législatif du Conseil de

---

[13] L. CONDORELLI, « Les attentats du 11 septembre et leurs suites : où va le droit international ? » 2001, *RGDIP*, p.835.

[14] S/RES/1566 (2004) du 8 octobre 2004, §1.

[15] V. P. KLEIN, « Le Droit International à l'épreuve du terrorisme », *RCADI,* tome 321, Leiden/Boston, Martinus Nijhoff Publishers, 2007.

[16] V. notamment les Résolutions 1373 (2001), 1540 (2004), 2160 (2014), 2178 (2014) ...

[17] V. P. KLEIN, « Le Conseil de sécurité et la lutte contre le terrorisme : dans l'exercice de pouvoirs toujours plus grands ? », *Revue québécoise de droit international* (Hors-série), 2007, p.135.

[18] V. P. SANDS et P. KLEIN, *Bowett's Law of International Institutions*, 5e éd., Londres, Sweet & Maxwell, 2001, pp. 43 et s.

[19] V. C. DENIS, *Le pouvoir normatif du Conseil de sécurité : portée et limites,* Bruxelles, Bruylant 2004, p.133.

[20] E. DAVID, « Les Nations Unies et la lutte contre le Terrorisme international », *in*, J.P. COT, A. PELLET et M. FORTEAU, (dir.), *La Charte des Nations Unies-Commentaire article par article*, 3ème Edition, Paris, Economica, 2005, pp. 163-200.

sécurité[21]. Pour Brigitte STERN, cette Résolution *« apparaît comme une assertion de pouvoir sans précédent du Conseil de sécurité : elle pose en effet des règles générales de lutte contre le terrorisme international, qui s'imposent en vertu de l'article 25 de la Charte à tous les États membres de l'ONU. Ces dispositions l'emportent en vertu de l'article 103 de cette même Charte sur toutes les règles conventionnelles bilatérales et multilatérales relatives au terrorisme qui pourraient être en contradiction avec elles »*[22]. Le Conseil adopte ainsi des normes qui ne se limitent plus au règlement d'une situation particulière qui lui a été soumise. Il adopte aussi des mesures et des normes de portée générale et impersonnelle. Ce mode d'action a permis au Conseil, de mettre en œuvre des normes contenues dans la Convention de 1999 sur la répression du financement du terrorisme, en reprenant certaines de ses dispositions à son compte dans des Résolutions, pour frapper les terroristes aux portefeuilles. Ces Résolutions imposent de cette manière à tous les États membres, des obligations importantes contenues dans une convention qui n'était pas encore entrée en vigueur faute de ratifications suffisantes[23].

5. Si le Conseil a la responsabilité principale du maintien de la paix et de la sécurité internationales[24], l'AG *« peut discuter toutes questions se rattachant au maintien de la paix et de la sécurité internationales dont elle aura été saisie par l'un quelconque des membres des Nations Unies, ou par le Conseil de sécurité, ou par un État qui n'est pas membre de l'Organisation »*[25]. C'est une attribution que l'AG exerce dans le cadre de sa compétence législative générale. Toutefois, lorsqu'une menace particulière est prise en charge par le Conseil, l'AG ne peut agir que sur sa demande. La Charte des Nations Unies indique à cet que « *tant que le Conseil de sécurité remplit, à l'égard d'un différend ou d'une situation quelconque, les fonctions qui lui sont attribuées par la présente Charte, l'Assemblée générale ne doit*

---

[21] V. S. SZUREK, « La lutte internationale contre le terrorisme sous l'empire du Chapitre VII : un laboratoire normatif », *RGDIP,* 2005. V. aussi L. CONDORELLI, « Les attentats du 11 septembre et leurs suites : où va le droit international ? » *RGDIP*, 2001, p.834.

[22] B. STERN, « Le contexte juridique de ''l'après'' 11 septembre 2001 », *in* K. BANNELIER et al (dir.), *Le droit international face au Terrorisme,* Paris, A. Pedone 2002, p.15.

[23] V. S. YASSINE, *Le Conseil de sécurité et la lutte contre le terrorisme*, Thèse Droit, Université Montpellier I, 2011, p.106.

[24] V. l'article 24 de la Charte.

[25] V. l'article 11 2) de la Charte.

faire aucune recommandation sur ce différend ou cette situation, à moins que le Conseil de sécurité ne le lui demande »[26]. C'est dans ce cadre de complémentarité mais avec une priorité accordée au Conseil de sécurité, que ces deux organisations agissent pour la prévention du terrorisme afin d'assurer la paix et la sécurité internationales. L'AG formule sur les questions qui relèvent de sa compétence, *« des recommandations aux Membres de l'Organisation des Nations Unies, au Conseil de sécurité, ou aux Membres de l'Organisation et au Conseil de sécurité »*[27]. Les Résolutions de l'AG n'ont donc en principe qu'une valeur recommandatoire et pas une valeur obligatoire, ce qui peut constituer, un handicap à l'efficacité de ses décisions. Toutefois, les Résolutions de l'AG ont une forte valeur morale en raison de sa composition et de son fonctionnement démocratique[28]. Plus important encore, le Conseil agissant sous son Chapitre VII, se réfère parfois expressément à la Stratégie antiterroriste mondiale[29] qui est la boussole de l'AG et du Conseil lui-même en matière de lutte contre le terrorisme. Le Conseil *« insist[e] sur l'importance de l'application de la Stratégie antiterroriste mondiale des Nations Unies, qui figure dans la Résolution 60/288 de l'Assemblée générale datée du 8 septembre 2006, et des examens ultérieurs de la Stratégie »*[30]. C'est dire que l'AG joue un rôle très important dans la lutte contre le terrorisme.

6. Dans le cadre de cette étude nous avons fait le choix de nous intéresser principalement à l'action du Conseil de sécurité et de l'AG des Nations Unies ainsi qu'aux Comités et autres organes de divers ordres qu'ils ont mis en place parce que ce sont les principaux acteurs qui ont une action significative sur cette question. Les Résolutions et autres actes de ces derniers constitueront la matière principale de cette analyse. Le système conventionnel ne fera pas l'objet d'une attention particulière même s'il ne sera pas complètement oublié.

---

[26] V. l'article 12 1) de la Charte des Nations Unies.

[27] V. l'article 10 de la Charte des Nations Unies.

[28] L'Assemblée générale se compose de tous les Membres des Nations Unies selon l'article 9 de la Charte. Chaque État dispose d'une seule voix lors des votes.

[29] V. par exemple le préambule et l'annexe de Résolution 2161 (2014) du 17 juin 2014, S/RES/2161 (2014) ; La Résolution 2178 (2014) du 24 septembre 2014, S/RES/2178 (2014) ; V. particulièrement la Résolution 2395 (2017) du 21 décembre 2017, S/RES/2395 (2017), §13, 14, 16, 18, 23, 25 et la Résolution 1963 (2010) du 20 décembre 2010, S/RES/1963 (2010), §5 et 18. Le Conseil y confie au CCT, la tâche de veiller à l'application de la Stratégie antiterroriste mondiale.

[30] V. S/RES/2370 (2017) du 2 août 2017.

B/Définition du terrorisme

7. Plusieurs difficultés expliquent qu'il n'existe pas encore de définition universelle du terrorisme. L'objectif de toute définition du terrorisme reste tout de même d'articuler l'élément matériel **(1)** et l'élément moral **(2)** de telle sorte à couvrir l'ensemble des actes terroristes d'une part, et à n'englober que les actes terroristes d'autre part.

1) L'élément matériel du terrorisme

8. Le projet d'une définition universelle du terrorisme connaît des difficultés. Cette définition universelle devait intervenir dans le cadre de la convention générale relative au terrorisme international dont l'élaboration a été confiée au Comité Spécial créé par la Résolution 51/210 de l'AG[31]. Ces difficultés ne remettent toutefois pas en cause l'utilité d'une telle définition pour la prévention du terrorisme. Définir l'acte terroriste n'est pas chose facile, c'est *« un exercice relevant de l'art que de la science »*[32] en raison de sa subjectivité. Suivant les finalités notamment politiques, idéologiques ou encore religieuses qu'il peut poursuivre, la définition sera connotée dans un sens ou dans un autre. Une telle connotation influe sur les éléments de définitions susceptibles d'être retenus par un acteur ou un autre. Certains experts sur le sujet doutent même que les tentatives de définition de l'acte terroriste puissent être couronnées de succès. Ainsi que l'affirme Walter LAQUEUR, *« quand bien même il existerait une définition objective du terrorisme, qui ne ferait intervenir aucune valeur et engloberait tous ses aspects et caractéristiques majeurs, il y en aurait encore qui la rejetterait pour des raisons idéologiques [...] »*[33]. Pour Stephano MANACORDA, cette difficulté s'explique par le fait que « *ceux qui*

---

[31] V. A/RES/51/210 du 16 janvier 1997. C'est dans la Résolution 53/108 du 8 décembre 1998 que le mandat du Comité Spécial a été élargi pour intégrer la réalisation du projet de convention générale sur le terrorisme. Initialement le Comité avait pour mandat, d'élaborer une convention internationale pour la répression des attentats terroristes à l'explosif, puis une convention internationale pour la répression des actes de terrorisme nucléaire afin de compléter les instruments internationaux existants en la matière.

[32] M. BURGESS, « Terrorisme : problèmes de définition », 2003, Article publié et disponible sur le site internet : *http://www.cdi.org/program/document.cfm?documentid=1729&programID=39* consulté le 20 février 2020.

[33] W. LAQUEUR, *The Age of Terrorism,* Boston, Little, Brown and Company, 1987. pp.149-150.

sont des terroristes pour un État apparaîtront, à d'autres États, comme des combattants pour la liberté qu'il faut protéger. Recherche un accord entre ces différentes visions pour aboutir à un point de vue qui, au moins de manière tendancielle, se veut universaliste, représente une tâche particulièrement ardue »[34]. Les États tentent ainsi d'inclure dans cette définition les activités de leurs ennemis et d'y exclure leurs propres activités et celles de leurs alliés[35]. En somme, le terroriste de l'un est souvent le héros de l'autre[36].

9. On peut aussi expliquer la difficulté de parvenir à une définition consensuelle par la problématique de la légitimité de l'action des mouvements de libération nationale. Jusqu'à ce jour, ce problème oppose les États qui s'inquiètent de ce que la lutte contre le terrorisme puisse servir de prétexte à la remise en cause du droit légitime des peuples à *« l'auto-détermination et à l'indépendance »*, et les États qui soupçonnent les autres d'un désir de légitimer les actes de terrorisme s'ils sont commis par des mouvements de libération nationale. Cette difficulté a amené l'inclusion dans certaines conventions antiterroristes d'une clause de sauvegarde de l'intégrité territoriale et de l'indépendance politique des États[37]. Une deuxième difficulté a trait à la notion complexe de « terrorisme d'État », qui pour certains, vise tout aussi bien l'action de « terroriser des populations entières » en période d'occupation qu'une politique d'agression ou de pression économique, alors que pour d'autres il s'agit simplement de l'implication de certains États dans la commission d'actes de terrorisme individuels[38]. À ces problèmes politiques traditionnels, s'en ajoute maintenant un né lors de l'élaboration de la Convention pour la répression des attentats

---

[34] S. MANACORDA, « Les conceptions de l'Union européenne en matière de terrorisme », *in* H. LAURENS, M. DELMAS-MARTY (dir.) *Terrorismes-Histoire et droit,* Paris, CNRS Éditions, octobre 2013, p.191.

[35] M. SASSÒLI, « La définition du terrorisme et le droit international humanitaire », *Revue québécoise de droit international (Hors-série),* (2007), p.32.

[36] R. AUBRAC, « Terroristes ou résistants ? » L'Esprit du temps, *Topique* 2003/2, n°83, pp.7-10.

[37] L'article 17 de la Convention internationale pour la répression des attentats terroristes à l'explosif, par exemple édicte que « les États Parties s'acquittent des obligations découlant de la présente Convention dans le respect de l'égalité souveraine et de l'intégrité territoriale des États, ainsi que celui de la non-ingérence dans les affaires intérieures des autres États ». Doc. A/52/653, adopté par la Résolution A/RES/52/164 du 15 décembre 1997 de l'Assemblée générale des Nations Unies ;

[38] P. KIRSCH, « Terrorisme, crimes contre l'humanité et Cour pénale internationale », 14p.

terroristes à l'explosif, à savoir l'exclusion des activités des forces armées du champ d'application de la Convention[39].

10. De plus, de nouveaux vocables tels que *« le narcoterrorisme »*, *« l'hyperterrorisme »*[40] ou *« le terrorisme post-moderne »*[41], *« les nouveaux terrorismes »*[42] ou *« le phénomène de zone grise »*[43] ont participé à un obscurcissement du terme *« terrorisme »* et en ont amplifié la charge émotionnelle et politique.

11. Pour certains auteurs, l'absence d'une définition universelle acceptée par tous n'est pas vraiment un handicap pour la lutte contre le terrorisme. Pour Éric DAVID, *« la difficulté de définir le terrorisme résulte du fait que celui-ci n'est jamais que l'expression exacerbée de violations classiques du droit interne ou du droit international : non-respect de la souveraineté des États, non-respect du droit des peuples à disposer d'eux-mêmes, crimes de guerre, infraction de droit commun. Ces illégalités étant, par définition, déjà appréhendées par le droit, dire qu'elles constituent aussi des « actes de terrorisme » apparaît comme une simple surqualification, une qualification qui s'ajoute à celle déjà prévue par le droit. »*[44] Mieux, pour Hervé ASCENSIO *« la meilleure façon de lutter contre le terrorisme est ... probablement de l'ordre du*

---

[39] L'article 19 de la Convention internationale pour la répression des attentats terroristes à l'explosif prévoit que « les activités des forces armées en période de conflit armé, au sens donné à ces termes en droit international humanitaire, qui, sont régies par ce droit ne sont pas régies par la présente Convention, et les activités menés par les forces armées d'un État dans l'exercice de leurs fonctions officielles, en tant qu'elles sont régies par d'autres règles de droit international, ne sont pas non plus régies par la présente Convention. »

[40] F. HEISBOURG, *Hyper terrorisme : la nouvelle guerre*, Paris, Éditions Odile Jacob, 2003.

[41] W. LAQUEUR, « Postmodern Terrorism », *in* C.W.Jr. KEGLEY (dir.), *The New Global Terrorism. Characteristics, Causes, Controls,* New Jersey, Practice Hall, Pearson Education, 2003, pp.151-159.

[42] M.E. CARTIER, « Europe horizon 2000 : nouvelles menaces, nouveaux terrorismes », *Revue Internationale de Criminologie et de Police Technique,* 1997, pp.208-212.

[43] X. RAUFER, « Une menace grave et méconnue, les zones grises », *Notes & Études de l'Institut de criminologie*, n°21, février 1992.

[44] V. E. David, « Les Nations Unies et la lutte contre le terrorisme international », *in* J-P. COT, A. PELLET et M. FORTEAU (dir.), *La Charte des Nations Unies, Commentaire article par article*, Paris, Economica, 3e éd., 2005, p. 199. V. aussi S. SZUREK, « Le jugement des auteurs d'actes de terrorisme : quels tribunaux après le 11 septembre ?», *in* K. BANNELIER, T. CHRISTAKIS, O. CORTEN et B. DELCOURT (dir.), *Op. Cit.*, p. 307.

symbole : le délégitimer et par cela le rejeter autant que possible dans le droit commun, dans la violence privée... »[45]

12. Ces affirmations doivent cependant être relativisées. Si l'absence de la qualification de terroriste d'un acte ne fait pas nécessairement obstacle à sa **répression** ainsi que le montre l'affaire Lockerbie[46], en matière de **prévention** du terrorisme, la logique semble être différente. En effet, assimiler l'acte terroriste à une simple violence privée serait absolument contreproductif. Le message de changement de comportement recherché ne peut réellement impacter ses destinataires, qu'en raison justement de la singularité du crime terroriste, à savoir une violence gratuite et exacerbée en faveur de causses manifestement erronées et mal pensées, qui trouveraient aisément des dénouements heureux dans le cadre de l'État de droit. Cette définition distinguerait ainsi le criminel ordinaire, dont les actes sont certes condamnables, mais dont le but principal n'est pas de semer la terreur. La recherche volontaire de la terreur, change le criminel de nature. Ce n'est plus un simple criminel, c'est un terroriste, un être dont l'objectif au quotidien, est de commettre les actes les plus ignobles que l'on puisse imaginer, de les revendiquer et de se réjouir des indicibles souffrances de ses congénères. Une telle définition serait donc un atout dans la prévention du terrorisme. C'est pourquoi, il est à espérer qu'elle voit le jour et aide à prévenir le terrorisme.

13. La définition de l'acte terroriste en tant qu'infraction pénale, comme toute autre infraction d'ailleurs, se présente comme l'articulation de trois éléments, un élément matériel, un élément moral et un élément légal. Le troisième élément dit légal obéit simplement au respect du principe de la légalité pénale, c'est-à-dire à l'existence d'un texte incriminant le comportement et prévoyant sa sanction. Il n'appelle pas d'observations particulières. Par élément matériel, on entend l'acte accompli, c'est-à-dire l'action ou l'abstention sanctionnée, alors que l'élément moral s'intéresse à l'intention de l'auteur de l'acte, sa volonté exprimée ou présumée d'accomplir l'acte. L'élément matériel du

---

[45]H. ASCENSIO, « Terrorisme et juridictions internationales », *in* SFDI, *Les nouvelles menaces contre la paix et la sécurité internationales*, Paris, Pedone, 2004, p. 281.

[46] Les agents libyens suspectés d'être les auteurs de l'attentat de Lockerbie ont été poursuivis devant la Haute Cour de justice écossaise, et l'un d'entre eux condamné, sans que les actes en cause aient dû pour autant être qualifiés d'actes de terrorisme international. V. P. KLEIN, « Le Droit International à l'épreuve du terrorisme », *RCADI,* tome 321, Leiden/Boston, Martinus Nijhoff Publishers, 2007, p. 263.

terrorisme a été appréhendé dans des conventions générales ayant vocation à s'appliquer dans tous les secteurs d'activités **(1).** La difficulté d'une telle entreprise à amener les États à l'appréhender également dans des secteurs d'activités déterminées et limitées **(2).**

a) Les définitions générales

14. Les définitions générales adoptent principalement deux démarches. Elles procèdent parfois par énumération des actes susceptibles de constituer des actes terroristes. Certaines définitions procèdent elles, par une analyse synthétique de l'acte matériel. Chacune des démarches présente des mérites mais aussi des limites.

15. L'avantage d'une définition énumérative réside dans sa précision. Elle évite que n'entrent dans la définition du crime terroriste, des actes qui ne devraient pas y figurer alors même que leurs caractéristiques correspondent à la description de la définition. Cette méthode de définition du fait justement de cette précision, laisse aux pouvoirs publics et surtout au juge, une marge de manœuvre très restreinte dans la qualification des faits. L'article 1er de la décision-cadre 2002/475/JAI du 13 juin 2002 du Conseil de l'Europe dispose que constituent notamment des actes terroristes, « *la capture d'aéronefs, de navires ou d'autres moyens de transport collectifs ou de marchandises ; la fabrication, la possession, l'acquisition, le transport, la fourniture ou l'utilisation d'armes à feu, d'explosifs, d'armes nucléaires, biologiques ou chimiques ainsi que, pour les armes biologiques ou chimiques, la recherche et le développement ; la libération de substances dangereuses, ou la provocation d'incendies, d'inondations ou d'explosions, ayant pour effet de mettre en danger des vies humaines ;* » Á l'analyse de cette disposition, on se rend bien compte que le juge n'a presque pas de pouvoir d'interprétation concernant la constitution de l'acte matériel de ces actes terroristes. Certains d'entre eux sont du reste des infractions de droit commun comme les atteintes à la vie et les atteintes graves à l'intégrité physique d'une personne. La fabrication, la possession, l'acquisition, le transport, la fourniture ou l'utilisation d'armes à feu, d'explosifs, d'armes nucléaires, biologiques ou chimiques n'appellent pas d'interprétation particulière de la part des applicateurs de la loi. Ces énumérations se suffisent à elles-mêmes pour caractériser l'élément matériel.

16. Le recours à cette technique *« (...) s'il peut être inévitable au niveau rédactionnel, n'est pas, au plan scientifique satisfaisant (...) »*[47]. La définition énumérative recèle *« (...) un risque d'imprécision par l'omission de tel ou tel détail »*[48]. En réalité, il est difficile voire quasiment impossible de lister à l'avance l'ensemble des comportements susceptibles de caractériser l'acte matériel terroriste. Non seulement, il est fastidieux d'envisager de dresser une liste de l'ensemble des éléments souhaités, mais en plus, quelle que soit la longueur de cette liste, elle ne pourra pas être exhaustive, tant l'imagination de l'humain en général et du criminel en particulier, est fertile.

17. Au stade actuel, ce n'est que dans les cadres régionaux que des États ont pu véritablement s'accorder sur une définition générale du terrorisme. Cela se comprend aisément car les États d'une même région ont généralement des réalités et des intérêts identiques ou proches. On citera ici aussi la Convention européenne pour la prévention du terrorisme, dont le préambule rappelle que *« les actes de terrorisme, par leur nature ou leur contexte, visent à intimider gravement une population, ou à contraindre indûment un gouvernement ou une organisation internationale à accomplir ou à s'abstenir d'accomplir un acte quelconque, ou à gravement déstabiliser ou détruire les structures fondamentales politiques, constitutionnelles, économiques ou sociales d'un pays ou d'une organisation internationale »*[49]. Tous les actes, du moment qu'ils visent à intimider ou à contraindre des autorités à agir, sont incriminés.

18. Au niveau universel, on note une ébauche de définition générale du terrorisme dans la Convention de 1999 sur le financement du terrorisme. Cette convention incrimine *« tout acte destiné à tuer ou blesser grièvement un civil, ou toute autre personne qui ne participe pas aux hostilités dans une situation de conflit armé, lorsque, par sa nature ou son contexte, cet acte vise à intimider une population ou à contraindre un gouvernement ou une organisation internationale à accomplir ou à s'abstenir d'accomplir un acte quelconque »*[50]. L'élément matériel de l'acte terroriste tel qu'il résulte de cette

---

[47] G. GUILLAUME, « Terrorisme et droit international », *RCADI,* 1989, III, t. 215, p.303.

[48] G.F. DRUESNE, « La Convention européenne pour la répression du terrorisme », *RGDIP*, 1978, p.990.

[49] La convention a été adoptée par le Conseil de l'Europe le 16 mai 2005.

[50] V. l'article 2 de la Convention de 1999 sur le financement du terrorisme.

disposition consiste à *« tuer ou blesser »*. Il s'agit ici du meurtre ou de l'assassinat à travers l'acte matériel d'homicide, et des coups et blessures volontaires. Il est évident en effet que l'infraction terroriste ne peut pas être une infraction involontaire (homicide involontaire ou coups et blessures involontaires) parce qu'il vise à intimider. Elle comporte toutefois une insuffisance qui réside dans le fait qu'elle limite l'acte matériel de l'infraction terroriste à *« tuer ou blesser »,* alors que ce ne sont pas les seuls actes utilisés par les terroristes. Les terroristes procèdent aussi par des pillages, des séquestrations, des prises d'otages…Cette définition laisse ainsi à la marge de nombreux actes terroristes par leur nature ou par leur contexte. Cette insuffisance fait que le projet de convention générale sur le terrorisme ne reprend pas son approche[51].

b) L'approche fragmentaire ou sectorielle de l'acte terroriste

19. L'approche fragmentaire dans l'entreprise de définition de l'acte terroriste répond au défaut de conceptualisation du phénomène, tant il peut apparaître à première vue rebelle à toute caractérisation et à toute systématisation du fait de sa complexité. Cette approche contourne le problème par une adaptation pragmatique du droit international à la spécificité du phénomène. En cela, cette approche illustre bien la formule de Mireille DELMAS-MARTY selon qui *« (...) l'incomplétude des idées peut apparaître comme une faiblesse féconde si, en évitant le dogmatisme et l'idéologie, elle facilite la recherche de solutions »*[52]. À défaut de consensus sur une définition générale du terrorisme international, la stratégie a consisté à incriminer des actes terroristes spécifiques. Ainsi, l'approche est *« sectorielle »* et dans ce cadre l'acte terroriste est une *« infraction […] multiforme. »*[53] Cette approche s'est matérialisée par la conception progressive de traités ne couvrant que certaines formes du terrorisme. Comme l'a souligné la Rapporteuse spéciale de la Sous-commission pour la promotion et la protection des droits de l'Homme Kallioupi K. KOUFA, *« toutes ces conventions*

---

[51] Rapport du Comité spécial créé par la Résolution 51/210, A/57/37 du 1er février 2002, p.7.

[52] M. DELMAS-MARTY, *« Le relatif et l'universel »,* p.396, cité par Jean-Christophe Martin, J-C. MARTIN, *Les règles internationales relatives à la lutte contre le terrorisme*, Bruxelles, Bruylant, 2006, 618 p., p.46.

[53] C. BOURGES-HABIF, « Le terrorisme international en Droit International Pénal » *in* H. ASCENSIO, E. DECAUX et A. PELLET (dir.), *Droit International Pénal*, Paris, Pédonne, 2000, 1053p., p. 459.

anti-terroristes se caractérisent par la criminalisation des actes qu'elles visent, que ces actes puissent ou non être qualifiés de terroristes dans tel ou tel cas particulier, et par l'obligation qu'elles font aux États membres d'extrader les auteurs présumés de ces actes ou de les traduire devant leurs propres tribunaux (selon le principe aut dedere aut judicare) ».[54]

20. Les conventions internationales qui prennent en charge les questions terroristes sont considérées comme antiterroristes, alors même que plusieurs d'entre elles n'ont pas été élaborées pour lutter spécifiquement contre le terrorisme[55]. On observe ainsi que la plupart de ces conventions ne font aucune mention du mot *« terrorisme »*[56]. Elles sont cependant considérées comme telles, soit par des traités postérieurs qui utilisent une définition par renvoi[57], soit par les Résolutions de l'Assemblée générale des Nations Unies[58]. À titre d'exemple de texte qui ne mentionne pas expressément le terme terrorisme, la Convention de 1979 contre la prise d'otages énonce en son article premier que *« commet l'infraction de prise d'otages au sens de la présente Convention quiconque s'empare d'une personne (ci-après dénommée «otage») ou la détient et menace de la tuer, de la blesser ou de continuer à la détenir afin de contraindre une tierce partie, à savoir un État, une organisation internationale intergouvernementale, une personne physique ou un groupe de personnes, à accomplir un acte quelconque ou à s'en abstenir en tant*

---

[54] E/CN.4/Sub.2/1997/28 du 26 juin 1997, *Le terrorisme et droits de l'Homme,* §10.

[55] Parmi les conventions sectorielles, seules cinq évoquent le terrorisme : Convention de 1979 sur la prise d'otages ; Convention l'OMI de 1988 ; Convention de 1998 sur les attentats terroristes à l'explosif ; Convention de 1999 sur le financement du terrorisme ; Convention de 2005 pour la répression des actes de terrorisme nucléaire.

[56] Certains traités internationaux incorporent le terrorisme par renvoi. L'exemple le plus typique est certainement la Convention pour la répression du financement du terrorisme de 1999. On peut déduire de son article 2§1 que sont terroristes, les actes constituant une infraction au regard et selon la définition des traités énumérés en annexe.

[57] V. J. SALMON (dir.), *Dictionnaire de droit international public*, Bruxelles, Bruylant, 2001, p.971. Le renvoi y est défini comme la *« technique de formulation de textes juridiques consistant à se référer expressément à d'autres textes juridiques, sans les reproduire ».*

[58] V. Rapport annuel du Secrétaire général des Nations Unies sur les *Mesures visant à éliminer le terrorisme international* et *le Guide législatif sur les Conventions et Protocoles mondiaux contre le terrorisme,* préparé en 2003 par l'Office des Nations Unies contre la drogue et le crime (ONUDC), disponible sur le site Internet : http://www.unodc.org/odccp/terrorism.htlm.

que condition explicite ou implicite de la libération de l'otage»[59]. Cette disposition ne singularise pas l'acte terroriste par la prise en compte du contexte ou des motivations profondes des auteurs, seul compte l'intention de répandre la terreur. Ce qui caractérise l'acte terroriste, selon cette convention, c'est la volonté de contraindre une tierce partie, un État ou une organisation internationale à accomplir un acte quelconque ou à s'en abstenir.

21. Au titre des conventions internationales qui évoquent expressément le terrorisme, on peut citer la Convention internationale pour la répression des attentats terroristes à l'explosif du 15 décembre 1997. L'infraction définie à l'article 2 de ce traité est commise quand une personne, illicitement et intentionnellement, livre, pose, ou fait exploser ou détonner un engin explosif ou autre engin meurtrier dans ou contre un lieu public, une installation gouvernementale ou une autre installation publique, un système de transport public. En plus du dol général qui réside dans la conscience de commettre un acte illicite, il faut un dol spécial. Les actes doivent être commis soit dans l'intention de provoquer la mort ou des dommages corporels graves soit dans l'intention de causer des destructions massives sur l'objectif. Enfin, les actes doivent pouvoir occasionner des pertes économiques considérables. L'intention de tuer ou de blesser des individus ou de détruire des biens constitue le dol spécial exigé pour que de tels attentats entrent dans le champ de la convention. On remarque que cet élément subjectif fait de ces comportements des attentats et non de simples accidents, mais ne spécifie pas l'intention terroriste inhérente à l'utilisation d'explosifs dans les buts définis.

22. En définitive, deux éléments méritent d'être combinés pour définir de manière synthétique l'élément matériel du terrorisme : les comportements (modes opératoires) et les dommages qui en résultent (cibles et gravité)[60]. Il ne nous semble pas en effet pertinent de s'intéresser aux auteurs des actes terroristes pour définir la notion. Le terrorisme n'est pas l'apanage de certaines personnes, de certains groupes, de certaines idéologies. Tous les actes illicites, commis par des groupes identifiés comme terroristes car ayant déjà commis des actes

---

[59] V. aussi l'article 2 de la Convention pour la répression des attentats terroristes à l'explosif de 1997 et l'article 6 de la Convention pour la répression du financement du terrorisme de 1999.

[60] J-C, MARTIN, *Les règles internationales relatives à la lutte contre le terrorisme*, Bruxelles, Bruylant, 2006, 618 p.
, p51.

de terrorisme, ne sont d'ailleurs pas des actes de terroristes. Un groupe terroriste peut parfaitement commettre des infractions de droit commun sans lien avec son activité terroriste. La caractérisation de l'acte matériel ne suffit pas à caractériser l'acte terroriste comme on peut s'en douter. Encore faut-il vouloir intimider la population ou contraindre les autorités publiques à agir dans un sens souhaité.

2) L'élément moral

23. Habituellement en droit pénal, les motivations ou les raisons qui ont présidé à la commission de l'acte, c'est-à-dire le mobile, ne sont pas pris en compte dans la caractérisation de l'infraction[61]. Le droit pénal protège la société et ses valeurs essentielles de sorte que les raisons subjectives qui décident un particulier à passer à l'acte ne peuvent pas entraver la répression de l'acte ou l'omission sanctionné. Ce mobile déterminant propre à chaque individu, est difficile à cerner et à décrypter si bien que subordonner la répression à la mise en évidence de cet élément aléatoire, contreviendrait à l'efficacité de la répression. C'est pourquoi, l'objectivation du dol général à savoir la conscience de commettre un acte illicite suffit à caractériser l'infraction[62]. Certains auteurs estiment que l'infraction terroriste doit obéir à cette logique. Dans ce sens, Jessika STERN soutient que *« la définition du terrorisme n'est circonscrite ni par son auteur, ni par la fin visée »*[63]. Pour Brian JENKINS *« le terrorisme se définit par la nature de l'acte, et non par l'identité de ses auteurs ou la nature de leur cause »*.[64] Pourtant, ce qui distingue le criminel ordinaire du terroriste n'est pas comme on le constate, seulement la nature de l'acte, le but poursuivi est également déterminant. Ainsi, par exception au principe qui veut que le dol général seul suffise, certaines infractions en bonne place desquelles se trouve l'acte terroriste, exigent un dol spécial pour leur constitution. Le dol éventuel qui renvoie au dommage qui n'est pas voulu mais dont on peut prévoir la réalisation comme une possibilité[65], est ainsi exclu. Le dol spécial terroriste implique que l'auteur soit non seulement conscient de

---

[61] V. B. BOULOC, *Droit pénal général*, Paris, Dalloz, 2007, 20e édition, p.240 et s.

[62] P. MORVAN, *« L'échelle de la culpabilité en droit pénal : un mode d'emploi »*, avril 2008. Article disponible sur le site internet : http://patrickmorvan.over-blog.com consulté en janvier 2022.

[63] J. STERN, *The ultimate terrorists*, Harvard University press, 1999, 224p., p.11.

[64] B. JENKINS, *International Terrorism A New Kind of Warfare*, Rand Corporation, 1974, p.123.

[65] Le dol éventuel se situe entre l'intention et la faute d'imprudence.

la terreur qui va résulter de ses actes, mais encore, que cette terreur soit précisément le résultat recherché[66]. Le dol spécial consiste justement dans l'intention d'atteindre ce résultat précis. Le terrorisme est ainsi *« la création délibérée de la peur, ou son exploitation, par la violence ou la menace de violence, dans le but d'obtenir des changements politiques »*[67]. Deux types de dol spéciaux ou spécifiques sont exigés pour caractériser l'élément intentionnel du terrorisme à savoir l'obtention de changements politiques **(2)** et l'intimidation par la peur **(1).** La question de savoir si ces deux éléments doivent exister cumulativement ou si l'un d'eux suffit, reste cependant discutée.

a) Provoquer la terreur

24. En matière de terrorisme, l'élément moral ne se réduit pas au dol général, volonté consciente de commettre une infraction, il exige en plus, un dol spécial, une intention spéciale qui se traduit par un objectif déterminé, *« le but que l'auteur se propose d'atteindre »*[68]. C'est la composante élémentaire du dol spécial du terrorisme qu'on retrouve en substance dans toutes les définitions conventionnelles. Selon l'article 6 de la Convention internationale pour la répression des actes de terrorisme nucléaire de 2005 par exemple, on entend par actes terroristes, les actes qui sont « *conçus ou calculés pour provoquer la terreur dans la population, un groupe de personnes ou chez des individus* ». Les formulations dans les différents textes sont assez similaires et évoquent la terreur et l'intimidation.

25. Le dictionnaire Le Petit Larousse Illustré de 2007 définit le mot terreur comme *« une peur violente qui paralyse, [un] effroi, [une] épouvante »* et le verbe intimider comme *« inspirer la crainte, la peur à »*. Le TPIY définit dans le même sens la notion de « terreur » comme une *« peur extrême »*[69]. C'est dire qu'à l'analyse, ces deux termes renferment la même réalité. Le TPIY a considéré comme *« crime de terrorisation de la population »* une *« [...] campagne prolongée de bombardements et de tirs contre des zones civiles de Sarajevo et contre la population civile [...] et lui infligeant des souffrances mentales »*[70].

---

[66] TPIY, Affaire *Galic « Sarajevo »*, n°IT-98-29, décision du 3 octobre 2002, § 32 et jugement du 5 décembre 2003, § 136.
[67] B. HAUFFMAN, *La mécanique terroriste,* Calmann-Lévy, octobre 1999, p.82.
[68] S. GLASER, « Culpabilité en droit international pénal », *RCADI,* 1960, l, t. 99, pp.501-502.
[69] Affaire *Galic, Op. Cit.,* § 137 de l'arrêt du 5 décembre 2003.
[70] Ibidem, §66

Définir le terrorisme par la terreur est un procédé tautologique qui ne fait en réalité que définir le contenant par le contenu. Cette option légistique s'explique par la difficulté de substituer à la notion de terreur, une expression explicite plus satisfaisante ou au moins équivalente. Elle reste acceptable et pertinente dans la mesure où non seulement elle ne crée pas de difficultés d'interprétation sur le plan juridique, mais aussi parce que les définitions tant nationales[71] que régionales[72] s'en accommodent bien. De plus, cette définition du dol spécial n'entrave aucunement le principe de légalité des délits car les dispositions sont suffisamment claires et précises. Certains actes par leur nature provoquent cette terreur alors que d'autres ne la provoqueront qu'en raison du contexte.

26. Pour ce qui est des actes qui par leur mode opératoire, leur nature, provoquent cette terreur, il n'est plus utile d'en rechercher la preuve. La nature de l'acte révèle cette terreur. Au nombre de ceux-là, on peut citer les actes visés par les conventions universelles ou sectorielles considérées comme antiterroristes. Ces conventions définissent des infractions purement objectives, sans exiger une intention spécifique. Ces infractions se distinguent par le choix du mode d'action (utilisation d'explosifs, prise d'otages...) ou des cibles (aéronefs, navires, personnes jouissant d'une protection internationale ...) Pour d'autres actes au contraire, il faut tenir compte du contexte, parce que ce sont des infractions de droit commun autrement. Il s'agit par exemple de l'incrimination des assassinats, de l'attaque d'installations publiques ou d'incendies volontaires au titre du terrorisme. La difficulté ici réside dans l'absence de définition de la notion de contexte dans les instruments internationaux.

---

[71] Le Conseil constitutionnel français a estimé que la loi du 9 septembre 1986 relative au terrorisme satisfait les exigences du principe de légalité des délits. Cette loi, qui prévoit que sont terroristes les actes « ayant pour but de troubler gravement l'ordre public par l'intimidation ou la terreur », définit pour le Conseil constitutionnel français, les infractions terroristes « en termes suffisamment clairs et précis ». V. *Décision 86-213 du 3 septembre 1986*.

[72] La Cour européenne des droits de l'homme s'est référée à la jurisprudence britannique relative à la législation nationale sur le terrorisme dans l'Affaire *Brogan et autres contre Royaume-Uni* du 29 novembre 1988. Elle a rapporté que, pour le juge anglais, la loi britannique de 1984, qui définit le terrorisme par le dessein « d'inspirer de la peur à la population ou à une fraction de celle-ci » est conforme aux prescriptions en la matière. V. §51 de la décision susvisée de la CEDH, *Arrêt de la Chambre des Lords Irlande contre Royaume-Uni* du 18 janvier 1978, *série A*, *n°25*, pp. 74-75, § 196.

27. On peut retenir comme contexte, que l'infraction terroriste s'inscrive dans un plan concerté, un programme criminel, un projet plus large que l'acte considéré isolément ou dans son seul élément matériel. C'est par exemple ce que prévoit le Code pénal français qui qualifie des faits d'infractions terroristes *« lorsqu'elles sont intentionnellement en relation avec une entreprise individuelle ou collective ayant pour but de troubler gravement l'ordre public par l'intimidation ou la terreur »*[73]. Le contexte terroriste se situe en général dans un cadre où des infractions identiques ou similaires ont été commises ou sont en préparation. Il peut ainsi s'agir de la poursuite d'objectifs plus lointains comme peut l'être l'établissement d'un « État islamique » par exemple. Il est admis d'un point de vue général, que le terrorisme n'est qu'un moyen au service d'objectifs politiques ou idéologiques[74] .

28. Le caractère politique ou idéologique de la violence peut aussi révéler le but principal de semer la terreur à la différence des crimes de droit commun. Par exemple, des crimes en « série », malgré la crainte et la peur qu'ils peuvent susciter ne sont pas pour autant des actes terroristes. Le but principal du tueur en série ne se ramène généralement pas à semer la terreur, il tue pour le plaisir[75]. L'effet terrorisant de ses crimes n'est pas alimenté par une motivation idéologique ou politique[76] à savoir contraindre les autorités à prendre certaines décisions.

b) Contraindre une autorité à prendre certaines décisions

29. Pour plusieurs conventions internationales, l'intention spécifique du terrorisme consiste dans l'objectif de contraindre des autorités publiques à agir dans un sens ou à s'abstenir d'agir dans un autre[77]. La Convention de 1999 sur le financement du terrorisme qualifie de terroristes certains actes, s'ils visent *« à contraindre un gouvernement ou une organisation internationale à accomplir ou à s'abstenir d'accomplir un acte quelconque »*[78]. La formule retenue par

---

[73] Article 421-1.

[74] V. A/CN.4/387 de 1985, Troisième Rapport de D. THIAM, à la CDI, *Ann. CDI,* 1985, IIe partie, p. 78, § 141.

[75] E. HICKEY, *Serial Murderers and Their Victims*, Wadsworth Publishing, 4e édition, 2005.

[76] V. J-C. MARTIN, *Les règles internationales relatives à la lutte contre le terrorisme*, Bruxelles, Bruylant, 2006, 618 p.

[77] Tel est le cas de la Convention de l'OUA, de la Convention contre le financement du terrorisme et de la Convention de la Communauté des États Indépendants (CEI) composé des anciens États de l'URSS.

[78] V. l'article de la Convention de 1999 sur le financement du terrorisme.

l'Union européenne dans sa position commune du 27 décembre 2001, introduit dans l'appréhension de cette notion, l'illégitimité de l'action engagée. L'action doit être entreprise « indûment » ce qui enlève à cette situation sa capacité d'induire automatiquement le terrorisme en introduisant une marge d'appréciation de cette notion. Si l'action visant à amener les autorités à agir n'est pas illégitime, on ne serait pas en présence d'un acte terroriste. La prise en compte de la légitimité pour définir l'acte terroriste est cependant inopportune car comme le Conseil de sécurité l'a maintes fois rappelé, la commission d'actes terroristes ne saurait avoir aucune justification[79]. Même lorsque la cause est noble, les moyens les plus ignobles ne sauraient être employés pour soutenir les revendications. L'intégration de l'objectif de contraindre des autorités publiques à agir ou à s'abstenir d'agir dans un sens est reprise dans des termes similaires par le projet de convention globale[80]. Contrairement à la Convention de l'OUA[81] qui appréhende cette question de façon extensive, la contrainte ne concerne ici qu'un gouvernement ou une organisation internationale. C'est dans ce sens que DENNING Dorothy définissant l'acte terroriste en matière de cyberterrorisme le considère comme *« l'usage calculé de cyber-attaques ou la menace de cyber-attaques pour susciter la peur (avec l'intention de contraindre ou d'intimider des gouvernements ou des sociétés), en poursuivant des objectifs qui sont généralement politiques, religieux, ou idéologiques »*[82]. Pour Benjamin NETANYAHU, *« Terrorism is the deliberate and systematic murder, maiming, and menacing of the innocent to inspire fear for political ends »*[83].

30. Pour certains auteurs, il est judicieux de considérer la contrainte exercée sur les autorités publiques comme but alternatif du terrorisme[84]. Pourtant, si l'aspect terrorisant est recherché par l'acte terroriste, le but peut être plutôt de contraindre que d'intimider seulement. La terreur exercée sur les populations civiles ou d'autres cibles choisies visent des objectifs politiques. Pour cela, *« il est nécessaire d'appréhender sa*

---

[79] S/RES/1566 (2004) du 8 octobre 2004, §1.

[80] Ce projet emploie la formule « faire ou ne pas faire quelque chose ».

[81] V. l'article 1 de la Convention de l'OUA.

[82] « La cyber-terreur est l'usage calculé de cyber-attaques pour susciter la peur », Questions à D. DENNING, 26 septembre 2002, www.terrorisme.net, consulté en janvier 2021.

[83] B. NETANYAHU, *Terrorism : How The West Can Win*, Avon Books, reprint edition, 1987, 254 p.

[84] J-C, MARTIN, *Les règles internationales relatives à la lutte contre le terrorisme*, Bruxelles, Bruylant, 2006, 618 p.

nature politique ainsi que sa dimension criminelle et sa psychologie fondamentales »[85]. La juxtaposition de la finalité politique et l'objectif de terroriser la population parait ainsi judicieux dans la mesure où les deux sont nécessaires pour identifier l'acte terroriste. On ne peut pas imaginer un acte terroriste sans l'objectif de terroriser la population. En plus, le caractère politique de la violence ou de l'acte commis, révèle un désir d'établir des changements politiques ou idéologiques radicaux, qui excluent ainsi de la catégorie de l'acte terroriste, toute infraction commise dans un but purement lucratif, quand bien même il intimiderait la population. Pour ces raisons, l'approche cumulative devrait être adoptée à notre avis. De toute façon, l'approche qu'elle soit cumulative ou alternative, revêt un intérêt limité sur le plan juridique car pour les terroristes, l'intimidation de la population est toujours la cible médiate utilisée pour atteindre la cible immédiate qui est de contraindre les autorités à agir. L'effet terrorisant demeure toujours le but médiat recherché par le terroriste, c'est-à-dire un but intermédiaire pour arriver au but principal qui est de contraindre. De la sorte, dès lors que la cible médiate est établie, la cible immédiate devient facile à établir en raison de la nature des actes en cause et du contexte. De plus, le dol spécial connaît un élargissement dans les conventions régionales où plusieurs finalités coexistent. Il s'agit notamment de créer une situation de crise[86], de créer une insurrection générale ou de mettre en danger l'unité de l'État, d'endommager l'environnement[87] qui toutes font partie de la finalité politique de l'acte terroriste.

---

[85] A/57/273-S/2002/875 de 2002, *Rapport du Groupe de réflexion sur les implications du terrorisme pour les politiques de l'ONU*, §13.

[86] Par exemple, la convention de l'OUA retient comme dol spécial du terrorisme l'intention de « perturber le fonctionnement normal de services publics, la prestation des services essentiels aux populations ou créer une situation de crise au sein des populations ». La Convention de l'OUA et la convention de l'Organisation de la Coopération Islamique (OCI) étendent encore le dol spécial du terrorisme à l'intention « de créer une insurrection générale dans un État partie » (OUA) ou de « menacer la stabilité, l'intégrité territoriale, l'unité politique, ou la souveraineté d'États indépendants » (OCI).

[87] Les Conventions arabe et islamique retiennent comme dol spécial du terrorisme, le but d'endommager l'environnement. Cela n'est pas sans rappeler le droit des conflits armés et plus précisément, le Premier Protocole de 1977 aux Conventions de Genève de 1949 qui prévoit clairement une protection de l'environnement (art. 35 par. 3 et 55). V. à ce sujet, K. BANNELIER, *La protection de l'environnement en temps de conflit armé*, Paris, Pedone, 2001.

31. Dans le cadre de cette étude nous utiliserons deux termes dont il convient dès à présent de fixer les définitions. Il s'agit de l'antiterrorisme et du contreterrorisme. Nous emprunterons leurs définitions à Colombe CAMUS. L'antiterrorisme, consiste dans «*la mise en œuvre des **mesures défensives** dans la recherche de la réduction de la vulnérabilité des infrastructures et des individus* »[88] face au péril terroriste. Le contre-terrorisme qualifie « *les **mesures offensives** pour prévenir, empêcher et répondre aux attaques terroristes. Elle présente la lutte contre le terrorisme comme une lutte violente qui procède d'une réalité mimétique* »[89]. C'est ainsi le caractère défensif ou offensif des mesures adoptées qui distinguent l'antiterrorisme du contreterrorisme.

32. Notre réflexion s'organisera autour de deux grands axes : une efficacité recherchée de l'action des NU dans la prévention de la commission d'actes terroristes **(Partie I)** et une efficacité mitigée de dans l'action pour le respect des droits de l'homme dans la lutte antiterroriste **(Partie II).** Un tel plan aura l'avantage d'éviter une approche chronologique du sujet, et un plan du type contenu normatif-mécanismes de mise en œuvre qui risque de créer une impression de juxtaposition ou de répétition.

---

[88] C. CAMUS, *La guerre contre le terrorisme. Dérives sécuritaires et dilemme démocratique*, Paris, Le Félin Kiron, 2007, p. 21.
[89] Idem.

PARTIE 1 UNE EFFICACITÉ RECHERCHÉE DANS LA PRÉVENTION DE LA COMMISSION D'ACTES TERRORISTES

33. Les actions de prévention et de lutte contre le terrorisme pour la plupart, doivent être mises en œuvre par les États individuellement ou dans le cadre d'organisations régionales. Très peu de mesures peuvent en effet être directement prises par l'Assemblée générale ou le Conseil de sécurité et se suffire à elles-mêmes pour leur application[90]. Il faut que les États interviennent pour opérationnaliser les mesures prises par ces organisations internationales. De plus, certaines mesures doivent être prises par les États eux-mêmes de sorte que ces organisations internationales ne font qu'imposer la prise de ces mesures aux États[91]. L'AG a déclaré à cet effet *« qu'il incombe au premier chef aux États membres et à leurs institutions nationales respectives de lutter contre le terrorisme... »*[92]. Le Conseil a aussi reconnu la place centrale des États notamment dans sa Résolution 2396 (2017)[93].

34. Dans cette partie, il s'agira d'examiner les mesures adoptées par le Conseil et l'AG pour prévenir la commission d'actes terroristes. Il s'agit de la prohibition faite aux États, d'apporter un soutien actif ou passif aux terroristes pour leurs actions mais aussi, de mesures opérationnelles à mettre en œuvre pour empêcher la perpétration des actes terroristes. **(Titre 1)** L'action des terroristes pris individuellement ou dans le cadre de regroupements, comme toute activité d'ailleurs, ne peut se concevoir sans moyens. Les groupes terroristes ont particulièrement besoin dans le cadre de leurs actions, de moyens militaires et de moyens financiers. Le Conseil de sécurité et l'AG édictent des mesures afin d'empêcher que les groupes terroristes n'aient ces moyens pour leur passage à l'acte **(Titre 2).**

---

[90] Par exemple les interdictions de voyager décidées par le comité 1267.

[91] S/RES/1373 (2001) précité. Le Conseil « agissant en vertu du Chapitre VII de la Charte des Nations Unies, 1. Décide que tous les États doivent : a) Prévenir et réprimer le financement des actes de terrorisme ; ... »

[92] A/RES/75/291 du 30 juin 2021 portant *Septième examen de la Stratégie antiterroriste mondiale de l'Organisation des Nations Unies*, préambule.

[93] V. S/RES/2396 (2017) du 21 décembre 2017, préambule.

Titre 1 : L'EMPÊCHEMENT DE LA PERPÉTRATION D'ACTES TERRORISTES

35. Historiquement, l'idée même de *terreur* et de *terrorisme* est le fruit de l'action de l'État. Les origines historiques du terrorisme peuvent être situées dans la période de la Terreur, qui a marqué l'une des phases les plus violentes de la Révolution française en 1793-1794[94]. Durant cette période, la révolution s'est proposée de défendre l'idée de souveraineté populaire qui prévalait par tous les moyens y compris par « la terreur d'État. » Le terme de « terreur » qui renvoie aussi au « terrorisme d'État », fait ainsi son apparition pendant la Révolution française[95]. De ce fait, *« l'expression terrorisme d'État est un pléonasme »*[96]. L'existence d'un lien entre Terrorisme et État *« ne fait aucun doute, étant entendu que le sujet du terrorisme international peut être aussi bien l'État que l'individu »*[97]. Un État *« en lutte contre la subversion qui cherche à le renverser, ou au contraire un État qui cherche à implanter un pouvoir fort (...) peut utiliser des attentats terroristes »*[98]. Certains des instruments conventionnels qui interdisent des comportements terroristes ont d'ailleurs pour destinataires les États. En d'autres termes, l'État est envisagé comme auteur potentiel d'actes terroristes. Qui plus est, plusieurs Résolutions de l'Assemblée générale et du Conseil de sécurité, même si elles visent essentiellement les comportements de groupes privés, affirment néanmoins que le but de l'Organisation est *« de prévenir, de combattre et d'éliminer le terrorisme sous toutes ses formes et dans toutes ses manifestations, quel que soit le lieu où les actes de terrorisme sont commis et quels qu'en*

---

[94] V. W. LAQUEUR, *Le terrorisme*, Paris, PUF, 1979, pp. 14-15; E. HUGUES, «La notion de terrorisme en droit international: en quête d'une définition juridique», *JDI*, 2002, p. 755.

[95] V. G. CHALIAND et A. BLIN, « L'invention de la terreur moderne », *in* G. CHALIAND et A. BLIN (dir.), *Histoire du Terrorisme, de l'antiquité à Daech,* Paris, Fayard, 2015, 736p., p.101.

[96] L. DISPOT, *La machine de la terreur,* Paris, Grasser, 1978.

[97] S. GLASE, *Introduction à l'étude du droit international pénal,* Paris, Librairie du recueil Sirey, 1954.

[98] G. LEVASSEUR, *« Les aspects répressifs du terrorisme international » In* G. GUILLAUME et G. LEVASSEUR (dir.), *Terrorisme international*, Paris, Pedone, 1977.

soient les auteurs »[99]. Elles soulignent du reste expressément, que chaque État membre a le devoir de s'abstenir d'organiser, d'encourager ou d'aider des actes de terrorisme dans un autre État, d'y participer ou de tolérer des activités organisées sur son territoire en vue de la perpétration de tels actes[100]. Ces différents instruments ne laissent guère de doute quant à l'interdiction faite aux États de soutenir le terrorisme[101] **(Chapitre 1)**. Les obligations des acteurs en matière de prévention du terrorisme ne s'épuisent pas par l'abstention de commettre des actes terroristes ou de soutenir de tels actes. Les États doivent encore développer des initiatives et adopter des comportements qui permettent d'anticiper les projets des terroristes. A ce titre, des actions concrètes sont mises à leur charge notamment, l'obligation d'assurer la sûreté des matières sensibles, des aéroports, des ports, des avions et des navires, pour prévenir la commission d'actes terroristes **(Chapitre 2)**.

---

[99] Résolution 51/210 de l'Assemblée générale, adoptée le 16 janvier 1997 portant *Mesures visant à éliminer le terrorisme international*. Les Résolutions 731 (1992) et 748 (1992) du Conseil de sécurité du 21 janvier et du 31 mars 1992 évoquent le « terrorisme sous toutes ses formes » « y compris ceux dans lesquels des États sont impliqués directement ou indirectement ».

[100] S/RES1193 (1998) du 28 août 1998 adoptée à l'occasion des attentats contre les ambassades américaines à Nairobi et Dar es-Salaam.

[101] Le rapporteur spécial de la CDI pour le projet de Code des crimes contre la paix et la sécurité de l'humanité, Doudou THIAM, avait proposé d'inclure le terrorisme international dans la liste des crimes. L'article 24 définissant ce crime envisageait tant les agents ou représentants de l'État que les particuliers comme des éventuels auteurs. V. *Annuaire de la Commission du droit international*, 1995, vol. II, 2e partie, pp.28-30.

Chapitre 1 Le respect de l'interdiction du soutien au terrorisme

36. L'acte terroriste par définition est un acte odieux qui porte atteinte aux droits fondamentaux de l'homme, puisqu'il conteste le droit à la vie sans lequel aucun autre droit ne peut être exercé. C'est pour cette raison que le Conseil exige que les *« actes de terrorisme soient érigés en infractions graves dans la législation et la réglementation nationales et à ce que la peine infligée soit à la mesure de la gravité de ces actes »*[102]. L'infraction est par essence un comportement (action ou omission) prohibé par la loi. Il est donc logique qu'il soit imposé à tous les États de *« s'abstenir d'apporter quelque forme d'appui que ce soit, actif ou passif, aux entités ou personnes impliquées dans des actes de terrorisme »*[103]. En somme, les États ne doivent pas tolérer le terrorisme.

37. L'interdiction faite aux États de tolérer le terrorisme découle de ce que l'on appelle en droit international, l'obligation de diligence ou de vigilance. Conçue à l'origine comme un corollaire de la souveraineté, la diligence suppose entre autres, que l'État veille à ce que ne se développent pas à partir des territoires soumis à sa juridiction ou à son contrôle, des activités pouvant porter atteinte aux intérêts des étrangers qui y résident ou aux droits des autres États[104]. Les États ont interdiction d'apporter un soutien qu'il soit actif ou passif à la commission d'actes terroristes **(Section 1)**. La conséquence logique de l'irrespect des obligations mises à la charge d'une personne qu'elle soit physique ou morale, est d'engendrer des conséquences. Les États qui ne respectent pas leurs obligations engagent ainsi leur responsabilité devant le Conseil de sécurité qui adopte des sanctions à leur encontre **(Section 2)**.

Section 1 Du respect de l'interdiction des soutiens passif et actif

38. On peut distinguer avec Adriano MENDY[105], deux types de participation de l'État au terrorisme à savoir « le terrorisme parrainé par

---

[102] S/RES/1373 (2001) précité, §2 e).

[103] Idem.

104 V. par exemple R. PISILLO-MAZZESCHI, « The due diligence rule and the nature of International Responsability of states », *German yearbook of international law*, 1992, pp.22 et s. V. aussi A. OUEDRAOGO, « La *due diligence* en droit international : de la règle de la neutralité au principe général », *Revue générale de droit*, *42* (2), 2012, pp.641-683.

[105] A. MENDY, *La lutte contre le terrorisme en droit international*, Thèse, Université de Reims Champagne-Ardenne, 2008, p.237.

l'État » et « le terrorisme appuyé par l'État. » Selon cette distinction, il y a « terrorisme parrainé par l'État » lorsque l'État concerné contribue activement à la planification, à l'orientation et au contrôle des opérations terroristes et « terrorisme appuyé par l'État » lorsque l'État apporte un appui tacite, fournit de l'argent, des moyens de transport et ouvre son territoire aux terroristes. On peut ranger le fait d'accorder l'asile, le statut de réfugié et le refuge dans cette deuxième hypothèse. Cette distinction fondée sur le degré d'implication de l'État à l'accomplissement des actes terroristes est difficile à réaliser car l'appréciation est parfaitement subjective et en plus, ce critère s'il était retenu, n'est pas juridiquement consacré. La portée de la distinction étant réduite voire négligeable, elle est sans grand intérêt de sorte qu'il n'y a pas lieu de catégoriser ces violations de l'obligation qui se suffisent à elles-mêmes pour engager la responsabilité de l'État auteur de la violation. Le Conseil dans sa Résolution 1456 (2003) édicte que *« tous les États doivent agir d'urgence pour empêcher et réprimer tout soutien actif ou passif au terrorisme et, en particulier, se conformer sans réserve à toutes les Résolutions pertinentes du Conseil de sécurité, notamment les Résolutions 1373 (2001), 1390 (2002) et 1455 (2003) »*[106]. Le soutien au terrorisme qu'il soit actif **(§2)** ou passif **(§1)** est ainsi interdit.

§1 L'interdiction du soutien passif au terrorisme

39. Le soutien passif au terrorisme renvoie à l'idée qu'un État laisse agir des terroristes librement sur son territoire. Ceux-ci y préparent leurs actions ou s'y réfugient pour échapper à des poursuites d'autres États[107]. La carence de l'État constitutive de soutien passif au terrorisme **(A)** peut ainsi *« prendre diverses formes dont le fait de laisser sciemment des terroristes entrer ou transiter par leur territoire, ou de tolérer en connaissance de cause la présence de terroristes sur leur territoire »*[108]. Elle se manifeste ainsi par l'octroi de l'asile ou encore du statut de réfugié ou simplement de refuges aux terroristes **(B)**.

A/ La notion de soutien passif

40. Comme sus évoqué, l'interdiction faite aux états de soutenir le terrorisme est une conséquence de l'obligation de diligence qui leur est

---

[106] S/RES/1456 (2003) du 20 janvier 2003, §1.

[107] V. G. GILLAUME, « Terrorisme et droit international », Op. Cit., p.396.

[108] J-C. MARTIN, *Les règles internationales relatives à la lutte contre le terrorisme*, Bruxelles, Bruylant, 2006, 618 p., p.459.

imposée. En droit international général, l'obligation de diligence a été cristallisée par l'AG des NU dans des normes considérées comme relevant désormais du droit international coutumier[109]. Il s'agit particulièrement de la Résolution 2625 (XXV) du 24 octobre 1970 de l'Assemblée générale des Nations Unies relative aux principes du droit international touchant les relations amicales et la coopération entre États. Chaque État selon cette Résolution, *« a le devoir de s'abstenir d'organiser et d'encourager des actes de guerre civile ou des actes de terrorisme sur le territoire d'un autre État, d'y aider ou d'y participer ou de tolérer sur son territoire des activités organisées en vue de perpétrer de tels actes. »*[110] Les États doivent aussi *« s'abstenir d'organiser, d'aider, de fomenter, de financer, d'encourager ou de tolérer des activités armées subversives ou terroristes destinées à changer par la violence le régime d'un autre État (...) »*[111].

41. L'obligation de diligence en matière de terrorisme s'est développée en rapport avec l'obligation incombant aux États de veiller au respect des droits de l'homme. Le droit international des droits de l'homme exige de chaque État, qu'il respecte lui-même les droits de l'homme et en plus, qu'il adopte les mesures de prévention et de répression adéquates[112]. Les États veillent aussi à ce que les individus se trouvant sous leur juridiction ne violent pas les droits d'autres individus[113]. De ces principes, il est permis de déduire une obligation de vigilance à la charge des États consistant à combattre le terrorisme en tant qu'activité susceptible de porter atteinte aux droits fondamentaux des individus[114]. Pour l'AG des NU particulièrement, les droits fondamentaux tels que le droit à la vie, le droit à la liberté et la sécurité, le droit de vivre à l'abri de la peur[115] doivent être garantis par les États. Le lien entre protection des droits fondamentaux et lutte contre le terrorisme a ainsi été souligné dans plusieurs Résolutions de

---

[109] V. F. DUBUISSON, « Vers un renforcement des obligations de diligence en matière de lutte contre le terrorisme ? » Op. Cit.

[110] V. A/RES/2625 (1970) du 24 octobre 1970.

[111] Idem.

[112] L. CONDORELLI, « The imputability to States of acts of international terrorism », *Israël Yearbook of Human Rights,* 1989, pp.241-242.

[113] V. Convention européenne de sauvegarde des droits de l'homme et des libertés fondamentales, article 1 ; Pacte de New York de 1966 sur les droits civils et politiques, article 2.

[114] Y. DINSTEIN, Op. Cit., p.141.

[115] V. A/RES/52/133 du 12 décembre 1997, A/RES/54/164 du 17 décembre 1999 ; V. aussi, A/RES/56/160 du 19 décembre 2001 *portant Droits de l'homme et terrorisme.*

l'Assemblée générale intitulées *« Droits de l'homme et terrorisme »*[116]. L'Assemblée y qualifie les actes, méthodes et pratiques terroristes *« d'activités qui visent l'anéantissement des droits de l'homme, des libertés fondamentales et de la démocratie »* et invite les États à prendre toutes les mesures efficaces pour empêcher, combattre et éliminer le terrorisme sous toutes ses formes et manifestations, où qu'il se produise et quels qu'en soient les auteurs.

42. L'obligation de combattre le terrorisme est également imposée par les règles du droit international humanitaire[117]. Les États ont non seulement l'obligation de se conformer eux-mêmes au droit humanitaire lorsqu'ils participent à un conflit armé, mais en outre, ils doivent utiliser les moyens à leur disposition pour s'assurer que les individus s'y conforment également[118]. Cela exclut notamment l'utilisation du terrorisme comme méthode de combat[119],

43. La mise en œuvre de l'obligation de vigilance en matière de terrorisme, est parfaitement illustrée par la décision de la Cour internationale de Justice rendue dans l'affaire des *Activités militaires et paramilitaires au Nicaragua*. La Cour dans cette affaire, a condamné les États-Unis pour avoir encouragé les forces antisandinistes des contras[120] à commettre des actes incompatibles avec les principes généraux du droit humanitaire, en diffusant auprès de ces forces un manuel donnant notamment pour instructions, de *« neutraliser des objectifs soigneusement triés [...], par exemple des juges des tribunaux, des juges de Mesta, des fonctionnaires de la police et de la sûreté [...] ou de provoquer des émeutes et des coups de feu »*[121]. En dépit des liens étroits qui existaient entre la CIA et les contras, la Cour a estimé que ces derniers ne constituaient pas des organes de fait des États-Unis et que leurs actions contraires au droit des conflits armés n'étaient ainsi pas imputables à cet État. Elle s'est cependant fondée sur le principe

---

[116] Idem.

[117] L. CONDORELLI, « The imputability to States of acts of international terrorism », Op. Cit., p. 242. Sur les liens entre le droit humanitaire et la répression du terrorisme, V. G. GUILLAUME, Op. Cit., pp. 375-383.

[118] V. L. CONDORELLI, « The imputability to States of acts of international terrorism », Op. Cit., pp.242-243.

[119] V. Y. DINSTEIN, Op. Cit., pp. 141-142.

[120] Les contras (terme espagnol signifiant contre-révolutionnaire) appelés aussi « Résistance nationale », étaient des groupes armés en guerre contre le gouvernement sandiniste au Nicaragua.

[121] CIJ, Affaire des *Activités militaires et paramilitaires (Nicaragua c. États-Unis)*, précité, par. 216-220.

inscrit à l'article 1er commun des Conventions de Genève[122] pour conclure que les États-Unis avaient manqué à leur devoir de faire respecter les normes du droit humanitaire, en distribuant le manuel d'instructions aux contras dans des circonstances telles qu'il était probable ou prévisible que des actes contraires à ces normes seraient effectivement commis[123].

44. L'interdiction du soutien étatique au terrorisme a été réaffirmée par l'Assemblée générale des Nations Unies dans sa Résolution 49/60[124] qui contient la Déclaration sur les mesures visant à éliminer le terrorisme international. Le Conseil de sécurité a aussi rappelé cette obligation dans plusieurs de ses Résolutions en matière de terrorisme[125]. Particulièrement, dans le §2 de la Résolution 1373 (2001) adoptée en vertu du Chapitre VII de la Charte des Nations Unies, le Conseil a décidé que tous les États doivent : «

c)Refuser de donner refuge à ceux qui financent, organisent, appuient ou commettent des actes de terrorisme ou en recèlent les auteurs ;

d)Empêcher que ceux qui financent, organisent, facilitent ou commettent des actes de terrorisme n'utilisent leurs territoires respectifs pour commettre de tels actes contre d'autres États ou contre les citoyens de ces États ;

e) Veiller à ce que toutes personnes qui participent au financement, à l'organisation, à la préparation ou à la perpétration d'actes de terrorisme ou qui y apportent un appui soient traduites en justice. » La non observation par les États de cette règle caractérise un soutien passif au terrorisme tel que l'atteste l'Affaire du *personnel diplomatique et consulaire des États-Unis à Téhéran*[126]. Dans cette affaire, la CIJ a considéré que l'attaque et l'occupation de l'ambassade américaine n'étaient pas imputables à l'Iran, mais a estimé que l'Iran n'a pas mis en œuvre son obligation de non tolérance du terrorisme. L'inaction des autorités iraniennes pendant les événements pour prévenir ou faire cesser les actes, a ainsi été considérée comme constituant une violation

---

122 Idem.

123 CIJ, Affaire des *Activités militaires et paramilitaires au Nicaragua et contre celui-ci (Nicaragua c. États-Unis)*, précité, par. 254-256.

124 A/RES/49/60 du 19 février 1995, annexe.

125 Au sujet de l'Irak (Résolution 687 (1991), § 2), de la Libye (Résolution 748 (1992), § 2) et des Talibans (Résolution 1193 (1998), § 15).

126 CIJ, Affaire *du personnel diplomatique et consulaire des États-Unis à Téhéran* (Iran contre États-Unis), arrêt du 24 mai 1980, *Recueil*, p.45

grave et manifeste de leurs obligations internationales découlant non seulement des conventions de Vienne de 1961 et de 1963 sur les relations diplomatiques et consulaires, mais encore du droit international général[127].

B/ Les formes de soutien passif au terrorisme

45. L'interdiction du soutien passif se traduit dans un premier temps par l'interdiction d'accorder l'asile et le statut de réfugié aux terroristes. L'article 14 de la Déclaration universelle des droits de l'homme (DUDH) du 10 décembre 1948 dispose que *« devant la persécution, toute personne a le droit de chercher et de bénéficier de l'asile en d'autres pays »*. L'asile a été défini par l'Institut de droit international comme *« (...) la protection qu'un État accorde sur son territoire ou dans un autre endroit relevant de certains de ses organes à un individu qui est venu la chercher »*[128]. L'asile est en somme, la protection qu'accorde un État d'accueil à un étranger qui ne peut, contre la persécution, bénéficier de celle des autorités de son pays d'origine. Il n'est pas nécessaire que des persécutions aient été déjà subies dans le pays d'origine, ni qu'elles soient le fait des autorités mêmes de l'État d'origine. Il suffit de démontrer que de telles persécutions peuvent être avec raison, redoutées en cas de retour du demandeur d'asile dans le pays d'origine.

46. On distingue l'asile territorial exercé par l'État d'accueil sur son territoire, de l'asile diplomatique (ou extraterritorial) exercé par un État dans ses locaux diplomatiques à l'étranger ou sur des navires battant son pavillon dans les eaux internationales[129]. Le droit d'accorder ou de refuser l'asile relève du pouvoir discrétionnaire des États et tient compte de l'appréciation subjective de ceux-ci sur les intérêts en jeu. La CIJ a pu dire à cet effet que *« l'asile protège le criminel politique contre toutes mesures que le pouvoir prendrait ou tenterait de prendre contre ses adversaires politiques et dont le caractère extralégal serait manifeste »*[130]. L'asile est donc une exception au principe de coopération entre États en matière judiciaire et fondé sur le caractère

---

[127] Idem.

[128] Résolution sur « l'asile en droit international public », session de Bath, 1950, *Ann. IDI*, 1950, vol. II, p.375.

[129] Sur la question de l'asile, V. particulièrement D. ALLAND et C. TEITGEN-COLLY, *Traité du droit d'asile*, Paris, PUF, 2002, 694p ; ou encore, SFDI, *Droit d'asile et des réfugiés*, Paris, Pedone, 1997, 383p.

[130] CIJ, 20 novembre 1950, *Recueil,* p. 284.

discriminatoire des poursuites. L'exception ne peut être invoquée dans le cas de poursuites fondées sur un crime de droit commun ou sur des agissements contraires aux buts et aux principes des Nations Unies[131]. L'asile ne peut donc être accordé à une personne convaincue de terrorisme ou présumée terroriste dans la mesure où il ne fait pas de doute que la commission d'un acte terroriste est contraire aux buts et aux principes des Nations Unies.

47. Le refugié est *« une personne qui se trouve hors du pays dont elle a la nationalité ou dans lequel elle avait sa résidence habituelle, qui craint avec raison d'être persécutée du fait de sa race, de sa religion, de sa nationalité, de son appartenance à un certain groupe social ou de ses opinions politiques, et qui ne peut ou ne veut se réclamer de la protection de ce pays en raison de ladite crainte »*[132]. Le bénéfice de la qualité de réfugié exige que pour des raisons objectives, l'on se retrouve en dehors des frontières de l'État dont on a la nationalité. On ne peut donc pas être refugié dans son propre pays mais seulement une personne déplacée interne si pour certaines raisons, une personne est amenée à fuir son lieu d'habitation. Ce qui distingue les personnes en asile des réfugiés, c'est que les premières sont en attente du statut de réfugié qu'elles ont demandé.

48. Certaines personnes sont exclues du bénéfice du statut de réfugié. Il s'agit des personnes *« dont on a des raisons sérieuses de penser :*

a) qu'elles ont commis un crime contre la paix, un crime de guerre ou un crime contre l'humanité au sens des instruments internationaux élaborés pour prévoir des dispositions relatives à ces crimes ;

b) qu'elles ont commis un crime grave de droit commun en dehors du pays d'accueil avant d'y être admises comme réfugiés ;

c)qu'elles se sont rendues coupables d'agissements contraires aux buts et aux principes des Nations Unies »[133]. Un terroriste ne saurait donc bénéficier de ce statut puisque l'acte terroriste est au moins contraire aux buts et principes des Nations Unies.

49. Dans la Résolution 56/160 (2002) adoptée par l'Assemblée générale portant « Droits de l'homme et terrorisme », l'AG des NU a décidé que les États, avant d'accorder le statut de réfugié à un demandeur d'asile, doivent s'assurer qu'il n'a pas planifié ou facilité la

---

131 V. Résolution 217A (III) du 10 décembre 1948. V. aussi Résolution 2312 (XXII), 1967, art.1, § 2.

132 Article 1 de la convention de Genève de 1951 relative au statut des réfugiés.

133 Idem.

commission d'actes terroristes. Mieux, l'AG a exhorté les États qui ont accordé le statut de réfugié ou l'asile à des personnes impliquées dans des actes de terrorisme ou ayant revendiqué de tels actes, à revoir cette situation c'est-à-dire à révoquer ces décisions[134]. Le Conseil au §3 f de sa Résolution 1373 (2001)[135], renchérit en imposant aux États de s'assurer, avant d'octroyer le statut de réfugié, que les demandeurs d'asile n'ont pas organisé ou facilité la perpétration d'actes de terrorisme et n'y ont pas participé. Cette obligation ne touche pas seulement les auteurs matériels des actes terroristes. Ceux qui financent les actes terroristes et ceux qui recèlent les auteurs d'actes terroristes ne doivent pas non plus bénéficier du droit d'asile ou du statut de réfugié. Le recel s'entend du fait d'abriter ou d'aider à cacher les terroristes. A cet effet, la Résolution 1373 (2001) du conseil de sécurité prévoit que les États doivent *« refuser de donner asile à ceux qui financent, organisent, appuient ou commettent des actes de terrorisme ou en recèlent les auteurs »*[136]. Un État qui contreviendrait à cette obligation verrait sa responsabilité internationale engagée.

50. L'activité du CCT auprès des États a permis de connaître le niveau de mise en œuvre de cette obligation dans beaucoup de parties du monde. Pour l'Afrique du Nord, aucun État n'a mis en place de procédures spécifiques pour empêcher l'octroi du statut de réfugié à un terroriste[137]. En Afrique de l'Est, tous les États sauf trois[138], ont promulgué des lois visant à réglementer une procédure de détermination du statut de réfugié mais un seul État a codifié explicitement dans sa loi antiterroriste, que le ministre compétent peut refuser le statut de réfugié, eu égard aux intérêts de la sécurité nationale, de la sûreté publique, et sur la base de motifs raisonnables de croire que

---

[134] A/RES/56/160, Op. Cit. *portant Droits de l'homme et terrorisme*, §8. V. aussi A/RES/49/60 du 9 décembre 1994, portant *Déclaration sur les mesures visant à éliminer le terrorisme international* du 9 décembre 1994, annexée à la Résolution 49/60 (1994) §5 et la *Déclaration complétant la Déclaration de 1994 sur les mesures visant à éliminer le terrorisme*, annexée à la Résolution A/RES/51/210 du 12 décembre 1996 (§3 et 4).

[135] Op. Cit.

[136] Résolution 1373(2001) précité, paragraphe 2, c.

[137] United Nations Security Council, Counter-Terrorism Committee, *Global survey of the implementation of Security Council resolution 1373 (2001) and other relevant resolutions by Member States, 2021*, §48.

[138] Le CCT s'abstient généralement de communiquer l'identité des États pour maintenir la confidentialité des données et la confiance avec ses partenaires que sont les États.

la personne a commis ou a été impliquée dans la commission d'un acte terroriste. Les cadres législatifs des sept États restants comprennent des dispositions qui pourraient être interprétées comme excluant les individus qui ont planifié, facilité ou participé à un acte terroriste[139] du bénéfice de l'asile. Un État de l'Afrique de l'Est a conféré le statut de réfugié *prima facie* à des ressortissants d'un État voisin sans procédure individuelle de Détermination de Statut de réfugié (DSR, refugee-status determination RSD en anglais) ce qui est particulièrement contraire aux implications de cette obligation[140]. La plupart des États d'Afrique australe ont mis en place un système de Détermination de Statut de Réfugié (DSR) et adopté une législation spécifique relative aux réfugiés. Cependant, il n'est pas certain que les États de cette sous-région puissent faire face à l'augmentation significative des flux de réfugiés que le Protocole de 2005 de la SADC sur la facilitation de la circulation des personnes, pourrait occasionner[141]. En Afrique du Centre, l'adoption et la mise en œuvre effective des lois nationales sur les réfugiés prévoyant des procédures de détermination du statut de réfugié fait toujours défaut. Dans sept États, il manque encore des mécanismes de mise en œuvre des procédures d'asile efficaces tout en garantissant que les personnes qui ont planifié, facilité ou participé à un acte terroriste se voient refuser l'asile[142].

51. En Europe du Sud Est, en ce qui concerne les réfugiés et les demandeurs d'asile, il convient de noter que seuls deux des quatre États non Membres de l'Union européenne de cette sous-région ont établi des procédures de détermination du statut de réfugié et ont mis en place une législation et des procédures pour empêcher l'octroi de l'asile à une personne qui a planifié, facilité ou participé à un acte terroriste. Trois des États non membres de l'Union européenne disposaient d'un système de détermination du statut de réfugié[143].

52. On s'aperçoit à l'analyse qu'une majorité très relative des États ont adopté un système de Détermination de Statut de Réfugié (DSR) pour donner suite aux prescriptions du Conseil et de l'AG. Il en résulte que dans près de la moitié des États, les mesures édictées par le Conseil

---

[139] United Nations Security Council, Counter-Terrorism Committee, *Global survey of the implementation of Security Council resolution 1373 (2001) and other relevant resolutions by Member States, 2021,* §77.

[140] Idem.

[141] Ibidem, §104.

[142] Ibidem, §182.

[143] Ibidem, §657.

et l'AG n'ont pas encore été implémentées. L'institution de telles procédures permet de faire les vérifications nécessaires *à priori*, pour exclure du bénéfice de ce statut toutes les personnes incriminées dans les Résolutions susdites. De la sorte, les terroristes sont privés d'abris, de lieux de replis après la commission de leurs forfaits et de lieux de préparation d'attaques futures. Il n'a pas encore été signalé que dans les États qui ont mis en œuvre ces mesures des terroristes sont parvenus à obtenir les statuts de réfugiés ou d'asile. Il convient donc de travailler à l'effectivité de ces mesures pour leur garantir une efficacité optimale.

53. L'interdiction d'offrir un refuge aux terroristes constitue la deuxième obligation résultant de l'interdiction du soutien passif au terrorisme. Le refuge est différent du statut de réfugié qui obéit à un régime juridique déterminé en droit international et qui sert à protéger des personnes en difficultés dans leurs pays d'origine. Il doit encore être distingué de l'asile susdit. Il s'agit ici de donner « gîte et couvert » à des personnes qui commettent des actes terroristes en dehors du bénéfice d'un statut juridique comme l'asile ou le statut de réfugié. La préparation d'actes terroristes peut se faire dans cet État qui peut encore les abriter après la commission des actes terroristes. L'octroi de refuge ou de sanctuaire permet aux terroristes de planifier leurs actes, de les exécuter et de s'y retirer pour en planifier d'autres. Une prévention efficace du terrorisme ne peut donc faire l'économie de la coopération de tous les États pour éviter que les terroristes n'aient de zones de replis. Au paragraphe 2 c) de la Résolution 1373 (2001), le Conseil a demandé à tous les États de refuser de donner refuge à ceux qui financent, organisent, appuient ou commettent des actes de terrorisme ou en recèlent les auteurs. Dans sa Résolution 2593 (2021)[144] adoptée le 30 août 2021, le Conseil réitère cette obligation en exigeant que le territoire afghan ne soit pas utilisé pour menacer ou attaquer tout autre pays ni pour abriter ou entraîner des terroristes, ou pour planifier ou financer des actes terroristes. Plusieurs mesures doivent être prises pour respecter cette obligation. Elle implique l'adoption de mesures législatives incriminant le fait de donner refuge ou d'offrir un sanctuaire aux individus soupçonnés ou convaincus de terrorisme en assurant leur répression. L'État lui-même doit prendre les dispositions nécessaires pour que son territoire ne serve pas de base arrière pour déstabiliser des États étrangers. Cela peut se traduire par des mesures pratiques et

---

[144] S/RES/2593 (2021) du 30 août 2021, §2.

juridiques sur l'immigration, le contrôle des frontières et l'échange d'informations sur les déplacements des terroristes[145].

54. La Résolution 3314 de l'AG des NU s'est invitée dans l'analyse du soutien passif au terrorisme au sujet des attentats du 11 septembre 2001 survenus aux États-Unis. On a pu s'interroger sur la question de savoir si le « soutien » des talibans au groupe terroriste Al Qaida pouvait être constitutif d'une agression au sens de l'article 3 (g) de la Résolution 3314. L'agression est *« l'emploi de la force armée, par un État contre la souveraineté, l'intégrité territoriale ou l'indépendance politique d'un autre État, ou de toute autre manière incompatible avec la Charte des Nations Unies, ainsi qu'il ressort de la présente Définition »*[146]. L'acte d'agression inclut aussi *« l'envoi par un État ou en son nom de bandes ou de groupes armés, de forces irrégulières ou de mercenaires qui se livrent à des actes de force armée contre un autre État d'une gravité telle qu'ils équivalent aux actes énumérés ci-dessus, ou le fait de s'engager d'une manière substantielle dans une telle action »*[147]. La question de l'usage suffisante de la force armée ne semble pas poser de difficulté au regard de la l'article 3 §b de la Résolution qui inclut dans les moyens d'agression, *« le bombardement, par les forces armées d'un État du territoire d'un autre État, ou l'emploi de toutes armes par un État contre le territoire d'un autre État. »* La destruction des Twin Towers et d'une partie du bâtiment du Pentagone par le biais d'avions de ligne est-elle assimilable à un tel bombardement ? La réponse ne peut être qu'affirmative au regard d'une part, de l'absence de définition de « l'arme » en droit international et d'autre part, de l'ampleur de la violence atteinte par ces attentats. L'arme peut revêtir cette qualification par sa nature mais aussi par sa destination[148]. La destination étant l'utilisation qu'on en fait, on peut facilement admettre que des aéronefs aux réservoirs remplis de kérosène et leurs passagers utilisés pour tuer des milliers de personnes ne peuvent qu'être des armes. L'Ambassadeur LEVITTE dira d'ailleurs à l'issue d'une rencontre du Conseil de sécurité qu'ils ont estimé *« à l'unanimité, que 6000 personnes tuées par des avions civils devenus des missiles n'est*

---

[145] S/2019/998, du 27 décembre 2019, Lettre adressée au Président du Conseil de sécurité par le Président du Comité du Conseil de sécurité créé par la Résolution 1373 (2001) concernant la lutte antiterroriste, §174.

[146] Résolution 3314 du 14 décembre 1974, article 1.

[147] Le § g) de la Résolution 3314 du 14 décembre 1974.

[148] F. MÉGRET, « War ? Legal semantics and the move to violence », *EJIL*, 2002, p.372.

plus un acte de terrorisme mais une véritable agression armée »[149]. La question principale semble donc être celle de savoir si Al Qaeda pouvait être considéré en 2001 comme l'armée des talibans au pouvoir de sorte que les actions de cette organisation puissent être imputées à l'État afghan. Les deux organisations entretiennent certes des liens étroits du point de vue idéologique mais demeurent différentes dans leurs ambitions, dans leurs objectifs. Les talibans organisent la vie de leur État sur le fondement de la charia, la législation islamique à laquelle est également attachée Al-Qaida. Toutefois, les talibans inscrivent leur combat dans un cadre national. Ils n'ont pas d'ambition internationale, contrairement à Al-Qaida qui cherche à s'étendre, de sorte qu'il est difficile d'attribuer cette action directement aux talibans. Cela devrait donc rester un soutien passif au terrorisme plutôt qu'un acte d'agression imputable aux talibans.

55. Les États n'ont pas encore pleinement incorporé dans leur droit interne toutes les infractions définies dans les instruments internationaux en Amérique Centrale. Seuls trois d'entre eux interdisent par des dispositions expresses, l'utilisation de leur territoire par leurs ressortissants pour commettre ou préparer des actes de terrorisme contre d'autres États. Peu d'États ont adopté les mesures nécessaires pour réprimer le recrutement de terroristes ou ériger en infraction pénale le fait de donner refuge à des terroristes selon le CCT[150]. Pour résoudre ces problèmes, il faudrait un niveau de ressources et de capacités opérationnelles auquel la plupart de ces États n'ont pas accès[151]. Selon les estimations, plus de 10 000 combattants de l'État Islamique d'Iraq et du Levant (EIIL) seraient toujours actifs en Iraq et en République arabe syrienne. Ces combattants, organisés en petites cellules, se déplacent librement de part et d'autre de la frontière entre les deux pays et certains ont réussi à trouver refuge dans les monts Hamrin, au nord-est de l'Iraq[152]. En Asie du Sud-Est, le bilan sur la mise en œuvre de cette obligation reste mitigé. Les autorités gouvernementales indonésiennes et philippines ont maintenu la

[149] *Le Monde,* 18-19 novembre 2001.
[150] S/2016/49 du 20 janvier 2016, *Enquête mondiale portant sur la mise en œuvre de la Résolution 1373 (2001) du Conseil de sécurité par les États membres*.
[151] Idem.
[152] S/2020/774 d'août 2020, *Onzième rapport du Secrétaire général sur la menace que représente l'EIIL (Daech) pour la paix et la sécurité internationales et sur l'action menée par l'Organisation des Nations Unies pour aider les États membres à contrer cette menace*, §13.

pression sur les activités de l'EIIL en menant des opérations antiterroristes, dont beaucoup ont réussi à désorganiser à un stade précoce la planification d'attentats. Les groupes affiliés à l'EIIL continuent cependant d'opérer et de trouver refuge dans le sud des Philippines[153]. Si l'on observe les difficultés de mise en œuvre des obligations en cette matière et les États où la question est prégnante comme l'Irak, la Syrie et l'Afghanistan, l'on s'aperçoit qu'il s'agit d'États qui n'ont pas le contrôle sur toute l'étendue de leurs territoires. Il en va ainsi aussi des États du Sahel. Il apparaît ainsi impossible aux États qui n'ont pas le contrôle de tout leur territoire, d'empêcher que les groupes terroristes ne trouvent refuge sur leurs territoires. On ne peut pas faire appliquer des règles sur un territoire qu'on ne contrôle pas. L'efficacité de ces mesures est donc fondamentalement tributaire de la capacité des États à exercer leur souveraineté territoriale. Les États peuvent s'impliquer de façon encore plus active à la commission des actes terroristes.

§2 L'interdiction du soutien actif au terrorisme

56. Le soutien de l'État au terrorisme peut prendre une forme plus active où l'État lui-même s'implique d'une manière ou d'une autre dans l'accomplissement de l'acte terroriste. Un État peut ainsi soutenir le terrorisme de façon incidente en s'associant à l'action des terroristes **(A)** ou prendre l'initiative des actes terroristes en les commanditant **(B).**

A/ Le soutien incident

57. Le Conseil de sécurité a décidé au §2 de sa Résolution 1373 (2001) que tous les États doivent *à) S'abstenir d'apporter quelque forme d'appui que ce soit, actif ou passif, aux entités ou personnes impliquées dans des actes de terrorisme, notamment en réprimant le recrutement de membres de groupes terroristes et en mettant fin à l'approvisionnement en armes des terroristes ; b) Prendre les mesures voulues pour empêcher que des actes de terrorisme ne soient commis... »* Le soutien actif des États au terrorisme peut ainsi se manifester par plusieurs violations de leurs obligations. Au nombre de ces violations, nous pouvons citer les hypothèses où l'État ne fait que s'associer incidemment à la commission de l'acte terroriste en fournissant par exemple aux terroristes des armements, des fonds, un appui logistique voire politique ou en entraînant des terroristes.

---

[153] Ibidem, §33.

L'arraisonnement du navire « Karine A » par l'armée israélienne le 3 janvier 2002, en mer Rouge dans les eaux internationales entre le Soudan et l'Arabie Saoudite s'inscrit dans ce cadre. Ce navire en provenance de l'Iran était chargé de cinquante tonnes d'armes à destination de la Palestine[154] qu'Israël considérait comme devant servir à commettre des actes terroristes sur son territoire. L'Iran qui aurait fourni de l'armement aux combattants terroristes dans cette hypothèse, pourrait être mis en cause pour soutien actif au terrorisme.

58. Aussi, à la veille de la chute du régime de Saddam Hussein en Irak, ce dernier a été accusé de promettre et reverser des sommes importantes aux familles des kamikazes[155] palestiniens auteurs d'attentats suicides contre les israéliens ainsi qu'aux familles de terroristes non kamikazes. Selon une dépêche de l'AFP du 22 avril 2002 rapportée par Jean Christophe MARTIN[156], la somme de 25.000 dollars a été promise aux parents des kamikazes et celle de 10.000 dollars aux familles des autres terroristes. L'Irak qui était à cette époque accusé par les États-Unis de soutenir les terroristes et de les entraîner pouvait également être mis en cause dans ce cadre.

59. En 2001 à l'occasion d'une réunion à l'Assemblée Générale des Nations Unies, l'Afghanistan a accusé le Pakistan d'avoir créé, inspiré et organisé des activités terroristes en Afghanistan et d'avoir recruté des individus pour les mener. Concrètement, l'État islamique d'Afghanistan considérait *« chacun des éléments du triangle maudit ISI (Inter Services Intelligence) pakistanais-Taliban-Ben Laden comme responsable à égalité des nombreux crimes commis contre le peuple de l'Afghanistan et des peuples qui se trouvent au-delà*[157]. » Pour les Afghans, *« les camps terroristes créés en Afghanistan sont des centres de formation où des combattants arabes et pakistanais sont formés par les instructeurs militaires professionnels de l'ISI. Ils sont non seulement formés pour tuer les afghans, mais aussi pour effectuer des missions au*

---

[154] V. C. DUPEYRON, « Israël organise un vaste battage médiatique autour du bateau d'armes arraisonné », *Le Monde*, 8 janvier 2002.

[155] Le kamikaze à l'origine est un pilote d'une unité militaire japonaise qui effectuait une mission-suicide pendant la guerre du pacifique en écrasant son avion sur un navire de la marine américaine et de ses alliés.

[156] J-C. MARTIN, *Les règles internationales relatives à la lutte contre le terrorisme*, Op. Cit., p.461.

[157] A/56/PV20 du 04 octobre 2001, *Rapport de l'AG*, p.26.

Cachemire et dans d'autres pays, dans le but de conduire une guerre qui soit conforme aux desseins pakistanais »[158].

B/Le soutien direct

60. L'État peut intervenir plus directement dans la commission des actes terroristes en les commanditant. On pense ainsi à l'affaire du Rainbow Warrior, dans laquelle la France a reconnu avoir ordonné à deux agents secrets de détruire le navire de Greenpeace[159] et à l'affaire Lockerbie[160], dans laquelle la Libye a reconnu sa responsabilité dans l'attentat même si la nature réelle de sa participation n'a pas été clairement définie. On peut citer encore le meurtre de la journaliste Shireen ABU AQLEH, la correspondante d'Al-Jazeera tuée par l'armée israélienne dans le Nord de la Cisjordanie. Le Ministère des Affaires étrangères du Qatar a condamné le mercredi 11 mai 2022 ce qu'il a appelé *« le terrorisme israélien parrainé par l'État »* en ajoutant que *« l'occupation israélienne a tué la journaliste avec une balle dans la tête alors qu'elle portait une veste de presse et un casque, au moment où elle couvrait leur attaque dans le camp des réfugiés de Jénine »*[161].

61. Enfin, et dans le même sens, les États peuvent être à l'origine d'actes terroristes dans le cadre des conflits armés par des manquements à leurs obligations en matière de DIH et de DIDH[162]. Dans le cadre de la lutte contre le terrorisme, il n'est pas rare que des personnes soupçonnées d'être de connivence avec les groupes terroristes fassent l'objet d'exécution sommaire par des soldats des États. L'AG souligne à cet égard que, lorsque l'action menée contre le terrorisme fait fi de l'État de droit aux niveaux national et international et viole le droit international (notamment la Charte des Nations Unies, le droit international humanitaire, le droit international des réfugiés), non seulement elle trahit les valeurs qu'elle prétend défendre, mais aussi elle risque d'attiser l'extrémisme violent pouvant conduire au terrorisme[163]. Le Conseil de sécurité quant à lui, affirme que les États

---

[158] Idem.

[159] J. CHARPENTIER, « L'affaire du Rainbow Warrior », *AFDI*, 1985, pp.210-220.

[160] V. la Résolution 748 du 31 mars 1992 du Conseil de sécurité.

[161] M.M. SAID, « Meurtre de la journaliste Shireen Abu Aqleh : le Qatar condamne « le terrorisme » d'Israël », en ligne, consulté le 11 mai 2022.

[162] M. SASSOLI, « La guerre contre le terrorisme, le droit international humanitaire et le statut de prisonnier de guerre », *The Canadian Yearbook of International Law*, vol.39, 2001, pp.1-28

[163] A/RES/75/291 Op. Cit., *Septième examen de la Stratégie antiterroriste mondiale de l'Organisation des Nations Unies*, §8.

membres doivent veiller à ce que les mesures qu'ils prennent pour combattre le terrorisme soient conformes à toutes leurs obligations internationales. Le Conseil souligne même dans sa Résolution 2178 (2014) que le fait de se soustraire à ces obligations internationales est un des facteurs contribuant à la radicalisation[164].

62. La meilleure manière d'empêcher que les États ne soutiennent le terrorisme, est d'obtenir qu'ils ratifient toutes les conventions antiterroristes et les appliquent effectivement. C'est pourquoi, l'AG demande aux États qui ne l'ont pas fait, d'envisager de devenir parties sans plus tarder aux conventions et protocoles internationaux relatifs à la lutte contre le terrorisme. Elle demande aussi aux États de s'engager à conclure une convention générale sur le terrorisme international, et leur rappelle leur engagement d'appliquer ses Résolutions et celles du Conseil de sécurité ayant trait au terrorisme international[165]. Des efforts importants restent à faire dans ce domaine. Certaines conventions bénéficient de plus d'intérêts des États que d'autres. Si par exemple, la plupart des États de la région Afrique de l'Est ont ratifié la Convention internationale de 1999 pour la répression du financement du terrorisme[166] il n'en va pas de même pour d'autres conventions. Plus globalement, sur les 19 instruments internationaux de lutte contre le terrorisme, ouverts à la ratification de tous les États, *« selon les données dont disposait la Direction Exécutive du CCT au mois de janvier 2021, 168 États membres avaient ratifié plus de dix de ces instruments internationaux. Cela représente une augmentation de 3,7% comparée à la précédente enquête mondiale »*[167]. Des efforts restent donc à faire pour obtenir les ratifications nécessaires à l'entrée en vigueur de l'ensemble des conventions antiterroristes, puisque seulement 10 des 19 conventions susdites ont obtenu ces ratifications. Le travail du Conseil de sécurité dans ce domaine reste cependant notable car une augmentation en valeur relative de 3,7 % est constatée

---

[164] Cela a été aussi mis en exergue par le CCT. V. S/2016/49 du 20 janvier 2016, *Enquête mondiale portant sur la mise en œuvre de la Résolution 1373 (2001) du Conseil de sécurité par les États membres*, §435.

[165] A/RES/72/284 du 26 juin 2018 *portant Examen de la Stratégie antiterroriste mondiale des Nations Unies*, §7.

[166] CCT, *Mise en œuvre de la Résolution 2178 (2014) du Conseil de sécurité par les États affectés par le phénomène des combattants terroristes étrangers, Compilation de trois rapports* (S/2015/338 ; S/2015/683 ; S/2015/975), §63.

[167] United Nations Security Council, Counter-Terrorism Committee, *Global survey of the implementation of Security Council resolution 1373 (2001) and other relevant resolutions by Member States*, 2021, §680, [notre traduction].

comparativement aux données antérieures. Lorsque les États ne respectent pas leurs obligations, ils s'exposent à des sanctions.

Section 2 : L'application des sanctions du non-respect de l'interdiction

63. Le non-respect d'une obligation (conventionnelle ou non) est de nature à entraîner la responsabilité internationale de l'État défaillant[168]. La violation des obligations en matière de lutte contre le terrorisme n'échappe pas à cette règle générale. Le Conseil de sécurité de l'ONU peut être amené à prendre à l'encontre de tout État ne respectant pas ses obligations antiterroristes, des mesures de pression pour l'amener à agir dans le sens voulu. Il adopte et applique à cet effet des sanctions non militaires qu'il convient d'identifier **(§1)**. Dans l'application de ces sanctions, le Conseil privilégie les sanctions ciblées dites « smart sanctions » pour éviter les effets pervers que des sanctions générales peuvent occasionner **(§2)**.

§1 Les sanctions non militaires en général

64. C'est l'article 41 de la Charte des Nations Unies qui prévoit les sanctions non militaires. Cette disposition prévoit que *« le Conseil de sécurité peut décider quelles mesures n'impliquant pas l'emploi de la force armée doivent être prises pour donner effet à ses décisions, et peut inviter les Membres des Nations Unies à appliquer ces mesures. »* L'engagement de la responsabilité du fautif précède généralement la sanction qui elle-même peut être de divers ordres **(A)**. Nous verrons ensuite comment ces sanctions ont été appliquées en Libye et au Soudan **(B)**.

A/ Fondements et identification des sanctions non militaires

65. Pour prononcer une sanction, il faut d'abord établir la violation d'une obligation internationale imputable au destinataire de cette sanction. Selon l'article 12 du rapport de la commission du droit international de 2001, *« il y a violation d'une obligation internationale par un État lorsqu'un fait dudit État n'est pas conforme à ce qui est requis de lui en vertu de cette obligation, quelle que soit l'origine de celle-ci »*[169]. La violation d'une obligation internationale peut dès lors

---

[168] V. CIJ, avis consultatif, 18 juillet 1950, Interprétation des traités de paix, *Recueil* 1950, p.228 ; CIJ, Arrêt du 25 septembre 1997, *Projet Gabcikovo-Nagymaros*, *Recueil* 1997, p.38, § 47.

[169] V. A/56/10 de 2001, p.132.

s'exprimer de différentes façons. Dans son arrêt concernant l'affaire du personnel diplomatique et consulaire à Téhéran, la CIJ a évoqué des comportements *« compatibles ou non avec les obligations d'un État »*[170], alors que dans son arrêt rendu le 27 juin 1986 dans le cadre de l'affaire des activités militaires et paramilitaires au Nicaragua, elle a utilisé les expressions d'actes *« contraires »* ou *« non-conformes à »* la règle en question. L'expression « n'est pas conforme à » est assez souple pour couvrir les nombreuses façons d'exprimer une obligation ainsi que les diverses formes que peuvent prendre une violation. En effet, cette formule permet d'exprimer l'idée qu'une violation peut exister même si le fait de l'État n'est que partiellement contraire à une obligation internationale existant à sa charge[171]. Ensuite dans l'affaire du Rainbow Warrior, le tribunal arbitral a estimé que *« toute violation par un État d'une obligation, quelle qu'en soit l'origine, engage la responsabilité de cet État et entraîne, par conséquent, le devoir de réparer »*[172]. L'origine conventionnelle ou coutumière de l'obligation n'a aucune pertinence, sa violation est constituée dès lors qu'un manquement attribuable à l'État est constaté.

66. Il faut que la règle ou l'obligation méconnue soit en vigueur à l'égard de l'État en cause au moment où la violation se produit. Cela peut être entendu comme une traduction de la non rétroactivité de la loi que Max HUBER a exprimé au sujet de l'affaire de l'île de Palmas en déclarant que « *(...) un fait juridique doit être apprécié à la lumière du droit de l'époque et non pas à celle en vigueur au moment où surgit ou doit être réglé un différend relatif à ce fait »*[173].

67. Les États engagent leur responsabilité internationale pour tout fait internationalement illicite[174]. Le fait qu'un État soutienne des groupes terroristes armés opérant sur le territoire d'un État étranger, ou commette des actes terroristes par le biais de ses représentants, est bien un fait internationalement illicite. Ce fait internationalement illicite engage la responsabilité internationale de cet État au regard des conventions antiterroristes et des Résolutions adoptées par le Conseil sous le chapitre 7 de la Charte des Nations Unies. Les travaux de la CDI dont le texte final a été adopté en seconde lecture en 2001, puis soumis

---

[170] *Recueil* 1980, p.29, § 56.

[171] A/56/10 de 2001, p.132.

[172] *RSA*, vol. XX, 1990, p. 251, paragraphe 7.

[173] *RSA,* 1949, Op-Cit., p. 845.

[174] A/RES/ 56/83 du 12 décembre 2001, article premier : « *Tout fait internationalement illicite d'un État engage sa responsabilité internationale* ».

à l'Assemblée générale des Nations Unies qui l'a recommandé à l'attention des États dans une Résolution adoptée le 12 septembre 2001[175], occupe aujourd'hui une importante place dans l'étude de la responsabilité internationale des États.

68. Notre sujet porte sur l'action des Nations Unies pour la prévention du terrorisme. Pour cette raison, nous n'aborderons pas les règles qui gouvernent la responsabilité générale des États. Nous nous intéresserons seulement aux conséquences au regard des pouvoirs reconnus au Conseil de sécurité. La charte n'utilise pas le terme de sanction. Elle emploie en revanche plusieurs termes pour désigner les diverses mesures qu'elle prévoit dans le domaine du maintien de la paix et de la sécurité internationales[176]. Trois catégories de mesures non militaires sont prévues par l'article 41 pour sanctionner l'État ou l'entité qui manquerait à ses obligations en vertu du droit international. Il s'agit de sanctions économiques, de l'arrêt des communications de toutes sortes et de la rupture des relations diplomatiques.

69. Les sanctions économiques s'entendent dans un sens large. Elles peuvent porter non seulement sur la production des biens, mais aussi sur l'ensemble des échanges économiques, commerciaux ou financiers. Les sanctions économiques[177] sont généralement les plus importantes des sanctions imposées à un État en termes d'impact. Les sanctions commerciales *« limitent les importations en provenance et les exportations à destination du pays visé*[178] ». Les sanctions économiques sont de deux ordres. Elles peuvent être générales, c'est-à-dire viser l'ensemble des produits, marchandises et services, ou sélectives et ne porter que sur certains produits tels que le pétrole et les équipements

---

[175] Idem.

[176] Elle utilise par exemple le terme de « Mesures » dans les articles 14, 15, 40, 41, 42, 48, 49 et 51, « mesures collectives » à l'article 1, paragraphe 1, « mesures de coercition » à l'article 2, paragraphe 7, « mesures coercitives » à l'article 53.

[177] La doctrine utilise fréquemment le terme d'embargo pour désigner l'ensemble des sanctions économiques mais il faut distinguer l'embargo, interdiction d'exporter certaines marchandises vers un pays, du boycott, qui vise à ne pas importer de produits en provenance de l'État sanctionné. Cette confusion a certainement pour origine la conception anglo-saxonne de l'embargo qui renvoie « à la menace ou l'action de cesser les relations commerciales ou financières avec un pays ». V. P. KOPP, « Embargo et criminalisation de l'économie », *in* F. JEAN, J-C. RUFIN (dir.), *Economie des guerres civiles*, Paris, Hachette, 1996, p.428. V. aussi D.C. OLARTE, C. FOLSCHÉ, « L'efficacite des sanctions de l'organisation des Nations Unies », *Revista Colombiana de Derecho Internacional, núm. 3*, juin, 2004, pp.11-72

[178] E/CN.4/Sub.2/ 2000/33 du 21 juin 2000, Document de travail établi par M. MARC BOSSUYT, pp. 5-6.

pétroliers. Le choix des produits dépend alors de leur importance dans l'économie de l'État sanctionné car il s'agit de « frapper » au point le plus sensible[179]. L'objectif est d'atteindre les matières premières qui procurent des revenus importants aux groupes terroristes comme les revenus issus de la vente des diamants en Angola ou du bois de construction de Sierra Leone et du Libéria[180]. Ces mesures sont parfois critiquées en ce que, frappant essentiellement les États, elles peuvent n'avoir qu'un effet limité sur des groupements non étatiques disposant de moyens financiers indépendants et importants. Ces sanctions ont également des effets sur des « populations innocentes » en raison de l'action de leurs dirigeants. La dépression économique qui peut suivre ces sanctions peut causer la détérioration du système de santé et la dégradation des conditions de vie des populations comme cela a été le cas en Yougoslavie en dépit des dérogations dans un but humanitaire qui peuvent être accordées[181].

70. Dans une logique proche des sanctions économiques, il convient de mentionner la publication par le GAFI d'une liste désignant les pays ou territoires non coopératifs en matière de lutte contre le blanchiment de capitaux. La liste prend en compte les défaillances dans les dispositifs contre le blanchiment d'argent des États et le manque manifeste de volonté dans la coopération anti-blanchiment. Cette liste incluait, en février 2003, les îles Cook, l'Egypte, le Guatemala, l'Indonésie, le Myanmar, Nauru, le Nigeria, les Philippines, Saint-Vincent et les Grenadines et l'Ukraine[182]. Ce type de mesure a pu être critiqué, dans la mesure où il consiste à exclure d'un débat et d'une coopération ceux qui précisément, contribuent au financement du

---

[179] K. KODDENBROCK, « Smart sanctions against failed states: strengthening the state through UN smart sanctions in Sub-Saharan Africa », University Passau, Berlin, 2007/2008, p.46. disponible sur: http://www.disastergovernance.net/fileadmin/gppi/Koddenbrock_2008_Smart_Sanctions_ag ainst_Failed_States.pdf consulté le 12 mars 2020.

[180] V. S/RES/1173(1998), §12 ; S/RES/1306(2000), §11 ; S/RES/1343(2001), §6.

[181] F. SHAYGAN, *La compatibilité des sanctions économiques du Conseil de Sécurité avec les droits de l'homme et le droit international humanitaire*, Bruxelles, Bruylant, 2008.

[182] V. GAFI, *Pays et territoires non coopératifs*, publié sur le site du GAFI [www.fatf-gafi.org/NCCT_fr.htm]. Le rapport constate que quatre pays sont sortis de la liste (les Bahamas, les îles Caïmans, le Liechtenstein et le Panama) en juin 2001, et que quatre autres pays en ont été retirés en juin 2002 (la Hongrie, Israël, le Liban et Saint-Christophe-et-Niévès) puis en octobre 2002 (la Dominique, les îles Marshall, Niue et la Russie).

terrorisme international[183], ou qui adoptent une législation de lutte contre le financement du terrorisme international sans souci réel de son efficacité[184].

71. Les sanctions financières concernent le gel des fonds à l'étranger, l'interdiction de prêts et crédits ainsi que la restriction d'accès au marché financier. Ces sanctions isolent l'État visé. Elles sont destinées à *« asphyxier un pays jusqu'à ce qu'il vienne à composition, leur but [est de] le contraindre à se conformer aux décisions substantielles du Conseil, en exerçant sur lui une pression par des atteintes à des intérêts le plus souvent étrangers au domaine de l'obligation violée »*[185].

72. En ce qui concerne les moyens de communication, l'interruption des communications ferroviaires maritimes, aériennes, postales, télégraphiques, radioélectriques et d'autres moyens de communication sont concernés. Les sanctions diplomatiques sont un prolongement des mesures de communication dans un domaine précis des relations interétatiques. En droit international général, l'établissement et la cessation des relations diplomatiques sont régis par le « droit de légation »[186] qui repose sur le consentement mutuel. En vertu de ce droit, les États peuvent envoyer ou recevoir des représentants diplomatiques. Il faut cependant noter que la légation passive, c'est-à-dire l'accueil des représentants diplomatiques étrangers ne constitue pas une obligation à la charge de l'État hôte. Un État peut librement accepter ou refuser de recevoir les représentants d'autres États[187]. Par conséquent, la rupture des relations diplomatiques est considérée, dans un cadre bilatéral, comme un acte discrétionnaire qui revêt un caractère symbolique plutôt qu'une sanction. Elle peut se présenter néanmoins comme un acte de coercition vis-à-vis de l'État visé dans le cas d'une action collective décidée par le Conseil de sécurité. Pour cause, un État

---

183 V. Y. GODIVEAU, Op. Cit., p. 38.

184 V. M. KOUTOUZIS, Op. Cit., pp. 92-93.

185 J. COMBACAU, « Le chapitre VII de la Charte des Nations Unies : résurrection ou métamorphose ? », *in* S. BEN ACHOUR et S. LAGHMANI (dir.), *Nouveaux aspects du droit international*, Paris, Pedone, 1994, pp.139-159, p.152.

186 Le droit de légation est le droit reconnu aux organisations internationales d'entretenir des relations avec d'autres sujets de droit international. Il comporte deux aspects. Le droit de légation active est celui d'envoyer des représentants auprès d'États tiers ou d'organisations internationales. Le droit de légation passive est celui de recevoir les représentants diplomatiques des puissances étrangères.

187 La CIJ a d'ailleurs précisé qu'« aucun État n'a l'obligation d'entretenir des relations diplomatiques ou consulaires avec un autre État », *Recueil*, 1979, p.20.

ne peut vivre en totale autarcie, il a besoin des autres pour échanger des biens et services et pour coopérer.

73. La rupture des relations peut être totale ou partielle à l'appréciation souveraine du Conseil de sécurité. Il faut noter qu'il s'agit d'une liste non exhaustive au regard de la formulation retenue par l'article 41. L'article 41 emploie l'expression « peuvent comprendre » qui sous-entend clairement que des sanctions non citées peuvent être adoptées. Les sanctions diplomatiques consistent, d'une part, à retirer le personnel diplomatique des ambassades et consulats situés sur le territoire de l'État visé et éventuellement à déplacer le siège des organisations internationales s'y trouvant. Elles visent d'autre part directement les dirigeants d'un État, que ce soient les hommes politiques ou les représentants diplomatiques, dont les visas peuvent être annulés et qui peuvent être exclus des activités de certaines instances internationales. Les sanctions diplomatiques affectent à titre principal la dimension symbolique des relations internationales[188].

74. Certains prétendent que les sanctions des NU ne seraient pas efficaces en raison notamment de la centralisation des pouvoirs de sanction entre les mains du Conseil de sécurité. Cette centralisation des pouvoirs se manifeste non seulement au niveau de la qualification de la situation mais aussi au niveau du choix des mesures de coercition. D'autres expliquent cette inefficacité alléguée par l'inadaptation des sanctions et le défaut de coopération de certains États[189]. Cette affirmation n'est cependant pas absolue car des résultats probants ont été atteints par ces mesures dans certains cas. Concernant les sanctions mises en place à l'encontre de la Yougoslavie, certains auteurs ont estimé que les sanctions avaient été "remarquablement efficaces" et qu'elles avaient ainsi *« confirmées l'idée qu'un régime de sanctions des Nations Unies [...] peut être un instrument politique fiable et efficace dans l'échelle des réactions à opposer aux menaces dont font l'objet la paix et la sécurité internationales »*[190]. Pour d'autres cependant, si les sanctions ont largement participé au règlement du conflit, elles n'ont

---

[188] R. RANJEVA, « Allocution d'ouverture », *in* R. MEDHI (dir.) *Les Nations Unies et les sanctions : Quelle efficacité ? Huitièmes rencontres internationales d'Aix en Provence* (10 et 11 septembre 1999), Paris, Pedone, 2000, p.17.

[189] D.C. OLARTE, C. FOLSCHÉ « L'efficacité des sanctions de l'organisation des Nations Unies », Op. Cit. pp.11-72.

[190] S/1996/776 du 24 septembre 1996, *Rapport de la Table ronde de Copenhague sur les sanctions imposées par les Nations Unies dans le cas de l'ex-Yougoslavie,* § 67 et 68, p. 14.

pas été le seul motif de la signature des Accords de Dayton du 21 novembre 1995. L'application de ces sanctions en Libye et au Soudan nous permettra d'illustrer davantage les résultats atteints par ces sanctions.

B/ L'efficacité des sanctions non militaires contre la Libye et le Soudan

75. La Libye marque une première tentative de mettre en œuvre un comité de sanctions suite à des actes de terrorisme. Dans la Résolution 731(1992) relative à l'accident de Lockerbie, le Conseil a condamné l'attentat et s'est déclaré « *gravement préoccupé par tous les agissements illicites dirigés contre l'aviation civile internationale* » et demandé « *instamment aux autorités libyennes d'apporter immédiatement une réponse complète et effective à ses demandes afin de contribuer à l'élimination du terrorisme international* »[191]. Le refus de la Libye de répondre favorablement aux injonctions du Conseil de sécurité prévues par la Résolution 731(1992) a été considéré comme constitutif d'une menace contre la paix et la sécurité internationales. En conséquence, le Conseil de sécurité a imposé des sanctions à la Libye en vertu de l'article 41 de la Charte pour l'obliger à assumer ses responsabilités envers la communauté internationale. Deux catégories de sanctions ont été adoptées. La première catégorie est relative à des sanctions d'ordre général affectant la Libye et sa population. Ce sont des sanctions diplomatiques et économiques comme l'embargo aérien (§4, a et §6 b), l'embargo sur les armes (§5), le boycott diplomatique à travers la réduction des effectifs et des activités diplomatiques et consulaires avec la Libye (§6, a). La deuxième catégorie de sanction est personnalisée et visait des individus soupçonnés de commettre des actes de terrorisme.

76. Le régime de sanctions contre la Libye a permis à l'affaire Lockerbie de connaître un dénouement consensuel et judiciaire. A la suite d'un accord, les deux agents libyens soupçonnés d'être impliqués dans l'attentat de 1988 ont été jugés par la Haute Cour de justice écossaise siégeant en territoire néerlandais[192]. Dans la décision de première instance confirmée en appel, l'un des mis en cause a été reconnu coupable et l'autre a été acquitté. La Libye dans une lettre adressée au Conseil de sécurité a

---

[191] S/RES/731 du 21 janvier 1992 sur la Jamahiriya arabe libyenne, §3.

[192] V. M. COSNARD, « Observations à propos de l'arrêt rendu par la Haute Cour de justice écossaise dans l'affaire de Lockerbie », *AFDI*, 2000, pp 643-653.

indiqué qu'il acceptait d'indemniser les victimes[193] amenant le Conseil à mettre un terme aux mesures coercitives pesant sur elle. Précisément, le Conseil *« accueillant avec satisfaction la lettre datée du 15 août 2003, adressée au Président du Conseil par le Chargé d'affaires par intérim de la Mission permanente de la Jamahiriya arabe libyenne, énumérant les mesures prises par le Gouvernement libyen pour se conformer aux Résolutions susmentionnées, en particulier pour ce qui est de l'acceptation de la responsabilité des actes de représentants de la Libye, du paiement d'une indemnité appropriée, de la renonciation au terrorisme et de l'engagement à donner suite à toute nouvelle demande de renseignements au sujet de l'enquête »*[194] a décidé *« de lever, avec effet immédiat, les mesures énoncées aux paragraphes 4, 5 et 6 de sa Résolution 748 (1992) et aux paragraphes 3 à 7 de sa Résolution 883 (1993) ... aussi de dissoudre le Comité créé par le paragraphe 9 de la Résolution 748 (1992) »*[195]. Il transparaît clairement de cette Résolution la coopération de la Libye sur toutes les exigences du Conseil de sécurité et surtout de sa renonciation au terrorisme.

77. Pour le Soudan, une tentative d'assassinat a été commise contre le Président égyptien Hosni Moubarak à l'occasion d'une réunion de l'OUA en Éthiopie en 1995. Les enquêtes menées à l'effet d'élucider ce crime, ont permis d'identifier les auteurs de cet attentat, qui l'auraient planifié depuis le Soudan et y auraient trouvé refuge après leurs forfaits. Les demandes de l'OUA à l'endroit du Soudan incluaient la cessation du soutien au terrorisme et de l'octroi de refuge aux terroristes[196]. En l'absence de réponse du gouvernement soudanais à ces demandes de l'OUA et aux demandes formulées dans sa Résolution 1044/1996, le Conseil a adopté une nouvelle Résolution dans laquelle il a considéré que *« le refus de se conformer aux demandes énoncées au paragraphe 4 de la Résolution 1044 (1996) dans lequel persiste le Gouvernement soudanais constitue une*

---

[193] V. S/2003/818 du 15 août 2003, Lettre adressée au Président du Conseil par le Chargé d'affaires par intérim de la Mission permanente de la Jamahiriya arabe libyenne. Tout en acceptant d'indemniser les victimes des attentats de 1988 et de 1989, le gouvernement ne reconnaît pas expressément sa responsabilité directe dans les deux attentats, mais se limite à « assumer la responsabilité des actes de ses agents ».

[194] S/RES/1506 (2003) du 12 septembre 2003, Préambule.

[195] S/RES/1506 (2003) du 12 septembre 2003, §1 et 2.

[196] S/1996/10 du 9 janvier 1996, *Déclaration de la 3ème session extraordinaire du mécanisme pour la prévention, la gestion et le règlement des conflits de l'OUA, tenue au niveau ministériel, relative à la tentative d'assassinat contre Hosni MOUBARAK, Président de la République arabe d'Égypte.*

menace contre la paix et la sécurité internationales »[197]. Le conseil de sécurité en conséquence, a adopté des sanctions diplomatiques (réduction du nombre des agents diplomatiques et consulaires soudanais sur le territoire des États membres), des mesures restrictives concernant l'entrée et les déplacements d'officiels soudanais sur le territoire des États membres, et l'interdiction pour les organisations internationales et régionales d'organiser des conférences au Soudan[198]. Le Conseil de sécurité estimant que cet État s'est finalement conformé aux exigences de ses Résolutions antérieures, a levé totalement ses sanctions à l'encontre du Soudan. Comme on le constate, ces deux États en raison de la pression des mesures adoptées par le Conseil, ont fini par se conformer à ses exigences. Le Soudan a renoncé à offrir un refuge aux terroristes et ainsi abandonné son soutien au terrorisme. Il s'agit là, de succès à mettre à l'actif du Conseil et qui témoignent de l'efficacité des mesures prises. Le conseil a depuis, continué à affiner les mesures qu'il adopte pour espérer davantage d'efficacité.

78. Le Conseil de sécurité depuis 1968[199] assortit dans ce cadre, ses sanctions d'exceptions humanitaires pour minimiser les effets pervers des sanctions. Le Conseil de sécurité exprime cette exception dans une formule typique à savoir que *« les interdictions ne s'appliquent pas : a) aux fournitures destinées à un usage strictement médical ni aux denrées alimentaires ; b) aux autres produits de base et marchandises de caractère essentiellement humanitaire »*[200]. C'est aux comités de sanctions que revient la tâche de superviser l'application des dérogations dans un but humanitaire. La pratique des comités des sanctions a permis de distinguer deux catégories de biens, susceptibles d'être importés dans l'État sanctionné[201] en fonction de la procédure d'autorisation utilisée. La première catégorie de biens qui bénéficie de cette dérogation est celle des biens humanitaires par nature. Il s'agit des fournitures à usage strictement médical et alimentaire ainsi que des produits destinés à satisfaire les besoins élémentaires de la population tels que l'hygiène, l'habillement et les biens culturels. Les comités utilisent une procédure d'autorisation

---

[197] S/RES/1054 (1996) du 26 avril 1996, avant-dernier considérant du préambule.

[198] S/RES/1054 (1996) du 26 avril 1996 §3 et 4.

[199] Résolution 253 du 29 mai 1968 du Conseil de sécurité sur la Rhodésie du Sud.

[200] Au titre des exemples de Résolutions comportant des exceptions humanitaires on peut citer pour l'Irak les Résolutions 661 (1991), 666 (1991) et 687 (1991), pour la Yougoslavie la Résolution 757 (1992) et pour Haïti la Résolution 917 (1994).

[201] M. BETTATI, *Les dérogations humanitaires aux sanctions internationales*, Mélanges en l'honneur du DOYEN PAUL ISOART, Paris, Pedone, 1996, p.196.

simplifiée compatible avec les nécessités de l'urgence pour autoriser les importations de ces produits sans difficulté. Les États ou les organisations humanitaires notifient seulement par écrit leur intention d'envoyer dans un État sanctionné des produits alimentaires et des médicaments.

79. Les biens humanitaires par destination constituent la deuxième catégorie de biens qui bénéficie de la dérogation à but humanitaire. Il s'agit de produits destinés *« à permettre le fonctionnement d'institutions considérées comme indispensables à la survie de la population : hôpitaux, hospices, écoles, universités, institutions de bienfaisance »*[202]. Pour autoriser les mouvements de ces biens, les comités utilisent la procédure de « l'approbation tacite » dite de « non-objection ». Les États et les organisations internationales présentent à cet effet, une demande sur un formulaire standard, en fournissant des renseignements très précis sur les biens concernés, leur destinataire, ainsi que sur le mode de transport et l'itinéraire qui sera suivi par le convoi. S'il n'y a aucune réaction à l'issue du délai de réflexion, la demande est considérée comme approuvée. Une lettre précisant la durée de validité de l'autorisation est alors envoyée au requérant. Dans le cas où l'un des Membres émet une objection dans le cadre de la procédure initiale ou dans le cadre de la procédure de prolongation, la demande est soumise à un examen par le comité et la décision est prise par consensus ou par un vote à la majorité.

80. Les sanctions doivent être limitées dans le temps et être évolutives, dynamiques. Il faut privilégier une approche progressive des sanctions pour accorder une sorte de délai de réflexion aux États visés. Cette approche a donné des résultats satisfaisants au Libéria[203]. La Résolution 1343 du 7 mars 2001 prévoyait la mise en place d'un embargo sur les diamants en provenance du Libéria et une interdiction de voyage des dirigeants libériens en retardant sa prise d'effets au 7 mai 2001. Avant cette échéance, le président Taylor a expulsé les dirigeants du Revolutionary United Fund (RUF) de son pays pour se conformer à la Résolution. Ce type de mesure progressive a de nouveau été mis en œuvre, à l'encontre du Libéria avec la Résolution 1478 du 6 mai 2003[204]. Les sanctions doivent être assorties d'une perspective de sortie claire car *« il est de la plus haute importance qu'au moment de décider d'instituer des sanctions, [le conseil*

[202] M. BETTATI, *Les dérogations humanitaires aux sanctions internationales*, Op. Cit., p.195.

[203] D.C. OLARTE, C. FOLSCHÉ, « L'efficacité des sanctions de l'Organisation des Nations Unies », Op. Cit., pp. 11-72

[204] Embargo sur le bois mis en œuvre le 7 juillet 2003.

de sécurité] définisse simultanément des critères objectifs permettant de déterminer que leur objectif a été atteint »[205].

§2 Le cas spécifique des sanctions ciblées dites « smart sanctions »

81. Les sanctions classiques que le Conseil adopte ont fait l'objet de nombreuses critiques en raison des effets pervers qu'elles ont parfois occasionnés. Le Conseil soucieux de l'adhésion de tous les acteurs aux mesures qu'il prend et de leur efficacité, a pris en compte ces critiques pour améliorer les sanctions. Les sanctions ciblées dites « smart sanctions » que le Conseil a développé, présentent plusieurs intérêts **(A)**. Elles visent à éviter les répercussions des sanctions sur des personnes non fautives. Leur application reste un défi pour le Conseil de sécurité **(B)**.

A/ L'intérêt de ces sanctions

82. Les sanctions globales frappent indistinctement les États et leurs citoyens. En raison de leur caractère général, elles ont le plus souvent des répercussions négatives d'un point de vue humanitaire sur des populations civiles innocentes. L'exemple typique est celui de l'Irak où les populations ont vécu dans des *« conditions lamentables »*[206]. La levée des sanctions civiles portant sur le commerce avec l'Irak par la Résolution 1483 du 22 mai 2003 et l'apport de ressources financières ou économiques prescrites par la Résolution 661 n'ont pas pu inverser la tendance. Il faudra plusieurs décennies pour sortir les populations de leur situation de précarité. On estime entre 500 000 et 1 500 000[207] le nombre de victimes des sanctions onusiennes en Irak. Les sanctions ont violé les droits de l'Homme des irakiens particulièrement le droit à la santé avec l'apparition ou la résurgence de maladies dont la prise en charge est rendue extrêmement difficile en raison du plateau technique rendu rudimentaire. Le droit à l'alimentation a été compromis et on a noté une prévalence importante de la malnutrition surtout chez la frange jeune de la population[208]. Enfin, les

---

[205] *Supplément à l'agenda pour la paix*, Op., Cit., § 68.

[206] R. BEN ACHOUR, « Les sanctions contre l'Irak : quelle efficacité ? », *in* R. MEDHI, (dir.) *Les Nations Unies et les sanctions : Quelle efficacité ?* Huitièmes rencontres internationales d'Aix en Provence, Paris, Pedone, 2000, p.103.

[207] E/CN.4/Sub.2/ 2000/33 du 21 juin 2000, *Conséquences néfastes des sanctions économiques pour la jouissance des droits de l'Homme,* Document de travail établi par MARC BOSSUYT, p. 16.

[208] 30% des enfants en Irak étaient atteints de malnutrition. D. HALLIDAY, « Guerre sans fin contre l'Irak, Des sanctions qui tuent », *Le Monde diplomatique*, janvier 1999. D. HALLIDAY était le responsable du programme humanitaire de l'ONU pour l'Irak, il a démissionné de son poste pour protester contre le régime de sanction en Irak.

sanctions ont eu des répercussions sur le plan social en remettant en cause le droit à l'éducation[209]. De nombreux enfants ne vont plus à l'école (un sur cinq en Irak). Cela est dû au délabrement des locaux mais aussi à la pénurie des fournitures scolaires.

83. Les sanctions ciblées permettent de gommer cet effet pervers des sanctions à visée générale. Les « sanctions intelligentes »[210] ou « *smart sanctions* »[211], permettent ainsi de cibler les auteurs des crimes seulement. L'idée est que « *au lieu de punir la société, généralement au moyen de sanctions commerciales, les sanctions intelligentes visent à se limiter aux auteurs identifiés, coupables* »[212]. En ce sens, les sanctions intelligentes ont « *la caractéristique de ne plus frapper aveuglement des populations civiles, mais individuellement les dirigeants des entités mises en cause ou des personnes ciblées en raison de leurs comportements jugés répréhensibles* »[213].

84. Ces sanctions dans un premier temps, « *peuvent jouer un rôle important à l'appui de la diplomatie préventive en forçant les parties à s'asseoir à la table des négociations, en encourageant les acteurs à adopter les mesures arrêtées par la communauté internationale pour atténuer les menaces ou en dissuadant les acteurs de poursuivre des activités qui sont jugées menacer la paix et la sécurité internationales* »[214]. Dans un deuxième temps, elles peuvent bloquer la logistique, empêcher le crime par une entrave matérielle à sa réalisation. En raison du fait que « *les crimes de masse sont des crimes organisés, paralyser les moyens nécessaires à leur réalisation et à leur financement (l'argent, les réseaux de communication, et les autres ressources) pourrait perturber leur*

---

[209] E/CN.4/Sub.2/2000/33 du 21 juin 2000, *Conséquences néfastes des sanctions économiques pour la jouissance des droits de l'Homme,* Document de travail établi par M. MARC BOSSUYT, p. 16. En Irak, 83% des établissements scolaires ont besoin de réparations importantes.

[210] SG/SM/7260 du 18 avril 2000, Expression tirée du discours de Kofi ANNAN devant l'Académie internationale de la paix.

[211] S. ADAMS, « The Responsibility to Protect and alternatives to the use of force », Op. Cit., p.3.

[212] G.A. LOPEZ, « Mobilizing Economic Sanctions for Preventing Mass Atrocities : From Targeting Dictators to Enablers », *in* S. ROSENBERG, T. GALIS, A. ZUCKER (dir.), *Reconstructing Atrocity Prevention*, Cambridge, CUP, 2015, p.381.

[213] P. DAILLIER, M. FORTEAU, A. PELLET (dir..), *Droit international public*, Op. Cit., p.1106.

[214] A/60/891 du 18 juillet 2006, *Rapport d'activités du Secrétaire général de l'ONU sur la prévention des conflits armés*, §37.

exécution »[215]. C'est ainsi que les sanctions représentent non seulement une pression politique, mais également une contrainte matérielle, puisqu'elles privent les protagonistes de ressources et/ou de moyens d'agir.

B/L'efficacité de ces sanctions

85. L'idée des sanctions ciblées est apparue dans un premier temps dans le cadre du processus d'Interlaken en 1998, puis ceux de Bonn-Berlin en 2001 et Stockholm en 2003. Le processus d'Interlaken s'est focalisé sur les sanctions financières, sur leur manque de clarté et l'ambigüité des termes des Résolutions imposant de telles sanctions[216]. Le processus de Bonn-Berlin avait pour objectif « *d'améliorer la conception et l'application de l'embargo sur les armes et les sanctions relatives aux déplacements, pour mieux utiliser leur potentiel »*[217]. Le processus de Stockholm s'est, quant à lui, focalisé sur l'application des sanctions ciblées en droit interne. C'est ainsi qu'a été construit le concept des sanctions dites intelligentes, les « *Smart sanctions* », destinées à « *avoir un objectif plus précis, des effets plus ciblés, tâchant notamment d'éviter les stratégies de contournement des entités sanctionnées »*[218]. L'idée est que « *il est préférable de faire pression directement sur les responsables de la menace contre la paix et la sécurité internationales plutôt que sur l'État qui les abrite »*[219].

86. En ce sens, une Résolution de l'Assemblée générale des Nations Unies du 16 décembre 2009 a rappelé que les sanctions « *doivent être soigneusement ciblées sur des objectifs précis et légitimes, et appliquées de manière à respecter l'équilibre entre efficacité de la réalisation de ces objectifs et les conséquences néfastes qu'elles peuvent avoir pour les populations et les États tiers, notamment sur le plan socio-économique et*

---

[215] G.A. LOPEZ, « Mobilizing Economic Sanctions for Preventing Mass Atrocities : From Targeting Dictators to Enablers », *Op. Cit.*, p.385.
[216] V. D.L. TEHINDRAZANARIVELO, *Les sanctions des Nations Unies et leurs effets secondaires : Assistance aux victimes et voies juridiques de préventio*n, PUF, 2005.
[217] Ibidem
[218] C. GOMEZ, « Les sanctions internationales, ou la délicate mesure de l'efficacité », *Revue internationale et stratégique*, 2016 N°3, pp.163-168.
[219] C. RAPOPORT, « Les sanctions ciblées dans le droit de l'ONU », *Collection Les conférences publiques du Centre d'Excellence Jean Monnet Université Pierre-Mendes-France-Grenoble*, 2011, pp.3-24.

humanitaire »[220]. C'est ainsi que les sanctions ont progressivement ciblé les individus, les entités, des matériels identifiés[221]. C'est dans le cadre du régime de sanctions contre l'Angola que le Conseil de sécurité a visé pour la première fois un acteur non-étatique l'Union Nationale pour l'Indépendance Totale de l'Angola (UNITA), en 1993[222]. Il a ainsi établi des mesures coercitives de type sanctions financières, sanctions militaires et restrictions au déplacement à l'encontre de l'UNITA en Angola (Résolution 864 (1993). Le Conseil a adopté les mêmes sanctions contre "la faction afghane dénommée Taliban" dans sa Résolution 1267 (1999). Cela permet d'atteindre avec une plus grande précision les responsables de l'atteinte à la paix et à la sécurité internationales. Le fait que ces responsables puissent être des personnes privées, physiques ou morales, ne pose aucune difficulté juridique de principe, puisque l'article 41 de la Charte ne précise pas que les mesures prises par le Conseil de sécurité doivent impérativement viser des États. Le Conseil ne pouvait pas rester indifférent face aux nouvelles menaces à la paix et la sécurité internationales que représente en particulier le terrorisme. Trois types de sanctions sont utilisées dans ce cadre.

87. Le gel des avoirs consiste à « *bloquer sans retard les fonds et autres avoirs financiers ou ressources économiques des personnes, groupes, entreprises et entités en question, y compris les fonds provenant de biens leur appartenant ou contrôlés, directement ou indirectement, par eux ou par des personnes agissant pour leur compte ou sur leurs instructions, et veiller à ce que ni ces fonds, ni d'autres fonds, actifs ou ressources économiques ne soient mis à la disposition, directement ou indirectement, de ces personnes, groupes, entreprises et entités par leurs ressortissants ou par des personnes établies sur leur territoire* »[223]. L'interdiction de voyager signifie, quant à elle, « *empêcher l'entrée sur leur territoire ou le transit par leur territoire des personnes en question, étant entendu qu'aucune disposition du présent paragraphe n'oblige un*

---

[220] A/RES/64/115 du 16 décembre 2009, *Rapport du Comité spécial de la Charte des Nations Unies et du raffermissement du rôle de l'Organisation*

[221] En ligne : http://www.diplomatie.gouv.fr/fr/politique-etrangere-de-la-france/la-france-a-l-onu/domaines-d-action-de-l-onu/la-paix-et-la-securite/article/les-sanctions Consulté en avril 2021.

[222] Comité créé en application de la Résolution 864 (1993) concernant la situation en Angola.

[223] S/RES/2253 (2015) du 17 décembre 2015 portant *Menaces contre la paix et la sécurité internationales résultant d'actes de terrorisme*, § 2 a). V. aussi S/RES/2199 (2015) du 12 février 2015 portant *Menaces contre la paix et la sécurité internationales résultant d'actes de terrorisme*, §28.

État à refuser à ses propres ressortissants l'entrée ou le séjour sur son territoire, et que le présent paragraphe ne s'applique pas dans les cas où l'entrée ou le transit sont nécessaires aux fins d'une procédure judiciaire ni lorsque le Comité détermine au cas par cas uniquement que l'entrée ou le transit se justifient »[224]. Par exemple, des restrictions aux déplacements des dirigeants de l'UNITA ainsi que des membres de leurs familles ont été décidées entre 1997 et 2002[225]. L'embargo sur les armes consiste à « *empêcher la fourniture, la vente ou le transfert directs ou indirects aux personnes, groupes, entreprises et entités en question, de leur territoire ou par leurs ressortissants établis hors de leur territoire, ou au moyen de navires ou d'aéronefs battant leur pavillon, d'armements et de matériels connexes de tous types, y compris les armes et les munitions, les véhicules et le matériel militaires, l'équipement paramilitaire et les pièces de rechange des armes et matériels susmentionnés, ainsi que la fourniture de conseils techniques, d'assistance ou de formation en matière d'arts militaires »*[226]. De telles mesures ont été adoptées contre Oussama ben Laden, les membres de l'organisation Al-Qaeda, les Talibans, et les personnes, groupes, entreprises et entités qui leur sont associés[227].

88. Afin de surveiller la bonne application de ces sanctions, le Conseil de sécurité a créé différents organes subsidiaires appelés comités des sanctions. Composés des membres du Conseil de sécurité, ces comités ont prouvé leur efficacité. Aujourd'hui, il y a quatorze comités de sanctions[228] : le Comité des sanctions concernant la Somalie et l'Érythrée[229], le Comité des sanctions concernant l'EIIL (Daesh) et Al-Qaïda[230], le Comité des sanctions 1518 (Iraq)[231], le Comité des sanctions concernant la République

---

[224] S/RES/2253 (2015) du 17 décembre 2015 portant *Menaces contre la paix et la sécurité internationales résultant d'actes de terrorisme,* §2 b).

[225] D.C. OLARTE, C. FOLSCHÉ, « L'efficacité des sanctions de l'organisation des Nations Unies » Op., Cit., pp.11-72

[226] V. aussi S/RES/2199 (2015) du 12 février 2015 précité, §24.

[227] V. notamment le paragraphe 4 b) de la Résolution 1267 (1999), le paragraphe 8 c) de la Résolution 1333 (2000), et les paragraphes 1 et 2 de la Résolution 1390 (2002) et 1526 (2004).

[228] V. United Nation Security Council Subsidiary Organs, *Fact Sheets*, 2022, 55p.

[229] V. le site du Comité des sanctions concernant la Somalie et l'Érythrée. Url : https://www. un.org/sc/suborg/fr/sanctions/751. Pour la composition du Comité, V. S/2016/1065 du 15 décembre 2016, Lettre du Secrétaire général de l'ONU adressée au Président du Conseil de sécurité.

[230] V. le site du Comité des sanctions concernant l'EIIL (Daesh) et Al-Quaida. Url : https://www.un.org/sc/suborg/fr/sanctions/1267 .

[231] V. le site du Comité des sanctions 1518 (Iraq). Url : https://www.un.org/sc/suborg/fr/san ctions/information/sanctions/1518.

démocratique du Congo[232], le Comité des sanctions concernant le Soudan[233], le Comité des sanctions 1636[234], le Comité des sanctions 1718 (République populaire démocratique de Corée)[235], le Comité concernant la Libye[236], le Comité des sanctions 1988[237], le Comité des sanctions concernant la Guinée-Bissau[238], Le Comité des sanctions concernant la République centrafricaine[239], le Comité des sanctions 2140 (Yémen)[240], le Comité des sanctions concernant le Soudan du Sud[241] et le Comité de sanction concernant le Mali. Comme on le voit, les mesures de pression dont s'agit, sanctionnent une responsabilité résultant de la violation d'une obligation négative des États, en l'occurrence une obligation de ne pas faire. Ces obligations même si elles étaient respectées, ne suffiraient pas à remplir les obligations des États en matière de prévention du terrorisme. Il est en plus attendu des États, des actions concrètes pour empêcher la commission d'actes terroristes que nous analyserons dans le prochain chapitre.

---

[232] V. le site du Comité des sanctions concernant la République démocratique du Congo. Url : https://www.un.org/sc/suborg/fr/sanctions/1533 .

[233] V. le site du Comité des sanctions concernant le Soudan. Url : https://www.un.org/sc/sub org/fr/sanctions/1591.

[234] V. le site du Comité des sanctions 1636. Url : https://www.un.org/sc/suborg/fr/sanctions/1636 .

[235] V. le site du Comité des sanctions 1718 (République populaire démocratique de Corée). Url : https://www.un.org/sc/suborg/fr/sanctions/1718 .

[236] V. le site du Conseil du Comité concernant la Libye. Url : https://www.un.org/sc/suborg/fr/sanctions/1970 .

[237] Ibidem.

[238] V. le site du Comité des sanctions concernant la Guinée-Bissau. Url : https://www.un.org /sc/suborg/fr/sanctions/2048.

[239]V. le site du Comité des sanctions concernant la République centrafricaine. Url : https://www.un.org/sc/suborg/fr/sanctions/2127 .

[240] V. le site du Comité des sanctions 2140 (Yémen). Url : https://www.un.org/sc/suborg/fr/ sanctions/2140.

[241] V. le site du Comité des sanctions concernant le Soudan du Sud. Url : https://www.un.org /sc/suborg/fr/sanctions/2206.

Chapitre 2 La mise en œuvre d'actions d'anticipation

89. Pour prévenir les actes terroristes, l'action requise ne se limite pas seulement à l'abstention de soutenir le terrorisme. En plus de ne pas favoriser par leur action ou leur inaction la commission d'actes terroristes, les acteurs doivent agir proactivement, développer des initiatives pour contrer les plans des organisations terroristes dans leurs projets de commettre des actes terroristes. Des efforts sont déployés par les entités signataires du Pacte mondial de coordination contre le terrorisme[242] pour une mise en œuvre équilibrée de chacun des quatre piliers de la Stratégie antiterroriste. Dans cette perspective, les Nations Unies imposent des actions à mettre en œuvre au plan national, pour empêcher que les terroristes ne circulent librement dans le but de préparer et commettre des actes terroristes. Les NU offrent une assistance technique pour permettre aux États de faire face à ces obligations **(Section 1)**. De plus, des actions sont prévues pour permettre d'assurer la protection physique des matières et des installations sensibles que les groupes terroristes pourraient utiliser ou cibler dans le cadre de la commission d'actes terroristes **(Section 2)**.

Section 1 Le contrôle des déplacements

90. Pour des raisons de sécurité évidentes, chaque État exige des documents administratifs qui permettent d'identifier les personnes qui circulent à l'intérieur des limites de ses frontières. Dans le cadre de la prévention du terrorisme, le contrôle de documents permet particulièrement de retrouver les terroristes recherchés et de vérifier tous les indices qui permettent d'anticiper la commission de futurs actes terroristes. Ces mesures relèvent des pouvoirs ordinaires de police administrative. Il s'agit en l'occurrence des contrôles d'identité et des contrôles administratifs des retours sur le territoire national **(§1)**. Les États rencontrent des difficultés variables sur le plan technique, dans la réalisation de ces contrôles. Pour pallier ces difficultés dans le contrôle des passagers et bien d'autres encore, les différents comités mis en place par l'ONU fournissent aux États, une assistance technique adaptée **(§2)**.

---

[242] Il a été signé le 23 février 2018 et regroupait en août 2019, 42 entités, en tant que membres ou observateurs. Il vise à renforcer une approche commune de l'action de l'ONU afin de soutenir les États membres qui en font la demande dans la mise en œuvre équilibrée de la Stratégie antiterroriste mondiale des Nations Unies et d'autres Résolutions ou mandats pertinents de l'Organisation.

§1 Les vérifications administratives et leurs suites

91. Les mesures administratives assurent une tranquillité et une sécurité ordinaires aux populations et permettent de prévenir la délinquance en appréhendant les personnes recherchées et les personnes dont l'absence de documents laisse soupçonner des écarts de conduite **(A)**. Lorsque de telles personnes sont retrouvées dans le cadre des contrôles, des mesures d'expulsion et d'interdiction de séjour peuvent être adoptées à leur encontre **(B)**.

A/La mise en œuvre des mesures de contrôle

92. Les contrôles permettent d'anticiper et d'empêcher les actes délictueux potentiels ou planifiés **(1)**. L'efficacité de ces contrôles exige une coopération renforcée entre différents acteurs **(2)**.

1)Les contrôles d'identité et les contrôles administratifs des retours sur le territoire national

93. Dans ses Résolutions 1373 (2001), 2178 (2014) et 2396 (2017), le Conseil de sécurité a déclaré que tous les États membres devaient empêcher les déplacements des terroristes en effectuant des contrôles efficaces à leurs frontières. Les contrôles de sécurité doivent être bien ciblés et s'appuyer sur des données factuelles pour respecter les droits des voyageurs qui ne présentent pas de risque[243]. C'est pourquoi, ces Résolutions particulièrement la Résolution 2178 (2014) adoptée par le Conseil de sécurité le 24 septembre 2014, édicte que *« les États doivent empêcher la circulation de terroristes et de groupes terroristes en effectuant des contrôles efficaces aux frontières »*[244]. Les contrôles aux frontières doivent nécessairement être complétés par des contrôles à l'intérieur des frontières à l'effet d'identifier et d'appréhender les personnes suspectes. Il s'agit là, de contrôles de police administrative puisque l'objectif est de prévenir la commission d'infractions, des atteintes à l'ordre public particulièrement la sécurité des personnes et des biens, et non de les constater, rassembler les preuves et rechercher les auteurs[245].

94. Au Royaume-Uni, conformément aux prescriptions des Résolutions 1373 (2001), 2178 (2014) et 2396 (2017) précitées, le

---

[243] Bureau de lutte contre le terrorisme, Centre des Nations Unies pour la lutte contre le terrorisme, *Les droits de l'homme et les contrôles effectués dans le cadre de la sécurité et de la gestion des frontières*, New York, 2018, 28p., p.9.

[244] S/RES/2178 (2014) précité, §2.

[245] Cela relèverait de la compétence de la Police Judiciaire.

recours aux contrôles d'identité a considérablement augmenté après le 11 septembre 2001. Le nombre de personnes fouillées est ainsi passé de 6 400 en 2000-2001 à 10 200 en 2001-2002 pour atteindre 50 000 en 2005-2006. L'utilité de ces contrôles reste cependant à prouver en matière de prévention de terrorisme car une proportion très basse (jamais supérieure à 1,4 %) d'entre eux a abouti à des arrestations[246]. Au Royaume-Uni toujours, à la suite des recommandations de l'Independent Reviewer of Terrorism Legislation[247] qui a jugé ces mesures très utilisées et très mal perçues mais ne contribuant pas significativement à la lutte contre le terrorisme, elles ont été abrogées et remplacées par un régime de contrôle plus limité.

95. Dans certains États tels que les Pays-Bas et l'Allemagne, les passeports des individus soupçonnés d'être des candidats potentiels au départ, peuvent être confisqués ou même révoqués. Les Pays-Bas ont ainsi révoqué les passeports de onze candidats au combat en Syrie. De plus, les mesures annoncées en octobre 2013 par le ministre de la Sécurité et de la Justice de ce pays, prévoient le refoulement lors de leur retour, des personnes résidant aux Pays-Bas devenues combattants terroristes étrangers (CTE) qui n'ont pas la nationalité néerlandaise[248]. Le Royaume-Uni a aussi récemment, mis en pratique ses pouvoirs de privation de la citoyenneté britannique contre des personnes (au nombre de 27) ayant la double nationalité, comme l'a révélé le Bureau of Investigative Journalism[249].

96. Pour plus d'efficacité dans les contrôles, les États sont invités à utiliser des systèmes biométriques pour protéger leurs frontières contre la menace posée par le mouvement continu de terroristes. Des listes de surveillance biométriques peuvent aussi être créées à n'importe quelle échelle, depuis de petites collections de références jusqu'à une connectivité complète avec les bases de données de gestion de l'identité

---

[246] V. *Ethnic Profiling in the European Union : Pervasive, Ineffective, and Discriminatory*, Open Society Institute, 2009 ; *Without Suspicion. Stop and Search under the Terrorism Act 2000*, New York, Human Rights Watch, 2009 ; C. PANTAZIS et S.A. PEMBERTON, « From the "old" to the "new" suspect community : examining the impacts of recent UK counter-terrorist legislation », *British Journal of Criminology*, 49 (5), 2009, pp.646-666.

[247] Il s'agit de l'examinateur de la législation antiterroriste dans cet État.

[248] F. RAGAZZI, « Vers un « multiculturalisme policier » ? La lutte contre la radicalisation en France, aux Pays-Bas et au Royaume-Uni », *Les Etudes du CERI - n° 206*, septembre 2014, p.26.

[249] The Bureau of Investigative Journalism, « Citizenship revoked », http://bit.ly/1e1wFdn .

et de détection des crimes des forces de l'ordre[250]. Les stratégies nationales et régionales de lutte contre le terrorisme devraient refléter l'importance de la science médico-légale et de la biométrie, en responsabilisant les organismes chargés de l'application de la loi et de la gestion des frontières afin de maximiser leur collecte, leur utilisation licite et le maintien de bases de données et de protocoles de partage de données efficaces[251]. Lorsque les contrôles d'identité sont couronnés de succès, ils aboutissent souvent à des expulsions si les personnes soupçonnées de terrorisme sont de nationalité étrangère.

97. L'efficacité d'un système de contrôle des identités dépend pour une bonne part de l'intégrité des personnes chargées de ces contrôles. Si ces personnes sont corrompues, le système de contrôle sera compromis. L'exemple des deux femmes kamikazes qui ont embarqué à l'aéroport Domodedovo de Moscou en août 2004 sans être interceptées l'atteste[252]. Les deux femmes et leurs compagnons avaient été arrêtés à l'aéroport par le capitaine de la police nationale, Mikhaïl Artamonov, afin de contrôler s'ils détenaient des armes et vérifier leur identité, mais cela n'a finalement pas été fait. Armen Aratyunyan a vendu des billets d'avion aux deux femmes alors qu'elles ne possédaient pas de documents d'identité contre un pot-de-vin d'environ 140 dollars. Il les a ensuite aidées à convaincre l'employé du comptoir d'enregistrement Nikolaï Korenkov, de laisser au moins l'une des deux femmes embarquer en dépit du fait qu'elle n'était pas munie d'un passeport. Le capitaine Artamonov a été inculpé de négligence criminelle dans l'exécution de ses fonctions et condamné en appel à six ans de réclusion. Armen Aratyunyan et Nikolaï Korenkov ont été inculpés de corruption et condamnés à dix-huit mois d'emprisonnement[253]. Une étude de cas présentée par un expert d'INTERPOL explique aussi comment l'arrestation de plusieurs individus liés au Mouvement des Tigres de libération de l'Eelam Tamoul a mis à jour une défaillance des services de sécurité dont certains membres œuvraient en faveur de l'immigration illégale. Pourtant, la simple présence de sympathisants du Mouvement dont le

---

250 *United Nations Compendium of Recommended Practices For the Responsible Use and Sharing of Biometrics in Counter Terrorism*, p.73

251 Idem.

252 ONUDC, *Recueil de cas sur les affaires de terrorisme*, New York, 2010, §122.

253 Ibidem, §122.

passé en matière d'attentats kamikazes est connu dans des zones sécurisées de l'aéroport, aurait dû éveiller les soupçons[254].

98. Les contrôles administratifs des retours sur le territoire national répondent à un impératif important, celui de la gestion des personnes dans leurs États d'origine après un séjour dans un théâtre d'opérations terroristes et/ou soupçonnées d'avoir pris une part active à la commission d'actes terroristes. Ce contrôle est nécessaire pour les personnes contre lesquelles l'on ne dispose pas encore de preuves suffisantes pour engager des poursuites notamment, pour l'infraction d'association de malfaiteurs en relation avec une entreprise terroriste[255] ou encore de terrorisme par entreprise individuelle[256]. Le simple séjour dans un théâtre d'opérations terroristes sans que l'on ne sache l'objet précis du séjour, ne saurait suffire à caractériser une infraction dans un État de droit respectueux des droits de l'homme. Ces personnes ne peuvent non plus bénéficier d'une confiance aveugle leur permettant de circuler librement en raison des risques qu'ils représentent. C'est pourquoi, des contrôles administratifs des retours ayant pour objet de réunir des données à même de servir de charges pour engager des poursuites pénales contre ces personnes et en même temps, de les surveiller pour éviter la commission d'actes terroristes sont nécessaires. Lorsque des raisons sérieuses de croire à la dangerosité d'une personne existent, elle peut être astreinte à demeurer dans une aire géographique déterminée ou à son domicile selon le cas, pour lui permettre d'avoir une vie familiale et professionnelle proches de la normale. Elle peut aussi être obligée de signaler ses mouvements et interdite d'avoir des relations directes ou indirectes avec certaines personnes préalablement identifiées[257].

99. En 2021, dans le cadre de son projet « amélioration du partage d'information sur les combattants terroristes étrangers entre les États membres », le Centre des Nations Unies de lutte contre le terrorisme et INTERPOL ont organisé un atelier régional de trois jours à Stockholm en Suède, au profit de 12 États membres. Les bonnes pratiques pour l'amélioration du partage d'information sur les CTE et des informations utiles sur les changements et les évolutions des menaces concernant les CTE ont été examinées. INTERPOL a partagé à cette occasion, des réussites enregistrées dans l'arrestation de CTE et la mise en œuvre de

[254] Idem.
[255] V. l'article 421-2-1 du code pénal français.
[256] V. l'article 421-2-6 du code pénal français.
[257] V. l'article L. 225-1 et 3 du code de l'intérieur français.

la stratégie antiterroriste mondiale[258]. Le terrorisme est aujourd'hui une activité criminelle qui ne se produit pas dans les limites des frontières d'un seul État. L'ensemble des États doivent donc coopérer pour prévenir le déplacement des terroristes.

2) La coopération internationale contre les mouvements de terroristes

100. La quasi-totalité des groupes terroristes ont des liens avec d'autres groupes terroristes dans plusieurs États. Cela s'explique simplement par le fait que les différents groupes terroristes même lorsqu'ils naissent dans un État, ne tardent pas à revendiquer leur appartenance à un grand groupe terroriste comme DAECH ou Al Qaeda. Cette appartenance aux grands groupes terroristes, en font de fait, des groupes internationaux avec des ramifications dans toutes les régions du monde. Le propre d'un groupe hiérarchisé est de recevoir des ordres et des instructions de sa hiérarchie et d'agir selon sa doctrine. Pour la connaissance de cette doctrine, il faut côtoyer les membres de l'organisation en se déplaçant dans ses quartiers généraux. De plus, l'acquisition des connaissances techniques sur les méthodes d'action requière la fréquentation de centres d'entrainements. Enfin, pour commettre des actes terroristes il faut généralement se déplacer jusqu'à la cible. Le besoin de déplacement est encore inévitable avec le phénomène des combattants terroristes étrangers qui a gagné du terrain et de l'ampleur. Grâce aux médias sociaux, l'EIIL a mis en place des campagnes de recrutement très fructueuses, qui ont attiré plus de 30 000 combattants terroristes étrangers originaires de plus de 100 pays[259]. Les États doivent donc coopérer pour empêcher ces déplacements.

101. Le Conseil de sécurité dans sa Résolution 2396 (2017), a demandé aux États membres de partager toutes les informations relatives aux personnes dont ils ont des raisons de croire qu'il s'agit de terroristes, avec les pays d'origine, de destination et, le cas échéant, de transit[260]. L'une des difficultés qui empêchent le contrôle efficace des passagers est l'utilisation de documents volés ou contrefaits. La communication de l'expert indonésien sur l'affaire d'Ainul concernant le chef d'une entité terroriste liée à Al-Qaeda, permet d'illustrer les

---

[258] United Nations Counter-Terrorism Centre, *Annual report 2021*, January - December 2021, 132p., p.41.

[259] S/2016/49 de 2016, *Enquête mondiale portant sur la mise en œuvre de la Résolution 1373 (2001) du Conseil de sécurité par les États membres,* p.8.

[260] §3 de la Résolution 2396 (2017) précitée.

falsifications d'identité. L'expert y explique qu'Ainul Bahri était également connu des autorités comme Yusrom Mahjmudi, alias Abud Dujana, alias Abu Masa, alias Sobirin, alias Pak Guru, alias Dedy, alias Mahsun bin Tamli Tamami, prouvant ainsi qu'un terroriste peut voyager dans de nombreux pays en utilisant une multitude de fausses identités. Trois ressortissants irlandais liés à l'IRA ont été aussi arrêtés en 2001 à Bogota en Colombie pour possession de passeports frauduleux. Ils ont été inculpés d'infraction à la législation sur les documents de voyage et d'entraînement en vue de commettre des actes illicites parce qu'ils avaient fourni à des membres des FARC, des instructions pour la fabrication d'engins explosifs[261]. La communication transmise par le Procureur italien lors de la première réunion du Groupe de travail d'experts contient de nombreux exemples de falsification de documents, tels que des visas d'immigration, des permis de travail, des vols d'identités, des fraudes de permis de conduire. Il explique que les éléments de preuve recueillis lors des enquêtes menées en Italie et dans d'autres pays (européens et autres) ont montré que *« l'acquisition et l'utilisation de documents d'identité falsifiés sont fondamentales non seulement pour la commission d'actes terroristes ordinaires mais aussi d'actes terroristes plus spécifiques. En se procurant de faux papiers parfaitement imités, les chefs des réseaux terroristes (qui doivent nécessairement maintenir le contact avec les différentes cellules du réseau) et les auteurs matériels d'actes terroristes peuvent se déplacer partout dans le monde quasiment sans risque. Mais il ne faut pas non plus exclure l'hypothèse que des personnes extérieures à l'organisation terroriste internationale lui fournissent l'aide et le soutien nécessaires pour opérer. En fait, il s'agit d'individus, identifiés au cours des enquêtes, qui n'appartiennent pas à des organisations terroristes mais qui sont des experts, des "professionnels" en matière de falsification de documents qui travaillent en permanence pour les membres d'Al-Qaeda »*[262].

102. Pour garantir que les combattants terroristes étrangers sont détectés lors des vérifications de routine à la frontière et des contrôles réguliers d'immigration et de police, les autorités frontalières doivent pouvoir accéder rapidement aux informations pertinentes sur l'identité des combattants terroristes étrangers présumés ou potentiels. Les renseignements préalables concernant les voyageurs, les dossiers

---

[261] ONUDC, *Recueil de cas des affaires de terrorisme*, New York, 2010, §157.
[262] Ibidem, §160.

passagers, les systèmes biométriques, les listes de surveillance nationales et internationales, les bases de données d'INTERPOL, notamment celles relatives aux combattants terroristes étrangers et aux documents de voyage perdus ou volés sont utiles à cet effet. Ces renseignements préalables sur les passagers s'ils sont principalement utilisés dans le cadre du transport aérien, sont aussi utilisés pour le transport maritime. Les renseignements concernant les voyageurs devraient ainsi être régulièrement comparés avec les informations obtenues à l'occasion de tous les déplacements individuels lors du passage des frontières.

103. Les renseignements spécifiques reçus devraient être analysés aux fins de leur comparaison avec les profils connus de combattants terroristes étrangers et de la mise au point de nouveaux profils afin d'éclairer les futures analyses. L'objectif ultime est de faciliter la diffusion de tels profils en temps opportun auprès des fonctionnaires qui se trouvent en première ligne. Une difficulté spécifique est associée à l'analyse des activités des combattants terroristes étrangers lorsqu'ils voyagent. Ceux-ci brouillent les pistes, en utilisant délibérément des techniques pour diviser des déplacements de longue distance en multiples segments de telle sorte qu'il devienne difficile d'établir leur itinéraire complet. Cela empêche que les autorités de contrôle aux frontières et les fonctionnaires des services de lutte contre le terrorisme, déterminent avec précision où les combattants en question se trouvaient avant leur arrivée dans un État donné. Une difficulté connexe consiste à faire la distinction entre le fractionnement d'un itinéraire dans le but d'échapper aux autorités chargées de la lutte contre le terrorisme et le même procédé utilisé par un voyageur simplement soucieux de réaliser des économies. Les États doivent pour juguler ces difficultés, conformément au Principe directeur 16 des Règles de Madrid[263], faire en sorte que les renseignements recueillis au sujet des combattants terroristes étrangers ou des personnes susceptibles de le devenir soient soigneusement analysés par des experts hautement compétents. Cela a

[263] S/2015/939 du 23 décembre 2015, *Guide pratique pour les États membres dans leur lutte pour endiguer le flot de combattants terroristes étrangers, Principes Directeurs de Madrid*. Ce document a été adopté à l'initiative du Comité du Conseil de sécurité des Nations Unies contre le terrorisme qui a tenu une réunion spéciale à l'effet d'examiner les principaux manquements dans la mise en œuvre de la Résolution 2178 (2014) du Conseil de sécurité qui vise à endiguer le flot de combattants terroristes étrangers (CTE). Le Conseil de sécurité a adopté les 35 Principes directeurs y relatifs (S/2015/939).

l'avantage de minimiser la marge d'erreurs et les violations des droits de l'homme. Il est primordial que les services de maintien de l'ordre et les autorités chargées du contrôle aux frontières, procèdent à une évaluation des risques et prennent des mesures de ciblage appropriées dans les aéroports internationaux et aux autres points d'entrée afin d'identifier et d'arrêter les combattants terroristes étrangers présumés et les autres passagers à haut risque[264].

104. Dans sa Résolution 2396 (2017), le Conseil de sécurité a décidé que les États membres doivent renforcer leurs capacités sur plusieurs plans pour assurer au processus une efficacité optimale. Ce renforcement de capacité doit en particulier concerner la collecte, le traitement des données des dossiers passagers et leur communication à toutes les autorités nationales compétentes intéressées. Ce partage d'informations permet aux États concernés de se prémunir contre le passage ou l'installation de ces personnes sur leurs territoires en particulier, lorsque ces personnes figurent sur les listes établies par un Comité. Il est essentiel de pouvoir comparer les données biométriques recueillies lors des contrôles aux frontières, des contrôles d'immigration et des enquêtes, avec celles contenues dans des banques de données biométriques nationales et internationales plus vastes pour identifier de façon certaine les terroristes. Dans le cadre des enquêtes antiterroristes, la criminalistique peut aider les enquêteurs et les services du parquet à établir des liens entre une personne et une activité, un événement, un lieu, une substance ou une autre personne.

105. Les systèmes de dossiers passagers exigent néanmoins des ressources suffisantes et sur le plan technique, des moyens considérables, un réel savoir-faire et des compétences précises. Peu d'États possèdent les ressources, les moyens et les compétences spécialisées nécessaires pour mettre en œuvre des systèmes hautement sophistiqués. En Afrique du Nord par exemple, bien que certains États disposent d'un système automatisé de gestion des frontières et soient connectés à des bases de données nationales, un seul a accès, aux

---

[264] S/2019/50 du 15 janvier 2019, Lettre adressée au Président du Conseil de sécurité par le Président du Comité du Conseil de sécurité faisant suite aux Résolutions 1267 (1999), 1989 (2011) et 2253 (2015) concernant l'État islamique d'Iraq et du Levant (Daech), Al- Qaeda et les personnes, groupes, entreprises et entités qui leur sont associés, *Vingt-troisième rapport de l'Équipe d'appui analytique et de surveillance des sanctions présenté en application de la Résolution 2368 (2017) concernant l'État islamique d'Iraq et du Levant (Daech), Al-Qaeda et les personnes et entités qui leur sont associées.*

principaux points de passage de ses frontières, à la base de données I-24/7 des documents de voyage volés et perdus et aux notices rouges des personnes recherchées d'INTERPOL ainsi qu'aux listes des personnes et entités frappées par des sanctions de l'ONU[265]. Les États, les institutions internationales et régionales et les autres entités compétentes devraient donc mettre en commun leurs compétences et leurs expériences et renforcer le niveau d'assistance technique fournie aux pays qui en ont besoin. Le comité 1267 a fait le constat que l'un des changements les plus notables observés est la quantité croissante de nouvelles données biométriques que les États membres ont fournies afin qu'elles puissent figurer sur les notices spéciales INTERPOL-Conseil de sécurité de l'Organisation des Nations Unies[266]. Les efforts du Secrétariat pour relier les notices spéciales aux autres notices contenues dans les bases de données d'INTERPOL, transforment progressivement pour les États membres, les notices spéciales en document incontournable concernant les terroristes[267].

106. La Bosnie-Herzégovine, le Monténégro et la Serbie ont créé un centre commun de coopération policière et ont nommé des points focaux pour partager les analyses sur les CTE avec les États voisins[268]. En Europe du Sud et du Sud Est, l'enquête mondiale a noté que les processus de filtrage de l'immigration de cette sous-région étaient menés à l'aide du système INTERPOL I-24/7, y compris la base de données SLTD (the Stolen and Lost Documents concerne les documents volés et perdus), et en coopération avec les points focaux nationaux d'INTERPOL. Un seul des États de l'Union européenne de cette sous-région a confirmé avoir connecté tous ses postes de contrôle frontaliers aux bases de données d'INTERPOL à l'usage des agents frontaliers de première ligne. Dans cinq autres États de cette sous-région, les services d'immigration n'avaient pas tous un accès direct aux bases de données d'INTERPOL et dans d'autres cas encore, les autorités de l'immigration n'y avaient qu'un accès indirect par

---

[265] (DECCT), *Enquête mondiale 2016, Op. Cit.*

[266] S/2015/441 du 16 juin 2015, Lettre adressée au Président du Conseil de sécurité par le Président du Comité du Conseil de sécurité faisant suite aux Résolutions 1267 (1999) et 1989 (2011) concernant Al-Qaeda et les personnes et entités qui lui sont associées, §60.

[267] Idem.

[268] United Nations Security Council, Counter-Terrorism Committee, *Global survey of the implementation of Security Council resolution 1373 (2001) and other relevant resolutions by Member States,* 2021, §655.

l'intermédiaire de leurs points focaux nationaux[269]. En Asie du Sud, tous les États sont membres d'INTERPOL et tous sont connectés via leurs points focaux nationaux, aux bases de données et aux outils d'INTERPOL. Certains États ont étendu ce lien à leurs autorités de première ligne chargées de l'immigration et du contrôle des frontières. Par exemple, les autorités d'immigration de première ligne du Sri Lanka sont liées aux bases de données d'INTERPOL depuis 2012 et sont en mesure de vérifier les identités de tous les passagers à l'arrivée et au départ en rapport avec la base de données des dossiers perdus ou volés, les notices rouges et la liste des sanctions du Conseil de sécurité contre l'EIIL (Daech) et Al-Qaeda. Au moment de l'évaluation, les Maldives étaient sur le point d'achever un projet à long terme visant à connecter directement leurs services nationaux chargés de l'application des lois aux bases de données pénales d'INTERPOL[270].

107. Dans quatre États d'Afrique du Nord, les services d'immigration sont connectés aux bases de données d'INTERPOL marquant ainsi un progrès significatif comparativement à 2016. Bien qu'aucun système de dossier passager et de renseignements préalables fonctionnel ne soit encore en place dans la sous-région, il y a eu quelques améliorations. Les autorités de quatre États reçoivent à l'avance les informations sur les passagers même si cela n'est pas systématique. En l'absence d'un cadre juridique et institutionnel approprié, la capacité à détecter les terroristes potentiels à la frontière varie considérablement. Un État a mis en place des équipes de ciblage et envoie des listes de terroristes aux postes frontières. Un autre a sa principale agence de renseignements terroristes présente aux postes frontières[271]. En Afrique de l'Est par contre, bien que tous les États aient accès au système INTERPOL I-24/7 par l'intermédiaire de leurs points focaux respectifs, aucun État ne semble avoir connecté ses agents de première ligne aux bases de données INTERPOL pertinentes et la liste des sanctions du Conseil de sécurité contre l'EIIL (Daech) et Al-Qaeda. Deux États ont connecté leurs principaux aéroports au Système sécurisé de comparaison et d'évaluation de l'identification personnelle (PISCES). Les postes frontaliers terrestres et maritimes de la sous-région continuent de manquer de personnel, d'infrastructures de base,

---

[269] Ibidem, §649.

[270] S/2016/49 du 20 janvier 2016, *Global survey of the implementation of Security Council resolution 1373 (2001) by Member States*, §238.

[271] Ibidem, §47.

d'équipements et de connectivité[272]. En Afrique centrale également, les États continuent de disposer de capacités très limitées pour contrôler efficacement leurs frontières et empêcher la mobilité des terroristes. L'accès aux bases de données d'INTERPOL n'a généralement pas été étendu au-delà des points focaux d'INTERPOL. La plupart des États doivent encore renforcer la capacité de leurs points focaux respectifs afin qu'ils aient un accès efficace aux principales bases de données pertinentes pour leur travail et assurer une connectivité essentielle aux ressources d'INTERPOL. Pour les cinq États dotés d'un système informatisé de gestion des entrées/sorties de l'immigration des voyageurs, ces systèmes sont situés principalement dans les aéroports internationaux. Les postes de contrôle aux frontières terrestres et maritimes continuent de s'appuyer sur des systèmes manuels sur papier[273].

108. Les personnes suspectées de vouloir commettre des actes terroristes, doivent faire l'objet d'une attention particulière pour éviter leur passage à l'acte aussi bien sur le territoire interne de l'État que sur le territoire d'un autre État en tant que combattant terroriste étranger (CTE). Dans sa Résolution 2396 (2017)[274], le Conseil a ainsi décidé que les États membres s'emploieront à établir des listes de personnes à surveiller ou des bases de données de terroristes connus ou présumés aux fins de leur utilisation par les forces de l'ordre, les services chargés de la sécurité aux frontières, les douanes, les forces armées et les services de renseignements. Ces personnes doivent faire l'objet d'évaluations de risques et d'enquêtes. Le Conseil a encouragé dans cette même Résolution[275] les États membres à échanger ces informations par l'intermédiaire de mécanismes bilatéraux et multilatéraux.

109. Ces listes et bases de données, par la richesse des informations qu'elles contiennent, constituent des systèmes d'alerte d'envergure nationale ou régionale à des fins de prévention. La surveillance que ces listes permettent d'assurer, rend aussi possible l'anticipation. Les autorités alertées à l'avance des comportements et mouvements suspects, peuvent alors prendre toutes les mesures permettant d'orienter les contrôles, et ainsi, détecter et identifier des terroristes présumés et

---

[272] S/2016/49 du 20 janvier 2016, *Global survey of the implementation of Security Council resolution 1373 (2001) by Member States*, §75.

[273] Idem.

[274] S/RES/2396 (2017).

[275] S/RES/2396 (2017), §2 et 3.

des marchandises ou matières suspectes aux postes-frontières. Elle permet aussi la détection précoce de criminels et terroristes présumés ou auparavant inconnus. Ces informations et les concordances obtenues peuvent également être partagées avec des institutions internationales comme INTERPOL et d'autres autorités internationales compétentes. L'efficacité d'une telle procédure réside pour une large part, dans la mise à jour régulière de ces listes pour permettre la rationalisation des efforts sur des cibles réduites et opportunément identifiées.

110. Le contrôle de ces opérations par des organes indépendants permet d'assurer le respect des droits des personnes faisant l'objet de ces procédures. Ce respect des droits de l'homme est un gage de confiance réciproque entre États et permet d'assurer le partage des informations. Dans le cas d'INTERPOL par exemple, l'échange de données entre les États membres est en pratique soumis à des règles strictes visant à garantir la légalité et la qualité des informations échangées, ainsi que la protection des données personnelles[276]. A cet égard, le Principe directeur 37 des Principes de Madrid, indique que les États doivent s'assurer que des critères précis, appropriés et conformes aux Résolutions du Conseil de sécurité sont établis et appliqués aux fins de l'inscription de personnes sur les listes de surveillance et dans les bases de données. Le réseau de communications doit être sécurisé et des niveaux de sécurité appropriés doivent être mis en place pour protéger l'environnement opérationnel, notamment les données, le matériel, les logiciels et le réseau de communications. Au cours de l'année 2021, le Centre des Nations Unies de lutte contre le terrorisme a organisé un atelier technique dans le cadre du Manuel d'orientation sur les listes de surveillance du Forum Global contre le Terrorisme. Le Centre a aussi participé à la 16e Conférence sur la sécurité et la coopération en Europe de l'Initiative de gestion des frontières en Asie centrale (CABMI), à Vienne en Autriche[277].

111. Dans la Stratégie antiterroriste mondiale, l'AG des NU « a instruit » le Comité du Conseil de sécurité créé par la Résolution 1267 (1999) d'encourager les États à *« échanger des informations, notamment en diffusant largement les notices spéciales Interpol-Nations Unies relatives aux personnes visées par ce régime de*

---

[276]V. INTERPOL, *Règlement d'INTERPOL sur le traitement des données*, III/IRPD/GA/2011 (2016), et *Statut de la Commission de contrôle des fichiers d'INTERPOL*, II.E/RCIA/GA/2016.

[277] United Nations Counter-Terrorism Centre, Annual report 2021, January - December 2021, 132p., p.53.

sanctions »[278]. La Résolution 1617 (2005) du Conseil de sécurité encourage expressément les États à travailler dans le cadre d'INTERPOL en matière de coopération relative à l'échange d'informations. L'une des principales fonctions d'INTERPOL consiste à promouvoir la coopération internationale entre les services internationaux de détection et de répression, ainsi que l'échange rapide, sécurisé et l'analyse d'informations relatives aux activités criminelles. INTERPOL remplit sa fonction d'échange d'information et de surveillance de listes principalement à travers sa base de données I-24/7. Cette base de données est mise à la disposition des agents des services de détection et de répression de tous les pays membres. INTERPOL a mis en place un véritable réseau d'acteurs dans les différents États qui alimentent les données en matière de terrorisme. Ces acteurs ont accès aux informations fournies par les autres États dont ils peuvent avoir besoin pour comprendre les modes opératoires des groupes terroristes, leurs actions, leurs moyens d'actions et leurs parcours passés. Interpol utilise plusieurs types de Notices pour fluidifier son système et permettre un échange de renseignements efficace. Les Notices Rouges servent à demander l'arrestation aux fins d'extradition d'individus recherchés. Les Notices bleues (8108) sont utilisées pour recueillir des informations complémentaires sur des individus concernant leurs identités ou leurs activités illicites en relation avec une infraction. Les Notices Vertes (10295) servent à attirer l'attention sur des malfaiteurs connus des services de police susceptibles de récidiver dans la commission d'infractions pénales dans d'autres États. Les Notices Jaunes (275) servent à retrouver des personnes disparues en alertant la communauté policière mondiale pour permettre leur localisation. Les Notices Oranges (8336) servent à alerter et prévenir les pays membres contre les menaces terroristes en particulier sur une personne, un évènement, un objet ou un procédé constituant une menace et un danger imminent. La Notice Mauve (365) est utilisée pour fournir des informations sur des modes opératoires, des procédés, des objets ou des caches utilisés par les malfaiteurs. Il existe aussi une Notice Spéciale INTERPOL (486) pour identifier des personnes ou groupes visés par des sanctions prises par le Conseil de sécurité. Ces notices permettent d'échanger des informations utiles pour retrouver les terroristes recherchés et pour maîtriser leurs méthodes d'action afin de les empêcher de nuire. De plus, l'unité de

[278] Résolution 1267 (1999), §15.

lutte contre la criminalité liée aux technologies de pointe d'INTERPOL facilite la coopération opérationnelle entre les pays membres en organisant, à l'échelle mondiale et régionale, des réunions de groupes d'experts sur la cybercriminalité et des ateliers de formation. Elle assure la coopération entre les services de détection, le secteur d'activité concerné et le monde universitaire.

112. M. Jürgen STOCK, Secrétaire général d'INTERPOL affirme que ses services ont échangé davantage d'informations essentielles au cours des dernières années et ont ainsi permis à INTERPOL d'identifier et d'interpeller des combattants terroristes étrangers[279]. Le Conseil de sécurité a salué *« l''action menée par INTERPOL pour écarter la menace que représentent les combattants terroristes étrangers, notamment la facilitation d'échanges d'informations utiles aux services chargés de l'application de la loi du monde entier grâce à son réseau de communication sécurisée, ses bases de données, son système de notices, ses procédures de recensement des documents de voyage et d'identité volés et des faux, ses instances chargées de la lutte contre le terrorisme et son programme relatif aux combattants terroristes étrangers »*[280]. Toutefois, INTERPOL a indiqué que les lacunes de ces échanges telles que les lenteurs dans la fourniture des renseignements et l'inefficacité des autorités policières de certains États ont été exploitées par les terroristes. Les États doivent donc mettre pleinement en œuvre la Résolution 2396 (2017) du Conseil de sécurité, en faisant particulièrement en sorte que les informations sur les combattants terroristes étrangers parviennent en temps voulu aux services de sécurité et de renseignement, aux forces armées ou aux services de maintien de l'ordre compétents. L'utilisation systématique de ces renseignements en ce qui concerne les documents de voyage perdus, volés ou contrefaits est primordiale pour établir des dispositifs efficaces d'alerte rapide. L'échange d'informations aux niveaux mondial, régional et national peut se heurter à de nombreux obstacles, mais la confiance est un facteur primordial. Lorsque la confiance manque, les dispositifs mis en place par les États membres afin de recevoir et rassembler les informations, peut se trouver compromis.

113. En ce qui concerne l'effectivité de cet échange d'informations policières, le CCT constate qu'en matière de lutte contre le terrorisme,

---

[279] CCT, *Rapport de la conférence de haut niveau des Nations Unies sur la lutte contre le terrorisme*, 28-29 Juin 2018, New York, 40p., p.14.

[280] V. la Résolution 2396 (2017) du Conseil de sécurité.

des mécanismes régionaux ou sous régionaux existent dans certaines régions ou sous-régions, tels que le Comité des services de renseignement et de sécurité en Afrique à Addis-Abeba ou le Centre de renseignement basé à Alger. Les quatre États de la Commission du bassin du lac Tchad et le Bénin ont mis en place un Centre de renseignement regroupant les services de renseignements du Bénin, du Cameroun, du Tchad, du Niger et du Nigéria[281]. La coopération policière internationale s'est développée grâce aux systèmes d'information permettant le stockage et l'échange de données judiciaires informatisées d'autres structures similaires et complémentaires d'INTERPOL. On peut citer à ce titre le Système d'information Schengen (SIS), qui est une base de données permettant aux autorités de chaque État membre d'avoir accès aux signalements policiers sur des personnes ou des objets. Le Système Informatisé EUROPOL (The Europol Computer System) regroupe le Système d'informations EUROPOL (SIE) et les fichiers d'analyses criminelles[282]. L'utilisation de ces mécanismes est utile pour empêcher la circulation des terroristes d'un État à un autre, même s'il faut leur associer d'autres instruments notamment les dossiers passagers et les renseignements préalables sur les passagers.

114. Les mouvements de terroristes ne se font pas toujours par voie aérienne ni par voie maritime. Parfois, c'est la voie terrestre qui est utilisée surtout lorsque les groupes terroristes ou leurs membres doivent simplement se déplacer dans un pays voisin. Cela est particulièrement vrai, lorsque des États voisins font tous face au phénomène terroriste comme c'est le cas du Burkina Faso, du Mali et du Niger. Le contrôle de frontières aussi vastes, ne peut se faire sans une coordination de l'action de tous les intervenants. Ce contrôle se fait par une gestion coordonnée des frontières et des espaces situés entre les points de contrôle officiels des frontières. Comme le prévoit les Résolutions 1373 (2001), 2178 (2014) et 2396 (2017) du Conseil de sécurité, tous les États membres doivent empêcher la circulation des terroristes et des groupes terroristes en effectuant des contrôles efficaces aux frontières. Les États ont généralement des frontières étendues dont la maîtrise est

---

[281] *Global survey of the implementation of Security Council resolution 1373 (2001) by Member States*, 20 January 2016, S/2016/49, §143.

[282] F. LEMIEUX, « Coopération policière internationale et renseignement criminel, une évaluation des retombées opérationnelles de la Drug Enforcement Administration », *Revue internationale de criminologie et de police technique et scientifique*, septembre 2009, p.233.

un défi très difficile à relever. Il est en effet impossible de poster un agent de sécurité sur chaque mètre carré de ses frontières d'autant que chaque État peut partager ses frontières avec quatre autres États ou même plus sans oublier les frontières naturelles qui peuvent s'ajouter. De nombreux États continuent d'éprouver des difficultés à élaborer et à mettre en œuvre des stratégies globales de gestion des frontières[283]. La porosité des frontières demeure très préoccupante, étant donné qu'elle permet aux terroristes de pénétrer sur le territoire d'un État sans passer par les postes frontières officiels. Elle empêche ainsi, que les documents d'identité des terroristes soient contrôlés et vérifiés au regard des listes de surveillance nationales et internationales. La surveillance de grands espaces demande des ressources importantes. Dans certains États, les conditions géologiques et climatiques compliquent encore plus les contrôles à l'entrée et à la sortie du territoire[284]. Le manque d'infrastructures aux postes frontières limite l'accès des fonctionnaires aux bases de données pertinentes, sans compter que ceux-ci sont souvent contraints de surveiller des zones qui vont bien au-delà des points de passage dont ils ont la charge[285].

115. Selon les Principes Directeurs de Madrid, une approche coordonnée de la gestion des frontières pourrait permettre aux États de *« :*

a) Renforcer les contrôles et la prestation de services ;

b) Clarifier les responsabilités et les domaines d'intervention ;

c) Rationaliser les opérations ;

d) Réduire les chevauchements d'activités ;

e) Renforcer les flux de communications et les échanges de renseignements ;

f) Rationaliser l'utilisation faite des ressources humaines et financières ;

g) Mettre au point des interventions plus promptes et plus systématiques face aux nouvelles menaces ;

h) Répondre de façon plus rapide et plus efficace aux nouvelles menaces »[286]. Les ressources humaines et financières sont rationalisées dans le cadre de la gestion coordonnée des frontières et cela permet

---

283 S/2016/501, §63.

284 V. S/2015/683, §66; S/2015/975, §71, 87, 96 et 133.

285 S/2015/975, §55 et 68.

286 V. S/2015/939 du 23 décembre 2015, *Principes directeurs de Madrid, Guide pratique pour les États membres dans leur lutte pour endiguer le flot de combattants terroristes étrangers,* p.18.

d'étendre les services à offrir. Des interventions plus promptes et plus systématiques face aux nouvelles menaces sont alors possibles. A cet effet, les États devraient adhérer aux principes de gestion coordonnée des frontières, pour renforcer l'efficacité des contrôles aux frontières et endiguer le flot de combattants terroristes étrangers. Les États devraient aussi adopter des cadres juridiques, réglementaires et institutionnels appropriés, en élaborant les procédures requises et en se dotant de ressources humaines bien formées, de l'infrastructure et du matériel nécessaires[287]. Les institutions spécialisées dans la sécurité doivent agir en coopération et en coordination lorsque la sécurité des frontières ne peut être assurée par un seul organisme, afin de renforcer la sécurité globale des frontières. La mutualisation des forces en particulier des effectifs, permet d'effectuer plus de contrôles. Elle permet aussi de rationaliser les opérations dans la mesure où les services de sécurité pourraient se répartir les points à couvrir en évitant les doublons et les chevauchements d'activités.

116. Plusieurs acteurs publics interviennent dans la gestion des frontières. Les différentes forces de police et gendarmerie peuvent se retrouver simultanément dans la même localité alors que le contrôle optimal du territoire inviterait à ce qu'ils se répartissent les parties du territoire à couvrir pour éviter des doublons inutiles. L'efficacité d'un système de gestion des frontières repose ainsi, sur une coordination et un partage d'informations adéquats entre ces différents acteurs[288].

117. L'Asie centrale dispose d'un Plan d'action conjoint pour l'application de la Stratégie antiterroriste mondiale des Nations Unies, soutenu par un partenariat international. C'est la première stratégie régionale conçue pour faire face à la menace terroriste au moyen d'une approche régionale commune fondée sur la Stratégie antiterroriste mondiale. Il reflète les quatre piliers de cette dernière, en tenant compte des défis et des tendances de la région. Il a été adopté par le Kazakhstan, le Kirghizistan, l'Ouzbékistan, le Tadjikistan et le Turkménistan à Achgabat en novembre 2011[289]. Cette coopération renforcée produit des résultats probants. En 2013, six filières utilisées pour faire passer clandestinement des recrues du Kirghizistan en République arabe

---

[287] Principe 20 des Principes Directeurs de Madrid.

[288] V. S/2015/975, §70, 84, 134 et 156 c) ; Forum mondial de lutte contre le terrorisme, *Mémorandum de La Haye-Marrakech*, bonne pratique n°10.

[289] Centre des Nations Unies pour la lutte contre le terrorisme, *Les initiatives du monde du sud pour lutter contre le terrorisme et prévenir l'extrémisme violent*, 2022, 48p., p.34.

syrienne via la Turquie ont été repérées et éliminées, et 21 groupes criminels (composés de Kazakhes, de Kirghizes, d'Ouzbèkes et de Tadjikes) ont été démantelés. En février 2015, le Comité d'État à la sécurité nationale du Kirghizistan a indiqué que l'étroite collaboration avec le Service frontalier de l'État avait permis de repérer plus de 500 personnes. Selon les services de renseignement kirghizes, du fait de ces mesures, les recruteurs et passeurs de terroristes considèrent le Kirghizistan comme *« une voie de passage indésirable et risquée »* et se tournent désormais vers d'autres parties de la région[290].

118. Le Comité 1540 a établi en 2011, que plusieurs États étaient dotés d'un arsenal législatif et procédaient à des contrôles frontaliers ou douaniers suffisants pour détecter des armes nucléaires (163 États), chimiques (166 États), biologiques (167 États), leurs vecteurs, ainsi que des éléments connexes, contre 114, 118 et 120 États respectivement, en 2008[291]. C'est dire qu'une évolution notable est à signaler dans ce domaine. Le Niger pour sa part, a mis en place 400 patrouilles mixtes gendarmerie/garde nationale, qui surveillent l'ensemble du territoire national 24 heures sur 24, 7 jours sur 7. Les chefs de village ont reçu les coordonnées des patrouilles les plus proches pour faciliter l'échange de renseignements[292].

119. En partenariat avec le Centre Régional des Nations Unies pour la diplomatie préventive en Asie du Centre et la structure antiterroriste régionale de l'Organisation pour la Coopération de Shanghai, le centre a organisé une formation régionale sur le renforcement de la coopération transfrontalière et l'échange d'informations pour empêcher aux terroristes de voyager en Asie du Centre. Cette formation s'est tenue à Istanbul, en Turquie, en présence de 40 hauts responsables de l'application de la loi et des agents des services de la région. Ces ateliers ont également servi de plate-forme pour l'échange de bonnes pratiques,

---

[290] Lettre datée du 2 septembre 2015, adressée au Président du Conseil de sécurité par la Présidente du Comité du Conseil de sécurité créé par la Résolution 1373 (2001) concernant la lutte antiterroriste, *Annexe portant Mise en œuvre de la Résolution 2178 (2014) du Conseil de sécurité par les États touchés par les combattants terroristes étrangers*.

[291] Lettre datée du 12 septembre 2011, adressée au Président du Conseil de sécurité par le Président du Comité du Conseil de sécurité créé par la Résolution 1540 (2004), *Rapport du Comité du Conseil de sécurité créé par la Résolution 1540 (2004),* §40.

[292] United Nations Security Council, Counter-Terrorism Committee, *Global survey of the implementation of Security Council resolution 1373 (2001) and other relevant resolutions by Member States*, 2021, §746.

l'identification des lacunes, ainsi qu'une coopération renforcée et l'échange d'informations aux niveaux international et régional[293].

120. S'agissant de la question des espaces situés entre les points de contrôle officiels des frontières, le CCT a fait le constat qu'ils sont difficiles à surveiller car il s'agit souvent de zones frontalières longues et poreuses et d'espaces ouverts ou difficiles d'accès en raison de leur topographie[294]. Ils présentent des risques et constituent une source de vulnérabilité dans la mesure où ils peuvent permettre à des combattants terroristes étrangers de traverser des frontières. Pour atténuer les risques d'exploitation de ces zones par les personnes radicalisées, il convient de les recenser et de mettre en œuvre des mesures d'atténuation notamment des mesures de contrôle renforcées et coordonnées. Des unités mobiles de surveillance des frontières et des patrouilles itinérantes sur la base de l'évaluation des risques doivent être mises en place. L'emploi de systèmes de contrôle transportables comme la base de données en réseau mobile d'INTERPOL sont nécessaires.

121. Les États devraient conclure des accords bilatéraux sur les questions transfrontières, leur donner effet et renforcer ceux qui existent déjà, instituer des mesures juridiques appropriées pour décourager la traversée non autorisée des frontières. Ils doivent aussi mobiliser des ressources humaines suffisantes et compétentes pour effectuer les opérations de contrôle à mener le long des frontières. Les États doivent s'employer à mettre en œuvre des approches conjointes bilatérales et multilatérales des opérations de contrôle aux frontières, et désigner un organisme chef de file pour la coordination et l'exécution[295].

122. Au sein de l'Union européenne, la coopération dans le domaine de la gestion des frontières se situe à un niveau élevé. Les États de l'Union européenne (dont Frontex et Europol) et le Système d'Information Schengen (SIS) facilitent le partage de données, d'analyses et de bonnes pratiques[296]. Plusieurs États de l'Union européenne ont également établi des mécanismes de coopération avec

---

[293] United Nations Counter-Terrorism Centre, Annual report 2021, January - December 2021, 132p., p.53.

[294] V. S/2015/939 du 23 décembre 2015, *Principes directeurs de Madrid, Guide pratique pour les États membres dans leur lutte pour endiguer le flot de combattants terroristes étrangers*, p.19.

[295] Principe 21 des Principes directeurs de Madrid.

[296] United Nations Security Council, Counter-Terrorism Committee, *Global survey of the implementation of Security Council resolution 1373 (2001) and other relevant resolutions by Member States*, 2021, §581.

des États de régions voisines, notamment en Afrique du Nord et en Europe du Sud-Est. En 2019, le projet Neptune (une opération multilatérale aux frontières maritimes coordonnée par INTERPOL) a détecté des CTE présumés voyageant à travers la Méditerranée[297].

123. En 2015, le CCT avait constaté que le phénomène que constitue le transfert de combattants terroristes étrangers vers des zones de conflit ou entre zones de conflit demeurait croissant. Des réseaux internationaux avaient été mis en place par des organisations terroristes pour faciliter l'accès des combattants terroristes étrangers aux zones de conflit[298]. Le besoin de déplacement inévitable a gagné du terrain et de l'ampleur. De nombreux individus sont parvenus à rejoindre les zones de conflit en Iraq et en République arabe syrienne et d'autres tentent de retourner dans leur pays d'origine ou de nationalité ou de se réinstaller dans des pays tiers. En Afrique du Nord, plusieurs États pour satisfaire aux exigences de la Résolution 2178 (2014) ont modifié leur législation, de manière à y introduire certaines des dispositions phares de cette Résolution, comme l'incrimination pénale du fait pour des nationaux ou des résidents étrangers de voyager aux fins de commettre des actes de terrorisme. D'autres actes et comportements connaissent le même sort dans ces États. Au nombre de ceux-ci, on peut citer le fait d'organiser délibérément le voyage de personnes se rendant à l'étranger aux fins de préparer des actes de terrorisme ou pour recevoir ou donner un entraînement à des terroristes. Le fait d'entrer sur le territoire national ou de le traverser en vue de se rendre dans un autre pays pour y commettre des actes de terrorisme est aussi incriminé. Les États d'Afrique du Nord ont tous érigé en infraction le fait d'adhérer à un groupe terroriste à l'intérieur comme à l'extérieur de leurs frontières[299].

124. Conformément au paragraphe 7 de la Résolution 2395 (2017), le Comité et la Direction Exécutive adaptent la nature et la durée des visites à chaque contexte précis et veillent à ce que l'approche soit axée sur les besoins. Entre 2018 et 2019, 31 visites ont été effectuées dans toutes les régions, notamment dans des États touchés par le phénomène des combattants terroristes étrangers, et dans des pays voisins de zones

---

[297] Idem.

[298] A/RES/75/291 du 30 juin 2021 *portant Septième examen de la Stratégie antiterroriste mondiale de l'Organisation des Nations Unies*, §49.

[299] *Enquête mondiale d'application de la Résolution 1373 (2001),* Op. Cit., pp.28-29, §75.

de conflit. Cela porte à 166 le nombre total de visites d'évaluation menées par le Comité depuis 2005, couvrant 107 États membres[300].

B/ Les sanctions interdisant le séjour ou le déplacement

125. Certaines personnes en raison des méfaits et de la crainte qu'elles inspirent, peuvent être interdites de voyager **(2)**. Il est logique que les États soucieux de la sécurité de leurs ressortissants, ne veuillent pas recevoir sur leurs territoires, mêmes en transit, des personnes notoirement connues comme des terroristes. D'autres encore, en particulier des étrangers, qui ont tenu des discours qui incitent au terrorisme peuvent être expulsés par les États **(1)**.

1) Les arrêtés d'expulsion

126. Le Conseil de sécurité au §3 g) de la Résolution 1373 (2001) a demandé à tous les États de veiller à ce que les auteurs ou les organisateurs d'actes de terrorisme ou ceux qui facilitent de tels actes ne détournent pas à leur profit le statut de réfugié, et à ce que la revendication de motivations politiques ne soit pas considérée comme pouvant justifier le rejet de demandes d'extradition de terroristes présumés. Il résulte de cette disposition que les États ne doivent pas accorder le statut de réfugié aux terroristes d'une part, et d'autre part, doivent faire droit à toute demande d'extradition introduite par l'État d'origine d'une telle personne. La conséquence du refus du statut de réfugié à une personne soupçonnée ou convaincue de terrorisme, est son expulsion hors du territoire de l'État. Le §3 de la Résolution 2396 (2016)[301] prévoit d'ailleurs expressément de telles expulsions. Le Conseil y demande aux États, *« lorsqu'ils ont des informations sur le voyage, l'arrivée ou l'expulsion d'individus capturés ou détenus dont ils ont des motifs raisonnables de penser qu'il s'agit de terroristes, ..., de les communiquer, en temps voulu, notamment au pays d'origine, au pays de destination et, le cas échéant, aux pays de transit et à tous les pays dont les voyageurs en question ont la nationalité, et de leur communiquer toute autre information pertinente concernant ces personnes »*[302]. De telles précautions et diligences visent au final, à ce que ces personnes soient confiées à leur État d'origine, pour qu'il y soit

---

[300] S/2020/99 du 5 février 2020, Lettre adressée au Président du Conseil de sécurité par le Président du Comité du Conseil de sécurité créé par la Résolution 1373 (2001) concernant la lutte antiterroriste, §23.
[301] S/RES/2396 (2017).
[302] Idem.

adopté, les mesures propres à les mettre hors d'état de nuire et à prévenir toute action terroriste future de leur part.

127. Les arrêtés d'expulsion constituent un type de pouvoir préventif de l'appareil administratif. Peu de temps après le 11 septembre 2001, le gouvernement britannique a donné le pouvoir à son ministre de l'Intérieur d'expulser les citoyens non britanniques soupçonnés de terrorisme, et de placer ceux d'entre eux qui ne souhaitaient pas être expulsées, en détention pour une durée indéterminée. A la suite d'une décision de la Chambre des lords, ces pouvoirs ont été remplacés en 2011, par des mesures beaucoup moins contraignantes. Au Pays-Bas, selon la section 14 de la loi sur les étrangers, les ressortissants étrangers constituant une menace pour la sécurité nationale ou l'ordre public peuvent être déclarés *« indésirables »* et interdits d'entrée sur le territoire pour une durée illimitée. Cette mesure peut être utilisée dans les cas de terrorisme, en complément ou en substitution de procédures pénales. La qualification d'une personne comme *« constituant une menace pour la sécurité nationale »* se fait sur la base d'un rapport individuel[303]. En France, l'expulsion de ressortissants étrangers est souvent utilisée pour lutter contre « l'islam radical ». Elle peut être justifiée par des menaces graves à l'ordre public. A la suite d'une condamnation pénale, les personnes qui n'ont pas la nationalité française peuvent aussi être condamnées à l'expulsion et à l'interdiction du territoire français. Cette expulsion peut également être le résultat d'une décision administrative, notamment un arrêté ministériel d'expulsion pris par le ministère de l'Intérieur[304].

128. Pour le Comité contre le terrorisme, dans le cadre des expulsions il faut s'assurer que *« toutes les procédures administratives spéciales ainsi que les pouvoirs de détention et d'expulsion sont conduites conformément au principe de non-refoulement et autres exigences en matière de droits de l'homme »*[305]. Le principe de non-refoulement implique qu' *« aucun des États contractants n'expulsera ou ne refoulera, de quelque manière que ce soit, un réfugié sur les frontières*

---

[303] F. RAGAZZI, « Vers un « multiculturalisme policier » ? La lutte contre la radicalisation en France, aux Pays-Bas et au Royaume-Uni », *Les Etudes du CERI - n° 206,* septembre 2014, p.27.

[304] F. RAGAZZI, « Vers un « multiculturalisme policier » ? La lutte contre la radicalisation en France, aux Pays-Bas et au Royaume-Uni », Op. Cit., p.28.

[305] United Nations Security Council, Counter-terrorism Committee, *Global survey of the implementation of Security Council resolution 1373 (2001) and other relevant resolutions by Member States*, 2021, p.167.

des territoires où sa vie ou sa liberté serait menacée en raison de sa race, de sa religion, de sa nationalité, de son appartenance à un certain groupe social ou de ses opinions politiques »[306]. La CEDH a maintes fois reconnu l'importance du principe de non-refoulement[307]. La préoccupation essentielle de la Cour dans les affaires mettant en cause l'expulsion d'un demandeur d'asile est de savoir s'il existe des garanties effectives qui protègent le requérant contre un refoulement arbitraire, direct ou indirect, vers le pays qu'il a fui[308]. L'article 33 2) de la convention internationale sur le droit des réfugiés refuse le bénéfice du droit au non-refoulement, chaque fois qu'il y aura des raisons sérieuses de considérer comme un danger pour la sécurité du pays où il se trouve ou qui, ayant été l'objet d'une condamnation définitive pour un crime ou délit particulièrement grave, constitue une menace pour la communauté dudit pays. Il est certain que les personnes impliquées dans des actes terroristes ne sauraient exciper le droit au non-refoulement pour prétendre échapper à une expulsion conformément à cette disposition[309]. Bien entendu, de telles expulsions sans coopération avec les États d'origine de ces personnes, ne feraient que déplacer le problème. En effet, il n'est pas exclu que la personne expulsée commette des actes terroristes dans son propre pays car tous les actes terroristes ne sont pas commis par des étrangers. Tout dépend des objectifs et de l'idéologie qui sous-tendent l'action.

2)Les interdictions de voyager

129. Les interdictions de voyager font partie des sanctions ciblées dites « smart sanction » comme déjà évoqué. Cette interdiction est prévue dans de nombreuses Résolutions dont la Résolution 2368 (2017) adoptée par le Conseil de sécurité le 20 juillet 2017[310]. Il s'agit de les expliciter ici. Selon le Conseil, l'interdiction de voyager impose aux États-Membres d'*« empêcher l'entrée sur leur territoire ou le transit par leur territoire de ces personnes, étant entendu qu'aucune*

---

[306] V. l'article 33 1) de la convention internationale sur le droit des réfugiés.

[307] CEDH, M.S.S. c. Belgique et Grèce [GC], 2011, n° 30696/09, § 286 ; CEDH, M.A. c. Chypre, 2013, n° 41872/10, § 133.

[308] CEDH, M.S.S. c. Belgique et Grèce, précité, § 286 ; CEDH, Müslim c. Turquie, n° 53566/99, §§ 72-76, 26 avril 2005, et CEDH, T.I. c. Royaume-Uni (déc.), n° 43844/98.

[309] O. DELAS, « La création du principe de non-refoulement en droit international des droits de la personne par la Cour européenne des droits de l'homme : un chef-d'œuvre à protéger », *Revue québécoise de droit international*, 2020, pp.395–416.

[310] S/RES/2368 (2017) Op. Cit., §1.

disposition du présent paragraphe ne peut contraindre un État à refuser l'entrée sur son territoire ou à exiger le départ de son territoire de ses propres citoyens et que le présent paragraphe ne s'applique pas lorsque l'entrée ou le transit est nécessaire pour l'aboutissement d'une procédure judiciaire, ou quand le Comité détermine, uniquement au cas par cas, si cette entrée ou ce transit est justifié »[311]. L'interdiction de voyager a ainsi pour objectif de limiter les déplacements des personnes soupçonnées ou contre lesquelles existent des preuves de terrorisme ou d'appartenance à des groupes terroristes. L'illustration la plus emblématique de cette pratique nous est donnée par le traitement des membres de l'EIIL qui font l'objet d'inscription sur des Listes de sanction. La responsabilité d'appliquer cette sanction relève de l'État ou des États d'entrée ou de transit. Les États sont tenus d'empêcher l'entrée et le transit sur leurs territoires des personnes inscrites sur la Liste. Aux États-Unis, l'élaboration des « Watch Lists » et des « No Fly Lists » répond à cette prescription du Conseil de réguler les flux de personnes en écartant d'emblée les plus à risque. La « Terrorist Watch List » inclut les personnes suspectées de terrorisme, tandis que la « No Fly List » contient le nom des personnes ayant des liens avérés avec des groupes terroristes[312].

130. Afin d'appliquer correctement cette sanction particulière, au paragraphe 9 de la Résolution 2178 (2014), le Conseil de sécurité a invité les États membres à exiger des compagnies aériennes opérant sur leurs territoires, qu'elles communiquent à l'avance aux autorités nationales compétentes des informations sur les passagers. Ces informations permettent de détecter le départ de leurs territoires, ou la tentative d'entrée sur leurs territoires ou de transit par leurs territoires, de personnes désignées par le Comité 1267 notamment. Le Conseil invite également les États membres à signaler les personnes soupçonnées de terrorisme au Comité et à communiquer ces informations à l'État de résidence ou de nationalité de la personne.

131. La Résolution 1989 (2011)[313] prévoit trois réserves à l'interdiction de voyager. Premièrement, un État ne se verra jamais contraint de refuser l'entrée ou le séjour sur son territoire à ses propres ressortissants. Cela est logique et constitue la conséquence du droit des autres États à expulser ceux qui n'ont pas leur citoyenneté et qu'ils

---

[311] S/RES/1526 (2004) du 30 janvier 2004, §b.

[312] A. SCHERRER, « Lutte antiterroriste et surveillance du mouvement des personnes », *Criminologie, 46(1),* 2013, pp.15–31, p.19.

[313] S/RES/1989 (2011) du 17 juin 2011, §1b).

viendraient à suspecter d'incitation, de participation à des actes terroristes ou d'activités terroristes. Deuxièmement, l'interdiction de voyager ne s'applique pas dans le cadre de transits ou d'entrées qui seraient nécessaires à des fins de procédure judiciaire. Troisièmement, elle n'est pas autorisée dans les cas où le Comité considère que le voyage se justifie *in concreto*[314]. Ces dérogations à l'interdiction de voyager, ont été reprises en 2002 par la Résolution 1390[315] puis réaffirmée dans des Résolutions ultérieures, notamment au paragraphe 1 de la Résolution 2083 (2012)[316]. Les deux premières dérogations, prennent place dans un champ d'application restreint en raison de la précision des termes utilisés, tandis que la dernière dérogation se définit plus largement, permettant au Comité d'examiner au cas par cas la nécessité d'un transit, notamment pour des raisons médicales ou pour l'accomplissement de rites religieux. Ainsi, aux termes du paragraphe 9 de la Résolution 2161 (2014) et du paragraphe (o) de la section 12 des directives régissant la conduite des travaux du Comité, une personne inscrite sur la Liste peut solliciter une dérogation à l'interdiction de voyager pour effectuer un voyage nécessaire, notamment pour des raisons médicales ou humanitaires ou pour s'acquitter d'obligations religieuses. À l'alinéa (b) du paragraphe 62 de la Résolution 2161 (2014)[317], le Conseil de sécurité a décidé que le point focal créé par la Résolution 1730 (2006) est habilité à recevoir les demandes de dérogation à l'interdiction de voyager émanant de personnes inscrites sur la Liste et à les transmettre au Comité[318].

132.L'Équipe Spéciale d'appui analytique et de surveillance des sanctions, en application de la Résolution 2368 (2017) concernant l'État islamique d'Iraq et du Levant (Daech), Al-Qaeda et les personnes et entités qui leur sont associées, a poursuivi ses activités de sensibilisation, à l'occasion de ses visites effectuées dans les États membres conformément aux Résolutions 2396 (2017), 2309 (2016) et 2368 (2017)[319]. Elle a noté que de nombreux États membres rencontraient des difficultés liées à la gestion efficace des frontières et

---

314 Idem.
315 S/RES/1390 (2002) Op. Cit., §2, b).
316 S/RES/2083 (2012) du 17 décembre 2012.
317 Le Conseil l'avait déjà affirmé en 2012. V. S/RES/2083 (2012) du 17 décembre 2012.
318 Note explicative sur la terminologie de l'interdiction de voyager approuvée par le Comité des sanctions contre Al-Qaeda, 24 février 2015.
319 S/2019/50 du 15 janvier 2019 précité.

à la menace que représentent les combattants terroristes étrangers affiliés à l'EIIL et à Al-Qaeda. Dans certains cas, des États membres ont constaté une augmentation du nombre de cas de fraudes basées sur la ressemblance physique ou des fraudes à l'identité. Cela est d'autant préoccupant que les combattants terroristes étrangers continuent de chercher des moyens de contourner les contrôles de sécurité aux frontières[320]. La Résolution 2396 (2017) exige pour pallier ces difficultés des États, qu'ils renforcent la sécurité aux frontières en filtrant efficacement les passagers, en recoupant les informations figurant sur les listes d'exclusion et les bases de données, en recueillant des données biométriques et en intensifiant l'échange d'informations. L'Équipe de surveillance a relevé diverses initiatives des États membres pour émettre de nouveaux documents de voyage conformes aux exigences de sécurisation accrue qui tiennent compte des avancées récentes en la matière.

133. Un aspect de l'interdiction de voyager est l'interdiction de sortie du territoire qui permet aux États, d'interdire la sortie de leurs territoires des personnes soupçonnées de vouloir rejoindre des théâtres d'opérations terroristes, ou de projeter de commettre des actes terroristes à l'étranger[321]. L'interdiction administrative du territoire elle, vise à empêcher l'entrée sur le territoire d'un État, de ressortissants étrangers dont la présence, représenterait une menace grave pour l'ordre public en raison de leur participation antérieure à des activités de groupes terroristes. Cette dernière action répond concrètement aux exigences imposées par la Résolution 2178 (2014) du Conseil concernant les déplacements des CTE. Pour aider les États à mettre en œuvre leurs obligations en matière de contrôle de la circulation et dans bien d'autres domaines, l'ONU leur offre une assistance technique.

§ 2 Le renforcement de la capacité d'anticipation par l'intensification de l'assistance technique

426. L'AG a demandé dans le septième examen de sa Stratégie antiterroriste mondiale aux États membres de coopérer avec les organisations internationales, régionales et sous régionales afin de dégager et mettre en commun les pratiques optimales dans le domaine du terrorisme, et favoriser le renforcement des capacités dans la mise en œuvre de la Stratégie et des Résolutions pertinentes du Conseil de

[320] Idem.

[321] V. l'article L. 224-1 du code de la sécurité intérieur français.

sécurité[322]. L'assistance technique offerte par l'ONU est accessoirement assurée par les Comités mis en place par le Conseil de sécurité et l'AG [323]**(A)** et principalement assurée en coopération avec d'autres Organisations internationales **(B).**

A/ Une assistance technique accessoirement assurée par les Comités mis en place par le Conseil de sécurité et l'AG

427. Le CCT a pour mission de renforcer et coordonner le processus de suivi de l'application de la Résolution 1373 et élabore à cet effet, des guides et des recueils de bonnes pratiques. Plusieurs Résolutions du Conseil et de l'AG définissent et déterminent les domaines prioritaires de l'Assistance technique **(1)**. Les comités mis en place par le Conseil et l'AG assurent cette assistance technique par l'élaboration de guides et de standards internationaux ainsi que par l'établissement des besoins et la facilitation de cette assistance **(2)**.

1) Les domaines de l'assistance technique

428. L'assistance technique et le renforcement des capacités sont des termes voisins utilisés pour décrire une même réalité. Dans sa définition opérationnelle, le renforcement des capacités *« désigne le renforcement des compétences des personnes, des communautés et des États, afin de prévenir des activités terroristes multiformes et d'y riposter. Ces compétences comprennent l'examen et la rédaction de textes législatifs, la rédaction de modèles de lois, l'élaboration de programmes de formation, la fourniture de formations à divers acteurs, y compris, mais non exclusivement, les forces de police, les personnels militaires, les membres de la profession juridique et d'autres parties prenantes à la lutte contre le terrorisme. Elles comprennent aussi la formation et l'équipement des forces armées, de police et de sécurité, l'accent étant mis sur l'amélioration de l'efficacité des forces de sécurité. Cette démarche peut inclure des transferts de technologie et une mise à*

---

[322] A/RES/75/291 du 30 juin 2021, *portant Septième examen de la Stratégie antiterroriste mondiale de l'Organisation des Nations Unies*, §89.

[323] S/2013/722 du 10 décembre 2013, Lettre adressée au Président du Conseil de sécurité par le Président du Comité du Conseil de sécurité créé par la Résolution 1373 (2001) concernant la lutte antiterroriste, *Rapport du Comité du Conseil de sécurité créé par la Résolution 1373 (2001) concernant la lutte antiterroriste, présenté au Conseil aux fins de son examen global des activités menées par le Comité et sa Direction Exécutive de 2011 à 2013,* §51.

niveau des compétences technologiques pertinentes pour la maîtrise et la prévention du terrorisme »[324].

429. L'assistance technique est généralement définie comme une assistance non pécuniaire fournie par des spécialistes nationaux ou internationaux, comprenant un partage d'informations et d'expertise, une instruction, une formation à l'acquisition de compétences, un transfert de connaissances ou mentorat, des services de conseil et transfert de données techniques[325]. Les États et les parties prenantes internationales utilisent l'expression d'*« assistance technique »* pour décrire des activités qui pourraient être désignées par le terme « renforcement des capacités »[326]. Toutefois, ce dernier terme dans le cadre des relations internationales peut revêtir une certaine connotation négative pour l'État bénéficiaire qui peut se sentir dans une posture diminuée par rapport aux États qui fournissent ce renforcement de capacités. C'est pourquoi, l'on préfère le terme d'assistance technique non connotée, et ce faisant neutre comme l'a rappelé la Rapporteuse spéciale de la Sous-commission pour la promotion et la protection des droits de l'Homme. Ces deux termes renvoient en pratique cependant, à la même réalité et restent équivalentes.

430. Selon l'Équipe spéciale[327] de lutte contre le terrorisme (CTITF), plus de 400 projets et initiatives visant à lutter contre le terrorisme et à prévenir l'extrémisme violent partout dans le monde sont en cours ou ont été récemment achevés. L'appui que le système des Nations Unies fournit aux États membres porte sur chacun des quatre piliers de la Stratégie antiterroriste mondiale et prend en compte les priorités exprimées par les États bénéficiaires. 113 projets ou initiatives de lutte contre le terrorisme mis en œuvre sont relatifs au pilier I de la Stratégie, 58 projets mis en œuvre au titre du pilier II, 113 projets au

---

[324] A/76/261 du 03 août 2021, *Rapport de la Rapporteuse spéciale sur la promotion et la protection des droits de l'homme et des libertés fondamentales dans la lutte antiterroriste*, §12.

[325] Ibidem, §13.

[326] Idem.

[327] L'Equipe Spéciale de lutte contre le terrorisme a été créé par le Secrétaire Général des NU en 2005 et approuvée par l'AG en 2006. Elle a pour mandat de renforcer la coordination et la cohérence de la lutte antiterroriste menée par les NU. Elle est constituée de 31 entitée internationales qui, du fait de leur activité propre, ont un rôle à jouer dans la lutte antiterroriste. Chaque entité contribue à la lutte conformément à son mandat.

titre du pilier III et 21 projets au titre du pilier IV. Toutefois, plusieurs projets ont des composantes communes à différents piliers[328].

431. A l'observation, la majorité des projets et initiatives mis en œuvre relèvent des piliers I et III de la Stratégie qui portent respectivement sur les *« Mesures visant à éliminer les conditions propices à la propagation du terrorisme »* et les *« Mesures destinées à étoffer les moyens dont les États disposent pour prévenir et combattre le terrorisme et à renforcer le rôle joué en ce sens par l'Organisation des Nations Unies »*. Cela prouve si besoin était, qu'il importe de s'attaquer aux facteurs de propagation du terrorisme et de donner aux États membres les capacités techniques de prévenir le terrorisme.

432. Les activités menées par le Conseil et l'AG sont extrêmement variées et comprennent l'organisation de cours de formation spécialisée, d'ateliers et de conférences, l'élaboration de manuels, de guides et de brochures, l'échange de bonnes pratiques, la fourniture d'une assistance adaptée en matière de lutte contre le terrorisme et de prévention de l'extrémisme violent[329]. Selon le Bureau de lutte contre le terrorisme, les activités de renforcement des capacités soutenues par le Centre des Nations Unies pour la lutte contre le terrorisme comprennent actuellement *« l'exécution de 195 ateliers de renforcement des capacités, des activités de sensibilisation et des réunions d'experts, mobilisant 9 698 personnes et 175 États membres »*[330].

433. Au 3e pilier de la Stratégie antiterroriste, l'AG reconnaît que le renforcement des capacités de tous les États est une composante centrale de l'action mondiale de lutte contre le terrorisme. Elle s'y engage à prendre les mesures qui conviennent en vue d'étoffer les moyens dont elle dispose pour prévenir et combattre le terrorisme, et à resserrer la coordination et la cohésion dans le système des Nations Unies au service de la coopération internationale[331]. Le renforcement de l'aptitude des États à lutter contre le terrorisme repose pour une grande part, sur l'assistance technique qui peut leur être apportée dans

---

[328] A/71/858 d'avril 2017, *Rapport du Secrétaire général sur la Capacité du système des Nations Unies d'aider les États membres à appliquer la Stratégie antiterroriste mondiale des Nations Unies,* §32,

[329] Ibidem §35.

[330] Centre des Nations Unies pour la lutte contre le terrorisme, Rapport annuel 2020, p. 14.

[331] V. La Stratégie antiterroriste mondiale de l'Organisation des Nations Unies, §26 et 27.

le perfectionnement de leurs législations et le renforcement de leurs capacités opérationnelles. Dans la déclaration visant à compléter la Résolution 1373 (2001) adoptée dans la Résolution 1456 (2003), le Conseil a affirmé que les États *« doivent s'entraider pour renforcer leur capacité de lutte contre le terrorisme et prévenir les actes de terrorisme ; le Conseil note qu'une telle coopération facilitera l'application prompte et intégrale de la Résolution 1373 (2001) et invite le Comité contre le terrorisme à redoubler d'efforts pour faciliter cette assistance, notamment en définissant, dans ce domaine, des objectifs et des priorités »*[332].

2)L'élaboration de guides internationaux et la facilitation de l'assistance technique

434. Pour prêter main forte aux États et aux organisations régionales qui souhaitent élaborer et mettre en œuvre des stratégies, la Direction Exécutive du Comité contre le terrorisme, appuyée en cela par l'Équipe spéciale de lutte contre le terrorisme a, en collaboration avec les États membres, défini un ensemble de principes internationaux dans des documents utiles qu'il met à leur disposition. Dans le cadre des déplacements des terroristes, l'organisation des Nations Unies a conçu un guide de bonnes pratiques sur la gestion des données biométriques des passagers dans les aéroports[333]. Les Principes Directeurs de Madrid[334] et leurs Additifs[335] ont été conçus pour aider dans ce cadre. Le CCT a également mis en place un Guide technique pour la mise en œuvre de la Résolution 1373 (2001) du Conseil de sécurité et d'autres Résolutions pertinentes en 2017[336] et l'a révisé en 2019[337]. Les infrastructures critiques qui sont susceptibles d'intéresser les organisations terroristes ont fait aussi l'objet d'un recueil de bonnes

---

[332] S/RES/1456 (2003) du 20 janvier 2003.

[333] *United nations compendium of recommended practices for the Responsible Use & Sharing of Biometrics in Counter Terrorism.*

[334] S/2015/939 du 23 décembre 2015, *Principes Directeurs de Madrid, Guide pratique pour les États membres dans leur lutte pour endiguer le flot de combattants terroristes étrangers.*

[335] S/2018/1177 du 28 décembre 2018, Lettre adressée au Président du Conseil de sécurité par le Président du Comité du Conseil de sécurité créé par la Résolution 1373 (2001) concernant la lutte antiterroriste.

[336] S/2017/716 du 15 août 2017 précité.

[337] S/2019/998 du 27 décembre 2019, Lettre adressée au Président du Conseil de sécurité par le Président du Comité du Conseil de sécurité créé par la Résolution 1373 (2001) concernant la lutte antiterroriste.

pratiques visant à aider les États à mieux faire face aux différentes menaces. « The protection of critical infrastructures against terrorist attacks: Compendium of good practices[338] » a été conçu dans ce sens.

435. En mai 2019, le Bureau de lutte contre le terrorisme en partenariat avec la Direction Exécutive a lancé le Programme des Nations Unies de lutte contre les déplacements des terroristes. Conformément au programme, des États membres bénéficient d'une aide pour élaborer les cadres législatifs, administratifs et opérationnels nécessaires, ainsi que d'un logiciel (« go Travel ») leur permettant d'analyser les données relatives aux déplacements[339]. Des ateliers régionaux sur l'utilisation et l'échange responsables des données biométriques dans le contexte de la lutte contre le terrorisme ont été organisés. Le Recueil sert d'outil pratique pour renforcer les capacités en la matière. Le Groupe de travail a élaboré, avec le Centre des Nations Unies pour la lutte contre le terrorisme, une proposition en vue d'un projet sur deux ans, doté d'un budget de 800 000 dollars, portant notamment sur cinq ateliers régionaux ciblés[340].

436. La Direction Exécutive du CCT et le CCT s'attachent aussi à recenser les besoins des États en matière d'assistance technique et à faciliter avec leurs partenaires, la fourniture d'une assistance ciblée afin de renforcer les capacités des États en matière de lutte contre le terrorisme. La Résolution 1963 (2010) du Conseil de sécurité encourage la Direction Exécutive du Comité contre le terrorisme à aider les États membres à élaborer des stratégies globales et intégrées de lutte contre le terrorisme. C'est au §7 de sa Résolution 2129 (2013)[341] que le Conseil a engagé la Direction Exécutive du Comité contre le terrorisme à coopérer avec les États membres et les organisations régionales et sous régionales en vue d'évaluer l'état de mise en œuvre des Résolutions 1373 (2001) et 1624 (2005) et de les aider à formuler des stratégies nationales et régionales de lutte contre le terrorisme. Le dialogue qu'elle a mis en place avec les États repose essentiellement sur l'évaluation détaillée de l'application de la Résolution 1373 (2001) et les visites de pays réalisées avec l'approbation des gouvernements hôtes. L'évaluation détaillée aide la Direction Exécutive et le Comité à comprendre et à décrire la situation dans chaque pays concernant le

[338] CTED, *The protection of critical infrastructures against terrorist attacks : Compendium of good practices*, 2018.
[339] S/2020/99 du 5 février 2020 précité, §40.
[340] Idem.
[341] S/RES/2129 (2013) du 17 décembre 2013.

contre-terrorisme. Elle n'est communiquée qu'à l'État concerné et est rédigée sur la base d'informations fournies par le pays, par les organisations internationales et par d'autres sources publiques.

437. En 2013, le Conseil dans la même dynamique a engagé *« la Direction Exécutive du Comité contre le terrorisme, agissant en étroite coopération avec les donateurs et les fournisseurs d'assistance technique bilatéraux et multilatéraux, notamment les organismes des Nations Unies chargés de la lutte contre le terrorisme, à continuer de collaborer avec les États membres et les organisations régionales et sous régionales, à leur demande et conformément aux Résolutions 1373 (2001) et 1624 (2005), pour faciliter la fourniture d'une assistance technique »*[342]. Le Comité s'est rendu dans ce cadre dans plus de la moitié des États membres de l'ONU depuis sa création en 2001, devenant de fait, l'institution qui centralise les différentes évaluations de la menace terroriste produites par l'Organisation. Ces évaluations réalisées à l'échelle nationale et au plan régional par la Direction Exécutive au nom du Comité, visent à aider les États à définir et à mettre au point des stratégies. Elles sont également utilisées par la Direction Exécutive dans ses activités avec les autres institutions des Nations Unies et les partenaires externes. Cette méthode permet non seulement de tirer le meilleur profit des ressources disponibles, mais aussi de prévenir la lassitude et les doublons dans l'établissement des rapports. Elle permet surtout aux Nations Unies d'assurer la cohérence de son action.

438. L'une des principales tâches du Comité contre le terrorisme et de sa Direction Exécutive, est de faciliter la mise à disposition d'une assistance technique aux États membres en vue de renforcer leurs capacités à mettre en œuvre les Résolutions 1373 (2001), 1624 (2005) et 2178 (2014) du Conseil de sécurité. Les visites montrent des fois, que les États ont du mal à remplir pleinement leurs obligations en raison d'un manque de capacités techniques. Pour mettre fin à ces défaillances qui sont constatées, les besoins d'assistance technique sont suggérés, en accord avec l'État concerné, et référés aux mécanismes de coopération multilatérale ou bilatérale en mesure d'apporter leur aide. L'un des objectifs des visites est d'évaluer si les carences sont imputables à des besoins qui pourraient être satisfaits par l'assistance technique, et de

[342] S/RES/2129 (2013) du 17 décembre 2013, §11.

proposer des solutions pour les corriger[343]. Le CCT établit aussi à l'occasion de ses visites dans les États, une Matrice de demande d'assistance et un Répertoire qui constituent des moyens importants pour donner des indications sur les besoins d'assistance des États.

439. Dans sa Résolution 1810 (2008), le Conseil de sécurité a demandé au Comité de renforcer son rôle dans les diverses activités d'assistance offertes, notamment en faisant coïncider les offres et les demandes d'assistance. Le Comité a adopté en octobre 2010 des procédures révisées visant à rationaliser et à accélérer le processus d'assistance. La Direction Exécutive a continué de faciliter la fourniture d'une assistance technique visant à renforcer les capacités des États concernant l'application des Résolutions 1373 (2001) et 1624 (2005). De 2011 à 2013, elle a transmis 153 dossiers d'assistance technique. Les donateurs ont donné suite à 131 d'entre eux et, dans 97 cas, l'État bénéficiaire a accepté les modalités spécifiques de fourniture de l'assistance proposées par les donateurs ou la Direction Exécutive[344]. Des activités de fourniture ou de facilitation d'assistance ont aussi été menées dans 119 autres cas. La Direction Exécutive a également collaboré avec les États donateurs pour étudier les moyens de mesurer l'efficacité et l'impact de ses activités de facilitation et de la fourniture d'assistance[345].

440. La Direction Exécutive a conduit une mission de suivi de haut niveau à Colombo au Sri Lanka, en juillet 2019 au lendemain des attaques du dimanche de Pâques, menées contre trois églises et trois hôtels au cours desquelles 259 personnes ont été tuées. Un expert de la Direction Exécutive a été chargé de travailler avec l'équipe pays des Nations Unies, afin d'établir un cadre global en vue du renforcement des capacités de lutte contre le terrorisme dans ce pays. Il était aussi chargé d'assurer le suivi des actions avec les autres donateurs et prestataires d'assistance technique. À la suite de la mission, plusieurs propositions ont été réalisées, en vue de la fourniture d'une assistance technique.

441. En décembre 2018, la Direction Exécutive a lancé sa trousse d'information destinée aux juges de la région de l'Asie du Sud, élaborée en collaboration avec le Global Center for Cooperative Security et le concours à titre gracieux d'un cabinet d'avocats. Une série d'activités

---

[343] *Framework document for CTC visits to states in order to enhance the monitoring of the implementation of resolution 1373 (2001),* 9 March 2005, §3.
[344] S/2013/722 précité, §13.
[345] Idem.

de lancement s'est déroulée en Asie du Sud en 2019, pour remettre la trousse d'information aux juges de la région. À la suite de cette initiative, l'équipe pays en Afghanistan a traduit la trousse en dari. C'était la première fois que les juges de la région, avaient accès à une trousse d'information en matière de lutte contre le terrorisme fondée sur les Résolutions du Conseil de sécurité et leurs propres systèmes judiciaires[346]. La Direction Exécutive a aussi contribué de manière stratégique, à la fourniture d'un appui ciblé dans des domaines prioritaires au Burkina Faso dans le cadre de l'équipe spéciale d'urgence des Nations Unies pour le Burkina Faso mise en place le 27 mars 2019[347].

B/Une assistance technique principalement assurée en coopération avec d'autres Institutions internationales

442. La coopération en vue de l'assistance technique se fait avec beaucoup d'organisations internationales dans un cadre déterminé et permet la mise en œuvre d'actions concrètes **(1).** Les organisations internationales avec lesquelles les comités mis en place par le Conseil et l'AG collaborent étant nombreuses, il est important d'assurer leur coordination pour obtenir une cohérence **(2).**

1)Les actions d'assistance technique

443. Au §8 du 2e pilier de la stratégie mondiale contre le terrorisme, l'AG des NU encourage *« les organisations régionales et sous régionales concernées à créer des mécanismes ou des centres antiterroristes ou à renforcer ceux qui existent... le Comité contre le terrorisme et sa Direction ainsi que, lorsque cela relève de leur mandat actuel, l'Office des Nations Unies contre la drogue et le crime et l'Organisation internationale de police criminelle, à offrir à ces organisations la coopération et l'assistance dont elles pourraient avoir besoin à cette fin»*[348]. Dans le 3e pilier de la même stratégie, elle encourage *« la coopération et l'assistance technique entre les États membres, les entités des Nations Unies qui s'occupent de la lutte antiterroriste, les institutions spécialisées compétentes, les organisations internationales, régionales et infrarégionales compétentes et la communauté des donateurs, en vue d'étoffer les*

---

[346] S/2020/99 du 5 février 2020 précité, §33.

[347] Ibidem, §32.

[348] V. S/RES/60/288 portant *Stratégie antiterroriste mondiale de l'Organisation des Nations Unies.*

moyens dont les États disposent pour appliquer les Résolutions pertinentes de l'Organisation des Nations Unies »[349].

444. La Direction Exécutive du Comité contre le terrorisme agit en étroite collaboration avec plusieurs organisations internationales partenaires qui lui fournissent des services et des conseils d'experts lors des missions d'évaluation ou à l'occasion de conférences et d'ateliers[350]. Il s'agit notamment du Service de la prévention du terrorisme de l'Office des Nations Unies contre la Drogue et le Crime (ONUDC), du Groupe d'Action Financière sur le blanchiment de capitaux (GAFI), de l'Organisation de l'Aviation Civile Internationale (OACI) et de l'Organisation internationale de police criminelle (INTERPOL). L'AIEA a aussi renforcé sa collaboration avec le Comité 1540 dans le domaine de la sécurité nucléaire à la faveur notamment, de discussions bilatérales et de réunions d'échange d'information et de sensibilisation. Le Comité a notamment participé à un atelier régional destiné à familiariser les États membres au Plan intégré d'appui en matière de sécurité nucléaire en Asie [351].

445. La Direction Exécutive a également noué des liens particulièrement étroits avec certaines organisations régionales et sous régionales, notamment la Communauté des Caraïbes (CARICOM), le Comité interaméricain contre le terrorisme (CICTE) de l'Organisation des États américains (OEA), le Centre africain pour l'étude et la recherche sur le terrorisme, l'Union africaine, la Communauté économique des États de l'Afrique de l'Ouest (CEDEAO), le Programme de renforcement des capacités de l'IGAD, le Conseil de l'Europe, l'Union européenne et l'Organisation pour la sécurité et la coopération en Europe (OSCE)[352]. La DECT a récemment organisé en partenariat avec le Programme de renforcement des capacités contre le

---

[349] Idem.

[350] S/2009/289 du 4 juin 2009, Lettre adressée au Président du Conseil de sécurité par le Président par intérim du Comité du Conseil de sécurité créé par la Résolution 1373 (2001) concernant la lutte antiterroriste, *Rapport du Comité contre le terrorisme au Conseil de sécurité dans le cadre de son examen intérimaire des travaux de la Direction Exécutive du Comité contre le terrorisme*, §25.

[351] S/2014/958 du 31 décembre 2014, Lettre adressée au Président du Conseil de sécurité par le Président du Comité du Conseil de sécurité créé par la Résolution 1540 (2004), *Examen de la mise en œuvre de la Résolution 1540 (2004) en 2014*, §23.

[352] Idem.

terrorisme de l'IGAD[353], un atelier à l'intention des autorités de police, des douanes et des affaires étrangères des pays de l'Afrique de l'Est, consacré à la question du contrôle des frontières. Le Comité s'est félicité des initiatives prises par la Direction Exécutive pour approfondir les domaines de coopération avec la quasi-totalité des organisations du secteur au cours des mois écoulés, et en particulier pour resserrer sa coopération avec le Bureau du Conseiller spécial pour l'Afrique[354].

446. Cette coopération peut ainsi être interétatique ou entre des organisations internationales comme le Conseil de sécurité et les États. Dans le préambule de la Résolution 2178/2014, le Conseil s'est félicité *« des activités entreprises dans le domaine du renforcement des capacités par les entités des Nations Unies, en particulier celles qui font partie de l'Équipe spéciale de lutte contre le terrorisme, dont l'Office des Nations Unies contre la drogue et le crime et le Centre des Nations Unies pour la lutte contre le terrorisme, ainsi que des initiatives de la Direction Exécutive du Comité contre le terrorisme dans le but d'offrir une assistance technique»*[355]. Le CCT et les autres comités institués par le Conseil qui sont chargés de contrôler la mise en œuvre de la stratégie antiterroriste mondiale, en général, ne fournissent pas directement une assistance technique aux États[356]. Ils facilitent les échanges entre prestataires et bénéficiaires du renforcement des capacités, en coordination avec les autres organisations internationales, régionales et sous régionales compétentes[357].

447. L'assistance technique se fait principalement à travers deux approches. Elle se fait pour chacun des pays demandeurs par l'intermédiaire d'activités conçues et régulièrement actualisées en étroite consultation avec les autorités du pays bénéficiaire. La méthodologie adoptée pour fournir cette assistance se fonde sur l'analyse de la législation nationale relative aux activités de lutte contre le terrorisme, et l'identification des lacunes et des besoins du pays demandeur sur le plan législatif. Elle consiste en l'aide à la rédaction de lois nationales pour appliquer les instruments relatifs au terrorisme, en

---

353 Autorité Intergouvernementale pour le développement en français est un groupement régional créé le 21 mars 1986 et associant six États de l'Afrique de l'Est après le retrait de l'Erythrée.

354 S/2009/289 du 4 juin 2009 précité, §25.

355 V. le préambule de la Résolution S/RES/2178/2014.

356 S/2017/716 du 15 août 2017 précité, p.7.

357 V. le préambule de la Résolution 2178 (2014) précitée.

des recommandations de mesures administratives et réglementaires nécessaires à l'application de la législation nationale. Elle consiste aussi à assurer la formation des agents des systèmes de justice pénale à l'application de nouvelles lois et à la coopération internationale.

448. Dans un deuxième temps, au-delà des appuis personnalisés aux différents États, des activités regroupant des États d'une région ou d'une sous-région, sont organisées en raison de la similarité des difficultés et des besoins qui peuvent exister dans certaines zones. De telles activités permettent une économie des moyens à mettre en œuvre par leur rationalisation, et favorisent des échanges d'expériences et de bons procédés. Les ateliers sous régionaux et régionaux se sont révélés être un mécanisme efficace pour mobiliser un soutien aux niveaux politique et décisionnel en faveur de la ratification et l'application des instruments universels relatifs au terrorisme et l'accroissement de la coopération internationale contre le terrorisme[358].

449. En 2002, l'Assemblée générale a approuvé un élargissement du programme d'activités du Service de la prévention du terrorisme de l'ONUDC en lui permettant d'étendre son assistance technique aux aspects juridiques et connexes de la lutte contre le terrorisme. Elle a consacré sa Résolution adoptée le 18 décembre 2019 à l'« Assistance technique fournie par l'Office des Nations Unies contre la drogue et le crime dans le domaine de la lutte contre le terrorisme[359] ». Elle y prie *« l'Office des Nations Unies contre la drogue et le crime de fournir dans le cadre de son mandat, une assistance technique aux États membres qui le demandent, notamment en maintenant et en renforçant son appui à la coopération juridique et judiciaire internationale contre le terrorisme ; ...d'accroître, dans le cadre de son mandat, l'assistance technique qu'il fournit aux États membres qui le demandent »*[360].

450. Cette assistance concerne particulièrement l'aide à la ratification et la mise en œuvre des instruments juridiques universels contre le terrorisme. Le renforcement des moyens dont disposent les systèmes nationaux de justice pénale pour appliquer les dispositions de ces instruments conformément aux principes de l'État de droit est un

---

358 ONUDC, Service de la prévention du terrorisme, *Assistance pour la lutte contre le terrorisme*, New York, Mars 2009, p. 7.

359 A/RES/74/175 du 12 décembre 2019 portant *Assistance aux États pour l'arrêt de la circulation illicite et la collecte des armes légères et de petit calibre.*

360 V. aussi sur ce sujet, ONUDC, *Practical Guide for Requesting Electronic Evidence Across Borders* réalisé en coopération avec la Direction Exécutive du Comité contre le terrorisme et l'Association internationale des magistrats du parquet.

objectif également poursuivi. L'ONUDC a mis en place un Programme mondial contre le terrorisme lancé en octobre 2002 pour constituer le cadre des activités d'assistance technique de son Service de la prévention du terrorisme. Il est mis en œuvre en étroite collaboration avec le Comité contre le terrorisme du Conseil de sécurité[361]. Le Programme est essentiellement financé par des contributions volontaires dont le montant actuel représente plus de 3,2 millions de dollars.

451. L'objectif principal du Programme est de répondre rapidement et efficacement aux demandes d'assistance en matière de lutte contre le terrorisme, *« conformément aux priorités déterminées par la Commission pour la prévention du crime et la justice pénale de l'Organisation des Nations Unies et par le Comité contre le terrorisme :*

i. En analysant les législations nationales et en fournissant des avis sur la rédaction de lois ;
ii. En fournissant une assistance approfondie, par le biais d'un programme d'accompagnement, pour faciliter la ratification et l'application des nouvelles lois contre le terrorisme ;
iii. En assurant et en facilitant une formation du personnel des systèmes nationaux de justice pénale pour les familiariser avec l'utilisation des nouveaux instruments juridiques internationaux contre le terrorisme »[362].

452. La mise en œuvre du Programme mondial contre le terrorisme a fait du Service de la prévention du terrorisme de l'ONUDC, l'un des principaux partenaires en matière d'assistance technique du Comité contre le terrorisme. En janvier 2003, le Service de la prévention du terrorisme de l'ONUDC a lancé un autre projet mondial de *« renforcement du régime juridique contre le terrorisme »* qui apporte une assistance spécialisée aux États pour la ratification et l'application des instruments juridiques universels contre le terrorisme. Le projet sert de cadre général pour la fourniture d'une assistance technique dans les domaines d'activité de l'ONUDC, en particulier la prévention du crime et la justice pénale. L'objectif général du projet mondial est d'aider les

---

[361] J-P. LABORDE, B. STROBEL-SHAW, « Aperçu des activités de l'office des Nations Unies contre la drogue et le crime en matière de lutte contre le terrorisme et recommandations pour l'avenir », *in* Office des Nations Unies contre la Drogue et le Crime (dir.), *Forum sur le crime et la société*, Volume 4, numéros 1 et 2, décembre 2004, p.101 et s.
[362] Idem.

États membres à instaurer un régime juridique universel fonctionnel contre le terrorisme. Il facilite la ratification et la mise en œuvre des instruments juridiques universels et contribue au renforcement des capacités des systèmes nationaux de justice pénale dans ce domaine.

453. Plusieurs outils d'assistance technique et publications importantes ont déjà été élaborés dans le cadre de ces collaborations particulièrement avec l'ONUDC. Il s'agit d'un Guide législatif sur les conventions et protocoles mondiaux contre le terrorisme, d'un Guide pour la transposition en droit interne des instruments universels contre le terrorisme, d'une Loi type sur l'extradition, de Ressources juridiques électroniques sur le terrorisme international, d'un Rédacteur de requêtes d'entraide judiciaire, d'une Étude comparative sur les développements législatifs en matière de lutte contre le terrorisme dans sept pays d'Asie et du Pacifique. Des dispositions législatives types contre le terrorisme, un Recueil de traités bilatéraux et multilatéraux sur l'extradition et l'entraide judiciaire pour les agents du système de justice pénale du Niger, un Manuel sur la coopération internationale en matière pénale dans la lutte contre le terrorisme, un Manuel sur les mesures de justice pénale pour combattre le terrorisme ont été élaborés. Un document intitulé *« La prévention des actes terroristes : une stratégie de justice pénale intégrant les normes de l'État de droit à la mise en œuvre des instruments des Nations Unies contre le terrorisme »*[363] et des lois types sur l'entraide judiciaire et la protection des victimes et témoins ont été conçus.

454. Les activités d'assistance technique du Service de la prévention du terrorisme au cours de la période 2003-2008 ont eu un impact notable. Pour comparer, en janvier 2003, lorsque le projet mondial a été lancé, seuls 26 États avaient ratifié l'ensemble des 12 premiers instruments universels qui existaient. Fin décembre 2008, 102 États les avaient tous ratifiés. En janvier 2003, 98 États avaient ratifié au plus 6 seulement des 12 premiers instruments, fin décembre 2008, ce chiffre avait atteint 25. Environ 62 pays avec l'assistance du Service, sont à différents stades de l'adoption d'une législation antiterroriste nouvelle ou révisée. Enfin, le système national de justice pénale d'une centaine de pays a vu ses capacités à mettre en œuvre le régime juridique contre

[363] ONUDC, Service de la prévention du terrorisme, *Assistance pour la lutte contre le terrorisme*, New York, Mars 2009, annexe III.

le terrorisme renforcé par la formation d'environ 7 700 de leurs agents[364].

455.L'ONUDC fournit cette assistance technique en matière de lutte contre le terrorisme conformément aux orientations du Comité contre le terrorisme du Conseil de sécurité et en coordination avec la Direction Exécutive du Comité. Entre le 1er janvier 2009 et le 30 avril 2010, elle a participé à 10 visites de pays avec la Direction Exécutive[365]. Pendant cette même période, 81 États ont reçu une assistance directe pour devenir parties aux conventions et protocoles internationaux relatifs au terrorisme et les appliquer. De nombreux autres États ont bénéficié d'une assistance par le biais de 25 ateliers régionaux et sous régionaux et plus de 2 300 agents des systèmes de justice pénale ont été formés. L'ONUDC a mis au point 19 outils et publications spécialisés dans le domaine de l'assistance technique, notamment une compilation des ressources juridiques sur le terrorisme international consultable sur son site Web (www.unodc.org/tldb)[367]. La Direction Exécutive a continué de collaborer étroitement avec l'ONUDC, notamment pour fournir une assistance technique et juridique au secrétariat de l'Organisation de la coopération islamique en vue de l'élaboration d'un projet de protocole additionnel sur la lutte contre le terrorisme international[368].

456. En matière de mise en œuvre de la Résolution 1540 (2004), l'offre d'assistance est effective et est assurée par les organisations internationales et les États. En 2019, le Président du Comité 1540 a adressé des lettres aux fournisseurs d'assistance pour leur demander des informations actualisées sur l'assistance qu'ils pouvaient fournir ou sur d'éventuels autres programmes d'assistance qu'ils étaient en mesure de mener au service des États membres. Le Comité a reçu des réponses de l'OMI, du Comité Zangger, du Groupe des fournisseurs nucléaires, de l'Organisation mondiale de la santé animale (OIE), de l'OIAC et de l'Institut des Nations Unies pour la recherche sur le désarmement, qui ont indiqué que leurs activités d'assistance se poursuivaient. Il a

---

[364] ONUDC, Service de la prévention du terrorisme, *Assistance pour la lutte contre le terrorisme*, New York, Mars 2009, p.14.

[365] V. A/65/116 du 6 juillet 2010, *Exécution des mandats du Programme des Nations Unies pour la prévention du crime et la justice pénale, Rapport du Secrétaire général*, pp.10-11.

[366] Idem.

[367] Idem.

[368] S/2020/99 du 5 février 2020 précité, §90.

également reçu des réponses de neuf États qui ont mis à jour leurs offres d'assistance[369].

457. Le comité 1540 a utilisé cette coopération avec les organisations régionales et sous régionales de façon régulière[370]. L'organisation pour la sécurité et la coopération en Europe (OSCE) a particulièrement resserré sa coopération avec le Comité notamment, en invitant les experts du Comité à participer aux séances de consultation pour les plans d'action nationaux de mise en œuvre des Gouvernements arménien, kirghize, ouzbek et tadjik[371]. L'OSCE a par ailleurs organisé plusieurs ateliers et activités de renforcement des capacités dans la région, auxquels des membres et experts du Comité ont participé. Une réunion des points de contact de l'OSCE pour l'application de la Résolution 1540 (2004) a été organisée à cet effet et a connu la participation de 27 points de contact nationaux[372]. La réunion des points de contact nationaux, lors de laquelle 27 des 57 États participants étaient représentés, a constitué un point de départ pour le renforcement des activités de coopération entre ces États.

458. L'Organisation pour l'interdiction des armes chimiques (OIAC) a aussi resserré sa collaboration avec le Comité 1540 notamment, en invitant son groupe d'experts et d'autres personnes engagées dans l'application de la Convention pour l'Interdiction des Armes Chimiques (CIAC) à un atelier sous régional de formation à l'évaluation des capacités nationales, organisé à Brisbane (Australie). Elle les a également conviés à la rencontre régionale consacrée à l'éducation pour l'utilisation responsable des connaissances sur les produits chimiques à double usage en Amérique latine[373]. Cette collaboration s'est renforcée dans le cadre du Groupe de travail sur la prévention des attentats à l'arme de destruction massive et les interventions en cas d'attentat de l'Équipe spéciale de lutte contre le terrorisme. À la demande du Comité, l'OIAC a soumis un rapport sur l'assistance qu'elle a délivrée en vue de l'application des articles VII et

---

[369] S/2019/986 du 23 décembre 2019, Lettre adressée à la Présidente du Conseil de sécurité par le Président du Comité du Conseil de sécurité créé par la Résolution 1540 (2004), *Examen de la mise en œuvre de la Résolution 1540 (2004) en 2019*, §23.

[370] S/2014/958 du 31 décembre 2014 précité.

[371] Ibidem, §31.

[372] Idem.

[373] S/2014/958 du 31 décembre 2014 précité, §23.

X de la Convention, notamment à des États ayant présenté au Comité des demandes d'assistance concernant les armes chimiques[374].

459. La Rapporteuse spéciale sur la promotion et la protection des droits de l'homme et des libertés fondamentales dans la lutte antiterroriste, indique au sujet de l'assistance technique fournie par les États, que *« bon nombre de ces efforts sont dictés par les impératifs de sécurité des donateurs ou des prestataires et ont souvent pour effet de marginaliser la société civile et les autres parties prenantes afin d'éviter de révéler l'origine, les motivations ou l'idéologie du donateur. Ces formes de renforcement des capacités et d'assistance technique impliquent la marchandisation de certains groupes et personnes et, dans de nombreux cas, de communautés historiquement marginalisées. Ces pratiques sapent la confiance qui résulterait d'une implication pleine et transparente des communautés et des individus dans des démarches de renforcement des capacités locales, substantielles et engagées. Pour être efficace, la sécurité ne peut pas contourner ou instrumentaliser les communautés affectées »*[375]. Pour être respectueux des droits humains, les dispositifs bilatéraux de renforcement des capacités et d'assistance technique doivent donc s'appuyer sur des pratiques claires consistant à ne soutenir que le renforcement des capacités et l'assistance technique reposant sur des définitions nationales du terrorisme et de l'extrémisme violent compatibles avec le droit international. L'application cohérente et transparente de la conditionnalité de l'assistance et la fixation de limites claires imposant le refus de soutenir des partenaires étrangers ayant commis des violations graves et prolongées des droits humains par l'abus des capacités de sécurité et de lutte antiterroriste contribuent également à ce respect des droits humains[376].

2)La coordination de l'action des différents comités

460. Le 15 juin 2017, l'AG a mis en place le Bureau de lutte contre le terrorisme conformément à sa Résolution A/RES/71/91 pour combler les lacunes mises en relief par son rapport intitulé *« Capacité des*

---

[374] Idem.

[375] A/76/261 du 3 août 2021, Rapport de la Rapporteuse spéciale sur la promotion et la protection des droits de l'homme et des libertés fondamentales dans la lutte antiterroriste, portant *Promotion des droits humains par leur intégration au renforcement des capacités et à l'assistance technique antiterroriste aux niveaux national, régional et mondial,* §22.

[376] Ibidem, §25.

Nations Unies d'aider les États membres à appliquer la Stratégie antiterroriste mondiale des Nations Unies ». Sur le plan fonctionnel, le Bureau de lutte contre le terrorisme comprend le Pacte mondial de coordination contre le terrorisme des Nations Unies (anciennement Équipe spéciale de lutte contre le terrorisme) et le Centre des Nations Unies pour la lutte contre le terrorisme[377]. Il a pour mandat à titre principal tous les deux ans, l'examen de la mise en œuvre de la Stratégie antiterroriste mondiale des Nations Unies et des Résolutions de l'Assemblée générale sur les questions de terrorisme. L'une des fonctions du Pacte mondial de coordination contre le terrorisme est de *« renforcer la coordination et la cohérence des activités des entités signataires du Pacte mondial de coordination contre le terrorisme pour assurer la mise en œuvre équilibrée des quatre piliers de la Stratégie antiterroriste mondiale des Nations Unies »*[378]. Au regard du nombre important d'organes du Conseil et de l'AG qui interviennent dans la lutte contre le terrorisme, il était à craindre que des organes n'interviennent séparément sur des préoccupations identiques dans les différents États. Cela aurait l'inconvénient de lasser les partenaires demandeurs de l'assistance technique qui devraient présenter les mêmes besoins à différentes structures de même que les rapports sur l'exécution des projets. La coordination permet d'assurer cette cohérence des interventions en associant les partenaires qui interviennent dans les mêmes domaines pour assurer une exécution efficace et efficiente des projets. Le Conseil au sujet de l'Afghanistan s'est dit conscient de *« la nécessité de maintenir le contact avec les comités du Conseil, les organisations internationales et les groupes d'experts compétents, y compris le Comité créé par la Résolution 1267 (1999), le Comité contre le terrorisme (CCT), l'Office des Nations Unies contre la drogue et le crime, la Direction Exécutive du Comité contre le terrorisme et le Comité créé par la Résolution 1540 (2004), en particulier compte tenu de la présence permanente dans la région d'Al-Qaeda et de tout groupe affilié, cellule, groupe dissident ou groupe dérivé d'Al-Qaeda et de l'influence négative qu'ils exercent sur*

[377] Créé en 2011, le Centre des Nations Unies pour la lutte contre le terrorisme est le principal organe de renforcement des capacités du Bureau de lutte contre le terrorisme. Il a pour mission d'aider les États membres en menant des projets et programmes de renforcement des capacités en matière de lutte contre le terrorisme dans le monde entier, conformément aux quatre piliers de la Stratégie mondiale.

[378] V.///storage/emulated/0/WebBrowser/%C3%80%20propos%20%7C%20Bureau%20de%lutte20%contr%20le%20terrorisme.mht consulté le 19 avril 2021.

le conflit afghan »[379]. Le conseil a réaffirmé qu'il convient de renforcer la coopération actuelle entre le Comité contre le terrorisme, le Comité créé par les Résolutions 1267 (1999) et 1989 (2011) et le Comité créé par la Résolution 1540 (2004), ainsi qu'avec leurs groupes d'experts respectifs, notamment par un échange accru et systématique d'informations et la coordination des séjours dans les pays. Ces comités devraient coordonner l'organisation des ateliers, les activités d'assistance technique, les relations avec les organisations et les organismes internationaux, régionaux et sous régionaux grâce notamment au partage des mêmes bureaux de liaison régionaux. Le Conseil a aussi exprimé son intention de donner des directives aux comités dans les domaines d'intérêt commun afin de leur permettre de mieux coordonner leurs efforts dans la lutte contre le terrorisme. Il est important à cet effet que la Direction Exécutive du Comité contre le terrorisme et l'Équipe spéciale de lutte contre le terrorisme partagent les mêmes locaux et prennent les mesures nécessaires pour réaliser cet objectif[380]. Le CCT s'est inscrit dans ce cadre en associant à ses différentes activités, les organisations internationales reconnues pour leur crédibilité particulièrement celles relevant du système des NU. Le Conseil souligne d'ailleurs qu'il est nécessaire d'améliorer la coordination entre le Comité créé par sa Résolution 1267 (1999) et le Comité créé par sa Résolution 1373 (2001)[381].

461. Le CCT a coorganisé, avec la Direction Exécutive dudit comité des réunions avec le Président du Comité du Conseil de sécurité faisant suite aux Résolutions 1267 (1999), 1989 (2011) et 2253 (2015), ainsi qu'avec le Président du Comité du Conseil de sécurité créé par la Résolution 1540 (2004), afin d'étudier les moyens d'accroître leur coopération. Les présidents des différents comités ont présenté en octobre 2018 et en mai 2019 des exposés conjoints sur leurs activités. Pour mieux exploiter les compétences de leurs différents experts, la DECT en collaboration avec l'Équipe d'appui analytique et de surveillance des sanctions créée par les Résolutions 1526 (2004) et 2253 (2015) concernant l'EIIL (Daech), ainsi que le Groupe d'experts du Comité créé par la Résolution 1540 (2004), a actualisé le tableau comparatif des experts des trois équipes[382].

---

[379] S/RES/1988 (2011) du 17 juin 2011, §32.

[380] S/RES/2129 (2013) du 17 décembre 2013, §21.

[381] S/RES/1455 (2003) du17 janvier 2003.

[382] S/2020/99 du 5 février 2020 précité, §87.

462. La Direction Exécutive travaille avec les autres entités pour améliorer le partage d'informations, la coordination des visites dans les États, la coordination de la facilitation et du suivi de l'assistance technique et d'autres mesures de coopération visant à aider les États membres à respecter leurs obligations. L'Équipe Spéciale a accompagné le Comité lors de ses visites en Chine, aux Maldives, au Mali et au Niger. Quant au Groupe d'experts, il s'est joint aux visites que le Comité a effectuées en Arménie et en Géorgie. Par ailleurs, la Direction Exécutive n'a cessé de se concerter avec l'Équipe Spéciale et le Groupe d'experts pour approfondir la collaboration et la coopération aux niveaux stratégique et opérationnel[383]. Cette assistance technique offerte dans le cadre des Nations Unies aide aussi les États à assurer la sûreté maritime, aérienne et nucléaire.

Section 2 L'action pour la sûreté maritime, aérienne et nucléaire

134.L'action pour la prévention du terrorisme ne peut pas produire les effets désirés, si les cibles potentielles des groupes terroristes ne bénéficient pas d'une protection particulière à même de les prémunir contre les agressions probables. L'une des cibles prioritaires des organisations terroristes est l'activité maritime. Les navires sont régulièrement attaqués pour subtiliser leurs cargaisons ou pour capturer les personnels navigants ou les passagers et en faire des otages monnayables. Les transports aériens sont aussi la cible des terroristes qui détournent des avions et les utilisent comme des armes ainsi que les attentats du 11 septembre 2001 l'ont illustré. Il faut donc assurer la sûreté des transports aériens pour éviter de tels drames **(§1)**. Enfin, il y a des substances qui peuvent être recherchées par les organisations terroristes dans le cadre de leurs actions en raison de leur forte capacité de nuisance. Il faut également assurer la protection physique de ces matières **(§2)**.

§1 La prévention du terrorisme maritime et aérien

135. Des actes terroristes sont régulièrement commis sur la mer et certains groupes terroristes comme le mouvement des Tigres de libération de l'Eelam Tamoul (LTTE) en Asie ont fait de la mer, leur champ d'action privilégié **(A)**. Les aéronefs n'échappent pas non plus aux attentats terroristes. Ils font parfois l'objet de détournement à des

---

[383] Ibidem, §88.

fins terroristes. En plus des détournements d'avions, les terroristes utilisent les moyens de transports aériens pour se déplacer **(B)**.

A/La prévention du terrorisme maritime

136. Les manifestations du terrorisme maritime sont variées et le lien entre l'acte criminel et la revendication politique n'est pas toujours établi. Hugues EUDELINE explique cette difficulté par l'impossibilité de « *désigner sous un même vocable des activités violentes de natures extrêmement diverses en fonction de l'environnement local ou régional, de l'époque, voire de la culture des acteurs et de leurs références idéologiques ou religieuses* »[384]. Il n'existe pas de définition du terrorisme maritime en tant que telle et cela est d'autant logique que le terrorisme lui-même ne bénéficie pas d'une définition universelle. Bien entendu, cela ne signifie pas que le terrorisme maritime n'existe pas. Dans sa Résolution 60/288 portant Stratégie antiterroriste mondiale de l'Organisation des Nations Unies, l'AG/NU condamne « *énergiquement le terrorisme sous toutes ses formes et dans toutes ses manifestations* »[385]. C'est dire que le terrorisme est intolérable quelle que soit son lieu de commission et ses modes de perpétration. La difficulté de définir le terrorisme maritime trouve une bonne part de son explication dans sa proximité avec la notion de piraterie. Il convient de distinguer ces deux notions pour mieux fixer le contenu du terrorisme maritime.

137. D'abord les divergences. Aux termes de l'article 101 de la Convention de Montego Bay de 1982 (CMB), la piraterie est définie comme étant l'un des actes de violence limitativement énumérés, en provenance d'un navire ou d'un aéronef privé, en haute mer[386] et à des fins exclusivement privées[387]. Le but visé par la piraterie est ainsi le lucre et n'est pas soutenu par une revendication politique. La piraterie concerne des « *acte*[s] *illicite*[s] *de violence ou de détention ou toute déprédation* »[388] ou de leurs actes préparatoires, commis exclusivement sur un navire ou un aéronef en haute mer. Le régime juridique de la

---

[384] H. EUDELINE, « Le terrorisme maritime contemporain », *Institut de Stratégie Comparée*, vol. 100-101, n°2, 2012, p. 269

[385] Stratégie antiterroriste mondiale du 20 septembre 2006, Op. Cit.

[386] La haute mer est la partie des mers et des océans qui n'est pas soumise à la juridiction des États côtiers. La navigation et la pêche y sont en principe libre.

[387] Convention de Montego Bay, article 101.

[388] R. OLSON, « International Piracy Law and the Birth of Maritime Terrorism », *Malabu : Maritime Law Bulletin*, vol. 1, 2006, p. 15

piraterie ne s'applique ainsi qu'en haute-mer. Les actes commis dans les eaux intérieures relèvent de la juridiction interne de l'État. L'acte terroriste lui, « *est d'essence politique, et c'est en cela que sa composante maritime se différencie fondamentalement de la piraterie, dont la motivation se limite à la satisfaction financière d'un besoin privé* »[389].

138. Cette distinction n'est toutefois pas nette dans la mesure où ils peuvent se servir mutuellement. Récemment, dans sa Résolution 2462 du 28 mars 2019, le Conseil a établi un lien clair entre les entreprises de criminalité transnationales et le terrorisme international, l'une servant de « *source de financement ou appui logistique* »[390] de l'autre. Dans ce sens, la piraterie peut être un moyen de financement du terrorisme et il convient lorsque ce lien est avéré, de la combattre dans le cadre de la prévention du terrorisme[391]. Nous retiendrons avec Hugues EUDELINE par terrorisme maritime, toute « *entente, préparation, financement, désinformation, menaces ou actes de violence destinés à déstabiliser durablement l'opinion publique pour contraindre un pouvoir et atteindre des objectifs politiques, effectue*[és] *sur et à partir de la mer ou contre des objectifs du domaine maritime* »[392]. Il s'exerce habituellement contre les navires et les infrastructures portuaires, touristiques ou industrielles. Parfois, il vise même les bâtiments de guerre qui sont des cibles exceptionnelles en raison de leur puissance de feu et leur statut juridique spécifique. La prévention du terrorisme maritime se fait par le contrôle des navires en circulation et le contrôle des passagers embarqués d'une part **(1)**, ainsi que la sûreté des installations portuaires et le contrôle des marchandises d'autre part **(2)**.

1) Le contrôle des navires en circulation et des passagers embarqués

139. Le terrorisme maritime a atteint sa pleine maturité opérationnelle au Sri Lanka avec le mouvement des Tigres de libération de l'Eelam Tamoul (LTTE) qui ont développé une panoplie de modes d'action particulièrement efficaces. Leur exemple a été largement suivi

---

[389] H. EUDELINE, « Le terrorisme maritime contemporain », *Institut de Stratégie Comparée*, vol. 100-101, n°2, 2012, p.269

[390] S/RES/2462 (2019) du 28 mars 2019.

[391] V. infra les liens entre le terrorisme et la criminalité transnationale organisée.

[392] H. EUDELINE, « Le terrorisme maritime, une menace réelle pour la stabilité mondiale », *Hérodote*. vol.163, 2016, p. 9

par le Movement for the Emancipation of the Niger Delta (MEND) dans le golfe de Guinée dont l'activité a fait chuter la production pétrolière nigériane de 2,6 millions de barils/jour en 2006 à 1,76 en août 2009[393]. L'objectif politique de ce mouvement est de lutter contre « l'exploitation et l'oppression des peuples » du delta du Niger. Le terrorisme maritime utilise divers moyens de déplacements. Les petites embarcations, les embarcations de gros tonnages ainsi que les moyens subaquatiques (mines, submersibles, plongeurs) et les engins volants sont concernés. Les actions terroristes en mer peuvent prendre principalement deux formes. D'abord, l'utilisation du navire lui-même (voilier, un yacht, un bateau à propulsion ou un pétrolier) comme arme pour commettre un attentat ciblé à travers une opération « kamikaze ». L'objectif est dans ce cas de provoquer l'explosion du navire dans un lieu où il fera le maximum de dégâts humains, écologiques et matériels. L'autre moyen consiste à dissimuler dans un conteneur, ou sur un navire un colis contenant des produits explosifs[394].

140. Le terrorisme maritime s'il fait peu parler de lui ces dernières années, n'est pas pour autant un phénomène marginal. En novembre 2002 al-Nashiri, l'« émir de la mer » d'al-Qaeda, qui a organisé les attaques contre l'USS Cole[395] et le Limburg[396], a été arrêté et emprisonné à Guantanamo alors qu'il avait en sa possession un dossier de 180 pages établissant une liste de « cibles maritimes pertinentes ». Si le dossier d'al-Nashiri n'a pas été rendu public, sa taille laissait présager de l'ampleur du plan d'attaque d'objectifs maritimes. Du reste, un certain nombre d'arrestations de membres d'al Qaeda préparant des attentats à Panama (2001), en Méditerranée orientale (2001 et 2002) ainsi qu'à Djibouti et Gibraltar (2003) ont confirmé l'ampleur du

---

[393] H. EUDELINE, « Le terrorisme maritime, une nouvelle forme de guerre », *« Outre-Terre » 2010/2 n° 25-26,* pp. 83-99.

[394] A. WILLER, « Les aspects maritimes de lutte contre le narcotrafic, le terrorisme et le trafic de migrants : l'exemple français », *Bulletin d'Études de la marine n°30*, décembre 2004, p.37. V. aussi, K. LAGDAMI, « La menace du terrorisme maritime en Méditerranée », *Neptunus, Centre de Droit Maritime et Océanique*, Université de Nantes, 2012, 18 (1), pp.9, ffhal-03811156.

[395] C'est un attentat contre le destroyer lance-missiles USS Cole de la marine des États-Unis le 12 octobre 2000 alors qu'il était en cours de ravitaillement dans le port d'Aden au Yémen. Une embarcation piégée de 180 à 300 kilogrammes de C4 perfora la coque dans un attentat-suicide 17 morts parmi les marins américains.

[396] L'armée islamiqued'Aden -Abyane a commis un attentat-suicide sur un navire de la société petronas qui transportait 400.000 barils de pétrole brut saoudien à destination de la Malaisie dans le golf d'Aden.

mouvement. Le 9 juillet 2009, Vingt-cinq membres d'une cellule terroriste ont été arrêtés en Egypte alors qu'ils préparaient des attaques contre des navires passant dans le canal de Suez et contre le Suez-Méditerranéen pipeline (Sumed) qui connecte la mer Rouge et le canal de Suez avec la Méditerranée[397].

141. Les organisations terroristes utilisent la mer pour leurs besoins logistiques de deux manières. D'une part pour transporter du matériel et de l'armement, d'autre part pour transporter discrètement du personnel vers les camps d'entrainement ou les objectifs. Certaines affrètent des navires à cet effet, mais les plus évoluées disposent de leur propre flotte. Al-Qaeda, selon diverses sources dont celles de la Rand Corporation, aurait disposé avant le 11 septembre 2001 d'une « marine » qui comprenait à l'époque quelques 28 navires de haute mer opérant sous le couvert de compagnies enregistrées sous différents pavillons : Liberia, Tonga, Panama, Belize ainsi que l'ile de Man[398].

142. Après l'affaire de l'*Achille Lauro*[399], le Conseil de sécurité a instamment demandé aux États de renforcer la coopération internationale « *en vue de la mise au point et de l'adoption de mesures efficaces* [...] *destinées à faciliter la prévention et la répression des actes de prises d'otages* [...] *en tant que manifestations du terrorisme international* [...] »[400]. Depuis, le Conseil n'a eu de cesse de rappeler cette volonté. Plus globalement encore, dans la Résolution 60/288 adoptée par l'Assemblée générale portant Stratégie antiterroriste mondiale de l'Organisation des Nations Unies, l'AG a engagé dans son pilier III de la stratégie *« ... l'Organisation des Nations Unies à envisager de solliciter auprès du secteur privé des contributions aux programmes de renforcement des capacités, surtout pour la sécurité des ports, de la navigation maritime et de l'aviation civile ».* C'est dire que cette question préoccupe véritablement le Conseil de sécurité et l'AG de l'ONU. La prévention du terrorisme maritime se fait par le contrôle et la localisation des navires, le maintien de la sûreté portuaire, et le contrôle des marchandises et des passagers.

143. Le 18 décembre 1985, le Conseil de sécurité a adopté la Résolution 579, dans laquelle il a demandé *« l'adoption de mesures*

---

397 H. EUDELINE, « Le terrorisme maritime, une nouvelle forme de guerre », *« Outre-Terre » 2010/2 n° 25-26,* pp. 83-99.
398 Idem.
399 Des palestiniens avaient détourné un navire en vue de prendre en otage ses occupants et demandé la libération de 50 prisonniers palestiniens.
400 S/RES/579 (1985) du 18 décembre 1985.

efficaces, conformes aux règles du droit international, destinées à faciliter la prévention et la répression des actes de prise d'otages et des enlèvements de toutes sortes, en tant que manifestations du terrorisme international, et les poursuites contre leurs auteurs. » Le système de localisation des navires sert notamment à prévenir les prises d'otages en mer. En principe chaque navire doit être bien individualisé par des éléments d'identification (nom, numéro d'immatriculation, port d'attache, etc.). Le navire est également pourvu d'une nationalité, c'est-à-dire un lien réciproque entre l'État du pavillon et le navire qui fait naître des obligations réciproques à savoir l'obligation de protection de l'État et l'obligation de respect de la réglementation par le navire. Il existe toutefois des pavillons de libre immatriculation qui introduisent un risque véritable en matière de contrôle et de localisation de navires. Ce procédé trouve son origine dans les termes de l'article 91 de la Convention de Montego Bay (CMB) qui prévoit que « *chaque État fixe les conditions auxquelles il soumet l'attribution de sa nationalité aux navires, les conditions d'immatriculation des navires sur son territoire et les conditions requises pour qu'ils aient le droit de battre son pavillon* »[401]. Cette disposition pose le principe de la liberté d'octroi de la nationalité aux navires. Ainsi, les pavillons de libre immatriculation ne conditionnent pas l'octroi de leur nationalité à l'existence de véritables liens substantiels. Il existe un classement international des pavillons sous l'initiative du Mémorandum de Paris[402]. La liste noire indique les pavillons qui n'effectuent que très rarement des contrôles, et dont les navires ne respectent pas des standards élevés de sûreté. Par exemple en 2003, un navire arraisonné au large des côtes grecques transportait sept-cent cinquante tonnes d'explosifs et huit mille détonateurs. Après investigations, le navire appartenait à une société « fantôme » enregistrée aux Îles Marshall, et était sous pavillon comorien. Lors de l'enquête, les autorités comoriennes ont été incapables de retrouver les documents d'enregistrement du navire[403].

144. L'article 19 du Code international pour la sûreté des navires et des installations portuaires (Code ISPS), qui joue un rôle important en

---

[401] Convention de Montego Bay, article 91.

[402] Fondé en 1982 par 14 États à l'initiative de la France, le mémorandum d'entente de Paris (PMoU) a constitué le premier accord inter-administratif régional de ce type établissant un contrôle coordonné des navires étrangers faisant escale dans les ports européens, tout en évitant de possibles distorsions de concurrence entre ports.

[403] J. POWER, « Maritime Terrorism : A New Challenge for National and International Security », *Barry Law Review*, vol. 10, 2008, p.118.

matière de sûreté maritime, impose un contrôle des certificats des navires à passagers, des navires de charge d'une jauge brute supérieure ou égale à 500 tonneaux ainsi que des unités mobiles de forage. Il précise que « *l'administration intéressée doit se porter pleinement garante de l'exécution complète et de l'efficacité de la vérification* [...] » [404]. Encore une fois, le problème de la fiabilité des contrôles des pavillons de libre immatriculation se pose. Le comité de lutte contre le terrorisme du Conseil de sécurité à l'occasion de son contrôle, vérifie si les États ont mis en place des mécanismes permettant de délivrer et renouveler les certificats internationaux de sûreté des navires, et s'ils appliquent les mesures de contrôle et de vérification de la conformité des navires[405].

145. Le conseil de sécurité dans sa Résolution 1540/2004 §3, a décidé également que *« tous les États doivent prendre et appliquer des mesures efficaces afin de mettre en place des dispositifs internes de contrôle destinés à prévenir la prolifération des armes nucléaires, chimiques ou biologiques ou de leurs vecteurs, y compris en mettant en place des dispositifs de contrôle appropriés pour les éléments connexes, et qu'à cette fin ils doivent: a) Arrêter et instituer des mesures appropriées et efficaces leur permettant de suivre la localisation de ces produits et d'en garantir la sécurité pendant leur fabrication, leur utilisation, leur stockage ou leur transport; »* La localisation des navires en temps réel lors de leur séjour en mer est ainsi exigée à des fins de contrôle. A cette fin, les navires sont dotés d'un système d'identification automatique (AIS) qui n'est cependant une obligation que pour les navires « *d'une jauge brute égale ou supérieure à 300 qui effectuent des voyages internationaux, les navires de charge d'une jauge brute égale ou supérieure à 500 qui n'effectuent pas de voyages internationaux et les navires à passagers, quelles que soient leurs dimensions* [...] »[406]. Cette règle peut constituer un inconvénient à la sûreté maritime car les données transmises par l'AIS sont visibles par toutes les structures privées ou publiques intéressées[407]. Les cibles potentielles (gros transport de marchandise et croisières) peuvent donc conseiller à leurs navires d'éteindre l'AIS lorsqu'ils arrivent à

---

[404] Convention de Montego Bay, article 19.
[405] S/2017/716 du 15 août 2017 précité, p.93.
[406] Convention SOLAS, Chapitre V, règle 19
[407] A. SERRY, L. LEVEQUE, « Le système d'identification automatique (AIS) : une source de données pour étudier la circulation maritime », *NETCOM : Réseaux, communication et territoires*, vol. 29, n° 1-2, 2015, p. 181

proximité d'une zone dangereuse, pour éviter d'être repéré par les organisations terroristes. Les communications satellites transmises par les navires, notamment les informations dynamiques (vitesse et cap, statut de la navigation) et les informations liées au trajet (ports de départ et de destination, nature de la cargaison)[408] peuvent être exploitées par les organisations criminelles. Cela fait dire que « *l'objet de la guerre navale* est *le contrôle des communications, et non, comme à terre, la conquête de territoires »*[409]. Ces communications permettent néanmoins aux autorités de contrôle (telles que les Marines nationales) d'assurer une veille en informant les compagnies le cas échéant de la défectuosité du système sur leurs navires. Son institution a d'ailleurs pour rôle de permettre de secourir le navire en cas de difficultés notamment lors d'une attaque terroriste.

146. Au sujet des Caraïbes, le CCT estime que maintenir des frontières maritimes sûres et surveiller les zones maritimes et côtières est un défi pour de nombreux États de cette sous-région. La difficulté de patrouiller efficacement sur de vastes espaces marins y est souvent aggravée par l'absence de frontières physiques et de points de contrôle. Parmi les autres défis auxquels sont confrontés la plupart des États de cette sous-région figurent le manque de ressources financières et humaines, d'équipements et de compétences spécialisées, ainsi que le manque de coopération intra-États et inter-États. Peu d'États ont établi une approche globale de la sécurité maritime dans le contexte de la lutte contre le terrorisme[410]. Le groupe Abu Sayyaf (ASG) selon le CCT, a continué d'opérer à partir des îles du sud des Philippines, menant des enlèvements contre rançon et d'autres attaques contre des intérêts maritimes dans la mer de Sulu-Celebes et la région orientale de Sabah[411].

147. Des risques importants peuvent aussi survenir lors du transport des passagers et il faut prendre les mesures appropriées pour les empêcher. En plus de l'équipage, l'embarquement des passagers doit suivre des procédures et des contrôles stricts pour annihiler les risques d'embarquement d'armes diverses, d'eau ou de

[408] Idem.

[409] H. EUDELINE, « Le terrorisme maritime contemporain », *Institut de Stratégie Comparée*, vol. 100-101, n° 2, 2012, p. 278.

[410] United Nations Security Council, Counter-Terrorism Committee, *Global survey of the implementation of Security Council resolution 1373 (2001) and other relevant resolutions by Member States*, 2021, §438.

[411] Ibidem, §437.

nourriture contaminée[412]. Les passagers, à savoir « *toute personne qui se trouve à bord du navire pour quelque cause que ce soit, hormis les gens de mer* » doivent subir la rigueur de ces contrôles. A cet effet, le comité contre le terrorisme exige que les États mettent en place un système permettant de contrôler les personnes et les véhicules avant de leur accorder l'accès aux ports maritimes afin d'empêcher toute entrée non autorisée[413]. Le point de départ des vérifications sur les passagers embarqués est le contrôle de l'identité. Comme les compagnies de transport aérien, les compagnies de croisière maritime doivent procéder à l'identification des passagers qu'elles accueillent à leur bord. Cela permet de comptabiliser les passagers et de connaître leur nationalité pour établir un rapport précis en cas d'incident. À l'échelle internationale, Interpol joue un rôle prépondérant dans la surveillance des pièces d'identité. Le système I-Checklist met en place un contrôle des documents perdus ou volés, répertoriés dans les commissariats de police du monde entier. Puisque les organisations criminelles et les terroristes utilisent des documents de voyage volés pour dissimuler leur identité et franchir les frontières sans être repérés, la signalisation de ces documents est cruciale pour l'identification des terroristes potentiels. I-Checklist est une plateforme de coopération entre le secteur privé, les compagnies de croisière maritimes et le secteur public. Le comité contre le terrorisme vérifie lors de ses contrôles, que les États ont délégué à un organisme de sécurité reconnu, l'une des responsabilités qui leur incombent en matière de sûreté et qu'il supervise l'exécution des responsabilités déléguées. C'est une exigence de la convention SOLAS. L'État doit aussi communiquer toutes les informations régulièrement mises à jour à l'Organisation Maritime Internationale (OMI) comme le prévoit la règle XI-2/13 de la Convention SOLAS, aux fins d'information des sociétés et des navires[414].

148. Le recours aux agents de sûreté est possible. Pour pallier le manque de moyens de défense, les armateurs peuvent envisager de recruter des agents de sûreté dans des sociétés privées. Les États-Unis et le Royaume-Uni sont les États qui s'illustrent le plus dans cette activité. Les agents sont installés à bord ou suivent le navire sous forme d'escorte. Ils peuvent suivre le navire sans armes et ainsi avoir pour

---

[412] M.D. GREENBERG et autres, « Maritime Terrorism : Risk and Liability », *RAND Center for Terrorism Risk Management Policy*, 2ème Dir., 2016, p. xxi.
[413] S/2017/716 du 15 août 2017 précité, p. 96.
[414] Ibidem, p. 99.

mission de donner des conseils en matière de sûreté et renforcer la capacité de veille. Ils peuvent aussi être armés pour assurer la sûreté des gens de mer et des passagers. Force est de constater le succès de ces sociétés puisqu' « *aucun navire embarquant à son bord des gardes armés n'a pu être abordé avec succès par des pirates jusqu'à ce jour* »[415].

149. Malgré les efforts fournis dans ce domaine, le CCT indique que des difficultés subsistent. Il indique que les responsables militaires des Philippines, de Malaisie et d'Indonésie ont tous noté la possibilité pour les CTE de circuler facilement entre l'Indonésie, la région de Sabah en Malaisie et la région de l'île de Mindanao aux Philippines, en raison de l'étendue de l'espace à couvrir et de la porosité des frontières. Ces trois États s'emploient toutefois à renforcer leur coopération à tous les niveaux dans le cadre de l'accord de coopération trilatéral signé en 2016 pour tenter de venir à bout du phénomène[416]. En Asie du Sud, dans le domaine maritime, il n'existe aucune obligation normalisée pour les navires de fournir des listes de passagers. La plupart des États de cette sous-région ne mettent pas en œuvre les prescriptions relatives aux renseignements préalables concernant les passagers et les dossiers passagers[417] dans leurs ports maritimes internationaux comme le demande la Résolution 2396 (2017). De plus, trois de ces États qui sont membres du Commonwealth permettent même l'entrée sans visa aux citoyens des 65 États participant à cet accord communautaire sur leurs territoires[418].

150. Pour tenter de combler ces lacunes dans sa juridiction, le Secrétariat du Comité interaméricain contre le terrorisme de l'organisation des États américains (OAS/CICTE) soutient activement les États dans l'élaboration et la mise en œuvre de plans nationaux et régionaux de renforcement de la sûreté maritime, douanière et portuaire. Il soutient aussi la coordination inter-agences et l'échange d'informations entre États. Plusieurs États participent également à

---

[415] Institut supérieur d'économie maritime Nantes – Saint-Nazaire, *Piraterie maritime : la maîtrise du risque ?* Note de synthèse n°199, avril 2018, p.2.

[416] United Nations Security Council, Counter-Terrorism Committee, *Global survey of the implementation of Security Council resolution 1373 (2001) and other relevant resolutions by Member States,* 2021, §218.

[417] V. infra les développements sur ces notions au titre concernant la sûreté aérienne.

[418] United Nations Security Council, Counter-Terrorism Committee, *Global survey of the implementation of Security Council resolution 1373 (2001) and other relevant resolutions by Member States,* 2021, §241.

l'Initiative du Global Counterterrorism Forum's (GCTF) sur la sûreté maritime. Des mécanismes similaires sont mis en œuvre pour assurer la sûreté de l'aviation dans le monde.

2) La sûreté des installations portuaires et le contrôle des marchandises

151. La notion de sûreté est utilisée dans le langage juridique en relation avec certaines activités telles que l'aviation civile, la navigation maritime ou l'utilisation de l'énergie nucléaire. Cette notion particulièrement usitée en droit aérien et en droit maritime, renvoie aux mesures de prévention des actes illicites voulus ou prémédités (à l'exclusion des accidents, dont la prévention relève plus largement de mesures de « sécurité ») par la protection des cibles. Dans sa Résolution 1390[419] adoptée en 2002, le Conseil a décidé que les États membres devaient empêcher que des navires battant leur pavillon ou des aéronefs immatriculés par eux soient utilisés pour transférer à Al-Qaeda et aux Talibans, des armes, des munitions, des véhicules et du matériel militaire.

152. Le comité contre le terrorisme exige à l'occasion de ses contrôles, qu'il existe une base législative nationale permettant de mettre en œuvre le Code international pour la sûreté des navires et des installations portuaires (Code ISPS) de l'Organisation maritime internationale (OMI). Il vérifie aussi que les États ont édicté des règles et pris toutes les mesures nécessaires (telles que l'inspection et la répression) afin de donner pleinement et complètement effet aux directives relatives à la sûreté[420]. Le Code ISPS a été adopté par la conférence diplomatique des États parties à la Convention internationale de 1974 pour la sauvegarde de la vie humaine en mer (SOLAS), tenue au siège de l'OMI (Londres) du 9 au 12 décembre 2002. Entré en vigueur le 1er juillet 2004, il contient un grand nombre d'obligations en matière de sûreté pesant sur les gouvernements, mais aussi sur les autorités portuaires et les compagnies maritimes.

153. L'augmentation de la menace a conduit à un renforcement des mesures de sûreté. Ainsi, chaque État doit établir des niveaux de sûreté et des plans de sûreté en rapport avec le niveau de la menace. Chaque navire avant d'entrer dans un port doit prendre attache avec les autorités portuaires en vue de vérifier la compatibilité de son niveau de sûreté à

---

[419] S/RES/1390 (2002) du 16 janvier 2002, §2 c.

[420] S/2017/716 du 15 août 2017 précité, p.97.

celui du port où il s'apprête à amarrer. Les navires ont aussi l'obligation d'être équipés d'un *« système d'alerte de sûreté du navire »* permettant de signaler tout acte hostile aux autorités compétentes à l'insu de ses occupants. Les navires ont en plus, l'obligation de détenir un *« Certificat International de sûreté du navire »* délivré après des contrôles rigoureux. Elles doivent aussi s'adjoindre des agents de sûreté spécialement formés pour assurer des veilles permanentes lors des trajets[421].

154. Le Code ISPS introduit une sûreté à trois niveaux. Le premier désigne « *le niveau auquel des mesures de sûreté minimales appropriées doivent être maintenues en permanence* » ; le deuxième désigne « *le niveau auquel des mesures de sûreté additionnelles appropriées doivent être maintenues pendant une période déterminée en raison d'un risque accru d'incident de sûreté* » ; et le troisième désigne « *le niveau auquel de nouvelles mesures de sûreté spéciales doivent être maintenues pendant une période limitée lorsqu'un incident de sûreté est probable ou imminent...* »[422]. Chaque État détermine discrétionnairement les niveaux de sûreté valables sur son territoire. Le comité contre le terrorisme exige des États contrôlés que sur leurs territoires, toutes les installations portuaires (et les navires) soient pleinement conformes aux dispositions applicables du chapitre XI-2 de la Convention internationale de 1974 pour la sauvegarde de la vie humaine en mer (Convention SOLAS) et du Code ISPS. Il exige aussi que *« l'État mette en œuvre un programme de sécurité portuaire dans chaque port maritime utilisé pour le commerce international »*[423]. Les articles 14 et 15 de la Partie A du code, imposent une attention toute particulière à certaines opérations dans les installations portuaires tels que le contrôle de l'accès ou la veille sur le système de communication. Les articles 16, 17 et 18 exigent la mise en place de plans de sûreté dans les installations portuaires, le maintien d'agents dédiés ainsi que l'organisation régulière d'exercices et d'entraînements.

155. En plus de ces mesures de sûreté qui protègent les installations portuaires, les marchandises font elles-aussi, l'objet d'une attention soutenue. Le conteneur créé dans les années 1950 par Malcolm McLean et qui a constitué une révolution pour le transport mondial de

---

[421] Il y a un agent de sûreté sur chaque installation portuaire, chaque navire et chaque compagnie.

[422] Code ISPS, Partie A, article 2

[423] S/2017/716 du 15 août 2017 précité.

marchandises, n'en réduit pas moins la transparence[424]. L'utilisation de conteneurs élimine les contrôles intermédiaires en cours de transport et met cette obligation à la charge des seuls ports de départ et d'arrivée du conteneur. Il semble ainsi que rapidité et sûreté du transport maritime soient des objectifs contradictoires[425]. À titre d'exemple, le 3 novembre 2009, un porte-conteneurs battant pavillon antiguais a été intercepté par la marine israélienne en Méditerranée. Après arraisonnement du navire et inspection des conteneurs, les autorités y ont découvert un arsenal militaire, présumé être destiné au Hezbollah[426]. Un navire transportant trois conteneurs de munitions de guerre d'une valeur de quatre millions de dollar a aussi été arraisonné par la marine sénégalaise en 2022. Le navire battant pavillon guyanais faisait escale pour se ravitailler au port de Dakar. L'absence de documents et l'incohérence des propos du capitaine du navire ont alerté les agents des douanes. L'équipage était ukrainien et il s'agissait d'un cargo long de 80 mètres[427]. Ces événements constituent des preuves irréfutables des risques que peut causer un transport trop opaque.

156. Pour un contrôle efficace des conteneurs, il faut impérativement utiliser les nouvelles technologies notamment les scanners à rayons X, pour s'assurer que les « *produits et quantités importées correspondent aux déclarations douanières* »[428]. Le Bureau Veritas société de classification mondialement reconnue, propose des solutions aux États dans ce domaine[429]. Les techniques de contrôle des douanes sont aussi de plus en plus développées dans le monde. La Container Security Initiative (CSI) des États-Unis doit être pris en exemple en ce qui concerne la sécurité des conteneurs pour son efficacité malgré sa

---

[424] H. TUERK, « Combatting Terrorism at Sea - The Suppression of Unlawful Acts against the Safety of Maritime Navigation », *University of Miami International and Comparative Law Review*, vol. 15, 2008, p.354.

[425] J. MELLOR, « Missing the Boat : The Legal and Practical Problems of the Prevention of Maritime Terrorism », *American University International Law Review 18*, n° 2, 2002, p.348.

[426] H. EUDELINE, « Le terrorisme maritime, une nouvelle forme de guerre », *Outre-Terre*, vol. 25-26, no. 2, 2010, pp.98-99.

[427] Ces évènements ont fait l'objet de vidéo ayant circulée sur les réseaux sociaux en 2022.

[428] Bureau Veritas, « Gouvernement : améliorer les processus d'importation », https://group.bureauveritas.com/fr/marches-services/secteur-public-servicesfinanciers/gouvernements .

[429] Bureau Veritas, « X-Ray Scanner Control », Accessible à :https://www.bureauveritas.com/services+sheet/2_x-ray-scanner-control805.

complexité. Les douanes américaines ont conclu des accords bilatéraux avec plusieurs gouvernements étrangers afin de contrer l'arrivée de potentielles armes terroristes sur le territoire américain. La stratégie consiste à stopper le risque au port de départ avant qu'il n'atteigne le port d'arrivée[430] et ainsi repousser les frontières américaines vers l'extérieur du territoire[431]. Lorsqu'un État étranger coopère dans le cadre de cette initiative, un agent du service des douanes et de la protection des frontières américain s'installe dans le port de l'État hôte. Cet agent travaille en coopération avec les services douaniers de l'État en question sur trois piliers : l'identification des conteneurs à risques grâce au partage d'informations et à l'intelligence économique ; l'immobilisation de tels conteneurs avant même le chargement sur le navire ; et l'utilisation de nouvelles technologies pour le contrôle[432]. La CSI présente cependant des ambiguïtés en matière de souveraineté de l'État. L'exportation des réglementations et du modèle des douanes américaines dans des États souverains, peut constituer une violation de la souveraineté des États comme l'affirme Justin MELLOR[433]. Toutefois, un État qui a consenti à la présence et à l'activité d'un agent d'un État tiers dans son port ne peut plus se prévaloir d'une atteinte quelconque à sa souveraineté. Il s'agit là simplement d'une manifestation ordinaire de la coopération qui peut exister entre États.

157.L'AG a fait le constat à l'occasion de l'évaluation biennale de sa Stratégie Antiterroriste Mondiale (SAM), que des combattants terroristes étrangers continuent de se rendre ou d'être transférés par voie maritime dans des États autre que leur État de résidence ou de nationalité dans le dessein de commettre, d'organiser ou de préparer des actes de terrorisme, d'y participer, de dispenser ou de recevoir un entraînement au terrorisme[434]. Elle souligne en conséquence, qu'il faut renforcer la sûreté maritime conformément au droit international. La

---

[430] J. ROMERO, « Prevention of Maritime Terrorism : The Container Security Initiative », *Chicago Journal of International Law*, vol. 4, 2003, p. 597.

[431] J. MELLOR, « Missing the Boat : The Legal and Practical Problems of the Prevention of Maritime Terrorism », *American University International Law Review 18*, n°2, 2002, p. 355.

[432] US Custom and Border Protection, « CSI : Container Security Initiative », [Accessible à : https://www.cbp.gov/border-security/ports-entry/cargo-security/csi/csi-brief .

[433]J. MELLOR, « Missing the Boat : The Legal and Practical Problems of the Prevention of Maritime Terrorism », *Op. Cit.*, p. 358.

[434] A/RES/75/291 précité *portant Septième examen de la Stratégie antiterroriste mondiale de l'Organisation des Nations Unies*,2021, préambule.

pandémie de la COVID-19 a mis en évidence l'importance des transports maritimes en tant que secteur indispensable à la vie des peuples du monde entier et il faut tenir compte de cette nouvelle donne[435].

158. Le Centre des Nations Unies pour la lutte contre le terrorisme essaie de combler ces lacunes à travers la formation des acteurs. Il a organisé une série d'ateliers d'experts sur la gestion des ressources humaines en matière de sécurité maritime et de voyages des terroristes en Afrique orientale, centrale et australe. En octobre 2021, le centre a organisé en partenariat avec l'OIM et l'Académie de Djeddah pour les sciences maritimes et les études de sécurité, une formation sur la sécurité portuaire au profit de 86 agents originaires de 13 États de la Ligue arabe (Bahreïn, Comores, Jordanie, Koweït, Liban, Libye, Mauritanie, Maroc, Oman, Qatar, Royaume d'Arabie saoudite, Soudan et Yémen)[436]. La sureté aérienne est l'autre défi similaire de l'ONU en matière de prévention du terrorisme.

B/ La prévention du terrorisme aérien

159. Les attentats du 11 septembre 2011 aux États-Unis, a rappelé que les aéronefs peuvent servir de moyens pour commettre des actes terroristes d'une grande ampleur. Le nombre très élevé de victimes de ces attentats est suffisamment éloquent à cet effet. Il faut donc accorder une place de choix à cette question dans la prévention du terrorisme. La sûreté aérienne passe par l'adoption de plusieurs mesures pour assurer la qualité de la surveillance des aéroports et des aéronefs d'une part **(1)** et la surveillance des passagers d'autre part **(2).**

1) La sûreté des aéroports et des aéronefs

160. Dans le Préambule de la Résolution 2396 (2017), le Conseil de sécurité s'est inquiété *« que l'aviation civile puisse être utilisée comme moyen de transport par les combattants terroristes étrangers. »* Le Conseil a indiqué dans la même Résolution que l'annexe 9 à la Convention relative à l'aviation civile internationale, signée à Chicago le 7 décembre 1944 (la Convention de Chicago), contient des normes et pratiques recommandées concernant la détection et la prévention des menaces terroristes contre l'aviation civile. C'est pourquoi, il a

---

[435] Ibidem, §64.

[436] United Nations Counter-Terrorism Centre, Annual report 2021, January - December 2021, 132p., p.52.

demandé *« à tous les États de devenir parties dès que possible aux conventions internationales de lutte contre le terrorisme et à leurs protocoles, qu'ils soient ou non parties à des conventions régionales en la matière, et de s'acquitter intégralement des obligations découlant des instruments auxquels ils sont parties »*[437]. Au §5 de cette Résolution, il a demandé à tous les États de s'employer dans le cadre de l'OACI à revoir et adapter leurs normes de sûreté internationale afin de répondre efficacement à la menace que le terrorisme fait peser sur l'aviation civile, renforcer et promouvoir la bonne application des normes et pratiques recommandées par l'OACI à l'annexe 17.

161. Sur le plan opérationnel, le Conseil de sécurité dans sa Résolution 2309 (2016)[438] a demandé à tous les États, dans le cadre de l'action qu'ils mènent pour prévenir les menaces terroristes contre l'aviation civile, de veiller à ce que des mesures efficaces et fondées sur les risques soient mises en place dans les aéroports relevant de leurs juridictions. A cet effet, le Conseil leur demande de renforcer le filtrage, les contrôles de sécurité et la sécurité des installations. Il faudrait évaluer régulièrement ces mesures de sorte à les adapter à l'évolution constante des menaces conformément aux normes et pratiques recommandées de l'OACI[439].

162. Concernant la menace que peut constituer les employés des aéroports, des compagnies aériennes et les passagers, l'annexe 17 de la convention OACI prévoit à son chapitre 4 que les États doivent veiller à disposer de systèmes d'identification de personnes et de véhicules permettant d'empêcher les accès non autorisés aux zones côté piste, et aux zones de sûreté à accès règlementé. Ces zones doivent faire l'objet d'une surveillance accrue pour éviter toute intrusion de personnes non autorisées. Il convient également ainsi que le préconise la Résolution 2309 (2016), de veiller à ce que ces mesures tiennent compte du rôle que peuvent jouer les personnes ayant un accès privilégié à ces zones et subséquemment à des connaissances ou informations pouvant aider des terroristes à planifier ou à perpétrer des attentats[440]. Des méthodes d'inspection-filtrage doivent être utilisées à cet effet, pour détecter la présence d'explosifs que des personnes autres que des passagers transporteraient sur leurs personnes ou dans leurs effets personnels. Tout véhicule accédant à ces zones doit être soumis à cette même

---

[437] V. S/RES/2396 (2017) précité, préambule.
[438] S/RES/2309 (2016) du 23 septembre 2016, §6.
[439] §6 a) de l'annexe à la Convention OACI.
[440] §6 c) de la Résolution 2309/2016 précitée.

inspection-filtrage. Pour assurer la bonne application de l'annexe 17 de la convention OACI telle que promue au §5 de la Résolution 2309 (2016) du conseil de sécurité, il faut soumettre les aéronefs aussi à des contrôles de sécurité. Une fouille de sûreté doit toujours être organisée. Des mesures doivent être ainsi prises pour que des personnes non autorisées ne pénètrent dans les cabines pendant ou avant les vols Le Plan mondial pour la sûreté de l'aviation (GASeP), résume les mesures de sûreté nécessaires au domaine de l'aviation que nous venons d'aborder[441] en cinq priorités clés[442]. Il s'agit de renforcer la sensibilisation et la réponse aux risques, le développement d'une culture de sûreté et des capacités humaines en sûreté, l'amélioration des ressources technologiques et la promotion de l'innovation, le renforcement de la supervision et l'assurance de la qualité et enfin, l'accroissement de la coopération et de l'appui.

163. Les États membres ont fait des progrès considérables dans le renforcement de la sûreté de l'aviation. Cependant, selon le CCT, de nombreux États continuent de rencontrer des difficultés dans la mise en œuvre des normes fondamentales de l'OACI[443]. Malgré l'initiative « Aucun pays laissé pour compte » de l'OACI, les évaluations montrent des écarts importants dans la mise en œuvre par région. Au 30 septembre 2020, 63 % des États avaient atteint 65 % de mise en œuvre effective du Plan mondial pour la sûreté de l'aviation (GASeP[444]), mais les États d'Afrique de l'Ouest et centrale, d'Amérique centrale et des Caraïbes continuaient de faire face à des défis de mise en œuvre considérables à cet égard[445]. On voit ainsi que l'effectivité des normes préconisées par l'ONU reste un défi puisque l'application de ces mesures reste insuffisante dans les États qui ont entrepris de les mettre en œuvre. Le taux de mise en œuvre dans ces États atteint seulement 63 %.

---

[441] Ces mesures comprennent celles que nous allons aborder dans le B/ ci-dessus concernant la sécurité des passagers.
[442] OACI, *Plan mondial pour la sûreté de l'aviation*, Doc 10118, 2019, 44p., p.17.
[443] United Nations Security Council, Counter-Terrorism Committee, *Global Survey of the implementation of Security Council resolution 1373 (2001) and other relevant resolutions by Member States*, 2021, §751.
[444] Global Aviation Security Plan en anglais.
[445] Idem.

2) Le contrôle des passagers

164. Le Conseil a affirmé au §1 de sa Résolution 2309 (2016), qu'il incombe à tous les États de protéger la sécurité des citoyens et des ressortissants de tous les pays contre les attentats terroristes visant des services aériens sur leur territoire. Dans sa Résolution 2396 (2017), le Conseil de sécurité a aussi décidé qu'en application de la Résolution 2178 (2014) et des normes pertinentes établies par l'OACI[446], les États membres devaient, afin de prévenir et de détecter les voyages de terroristes, mettre en place des systèmes de renseignements préalables concernant les voyageurs. Le Conseil exige que les compagnies aériennes opérant sur leurs territoires communiquent à l'avance ces renseignements aux autorités nationales compétentes.

165. Comme indiqué dans les Principes directeurs de Madrid adopté par le CCT[447], le *« système de renseignements préalables concernant les voyageurs permet aux autorités de contrôle aux frontières de déterminer le risque présenté par certains passagers avant l'arrivée d'un vol sur le territoire dont elles ont la responsabilité, et avant que les passagers soient autorisés à embarquer, afin de détecter le départ du territoire, ou la tentative d'entrée sur le territoire ou le transit par le territoire de personnes soupçonnées d'être des combattants terroristes étrangers. »* Les systèmes de renseignements préalables concernant les voyageurs, complétés par les données des dossiers passagers, aident significativement les États à détecter les combattants terroristes étrangers qui tentent de franchir leurs frontières[448]. L'efficacité de telles mesures dépend largement de la fiabilité des données relatives aux voyages et des autres renseignements fournis par les compagnies aériennes, les chargeurs, les transitaires et les importateurs, aux autorités chargées des contrôles aux frontières[449].

---

[446] Le partage des renseignements préalables concernant les voyageurs est obligatoire depuis le 23 octobre 2017, date d'entrée en vigueur de la version actualisée de l'annexe 9 à la Convention relative à l'aviation civile internationale. V. OACI, *Annexe 9 à la Convention relative à l'aviation civile internationale : Facilitation*, 15e édition. Normes et pratiques internationales recommandées.

[447] S/2015/939 du 23 décembre 2015 portant *Principes directeurs de Madrid, Guide pratique pour les États membres dans leur lutte pour endiguer le flot de combattants terroristes étrangers*, §5, p.17

[448] Organisation mondiale des douanes, Association du transport aérien international et Organisation de l'aviation civile internationale (OACI), *Directives relatives aux renseignements préalables concernant les voyageurs (RPCV) (2014)* ; OACI, *Lignes directrices sur les données des dossiers passagers (PNR),* document 9944.

[449] S/2018/1177 du 28 décembre 2018 précité, §14.

166. Les données des dossiers passagers sont établies à partir des informations fournies par les passagers lorsqu'ils réservent leur billet d'avion et s'enregistrent pour leurs vols. Ces informations sont conservées dans les systèmes de contrôle des réservations et des départs de la compagnie aérienne. Elles comprennent un large éventail de renseignements tels que le nom du passager, la date de son voyage, les informations relatives à son billet, ses coordonnées, le nom de l'agent de voyage, le moyen de paiement utilisé, le numéro de siège et les informations relatives aux bagages transportés.

167. Dans sa Résolution 2396 (2017), le Conseil de sécurité a décidé que les États membres devaient élaborer et mettre en œuvre des systèmes de collecte de données biométriques notamment d'empreintes digitales, de photographies, de captures faciales pour identifier avec certitude les terroristes[450]. Le Conseil a également encouragé les États à partager ces données entre les États membres concernés, ainsi qu'avec INTERPOL et les autres organismes internationaux compétents. L'identification vocale, la saisie de l'image de l'iris, la reconnaissance faciale, les empreintes digitales, l'ADN, les scans de la rétine et les scanners corporels ne sont que quelques exemples des nombreuses technologies numériques développées et déployées à des fins de détection des terroristes. Les données biométriques sont un précieux outil pour ce qui est de mieux vérifier l'identité des voyageurs et sont très fréquemment utilisées par de nombreux pays dans les applications servant aux contrôles frontaliers. Des progrès ont également été faits s'agissant d'intégrer les renseignements préalables concernant les voyageurs et les données des dossiers passagers dans ces applications.

168. Les systèmes biométriques sont des outils légitimes pour l'identification des terroristes présumés, mais les possibilités de plus en plus vastes qu'offrent ces systèmes et leur évolution rapide, imposent une vigilance accrue quant à la protection des droits des personnes concernées. Les États se heurtent toujours à des difficultés quant à la confidentialité des données, à leur protection et à leur gestion[451]. Il importe qu'ils assurent un contrôle adéquat de la collecte et de l'exploitation de ces données pour éviter que les autorités nationales ne les utilisent à des fins détournées. Selon le CCT[452], les États doivent améliorer ou accroître leur utilisation des systèmes biométriques afin

---

[450] §15 de la Résolution précitée.
[451] S/2019/50 du 15 janvier 2019 précité.
[452] Principe directeur 38 des Règles de Madrid précité.

d'identifier avec certitude les personnes contrôlées, même lorsqu'elles fournissent de faux renseignements ou tentent d'usurper les identités d'autres personnes. Ils doivent procéder régulièrement à des évaluations des risques de l'ensemble des processus de leurs applications biométriques afin d'atténuer les menaces existantes ou nouvelles, tels que le vol d'identité, la suppression et le remplacement de données.

169. L'Équipe d'appui analytique et de surveillance des sanctions concernant l'État islamique d'Iraq et du Levant (Daech), Al-Qaeda et les personnes et entités qui leur sont associées, continue de collaborer avec l'Organisation de l'aviation civile internationale (OACI) et l'Association du transport aérien international (IATA) pour assurer une efficacité du système. Le Conseil invite les États membres à adapter et améliorer les éléments de sécurité intégrés aux passeports électroniques et à participer au Répertoire OACI de clés publiques. Ce dernier outil permet aux États de vérifier les données biométriques et biographiques enregistrées sur les puces intégrées aux passeports. Actuellement, environ 120 États délivrent des passeports électroniques et 60 États participent au Répertoire. De nombreux autres États ne disposent pas d'appareils de lecture et de l'infrastructure technique nécessaires pour traiter les passeports électroniques aux points de passage des frontières. Par conséquent, l'inspection manuelle ou physique des documents de voyage reste généralisée, réduisant l'efficacité des systèmes de contrôle aux frontières[453].

170. Une autre difficulté du mécanisme réside dans le fait que les attributs d'identité qui peuvent être biographiques ou biométriques[454] sont parfois sujettes à des changements. Le changement d'attributs biographiques peut inclure le nom et la citoyenneté. Le lieu de naissance peut être référencé de différentes manières et la date de naissance peut être l'objet de falsification[455]. En principe, les empreintes digitales se forment dès le jeune âge de gestation et restent

---

[453] Idem.

[454] Le consortium biométrique des États-Unis en 1995, a défini les identifiants biométriques comme « la reconnaissance automatique des individus basés sur leurs caractéristiques biologiques et comportementaux », notre traduction.

[455] DECT, *Guide technique*, p. 63 ; OACI, *Lignes directrices sur les données des dossiers passagers* ; Organisation mondiale des douanes, Association du transport aérien international et OACI, *Directives relatives aux renseignements préalables concernant les voyageurs* ; Organisation internationale pour les migrations, *Manuel des procédures d'examen des passeports*, 2e édition, juin 2016 (2017).

inaltérables toute la vie et même quelque temps après la mort, sauf dégradation. Cependant, bien que l'agencement des traits dans la structure des empreintes digitales demeurent constantes, le doigt lui-même peut changer en taille au fil du temps et la qualité des traits contenues dans les empreintes digitales peuvent se détériorer suite à des effets de l'environnement ou à une dégradation due à l'âge[456]. D'autres données tels que la taille, le teint, la définition des caractères peuvent évoluer durant la vie en raison des processus de croissance, de vieillissement ou de la maladie.

171. La mise en œuvre de ces mesures, sans la prise en compte appropriée de la gestion des risques peut conduire à une confiance démesurée sur l'efficacité du système. Une mauvaise identification des personnes recherchées, la fuite de listes très sensibles d'informations sous surveillance, l'insertion de codes malveillants peuvent en être les conséquences. Pour prendre en compte ces changements potentiels, les algorithmes modernes utilisés dans les applications biométriques sont conçus en prenant en considération la variation de l'âge et les dégradations mineures des traits biométriques. Au titre des bonnes pratiques, les États sont encouragés à acquérir et utiliser du matériel adapté à leurs besoins particuliers préalablement identifiés. Les processus de gestion des données biométriques peuvent être améliorés en combinant les données recueillies avec celles des institutions judiciaires pour créer des systèmes nationaux efficace de renseignements et d'investigations pour combattre le terrorisme[457].

172. La Direction Exécutive a travaillé avec le Bureau de lutte contre le terrorisme en vue du renforcement de la sécurité aérienne. C'est l'un des « domaines clefs » recensés par le Comité contre le terrorisme au cours de ses visites dans les États membres. En mai 2019, le Programme des Nations Unies de lutte contre les déplacements des terroristes a vu le jour et a été appliqué en partenariat avec la Direction Exécutive, l'Organisation de l'aviation civile internationale (OACI), le Bureau de l'informatique et des communications et l'ONUDC. Il vise à aider les États membres à exploiter les informations sur les déplacements des terroristes présumés. La Direction Exécutive a mené à ce jour deux missions approfondies au Sri Lanka et au Togo, et a élaboré une feuille de route en vue de l'exploitation par les deux États, des renseignements

---

[456] DECT In association with the Biometrics Institute, *United nations compendium of recommended practices For the Responsible Use & Sharing of Biometrics in Counter Terrorism,* 2018, p.72.
[457] Idem.

préalables concernant les voyageurs et des dossiers passagers. La Direction Exécutive a aussi aidé l'OACI dans le processus en cours visant à élaborer des normes relatives aux dossiers passagers et à renforcer la détection et la prévention des mouvements transfrontières des terroristes et combattants terroristes étrangers[458]. Actuellement, 86 États membres ont mis en œuvre les règles relatives aux données passagers et 53 ont développé une capacité de traitement des dossiers passagers[459]. Même si le taux de mise en œuvre de ces instruments par les États membres augmente, de nombreux États continuent de faire face à des défis importants liés notamment au coût de la mise en œuvre et au niveau de formation technique requis pour exploiter ces systèmes[460].

173. Plusieurs États de l'Afrique de l'Ouest ont mis en place des systèmes dans leurs principaux aéroports pour connecter les bases de données d'INTERPOL à leurs infrastructures nationales de sécurité des frontières existantes. Cependant, très peu de ces États ont étendu le système I-24/7[461] aux postes frontaliers terrestres et maritimes. D'autres États de la sous-région ont adopté le Système sécurisé de comparaison et d'évaluation de l'identification personnelle, qui est un système de base de données de contrôle aux frontières établi avec l'aide des États-Unis pour améliorer la capacité des États à détecter les terroristes et faciliter le traitement des demandes d'immigration[462]. La plupart des États de l'Afrique de l'Ouest ont mis en place des mesures pour détecter les faux documents de voyage, mais manquent d'équipements, de formation et continuent de s'appuyer sur des systèmes manuels pour la plupart[463]. En plus des aéronefs et de leurs passagers, certaines infrastructures sensibles attisent aussi la convoitise des groupes terroristes. Pour éviter qu'ils n'atteignent ces infrastructures, des mesures de protection sont mis en place.

---

[458] S/2020/99 du 5 février 2020 précité, §40.

[459] United Nations Security Council, Counter-Terrorism Committee, *Global survey of the implementation of Security Council resolution 1373 (2001) and other relevant resolutions by Member States,* 2021, §746.

[460] Idem.

[461] La base de données I-24/7 répertorie notamment les documents de voyage volés et perdus.

[462] S/2016/49 du 20 Janvier 2016, *Global Survey of the implementation of Security Council resolution 1373 (2001) by Member States*, §134.

[463] Ibidem, §135.

§2 La sûreté des Infrastructures Critiques

174. Les sites vulnérables comme on pouvait s'en douter, suscitent particulièrement l'intérêt des terroristes pour des raisons assez évidentes. Elles sont faciles d'accès du fait de la faiblesse des mesures de sûreté qui sont mises en œuvre pour les protéger. C'est une question de logique pour les groupes terroristes lorsqu'ils veulent des matières nucléaires ou autres utiles à l'exécution de leurs projets, de s'attaquer à ces cibles dont la vulnérabilité leur garantit plus de chance de succès. De plus, ces cibles par leur situation justement critique, leur offre la possibilité de faire de nombreuses victimes civiles. Pour ces raisons, il faut assurer la protection physique des installations et de leurs matières **(A)** et assurer la sûreté du transport nucléaire **(B)**.

A/La protection physique des matières

175. L'AG constate *« avec préoccupation que des attaques terroristes visant des infrastructures critiques pourraient considérablement perturber le fonctionnement du secteur public comme du secteur privé et avoir des répercussions au-delà du secteur des infrastructures »*[464]. La protection physique des installations et des matières nécessite l'adoption de mesures qui doivent tenir compte de la situation réelle des cibles (critiques ou ordinaires). Ces mesures quelle que soit leur pertinence, si elles restent lettres mortes, n'auraient aucune utilité. Il faut qu'elles soient mises en œuvre et le Comité 1540 en particulier y veille.

176. Les "matières nucléaires" sont définies comme *« [...] le plutonium à l'exception du plutonium dont la concentration isotopique en plutonium 238 dépasse 80 %, l'uranium 233, l'uranium enrichi en uranium 235 ou 233, l'uranium contenant le mélange d'isotopes qui se trouve dans la nature autrement que sous forme de minerai ou de résidu de minerai, et toute matière contenant un ou plusieurs des éléments ou isotopes ci-dessus »*[465]. La protection physique des matières et des installations nucléaires contre le vol, l'utilisation illicite et les actes de sabotage est un sujet de préoccupation aujourd'hui. Il est craint en effet, que des matières sensibles comme des agents chimiques, des sources radioactives parviennent entre les mains des terroristes qui les convertiraient en armes. Le constat que l'on fait est qu'il est *« bien plus*

---

[464] A/RES/72/284 du 26 juin 2018 portant *Examen de la Stratégie antiterroriste mondiale des Nations Unies*, préambule.
[465] Convention de 1980 sur la protection physique des matières nucléaires.

difficile d'acquérir le combustible nucléaire nécessaire que de mettre au point une technique de détonique »[466]. Un groupe terroriste disposant de suffisamment de matières nucléaires pourrait élaborer une arme nucléaire car les compétences techniques ne lui manquent en général pas. Plusieurs vols de matières nucléaires ont été recensés, et la situation dans les pays issus du bloc soviétique est particulièrement préoccupante au regard de la base de données sur le trafic illicite gérée par l'AIEA[467]. Les nombreux virus ou germes stockés dans des laboratoires aux fins de recherche, ou certaines matières utilisées dans l'industrie (chimique et pharmaceutique notamment), l'agriculture (engrais) ou encore en médecine peuvent être utilisés à cette fin par les groupes terroristes. De plus, les usines, laboratoires, hôpitaux, décharges de déchets industriels et autres structures de stockage qui peuvent abriter de telles matières ne bénéficient pas toujours de protection efficace contre leur vol ou leur détournement à des fins terroristes.

177. La protection physique des matières nucléaires peut être définie comme l'ensemble des mesures juridiques, techniques et administratives y compris les barrières physiques qui sont prises pour la gestion du risque. C'est dans ses Résolutions 2341 (2017)[468] et 2396 (2017)[469], que le Conseil de sécurité a pris en charge cette question en préconisant des mesures indiquées et appropriées pour sécuriser les infrastructures critiques. Au §2 de la Résolution 2341 (2017), le Conseil *« demande aux États membres d'envisager d'élaborer des stratégies de réduction des risques posés par les attaques terroristes au regard des infrastructures critiques, ou d'améliorer celles qu'ils ont déjà adoptées, en prévoyant notamment d'évaluer et de faire mieux connaître les risques, de prendre des mesures de préparation, y compris pour intervenir de manière efficace en cas d'attaque, de favoriser une meilleure interopérabilité dans la gestion de la sécurité et des conséquences, et de faciliter des échanges fructueux entre toutes les parties prenantes concernées. »* Dans ses Résolutions portant

---

[466] A. SCHAPER, *Terrorisme nucléaire : analyse des risques depuis le 11 septembre 2001*, Forum du désarmement, 2003, n°2, p.10.

[467] En 2004, plus de 600 cas de trafics ont été répertoriés.

[468] S/RES/2341 (2017) du 13 février 2017.

[469] S/RES/2396 (2017) du 21 décembre 2017.

Désarmement général et complet[470] ou Désarmement nucléaire[471], l'AG a demandé à tous les États d'appliquer les normes les plus strictes possibles pour la sécurité, le contrôle efficace et la protection physique de toutes les matières pouvant contribuer à la prolifération des armes nucléaires et autres armes de destruction massive. Dans ce sens, le Conseil de sécurité aux termes de la Résolution 1540 §3 édicte que chaque État doit *« arrêter et instituer des mesures de protection physique appropriées et efficaces.* » Ce régime de protection physique doit être à même de définir le risque d'un enlèvement non autorisé et d'un sabotage et de le maintenir à des niveaux acceptables grâce à une gestion du risque. Cela exige d'évaluer la menace et les éventuelles conséquences d'actes malveillants, puis d'élaborer un cadre législatif, réglementaire et programmatique permettant de mettre en place des mesures de protection physique appropriées.

178. Selon le principe 50 de l'Additif aux principes directeurs de Madrid adopté par le CCT[472], pour bien assurer la protection physique, il faut recenser les infrastructures critiques et les cibles vulnérables au niveau national d'une part, et d'autre part, procéder à une analyse continue des moyens dont disposent les terroristes, leurs intentions et leurs attaques passées, et à des évaluations régulières des risques afin de s'adapter à la nature changeante de la menace. Les outils et les directives mis au point par les institutions internationales et régionales peuvent inspirer et guider les actions nationales dans la poursuite de cet objectif[473]. Il ne s'agit pas d'apporter une réponse conjoncturelle à une menace particulière. Une telle démarche aurait l'inconvénient de l'inefficacité car devant se renouveler chaque fois, avec un risque de ne pas disposer du temps nécessaire pour agir au moment opportun. Le Conseil insiste sur la nécessité pour les États, de développer des réponses structurelles contre les attaques terroristes et de prévoir des mécanismes de réaction rapide pour mettre en échec toute attaque. Cette action doit tenir compte du fait que les solutions efficaces

---

[470] A/RES/56/24 du 10 janvier 2002 *portant Désarmement général et complet.*

[471] A/RES/64/ du 2 décembre 2009 intitulée *Vers un monde exempt d'armes nucléaires : accélération de la mise en œuvre des engagements en matière de désarmement nucléaire* ; A/RES/65/56 du 8 décembre 2010 *portant Désarmement nucléaire.*

[472] S/2018/1177 du 28 décembre 2018 précité, p. 28.

[473] Dans son manuel de sûreté aérienne, l'Organisation de l'aviation civile internationale explique comment appliquer les normes et pratiques recommandées à l'annexe 17 de la Convention relative à l'aviation civile internationale. V. OACI, *Aviation Security Manual*, 10e édition, document 8973 ; et OACI, Annex 17 to the Convention on International Civil Aviation : Security Safeguarding.

pour les installations ordinaires ne satisfont pas les conditions requises pour la protection des infrastructures critiques particulièrement quand il s'agit de mettre en application la Résolution 2341 (2017).

179. La loi belge du 1er juillet 2011 sur la protection des infrastructures critiques contient la notion de point d'intérêt fédéral entendu dans le sens d'infrastructures qui ne sont pas considérées comme critiques mais qui sont d'un intérêt particulier pour l'ordre public, la protection spéciale des personnes et de la propriété, la gestion des situations d'urgence ou d'intérêt militaire. Cette loi fournit ainsi un exemple de texte prenant en compte la protection des infrastructures critiques et des infrastructures ordinaires. Bien que les points d'intérêt fédéral ne remplissent pas les conditions pour être des infrastructures critiques, ils sont vus comme des points d'un intérêt particulier et nécessitant une protection adaptée[474].

180. L'une des limites de la Résolution 2341 (2017) est qu'elle prévoit que chaque État détermine les infrastructures critiques sans établir de critères permettant de les identifier. Chaque État dispose de la sorte, d'un pouvoir discrétionnaire pour déterminer quelles sont ses infrastructures critiques. Cette distinction n'est pourtant pas sans intérêt dans la mesure où elle permettrait de consacrer les rares ressources disponibles à la protection des infrastructures qui le nécessitent véritablement[475]. L'inclusion d'une très grande quantité d'infrastructures dans la catégorie d'infrastructures critiques, ne peut que les rendre difficile voire impossible à protéger en raison de la faiblesse des moyens dont disposent les États. Dans cette hypothèse, même lorsque des moyens importants lui sont consacrés, ils ne suffiront jamais à assurer la sûreté optimale de toutes les infrastructures qui seront proportionnellement nombreuses. Il ne faut cependant pas restreindre la liste des infrastructures à surveiller plus que de raison, car la prise en compte d'une quantité trop restrictive court le risque de laisser à la marge des infrastructures sensibles. Il faut pour prendre en compte cette nécessité, une analyse fine, synergique et concertée des infrastructures de l'État concerné.

181. On peut définir les infrastructures critiques en considérant deux critères distincts. En considérant le rôle que ces infrastructures jouent dans la protection et la promotion des droits de l'homme, on peut retenir les systèmes de fourniture de soins de santé, les systèmes d'adduction en eau

---

[474] United Nations Office of Counter-terrorism (UNOCT), Counter-Terrorism Committee Executive Directorate (CTED), *the protection of critical infrastructures against terrorist attacks : compendium of good practices*, Compiled by CTED and UNOCT in 2018, p. 26.

[475] Ibidem, p. 28.

potable, les systèmes de services d'urgence. En considérant les dommages sur les droits de l'homme que la destruction des infrastructures peut occasionner, on peut retenir l'incapacité de fournir des soins de santé adéquats, les dommages sur l'environnement, les pertes en vie humaine, les déplacements forcés de populations. Dans ce sens, les États-Unis définissent les infrastructures critiques comme un système actif ou partie de celui-ci qui est essentiel dans le maintien des fonctions sociétales vitales, santé, sûreté, sécurité, bien-être social et économique de la population, et dont la perturbation ou la destruction aurait un impact négatif significatif sur la capacité à maintenir ces fonctions[476]. L'Executive Order 13010 cite expressément *« les télécommunications, les systèmes de génération d'électricité, les systèmes de stockage et de transport du gaz et du pétrole, la banque et la finance, les transports de personnes, l'approvisionnement et la distribution de l'eau, les services d'urgence (médicaux, de police, contre le feu), et ceux qui assurent la continuité du gouvernement »*. Les vulnérabilités potentielles de ces infrastructures sont de deux ordres à savoir *« des vulnérabilités physiques »* et des *« cyber-vulnérabilités à des attaques de type électronique, radio, ou à partir d'ordinateurs, attaques dédiées aux systèmes d'information et de communication liés à ces infrastructures »*[477]. L'Office des Nations Unies pour la Réduction du Risque de Désastre (UNISDR) définit la gestion des risques comme une approche et une pratique systématique de gestion de l'incertitude pour minimiser des potentielles pertes et préjudices. Elle implique l'évaluation, l'analyse et l'implémentation de stratégies et d'actions spécifiques pour contrôler, réduire et transférer les risques[478]. Les Nations Unies utilisent aussi la notion d'infrastructures de sécurité pour désigner *« les installations, les technologies, les réseaux et les processus qui ont pour but de prévenir des attentats terroristes, de limiter les dommages que les attentats provoquent ou de réagir aux conséquences des attentats, y compris les enquêtes et les mesures visant à appréhender les responsables par l'application des lois »*[479].

---

[476] Patriot act, 2001, article 2, notre traduction.

[477] J-P. GALLAND, « Critique de la notion d'infrastructure critique », *Métropolis « Flux »*, 2010/3 n° 81, p. 7.

[478] UNISDR, 2009.

[479] Équipe spéciale de lutte contre le terrorisme, Groupe de travail sur la promotion et la protection des droits de l'homme et de l'état de droit dans le contexte de la lutte antiterroriste, *Guide de référence sur les droits de l'homme fondamentaux : Infrastructure de sécurité*, Deuxième édition mise à jour mars 2014, 64p., p.8.

182. Pour assurer l'identification des mesures préventives de sécurité appropriées, la gestion des risques implique un mécanisme efficace de recueil d'informations valides sur les menaces et la conduite d'évaluations de risques qui prennent en compte les situations et environnements internationaux, régionaux et nationaux. Les mesures et procédures de sûreté doivent être flexibles et mesurables pour tenir compte des variations des données[480]. La menace terroriste doit donc être envisagée de façon dynamique en l'adaptant aux matières accessibles aux groupes terroristes et en changeant au besoin les mesures de sécurité sur des cibles potentielles. Les stratégies de protection des infrastructures critiques doivent aussi restreindre l'accès aux informations confidentielles[481].

183. Pour l'AIEA, on peut gérer le risque principalement en atténuant la menace, en améliorant l'efficacité du système de protection physique et en réduisant les éventuelles conséquences d'un acte malveillant. Dans le premier cas, la menace peut, par exemple, être atténuée grâce à l'effet dissuasif de mesures de protection physique énergiques ou à la confidentialité des informations sensibles. Pour tout sabotage, il faut des informations sur les matières et leur sécurité. Empêcher l'accès à de telles informations permet de mettre en échec les projets des groupes terroristes. Dans le deuxième cas, il s'agit d'accroître l'efficacité du système de protection physique, par exemple en établissant et en maintenant une culture de sécurité nucléaire. Dans le troisième cas, il s'agit de réduire les éventuelles conséquences d'un acte malveillant grâce à la modification de facteurs particuliers qui y contribuent, par exemple la quantité et le type de matières nucléaires et la conception de l'installation[482]. Le régime de protection physique des États, doit ainsi avoir pour objectif d'empêcher un sabotage. L'État doit adopter et implémenter des mesures rapides et exhaustives visant à atténuer ou réduire le plus possible, les conséquences radiologiques d'un sabotage sur des installations nucléaires, comme les réacteurs nucléaires (centrales nucléaires et réacteurs de recherche) et les installations du cycle du combustible nucléaire (notamment les

---

[480] United Nations Office of Counter-terrorism (UNOCT), Counter-Terrorism Committee Executive Directorate (CTED), *the protection of critical infrastructures against terrorist attacks : compendium of good practices*, Compiled by CTED and UNOCT, 2018, p. 50.

[481] Ibidem, p. 57.

[482] INFCIRC/225/Révision 5, *Recommandations de sécurité nucléaire sur la protection physique des matières nucléaires et des installations nucléaires*, Vienne 2011, p. 15.

installations de conversion, d'enrichissement, de fabrication, de retraitement et d'entreposage).

184. Cette protection exige le déploiement d'efforts dans de nombreux domaines, qu'il s'agisse de la planification, de l'information du public et des systèmes d'alerte, de la coordination des opérations, du renseignement et de la mise en commun des informations. La protection physique ne consiste donc pas seulement à assurer une sécurité des installations par des mécanismes techniques et la mise à disposition d'un personnel de sécurité. La confidentialité sur ces matières et l'action en amont pour anticiper sur toute action des groupes terroristes est essentiel à l'efficacité de la protection physique. Pour le Conseil, la protection efficace des infrastructures critiques exige l'adoption d'approches sectorielles et intersectorielles de la gestion des risques. Elle implique notamment d'identifier les menaces terroristes, de se préparer afin de limiter la vulnérabilité des infrastructures critiques, de prévenir et de déjouer les complots terroristes qui les prennent pour cibles. La protection des infrastructures critiques est beaucoup plus efficace lorsqu'elle repose sur une approche qui tient compte de l'ensemble des menaces et des dangers, et qu'elle est associée à des consultations et à une coopération régulière et approfondie avec tous les acteurs.

185. La protection des infrastructures critiques et des cibles vulnérables incombe au premier chef aux États membres[483]. Il appartient à l'État d'assurer la sécurité des biens et des personnes sur son territoire national. La sûreté nucléaire participe de cette sécurité. Toutefois, l'État à lui seul ne peut pas exercer cette responsabilité efficacement car le nucléaire civil est parfois géré par des entreprises privées. Par exemple, des entreprises privées d'exploitation d'électricité comme Electricité De France (EDF) en France ont la gestion de centrales nucléaires dans le cadre de leur activité de fourniture d'électricité. Des attaques terroristes de telles installations sont de nature à faire de nombreuses victimes et il faut assurer leur sûreté. Il est donc nécessaire de renforcer la coopération entre les États et les entreprises privées qui possèdent, exploitent et gèrent des infrastructures critiques et des cibles vulnérables, afin de réduire leurs vulnérabilités et atténuer les risques d'attaque. L'AG prévoit à cet effet, *« qu'il importe de plus en plus d'assurer la protection des infrastructures critiques contre les attentats terroristes et de promouvoir une préparation globale à de tels*

[483] V. le préambule de la Résolution 2396 (2017) précitée.

attentats, y compris au moyen de partenariats public-privé s'il y a lieu »[484]. Il faudrait utiliser et renforcer la formation conjointe, les réseaux de communication, le partage de l'information sur les pratiques optimales et les dispositifs d'alerte rapide[485]. Le Conseil dans sa Résolution 1540 (2004) qui a institué le Comité 1540, a demandé à tous les États d'élaborer des moyens appropriés de collaborer avec l'industrie et le public et de les informer des obligations que leur imposent les lois nationales de mise en œuvre de la Résolution. A cet effet, le Comité 1540 et ses experts ont organisé des échanges avec l'industrie et le public pour mieux faire connaître la Résolution et faciliter sa mise en œuvre[486].

186. L'Allemagne offre un exemple d'implication de l'industrie privée dans l'appropriation des obligations résultant de la Résolution 1540. Dans le cadre des activités de communication avec l'industrie, le Comité sur invitation de l'Allemagne a participé au « processus de Wiesbaden » particulièrement à la troisième conférence. Cette conférence a été l'occasion de sensibiliser les participants originaires de divers secteurs de l'industrie, sur les armes nucléaires, chimiques et biologiques et d'échanger les bonnes pratiques[487]. Pour contribuer à la recherche de solutions visant à informer l'industrie et à l'aider à mettre en œuvre la Résolution 1540 (2004), l'Australie et l'Allemagne ont élaboré un document sur les pratiques permettant d'engager un dialogue avec l'industrie s'agissant du contrôle des exportations[488]. La mise en œuvre des mesures de protection s'est faite de façon progressive en ce qui concerne l'appropriation qui doit nécessairement précéder leur exécution. Cela transparaissait clairement dans le rapport établi en 2011 par le comité 1540. En ce qui concerne les mesures prises pour assurer la sécurité et la protection physique des matières liées aux armes de destruction massive, la plupart des États avaient cité un certain nombre de lois et règlements portant non seulement sur les problèmes de sécurité mais également sur les aspects relatifs à la sûreté des matières, notamment dans le domaine de l'hygiène du travail et de la protection de l'environnement. Comme l'a relevé le Comité, ce type de législation couvrait seulement certaines des obligations découlant du paragraphe 3 a) et b) de la Résolution et pas

---

[484] A/RES/72/284 du 26 juin 2018 portant *Examen de la Stratégie antiterroriste mondiale des Nations Unies,* préambule.
[485] S/2018/1177 du 28 décembre 2018 précité, p.28.
[486] S/2014/958 du 31 décembre 2014 précité, §43.
[487] Ibidem, §44.
[488] Idem.

toutes[489]. En s'abstenant de promulguer des lois spécifiques de protection et en se contentant de dispositions générales au motif qu'ils n'ont pas de matières nucléaires susceptibles d'intéresser les terroristes, certains États contreviennent à leurs obligations. Comme il s'agit d'une obligation découlant directement de la Résolution, tous les États sont tenus de promulguer et appliquer la législation requise. Du reste, si un État ne dispose pas encore de ces matières, il doit être prévoyant et s'appliquer le principe de précaution car son territoire pourrait être utilisé par ceux qui sont à l'origine de leur prolifération comme lieu de transit par exemple.

187. Heureusement, suite aux observations du Comité 1540, les États se sont résolument engagés à donner plein effet à la Résolution et cela s'est traduit dans les rapports ultérieurs. L'action du Comité 1540 n'est pas étrangère à ce changement d'attitude. Dans le cadre de son quatorzième programme de travail, le Comité a encouragé l'expansion du réseau de points de contact de mise en œuvre de la Résolution 1540 (2004) dans les États. Des formations à l'échelle régionale à leur intention, conçues par le Groupe d'experts du Comité ont été organisées. Pour les points de contact nationaux de la région de l'Asie et du Pacifique, elle a été dispensée à Qingdao (Chine) du 7 au 11 septembre 2015. Elle avait pour objectif d'améliorer la compréhension de la Résolution 1540 (2004) ainsi que de son contexte et des besoins et difficultés que génère sa mise en œuvre. Les avis des points de contact qui y ont participé indiquent que cet objectif a été atteint[490]. Le Centre des Nations Unies de lutte contre le terrorisme en partenariat avec l'OTAN, a fourni un soutien aux autorités nationales jordaniennes à travers un projet dénommé « Amélioration des capacités de préparation et de réponse à une attaque terroriste par arme chimique, biologique, radiologique ou nucléaire ». Un plan national de réponse à une attaque terroristes par arme chimique, biologique, radiologique ou nucléaire dans le pays a été conçu à cette occasion[491].

188. Selon les informations contenues dans les rapports nationaux soumis au Comité en 2015, les États membres ont pris davantage de

[489] S/2006/257 du 25 avril 2006, Lettre adressée au Président du Conseil de sécurité par le Président du Comité du Conseil de sécurité créé par la Résolution 1540 (2004), *Rapport du Comité créé par la Résolution 1540 (2004)*, §60.

[490] S/2015/1052 du 29 décembre 2015, Lettre adressée à la Présidente du Conseil de sécurité par le Président du Comité du Conseil de sécurité créé par la Résolution 1540 (2004), *Annexe portant Examen de 2015 de la mise en oeuvre de la Résolution 1540 (2004)*, §11.

[491] United Nations Counter-Terrorism Centre, Annual report 2021, January - December 2021, 132p., p.65.

mesures pour mettre en œuvre la Résolution, notamment en adhérant à des instruments juridiquement contraignants et à d'autres documents directifs relatifs à la Résolution 1540 (2004)[492]. S'agissant des tendances mesurables, il ressort de l'analyse de la situation dans les États qui ont soumis des rapports au Comité en 2015, que le nombre moyen total de mesures recensées a progressé de 26 %, pour passer de 115 à 145, sur un total de 332 mesures potentielles pour chaque État. Néanmoins, la plupart des mesures recensées concernaient les interdictions visées au paragraphe 2 de la Résolution, alors que les mesures relatives à la comptabilisation, à la sécurisation et aux contrôles aux frontières, visées au paragraphe 3, étaient plus rares. Malgré l'augmentation des mesures recensées, ces tendances confirment que l'application intégrale de la Résolution constitue une œuvre de longue haleine qui requiert des efforts continus aux niveaux national, régional et international[493];

189. En 2011, le Comité a relevé que s'agissant des matières pouvant être utilisées dans la fabrication d'armes nucléaires, au moins 164 États ont pris des textes visant la comptabilisation de la production, de l'emploi et du stockage, contre 154 en 2008. Au 1er avril 2011, au moins 71 États avaient adopté des mesures de coercition dans ces domaines, contre 49 en 2008. S'agissant du transport des matières pouvant être utilisées dans la fabrication d'armes nucléaires, 78 États avaient également adopté des mesures, contre 58 en 2008. Le nombre d'États qui ont pris des mesures pour sécuriser la production, l'emploi, le stockage ou le transport de matières pouvant être utilisées dans la fabrication d'armes nucléaires est de 81, 90, 89 et 101 respectivement, contre 62, 72, 73 et 91 en 2008. Au 1er avril 2011, le nombre d'États ayant adopté des mesures de coercition pour sécuriser la production, l'emploi, le stockage ou le transport de ces matières était de 72, 81, 80 et 100, respectivement, contre 56, 64, 65 et 82 en 2008. Dans le domaine des mesures de protection physique pour les matières pouvant être utilisées dans la fabrication d'armes nucléaires, le Comité relève que 74 États ont pris des textes, contre 61 États en 2008, et 61 des mesures coercitives, contre 48 en 2008[494]. On constate là, une évolution quantitative dans l'action des États.

---

[492] Ibidem, §3 c).

[493] Idem.

[494] S/2011/579 du 12 septembre 2011, Lettre adressée au Président du Conseil de sécurité par le Président du Comité du Conseil de sécurité créé par la Résolution 1540 (2004), *Rapport du Comité du Conseil de sécurité créé par la Résolution 1540 (2004)*, §59.

190. Dans sa Résolution 1977 (2011), le Conseil de sécurité a engagé les États à établir, à titre volontaire, un plan d'action national de mise en œuvre, dressant la liste de leurs priorités et de leurs projets pour poursuivre l'application de la Résolution 1540 (2004). En 2015, l'Arménie, la Bosnie-Herzégovine, l'Espagne, la Grenade, la République dominicaine, le Sénégal et le Togo ont présenté leurs plans d'action nationaux, portant ainsi à 21 le nombre total de plans reçus par le Comité. Le Groupe d'experts du Comité a aussi contribué à l'élaboration de ces plans volontaires, en nouant des contacts directs avec les États concernés, notamment le Ghana, la Jordanie, le Malawi, l'Ouzbékistan, la République de Moldova, le Sénégal, le Tadjikistan, le Togo et le Turkménistan. Des plans d'action nationaux de mise en œuvre sont actuellement en cours d'élaboration ou de finalisation dans ces États[495]. Soixante et onze États ont communiqué des informations précises sur leurs autorités réglementaires nationales, indiquant qu'elles assumaient essentiellement trois fonctions, à savoir l'homologation des installations et la réglementation des activités nucléaires, les inspections et les évaluations visant à contrôler le respect des règles applicables et des modalités des licences[496]. En 2020, la Colombie et la République dominicaine ont présenté, à titre volontaire, leur deuxième plan d'action national de mise en œuvre. Le nombre d'États qui ont soumis de tels plans au Comité depuis 2007 s'élève à 35[497]. 42 États ont communiqué ou actualisé les coordonnées de leurs points de contact. À ce jour, 127 États membres (contre 119 en 2019) ont communiqué au Comité les coordonnées de leurs points de contact[498].

B/ La sûreté du transport nucléaire

191. Comme les lignes qui précèdent viennent de le montrer, la protection physique des installations et des matières en particulier celles nucléaires, constitue un pan important de la prévention du terrorisme. Mais autant les infrastructures critiques peuvent être la cible d'attaques terroristes ou de vol, autant d'autres situations peuvent affecter la sûreté des matières nucléaires. Le temps du transport peut ouvrir des lucarnes de

---

[495] S/2015/1052 du 29 décembre 2015 précité, §8.
[496] S/2006/257 du 25 avril 2006 précité, §78.
[497] S/2020/1308 du 28 décembre 2020, Lettre adressée au Président du Conseil de sécurité par le Président du Comité du Conseil de sécurité créé par la Résolution 1540 (2004), *Annexe portant Examen de la mise en œuvre de la Résolution 1540 (2004) en 2020*, §11.
[498] Ibidem §13.

vulnérabilité pour les matières nucléaires. A cet égard, la Résolution 1540/2004 au §3 a) impose aux États de « *arrêter et instituer des mesures appropriées et efficaces leur permettant de suivre la localisation de ces produits et d'en garantir la sécurité pendant leur fabrication, leur utilisation, leur stockage ou leur transport...* » En cette matière, l'AG et le Conseil coopèrent avec l'AIEA pour la mise en œuvre des obligations concernant le transport de ces matières. L'AG au §3 de sa Résolution 65/9 (2010) a réaffirmé qu'elle appuie fermement l'AIEA et le rôle irremplaçable qu'elle joue dans le domaine du transfert de technologies aux pays en développement et dans celui de la sûreté, de la vérification et de la sécurité nucléaires. Elle a demandé aux États membres de continuer à soutenir les activités de l'Agence[499]. La Résolution 1540 (2004) § 3 d) exige pour sa part, de mettre en place, perfectionner, évaluer et instituer dans des dispositifs appropriés, des mécanismes efficaces de contrôle de l'exportation et du transbordement de ces produits, de leur transit et leur réexportation.

192. La sûreté des transports s'appliquant aux matières nucléaires et radioactives et à tous leurs modes de transports, est réglementée par une unique norme technique internationale à savoir le Règlement de transport des matières radioactives de l'AIEA[500]. Le Règlement couvre tous les modes de transport (terrestre, maritime ou aérienne), quel que soit l'itinéraire choisi. L'objectif du Règlement est de protéger les personnes, les biens et l'environnement contre les effets des rayonnements dans le transport de matières radioactives et également de protéger les matières, des dommages qu'elles pourraient subir en cours de transport grâce à un emballage approprié. Le Règlement entre dans la « Collection des normes de sûreté », c'est-à-dire qu'il s'agit d'un instrument non contraignant pour les États. Il établit les « exigences » détaillées qui doivent être appliquées au transport, à l'emballage, à l'approbation et aux mesures administratives. Toutefois, on peut la considérer comme une norme contraignante au regard du droit international coutumier car elle en remplit les conditions. L'application du Règlement constitue en effet, une pratique suivie par un grand nombre d'États pendant une longue période (presque 50 ans) et n'a jamais été remise en cause. Le Règlement acquiert aussi un caractère contraignant par son incorporation dans les instruments juridiques en

---

[499] A/RES/65/9 du 8 novembre 2010, §3 et 4.

[500] *Collection Normes de sûreté de l'AIEA*, Prescriptions, Édition 2005, n° TS-R-1.

particulier par la référence qu'en fait certaines Résolutions du Conseil de sécurité adoptées en application du Chapitre VII de la Charte des NU[501].

193. Chaque État n'autorise l'exportation ou l'importation des matières nucléaires que s'il a reçu l'assurance que lesdites matières seront protégées pendant le transport international. Il n'autorise sur son territoire le transit de matières nucléaires par les voies terrestres ou par les voies navigables ou dans ses aéroports ou ports maritimes, que s'il a reçu l'assurance que lesdites matières seront protégées conformément à ce que prévoit la convention. Les États doivent également appliquer dans le cadre de leur législation nationale, les niveaux de protection prescrits pour les matières nucléaires au cours d'un transport national.

194. Dans les recommandations de l'AIEA précitées, la protection contre un enlèvement non autorisé au cours d'un transport devrait, dans la mesure du possible et conformément à l'approche graduée, consister *« à :*

a) réduire au minimum la durée totale de transport des matières nucléaires ;

b) réduire au minimum le nombre et la durée des transbordements de matières nucléaires tels que transfert d'un moyen de transport à un autre, dépôt en un lieu d'entreposage temporaire et retrait de ce lieu, entreposage temporaire dans l'attente d'un moyen de transport, etc. ;

c) protéger les matières nucléaires pendant le transport et l'entreposage temporaire d'une manière qui corresponde à la catégorie à laquelle elles appartiennent ;

d) effectuer les transports selon des horaires irréguliers et en empruntant différents itinéraires ;

e) exiger une enquête d'habilitation préalable pour les personnes intervenant dans le transport des matières nucléaires ;

f) communiquer les informations préalables sur le transport au plus petit nombre de personnes possible ;

g) utiliser un système de transport des matières prévoyant des mesures de protection physique passives et/ou actives adaptées à l'évaluation de la menace ou à la menace de référence ;

h) choisir des itinéraires évitant les zones de catastrophes naturelles et de troubles civils, ainsi que celles où plane une menace connue ;

i) garantir que les colis et/ou moyens de transport ne sont pas laissés sans surveillance plus longtemps qu'il n'est nécessaire. » Il faudrait ainsi, en employant une approche graduée, prendre des mesures appropriées

[501] V. S/2012/963 (2012) et S/2013/769 (2013) et la Résolution 1540 (2004) elle-même.

conformes aux prescriptions nationales pour protéger la confidentialité des informations concernant les opérations de transport. Il convient d'éviter autant que possible toute identification particulière des moyens de transport, de même que l'emploi de moyens de communication publics pour la transmission de messages relatifs aux expéditions de matières nucléaires. Le cryptage doit être de mise pour assurer la sécurité des transports de matières nucléaires. Pour ce qui concerne le transport international, avant de procéder à une expédition de matières nucléaires, l'expéditeur devrait s'assurer que les dispositifs retenus sont conformes à la règlementation de protection physique de l'État destinataire et des autres États par le territoire desquels transite le transport.

195. Le Comité 1540 a constaté que 43 États avaient adopté des lois et règlements spécifiques répondant aux exigences de la Résolution 1540 (2004) en ce qui concerne l'élaboration et l'application de mesures permettant de suivre la localisation des matières nucléaires lors de leur production, de leur utilisation, de leur stockage ou de leur transport[502]. La réglementation touchant le suivi de la localisation des armes nucléaires (pour les États dotés d'armes nucléaires) et éléments connexes découle en général des activités nucléaires conduites par les États. Elle est adoptée sous forme de loi-cadre sur la non-prolifération nucléaire, sur les utilisations pacifiques de l'énergie nucléaire, sur la radioprotection et la sûreté nucléaire, sur l'octroi de licences pour les activités nucléaires, sur la protection physique des matières et technologies nucléaires. En ce qui concerne les dispositions coercitives, le Comité a noté que 41 États avaient institué des sanctions pénales, civiles ou administratives à l'encontre des personnes qui violaient les règlements régissant le suivi de la localisation des matières nucléaires ou des matières connexes lors de la production, de l'utilisation, du stockage ou du transport[503]. À partir des données mises à la disposition du public sur le site Web de l'AIEA, le Comité a relevé que 60 États qui avaient présenté des rapports avaient conclu des accords de garanties avec l'Agence. Le Comité 1540 a noté que 72 États avaient adopté des lois globales ou partielles qui prévoyaient des mesures visant à sécuriser la production, l'utilisation, le stockage et le transport des matières nucléaires. Selon le Comité, 69 États ont indiqué avoir adopté des lois et règlements spécifiques dans le domaine de l'homologation des installations et entités nucléaires, de la réglementation de l'utilisation des

[502] S/2006/257 du 25 avril 2006 précité, §77.
[503] Idem.

matières nucléaires et la vérification de la fiabilité du personnel[504]. Il ressort des rapports que 77 États ont mis en place un cadre juridique national pour surveiller les flux de marchandises à leurs frontières, y compris les éléments liés aux armes de destruction massive. Au total, 80 États ont légiféré pour contrôler les exportations des articles liés aux armes de destruction massive, et 69 peuvent appliquer des sanctions en vertu de cette législation[505]. Comme on le voit, la mise en œuvre des obligations qui résultent de la Résolution 1540 (2004) du Conseil de sécurité, demande des capacités techniques importantes que n'ont pas tous les États.

---

504 S/2006/257 du 25 avril 2006 précité, §78.
505 Idem.

CONCLUSION DU TITRE 1

196. Plusieurs normes ont été édictées par le Conseil et l'AG pour prévenir la commission d'actes terroristes. Dans un premier temps, les acteurs chargés de prévenir la commission des actes terroristes, ne sauraient dans le même temps les soutenir. Un État ne doit pas laisser ses nationaux ou les étrangers vivant sur son territoire organiser des activités en vue de la commission d'actes terroristes dans d'autres États. L'État ne doit pas non plus donner l'asile ou le statut de réfugié à des personnes qui sont susceptibles de commettre des actes terroristes ou qui les ont déjà commis. Il s'agit du soutien passif du terrorisme. Le soutien actif du terrorisme qui consisterait pour les États, à participer directement aux actes terroristes à travers le terrorisme d'État ne saurait *à fortiori* être toléré. L'engagement des États à respecter les obligations imposées par le Conseil et l'AG est constant et s'est traduit par des actions concrètes. L'efficacité de l'interdiction des États de soutenir le terrorisme comme on l'a vu, dépend pour une bonne part, de la capacité des États à contrôler l'entièreté de leurs territoires. Lorsqu'un État ne contrôle pas une partie de son territoire, il lui est impossible d'empêcher que des groupes terroristes trouvent refuge dans cette partie incontrôlée de son territoire. Dans un contexte où une partie du territoire de l'État échappe à son contrôle, les mesures d'interdiction du soutien passif au terrorisme ne peuvent être effectives et *à fortiori* efficaces. Les actes de terrorisme d'État eux, sont devenus rares, ou se raréfient en raison des conséquences encourues du fait de la réaction du Conseil à ces attitudes, à travers les mesures de pression. Les sanctions appliquées en Libye et au Soudan sur le plan économique et sur les plans politique et diplomatique par exemple, ont conduit ces États à respecter les exigences du Conseil pour obtenir la levée des sanctions. Les « smart sanctions » tels que l'interdiction de voyager, le gel et la confiscation des avoirs infligées aux principaux auteurs d'actes terroristes, atteignent leurs objectifs.

197. Les mesures administratives destinées à empêcher la circulation des personnes en vue de la commission d'actes terroristes ont parfois une efficacité incertaine. Les contrôles d'identités multipliés n'aboutissent que très peu à l'arrestation de personnes suspectes. En ce qui concerne l'objectif de sûreté nucléaire, aérienne et maritime, le Conseil et l'AG ont édicté des mesures importantes et utiles pour assurer la protection des infrastructures critiques, l'inviolabilité des ports et des aéroports, le contrôle des passagers et éviter les détournements de navires et d'aéronefs lors des voyages. Presque tous les États s'efforcent de mettre en œuvre ces mesures dans toutes les parties du monde. Ceux qui ne le font pas, sont en général limités par le manque de moyens techniques, humains et financiers. La qualité de mise en œuvre de ces mesures dépend en pratique, pour une bonne part, du niveau de développement des États, de sorte que seuls des progrès dans ce domaine, peuvent garantir une efficacité pleine et entière des mesures. Peu d'États ont pour l'instant, les moyens techniques et technologiques pour assurer l'effectivité et l'efficacité de ces mesures. La coopération est un pan incontournable de la prévention des déplacements des groupes terroristes. L'échange d'information notamment entre États, entre les États et des institutions comme INTERPOL, le GAFI, l'organisation internationale pour l'aviation civile est déterminante. Ici aussi, les niveaux insuffisants de développement de certains États et leur manque de maîtrise corrélatif des technologies, handicapent la mise en œuvre des prescriptions du Conseil et de l'AG. Les actions d'assistance techniques déployées par l'ONU visent à combler cette lacune des États.

Titre 2 L'empêchement de l'accès des groupes terroristes aux moyens d'action

198. Selon le rapport A/60/825 du Secrétaire général de l'ONU, en empêchant les groupes terroristes d'accéder aux armes de toute nature et à des ressources financières, on peut contribuer à prévenir de nouveaux attentats[506]. Divers types d'armes sont utilisés par les organisations terroristes. Il peut s'agir d'armes classiques ou d'armes de destruction massive. La prévention consiste essentiellement à prendre les mesures qui s'imposent afin d'empêcher l'acquisition de ces armes par les organisations terroristes. Cela implique aussi l'empêchement à l'accès des composantes des armes dans la mesure où certains groupes terroristes disposent de la technologie nécessaire à leur construction ou à leur reconstitution **(Chapitre 1)**.

199. Les moyens financiers des terroristes proviennent de sources variées qui peuvent être licites ou illicites. La lutte contre les sources illicites de financement du terrorisme n'est pas aisée. Lorsqu'on aborde par exemple la criminalité organisée qui sert à financer le terrorisme, son contrôle est particulièrement difficile en raison du fait que certaines parties des États affectés par le phénomène du terrorisme, échappent au contrôle de ces États. Lorsqu'ils proviennent de sources licites, les financements sont encore plus difficiles à détecter en raison du déguisement emprunté pour les acheminer. Il faut développer des initiatives pour empêcher l'accès des groupes terroristes à ces ressources financières **(Chapitre 2)**.

---

[506] A/60/825, *Rapport du Secrétaire général* Op-Cit., p.9, § 38.

Chapitre 1 L'action contre l'accès aux moyens militaires

200. Certaines armes en raison de leur capacité de nuisance sont interdites aux particuliers. Les voies légales d'acquisition ne peuvent dans ces cas, être empruntées pour acquérir lesdites armes. Les groupes terroristes en particulier, ne renoncent pas pour autant à des tentatives pour les obtenir. Les armes détournées ou volées deviennent alors, leurs cibles. Cette interdiction concerne aussi bien les armes de destruction massive que les armes classiques **(Section 1)**. Dans le cadre de l'exportation légale des armes, il est fréquent que des personnes mal intentionnées profitent de leurs positions, pour détourner des armes de leur destination aux fins d'activités criminelles en particulier lorsqu'il s'agit de biens à double usage. Il faut alors des mécanismes efficaces de marquage et de traçage des armes pour empêcher le succès des différentes initiatives en la matière **(Section 2).**

Section 1 Des mesures d'interdiction peu respectées

201. Toutes les armes ne sont pas soumises au même régime juridique. Le régime juridique peut être plus ou moins souple en fonction du type d'armes en cause. En raison de leur nature et de leurs usages, l'acquisition de certaines armes est interdite **(§1)**. L'acquisition d'autres armes est autorisée mais leur circulation est soumis à un contrôle **(§2)**.

§1 Les mesures d'interdiction de l'acquisition d'armes

202. Les armes s'acquièrent de diverses manières notamment par fabrication, cession ou vol. Si l'acquisition des armes de destruction massive préoccupe particulièrement le Conseil de sécurité et l'AG des NU, l'acquisition des armes dites « classiques » selon une distinction consacrée du droit international du désarmement, fait aussi l'objet d'une attention soutenue.

A/L'acquisition d'armes classiques

203. En droit international, l'arme s'entend d'un *« engin ou objet destiné à l'attaque ou à la défense, soit par nature (par exemple le poignard, le revolver), soit par l'usage qui en est fait (par exemple le couteau, la canne, les ciseaux) »*[507]. Une telle définition aboutit à une catégorisation particulièrement extensive tant le nombre d'armes par

[507] J. SALMON (dir.), *Dictionnaire de droit international public*, Agence universitaire de la francophonie, Bruxelles, Bruylant, 2001, pp.81-88.

usage peut être élevé. Le droit du désarmement distingue deux grandes catégories d'armements : les armes de destruction massive et les armes classiques ou armes conventionnelles. Les armes conventionnelles font l'objet d'une définition négative en droit international. Il s'agit de l'ensemble des armes qui ne peuvent être rangées dans la catégorie des armes de destruction massive[508]. L'acquisition d'armes classiques par les groupes terroristes se fait à travers le trafic illicite d'armes à feu et la fabrication illicite d'arme à feu.

1)La lutte contre le trafic illicite d'armes à feu

204. Des actions sont menées par le Conseil de sécurité et l'Assemblée générale pour éviter le trafic illicite d'armes à feu. Les armes à feu détournées de leur régime juridique représentent une difficulté particulière dans ce cadre.

a) Les actions générales contre le trafic

205. On peut définir synthétiquement les armes classiques comme *« les engins capables de tuer, de neutraliser ou de blesser une cible militaire essentiellement au moyen d'explosifs brisants, d'explosifs combustible-air, d'énergie cinétique ou de dispositifs incendiaires »*[509]. L'article 2 (1) du Traité sur le Commerce des Armes (TCA) identifie huit catégories d'armes classiques en s'inspirant du Registre des armes classiques des Nations Unies institué par la Résolution 46/36 L du 9 décembre 1991. Il s'agit des chars de combat, des véhicules blindés de combat, des systèmes d'artillerie de gros calibre, des avions de combat, des hélicoptères de combat, des navires de guerre, des missiles et lanceurs de missiles, des armes légères et de petit calibre (cette dernière catégorie ne figure pas dans le Registre qui compte sept catégories)[510]. Selon l'article 4 de l'Instrument international de l'ONU sur la traçabilité des armes légères et de petit calibre, *« on entend par "armes légères et de petit calibre" toute arme meurtrière portable à dos d'homme qui propulse ou lance des plombs, une balle ou un projectile par l'action d'un explosif, ou qui est conçue pour ce faire ou peut être*

---

[508] Ibidem, p.84.

[509] S. TULLIU et T. SCHMALBERGER, « Les termes de la sécurité : un lexique pour la maîtrise des armements, le désarmement et l'instauration de la confiance », *Publication de l'UNIDIR*, Genève, 2003, p.15.

[510] Le traité sur les forces conventionnelles en Europe adopte une liste plus restreinte de cinq catégories : char de bataille, véhicule blindé de combat, artillerie, avion de combat et hélicoptère d'attaque (article 2).

aisément transformée à cette fin, à l'exclusion des armes légères et de petit calibre ancien ou de leurs copies. » On entend par armes de petits calibres, les *« les armes individuelles, notamment mais non exclusivement : les revolvers et les pistolets à chargement automatique ; les fusils et les carabines ; les mitraillettes ; les fusils d'assaut ; et les mitrailleuses légères »*[511]. Les armes légères elles, sont *« les armes collectives conçues pour être utilisées par deux ou trois personnes, quoique certaines puissent être transportées et utilisées par une seule personne »*[512]. Le nombre d'armes légères reste très inférieur à celui des armes de petits calibres. Si de par leur dangerosité, les armes légères ne doivent pas être négligées, elles n'intéressent que rarement les acteurs du trafic d'armes en raison non seulement de leur faible nombre mais aussi de la difficulté de les dissimuler sans attirer l'attention des forces de l'ordre.

206. La circulation d'armes dans le monde est aujourd'hui à un niveau très inquiétant au regard de leur nombre. La fin de la guerre froide a entraîné un relâchement des contrôles exercés sur les armes légères dans de nombreuses parties du monde alors même que la demande d'armes s'est accrue en raison de la multiplication des conflits[513]. Les stocks d'armes de l'ex-bloc socialiste nourrissent les conflits périphériques des Balkans et de l'Afrique, mais aussi le crime organisé comme l'a révélé un rapport d'experts des Nations Unies[514]. Selon le Groupe de Recherches et d'Information sur la Paix et la Sécurité (GRIP)[515], en 2012, on recensait approximativement 875 millions d'armes légères et de petits calibres (ALPC) dans le monde auxquelles se sont ajoutées en 2013, entre 18 et 23 millions nouvelles ALPC[516]. Si des chiffres très récents ne sont pas disponibles, cette variation en une seule année, laisse présager que les ALPC ont atteint un très grand nombre aujourd'hui même si l'augmentation n'était pas constante. Les armes dites classiques restent pour l'instant au cœur des

---

[511] V. l'article 4 de l'Instrument international de l'ONU sur la traçabilité des armes légères et de petit calibre.

[512] Idem.

[513] B. ABDELWAHAB, « Le traité sur le commerce des armes classiques : entre accord de maîtrise des armements et instrument à dimension humanitaire », *Annuaire français de droit international*, volume 60, 2014. pp.195-215.

[514] A/52/298 du 5 novembre 1997, *Rapport du groupe d'experts gouvernementaux sur les armes de petit calibre*, § 47, p. 16.

[515] V. www.grip.org

[516] V. A. KARP, « Global Trends in Small Arms Traficking », *Word Policy Blog*, 29 février 2016.

modes opératoires retenus par les terroristes. Ces armes (armes de poing, explosifs, grenades, lance-roquettes etc.) présentent les avantages pour eux, d'être relativement peu coûteuses, faciles à transporter et à dissimuler.

207. Dans sa Résolution 2370 (2017), le Conseil de sécurité a considéré qu'il fallait que les États membres prennent des mesures appropriées pour lutter contre le trafic illicite d'armes légères et de petits calibres notamment, en renforçant leurs cadres juridiques nationaux et les systèmes nationaux de collecte et d'analyse de données détaillées sur le trafic illicite des armes profitant à des terroristes. Il leur est également demandé de mettre en place, quand elles n'existent pas, les lois, réglementations et procédures administratives leur permettant d'exercer un contrôle effectif sur la production, l'exportation, l'importation, le courtage, le transit ou la réexpédition des armes légères et de petit calibre dans les zones relevant de leur juridiction.

208. L'AG dans sa Résolution 75/241 (2020) portant sur le commerce illicite des armes légères et de petit calibre sous tous ses aspects a souligné que *« le problème du commerce illicite des armes légères et de petit calibre sous tous ses aspects nécessite de mener une action concertée aux niveaux national, régional et international en vue de prévenir, de combattre et d'éliminer la fabrication, le transfert et la circulation illicites de ces armes, et que leur prolifération incontrôlée dans de nombreuses régions du monde a des conséquences humanitaires et socioéconomiques très diverses et constitue une grave menace pour la paix, la réconciliation, la sûreté, la sécurité, la stabilité et le développement durable aux niveaux individuel, local, national, régional et international »*[517].

209. Le trafic illicite peut recevoir deux définitions. Littéralement, il désigne le commerce illégal d'une chose. Une telle définition permet de donner un aperçu de ce qu'est le trafic illicite mais elle reste insuffisante d'un point de vue juridique. La qualification juridique du trafic illicite permet de mettre en relief les éléments clés permettant de l'identifier et de le sanctionner. On peut le définir juridiquement comme *« l'acquisition, la vente, la livraison, le mouvement ou le transfert d'armes à feu, de leurs pièces ou de leurs munitions en provenance, à destination ou à l'intérieur du territoire […], si l'un des États membres*

[517] A/RES/75/241 du 31 décembre 2020 *portant sur le commerce illicite des armes légères et de petit calibre sous tous ses aspects,* §1.

concernés ne les autorise pas »[518]. Il n'y a donc trafic illicite que lorsque le contrevenant agit sans l'autorisation de l'État compétent. Depuis la fin de la Guerre Froide, le terme de « prolifération » d'armes légères et de petit calibre apparaît de plus en plus régulièrement. Il est présent dans le premier rapport onusien sur la question des armes de petit calibre adopté en 1997 dans lequel les experts gouvernementaux attiraient l'attention des États sur l'*« ampleur des conséquences que peut avoir la prolifération déstabilisatrice d'armes légères et de petit calibre »*[519]. Selon les experts, ce phénomène nécessite l'adoption de mesures destinées à en juguler les effets, en s'attaquant directement à la fabrication, au transfert, au trafic illicite, à la possession et à la destruction des stocks d'armes[520].

210. Les armes légères et de petit calibre se diffusent massivement sur les théâtres de conflits, car elles sont peu coûteuses[521] et faciles d'accès en raison de leur faible niveau de technicité. À la différence des guerres interétatiques conventionnelles, les conflits asymétriques utilisent très largement les armes légères et de petit calibre (ALPC)[522] qui sont faciles à transporter et à utiliser, de moindre coût et plus adaptées aux stratégies de guerre irrégulière[523]. S'il est vrai que les groupes armés non-étatiques ne possèdent qu'une fraction du nombre total d'ALPC durant le conflit et que le rapport de force est à leur

---

[518] Directive (UE) 2017/853, Op. Cit, article 1 paragraphe 12.

[519]A/52/298 du 27 août 1997, *Désarmement générale et complet : armes légères et de petit calibre, Rapport du Groupe d'experts gouvernementaux sur les armes de petit calibre*, Avant-propos du Secrétaire général.

[520] Ibidem, § 80.

[521] V. SMALL ARM SURVEY, *Workshops and Factories : products and producers*, Yearbook 2003. Selon le Rapport, au Pakistan, une AK-47 fabriquée entièrement localement peut être obtenue entre 80 et 100 dollars américains. Une AK-47 assemblée localement (avec des composants étrangers) coûte entre 360 et 400 dollars américains tandis qu'une AK-47 originale fabriquée en Russie coûte entre 700 et 1000 dollars.

[522] Plusieurs enquêtes portant sur les groupes armés en Afrique de l'Ouest confirment qu'ils possèdent des armes légères telles que des lance-grenades, des missiles sol-air et sol-sol, de l'artillerie de défense antiaérienne, des mortiers, des lance-grenades à propulsion par fusée (RPG)…etc. V. N. FLORQUIN, G.E. BERMAN, « Armés mais désœuvrés : Groupes armés, armes légères et sécurité humaine dans la région de la CEDEAO », *Small Arms Survey*, Genève, 2005.

[523] L. FARHAT, S. JIHAN, « Acquisitions d'armes par les acteurs non étatiques. Pour une régulation plus stricte ? », Note d'Analyse du GRIP, 2011, disponible sur : http://www.grip.org/fr/siteweb/images/NOTES_ANALYSE/2011/NA_2011-11-04_FR_J-SENIORA.pdf, consulté le 15/12/2019.

désavantage face aux moyens militaires de l'État, la capacité de nuisance de ces armes reste importante. C'est le cas particulièrement en Afrique de l'Ouest tel que cela résulte de la Résolution 1467 (2003)[524] dans laquelle le Conseil de sécurité *« exprime sa vive préoccupation face aux conséquences de la prolifération des armes légères et de petit calibre ainsi que de la pratique du mercenariat sur la paix et la sécurité en Afrique de l'Ouest.»* Si le Mali a toujours été une terre de transit et un haut lieu de trafic d'armes, la multiplication des conflits armés ces deux dernières décennies sur son territoire et sur celui de ses voisins, couplée à une importante production d'armes artisanales et de munitions a contribué à en faire un carrefour de l'armement illégal. Après la chute du régime libyen, la Libye est devenue un *« magasin d'armes à ciel ouvert le plus important du monde, le moins cher et le mieux achalandé »*[525]. Un vaste marché noir de l'armement libyen s'est mis en place au Mali par exemple dans diverses localités, notamment à Okawan, à moins de 100 km au Nord-Ouest de Gao et dans la région de Bouressa près de la frontière algérienne[526]. La Libye en plus de servir de source d'approvisionnement en armes aux terroristes, constitue une base arrière des groupes terroristes, du moment que cet État n'a pas de pouvoir central réel en place pour les empêcher de circuler librement et d'y préparer leurs actions.

211. La quantification des armes est une tâche complexe tant les données statistiques en la matière sont difficilement accessibles, tronquées ou peu fiables. Si les États ont régulièrement amélioré la qualité de leurs rapports relatifs aux transferts d'armes, les informations relatives aux quantités transférées n'ont pas été aussi sincères[527]. Le Secrétaire général des Nations Unies a établi, en 2008, que *« selon les estimations de sources dignes de foi, le nombre total de ces armes s'élèverait au moins à 875 millions »*[528]. Ce nombre ne correspond pas

---

[524] S/RES/1467 (2003) du 18 mars 2003, Préambule.

[525] Selon l'expression du président malien, Amadou Toumani TOURE, dans une interview accordée juste avant son renversement. V. « Aqmi épaule les rebelles touaregs », *Le Figaro*, 22/03/12, disponible sur : http://www.lefigaro.fr/international/2012/03/14/01003-20120314ARTFIG00773-att-aqmi-epaule-les-rebelles-touaregs.php , consulté le 19/12/2019.

[526] G. BELKACEM, « Les États faillis et le trafic d'armes au Sahel », *Revue des études de droit*, Vol. 7 n°3 septempre 2020, pp.820-853,

[527] SMALL ARM SURVEY, *Point by Point : Trends in Transparency*, Oxford University press, 2012, p.302.

[528] S/2008/258 du 17 avril 2008, *Rapport du Secrétaire général relatif aux armes légères*, § 8, p.5 ; V. aussi R. PETERS, « Armes légères : il n'y a pas de solution

à l'ensemble des armes dont disposent les armées nationales, mais prend en compte différentes catégories de possesseurs et diverses qualités d'armes. En effet, en dehors d'une portion d'armes légères et de petit calibre de haute technologie développées pour le compte de certaines armées nationales, une grande partie des armes de cette catégorie sont rustiques, fabriquées sur la base de techniques rudimentaires[529], et destinées à des civils ou à des groupes rebelles. La pratique démontre qu'en la matière, l'usage de pièces élémentaires (tubulures métalliques, cadres de vélos[530], pièces détachées issues de stocks d'armes inutilisables) suffit à la confection d'armes plus ou moins sophistiquées[531].

212. Au §6 de la Résolution 2370 (2017), le Conseil a exhorté les États membres à prendre les mesures ci-après, au niveau national, pour mettre fin à l'approvisionnement en armes des terroristes « *:*

a) Garantir la possibilité de prendre les mesures juridiques appropriées à l'encontre de ceux qui sont sciemment impliqués dans l'approvisionnement en armes de terroristes ;

b) Garantir la sécurité physique et la bonne gestion des stocks d'armes légères et de petit calibre ;

c) Encourager la mise en œuvre de procédures de marquage et de traçage des armes légères et de petit calibre pour améliorer la traçabilité des armes qui pourraient être fournies aux terroristes à travers leur trafic illicite ;

d) Renforcer, le cas échéant, leurs capacités judiciaires, leurs capacités de maintien de l'ordre et leurs moyens de contrôler les frontières, ainsi que leurs capacités d'enquêter sur les réseaux de trafic d'armes afin de prendre en compte les liens existants entre la criminalité transnationale organisée et le terrorisme. »

213. Dans l'affaire des Activités militaires et paramilitaires au Nicaragua, la CIJ avait qualifié de « violation indubitable du principe

---

unique », *Chronique ONU, le magazine des Nations Unies*, Vol. XLVI, n° 1 et 2, janvier 2009. V. aussi le Rapport du GRIP de 2012 précité.

529 L. BEULLAC, J. KREMPEL, G. METZGER et al., *Armes légères, syndrome d'un monde en crise*, Paris, Collectif études sécuritaires, coll. Questions contemporaines, L'Harmattan, 2006, p.13.

530 Ibidem, p.14. Selon les auteurs, « des armes à feu artisanales, fabriquées à partir de cadres de vélos, ont été aperçues aux mains de milices pro-indonésiennes au Timor Oriental ».

531 Pour l'exemple de l'Afrique de l'Ouest et l'expertise acquise par les forgerons locaux, V. A. VINES, « Combating light weapons proliferation in West Africa », *International Affairs*, Vol. 81, mars 2005, pp.352-353.

de non-intervention », la fourniture d'armes par une puissance étrangère à un groupe rebelle se livrant à des actions armées sur le territoire d'un autre État[532]. L'Assemblée générale pour sa part, a introduit une démarche sur les armes classiques qui s'est enracinée tout au long des années 1990. Le processus introduit par les Résolutions du début des années 1990[533] s'est accéléré sous l'effet de la crise au Mali. En 1994, le Secrétaire général sur requête du président malien, a envoyé une mission consultative pour aider à la collecte des armes légères présentes en grand nombre dans le pays. Cette mission a imposé la question de la lutte contre la prolifération des armes classiques dans les réflexions menées en matière de désarmement dans l'instance universelle[534]. L'importance de la régulation des armes légères et de petit calibre, a incité les Nations Unies à consacrer une approche autonome à cette catégorie d'armes classiques. Cette indépendance dans l'approche universelle se fonde sur le rapport sur les armes légères et les conflits intra étatiques publié en 1995 par l'UNIDIR[667] et le supplément de 1995 à l'Agenda pour la paix du Secrétaire général. Dans ce dernier document, M. B. BOUTROS-GHALI évoque l'impérieuse nécessité qu'ont les Nations Unies, d'étendre le champ du droit du désarmement à un nouveau domaine intitulé « micro désarmement. » Le micro désarmement s'analyse comme « *un désarmement bien concret, s'inscrivant dans le contexte des conflits dont s'occupe l'ONU et dans celui des armes, pour la plupart de faible calibre, qui provoquent les centaines de milliers de morts »*[535]. Le Secrétaire général de l'époque est la première personnalité internationale, disposant d'une telle responsabilité, à inscrire cette problématique à l'agenda international.

---

532 « L'appui fourni par les États-Unis [...] sous formes de soutien financier, d'entraînement, de fourniture d'armes, de renseignements et de soutien logistique, constitue une violation indubitable du principe de non-intervention ». V. Affaire des *activités militaires et paramilitaires au Nicaragua et contre celui-ci (Nicaragua c. États-Unis d'Amérique),* arrêt du 27 juin 1986 (fond), § 242, CIJ *Recueil*, 1986.

533 V. A/RES/47/52 du 9 décembre 1992, *Désarmement général et complet*, Partie G et J.

534 V. Nations Unies, *Rapport au Secrétaire général intitulé « Sahara-Sahel advisory mission report* », 1995.

535 *Rapport de situation présenté par le Secrétaire général à l'occasion du cinquantenaire de l'Organisation des Nations Unies, Supplément à l'agenda pour la paix*, 25 janvier 1995, Op. Cit, § 60, p.15. V. aussi E. LAURANCE, R. STOHL, « *Making global public policy : the case of small arms and light weapons* », *SMALL ARM SURVEY*, *occasional paper*, 2002, n°7, Genève, p. 4.

214. Le commerce des armes est règlementé et obéit à des conditions particulières. Toute personne ne peut acquérir des armes et les personnes habilitées à acquérir des armes ne peuvent le faire à n'importe quelle condition ni pour n'importe quelle destination[536]. Un « Programme d'action en vue de prévenir, combattre et éliminer le commerce illicite des armes légères sous tous ses aspects » a été adopté dans ce sens. Dans ledit Programme d'action, les États membres ont considéré que le commerce illicite des armes légères et de petit calibre sous tous ses aspects *« prolongeait les conflits, exacerbait la violence, contribuait au déplacement de civils, entravait le respect du droit international humanitaire, faisait obstacle à la fourniture d'une assistance humanitaire aux victimes de conflits armés et facilitait la criminalité et le terrorisme »*[537]. Les États s'y sont engagés, à adopter et à faire appliquer les mesures législatives nécessaires pour ériger en infraction pénale la fabrication, la possession, le stockage et le commerce illicites d'armes légères dans les zones relevant de leurs juridictions nationales.

215. Dans le document final[538] de la troisième Conférence des Nations Unies chargée d'examiner les progrès accomplis dans l'exécution du Programme d'action susdit, les États membres se sont dits particulièrement préoccupés par le fait que, ces dernières années, des armes légères et de petit calibre ont été utilisées pour commettre des attentats terroristes dans le monde entier. Devant ce constat, ils ont recommandé la mise en œuvre effective de l'Instrument international[539] visant à permettre aux États de procéder à l'identification et au traçage rapides et fiables des armes légères et de petits calibres, illicites qui pourrait permettre de minimiser le phénomène.

216. Le Principe Directeur 52 des Principes Directeurs de Madrid[540] prescrit aux États membres de mettre en place des procédures de certification des utilisateurs finals et de délivrance des certificats

---

[536] A/RES/70/49 du 7 décembre 2015 *portant sur le commerce illicite des armes légères et de petit calibre sous tous ses aspects*, §1.

[537]A/CONF.192/15, *Rapport de la Conférence des Nations Unies sur le commerce illicite des armes légères sous tous ses aspects*, New York, 9-20 juillet 2001, § 24. V. aussi, S/2018/1177 du 28 décembre 2018 précité, p.28, §56.

[538]A/CONF.192/2018/RC/3, annexe.

[539] A/60/88 du 27 juin 2005, *Instrument international visant à permettre aux États de procéder à l'identification et au traçage rapide et fiable des armes légères et de petits calibres illicites*, (version française révisée et publiée le 2 mars 2007), §7.

[540] V. *Additif aux principes directeurs de Madrid relatifs aux combattants terroristes étrangers*, Op. Cit..

correspondants ainsi que des mesures juridiques et répressives effectives. Il prescrit aussi de prendre des mesures effectives pour prévenir et combattre le courtage illicite d'armes légères et de petit calibre, en se fondant sur les recommandations formulées dans le rapport du Groupe d'experts gouvernementaux créé en application de la Résolution 60/81 de l'Assemblée générale[541]. L'article 8 de la Résolution 55/255 (2001) de l'AG portant protocole à la Convention de Palerme prévoit qu'un tel système de contrôle du courtage des armes pourrait inclure l'exigence d'un enregistrement des courtiers exerçant sur leur territoire, l'exigence d'une licence ou d'une autorisation de courtage, ou l'exigence de l'indication sur les licences ou autorisations d'importation et d'exportation.

217. Le Centre des Nations Unies de lutte contre le terrorisme a mis en œuvre conjointement avec l'ONUDC et en coopération avec la Direction exécutive du Comité contre le terrorisme et le Bureau des affaires de désarmement des Nations Unies (UNODA), un projet régional sur le thème « S'attaquer au lien entre le terrorisme, les armes et la criminalité : prévention et lutte contre le trafic illicite des armes légères et de petit calibre (ALPC) et de leur approvisionnement illicite aux terroristes en Asie centrale. » Ce projet a renforcé les capacités de cinq pays d'Asie centrale (Kazakhstan, Kirghizistan, Tadjikistan, Turkménistan, Ouzbékistan) dans le domaine de la prévention, de la détection et de la lutte contre le trafic d'ALPC et leur fourniture illicite à des terroristes[542]. Les systèmes judiciaires nationaux desdits États et leurs capacités de coopération et d'échange d'informations en matière d'application des lois ont été renforcées à l'occasion d'ateliers régionaux et nationaux organisés à cet effet. Leurs capacités sur les plans normatif et institutionnel relativement à la prévention, la détection, et l'enquête en matière de trafic d'armes à feu et de leur détournement vers les terroristes ont été renforcées grâce à quatorze (14) ateliers nationaux de formation, auxquels ont participé plus de trois cent cinquante (350) représentants gouvernementaux[543].

218. Avec ses partenaires, la Direction Exécutive a participé à un certain nombre d'initiatives en matière d'application des lois, et notamment à la conception du Système INTERPOL de gestion des données sur les armes illicites et du traçage des armes, ainsi qu'à la

541 A/62/163 et A/62/163/Corr.1.

542 United Nations Counter-Terrorism Centre, Annual report 2021, January - December 2021, 132p., p.66.

543 Idem.

promotion du projet Watchmaker d'INTERPOL[544]. La base de données Watchmaker permet aux États membres d'identifier et de suivre des individus connus ou présumés impliqués dans la fabrication d'Engins Explosifs Improvisés (EEI). Elle contient le profil de 3.500 individus et 38750 entités impliqués dans des activités liées à des substances chimiques et biologiques ainsi qu'à des EEI. Elle répertorie notamment les auteurs d'attentats terroristes majeurs[545].

219. Le bilan de l'application des dispositions de lutte contre le trafic illicite d'armes à feu est pour le moins mitigé au regard des données fournies par le CCT. Dans la région de la SADC, la législation et les contrôles sur les armes et les munitions sont pour la plupart obsolètes et la capacité opérationnelle est faible. Selon l'étude mondiale de l'ONUDC sur le trafic d'armes à feu de 2020[546], des volumes plus élevés d'armes à feu sont trafiqués dans la région de la SADC[547]. Tous les États de cette sous-région africaine, n'incriminent pas la fabrication, le trafic ou l'altération illicites d'armes à feu ou encore l'effacement illicite de leurs marquages dans leur cadre juridique. Le niveau d'opérationnalisation et d'application de ces cadres varie également considérablement d'un État à un autre. Seuls trois États de cette sous-région, ont pleinement mis en œuvre les exigences internationales dans leurs cadres juridiques. Tous les États sauf un, semblent avoir une capacité limitée pour intercepter et signaler les armes à feu faisant l'objet d'un trafic[548]. La situation n'est guère reluisante en Afrique de l'Ouest malgré l'entrée en vigueur de la Convention de la CEDEAO de 2006. Seuls quatre États disposent d'une législation complète sur les armes à feu qui criminalise la fabrication, le trafic ou l'altération illicites d'armes à feu ou l'effacement illicite de leurs inscriptions. Treize États criminalisent la fabrication et le trafic illicites d'armes, mais pas leur altération ou l'effacement illicite de leurs marquages.

220. D'autres régions du monde comme l'Asie du Sud Est font mieux cependant en la matière. Tous les États de cette région

---

[544] S/2020/99 du 5 février 2020, Lettre adressée au Président du Conseil de sécurité par le Président du Comité du Conseil de sécurité créé par la Résolution 1373 (2001) concernant la lutte antiterroriste, §101.

[545] V. www.interpol.int

[546] UNODC, *Firearms Study*, 2020.

[547] S/2019/986, §57.

[547] United Nations Security Council, Counter-Terrorism Committee, *Global survey of the implementation of Security Council resolution 1373 (2001) and other relevant resolutions by Member States*, 2021, §95.

[548] Ibidem §103.

criminalisent la fabrication, le trafic, l'importation et l'exportation illicites d'armes à feu, mais seuls trois États membres criminalisent spécifiquement la modification des armes à feu ou l'effacement de leurs marquages. Plusieurs États s'efforcent de contrôler l'accès aux armes à feu par les responsables de l'application des lois qui peuvent participer au trafic illicite des armes. En effet, à la suite d'incidents au cours desquels des armes à feu et des matières radioactives ont disparu des installations gouvernementales de certains États, l'implication de policiers a été établie dans la perpétration des attentats terroristes[549]. Tous les États d'Asie centrale et du Caucase du Sud ont érigé en infraction la fabrication ou la réparation illégales d'armes à feu et de pièces détachées, l'achat, la vente, le stockage, le trafic, l'envoi ou le port illégal d'armes à feu, de munitions, de substances explosives et d'engins explosifs. Le Comité a recommandé qu'ils veillent à ce que leur cadre juridique, ainsi que des mesures et contrôles opérationnels pertinents, couvrent également l'altération illicite des armes à feu et l'effacement illicite de leurs marquages pour parfaire ces législations.

221. Au Mexique, toutes les armes à feu détenues par les forces armées et de sécurité gouvernementales sont marquées au moment de la fabrication, avec des informations sur le fabricant, le calibre, le modèle, le numéro de série et l'État de fabrication. Le Mexique criminalise également la fabrication, le trafic ou l'altération illicites et l'effacement illicite de leurs marquages. Au Costa Rica, les autorités compétentes appliquent des procédures reconnues de traçage et de suivi des armes, en utilisant la technologie balistique pour tracer les armes et les munitions. Cependant, la prolifération des armes à feu illégales dans cette sous-région et les liens croissants entre les groupes criminels organisés, les gangs violents et le terrorisme restent préoccupants[550].

b) Les armes à feu détournées de leurs régimes juridiques

222. La notion d'armes à feu correspond à celle des armes de petits calibres. Cette appellation d'armes à feu est utilisée par la directive de l'Union européenne. Elle définit par la désignation « arme à feu », *« toute arme à canon portative qui propulse des plombs, une balle ou un projectile par l'action de la combustion d'une charge propulsive, ou qui est conçue pour ce faire ou peut être transformée à cette fin, excepté*

---

[549] Idem.

[550] United Nations Security Council, Counter-Terrorism Committee, *Global survey of the implementation of Security Council resolution 1373 (2001) and other relevant resolutions by Member States, 2021*, §403.

les armes exclues de cette définition pour l'une des raisons énumérées à l'annexe I, partie III »[551]. Dans la plupart des régions du monde, les armes utilisées dans la majorité des attaques sont des armes à feu, suivies des explosifs en deuxième lieu[552]. D'où l'engagement du Conseil et de l'AG, pour limiter l'accès aux armes par les groupes terroristes.

223. Le Principe 52 §b des Principes Directeurs de Madrid[553] impose aux États de prendre toutes les mesures qui s'imposent pour prévenir le détournement des armes légères et de petit calibre lorsque leur transfert international est autorisé. L'AG dans sa Résolution 75/241 (2020) ajoute qu'il faut maintenir et renforcer de toute urgence les mesures nationales de contrôle visant à prévenir, à combattre et à éliminer le commerce illicite des armes légères et de petit calibre, notamment leur détournement vers des destinataires non autorisés, tels que des groupes armés illégaux ou des terroristes[554]. L'Instrument international de traçage prévoit que ces armes sont illicites si elles sont transférées sans une licence ou une autorisation délivrée par une autorité nationale compétente.

224. L'une des méthodes d'approvisionnement en armes la plus répandue aujourd'hui, est le détournement du régime juridique des armes à feu qui peut se faire selon trois procédés différents. La diversion des armes du marché légal vers le marché illégal autrement dit le vol, constitue la méthode la plus simple mais certains acteurs ont également recours à des méthodes moins conventionnelles telles que la conversion et la réactivation. **Le détournement des armes à feu du marché légal au marché illégal est l'une des formes les plus courantes d'acquisition.** En d'autres termes, les armes à feu destinées à être vendues de façon légale vont être diverties vers le marché illégal[555]. Sur les 875 000 000 d'armes à feu détenues dans le monde[556], près de 400 000 000 appartiennent à des civils. Le vol des armes à feu a été quantifié notamment par Nils DUQUET et Maarten VAN ALSTEIN. Selon eux,

---

551 Directive (UE) 2017/853, Op. Cit., article premier.

552 Institute for Economics and Peace, *Global terrorism index, Measuring the impact of terrorism*, 2022, 99p.

553 Op. Cit.

554 A/RES/75/241 du 31 décembre 2020 *portant sur le commerce illicite des armes légères et de petit calibre sous tous ses aspects*, §2.

555 J. BEVAN, « Arsenals Adrift, Arms and Ammunition diversion », *Yearbook 2008 : Risk and Resilience*, Institut des hautes études internationales et du développement de Genève, éd. Cambridge University Press, 2008.

556 A. KARP, (dir.) *Guns and the City*, Cambridge University Press, 2007, p.39.

« la Police Fédérale allemande a noté 7 862 cas de vol d'armes en 2010, avec un total de 23 878 armes volées. [...] Au Royaume-Uni, le nombre d'armes volés chaque année fluctue entre 2 000 et 3 000. Les statistiques officielles de crime de la Police Fédérale belge indique qu'il y a environ 1 600 à 2 100 vols d'armes ou d'explosifs en moyenne tous les ans en Belgique »[557]. Les armes utilisées illégalement proviennent souvent du vol de civils ou de stocks de forces gouvernementales. Les forces gouvernementales mexicaines auraient ainsi « perdu » plus de 15 000 armes depuis 2005[558]. Une infime partie de ces armes seulement, sont dérobées dans les armureries ou chez les particuliers[559] et ces dernières alimentent surtout un trafic local.

225. La gestion des stocks d'armes et de munitions et leur sécurité physique doivent être en conséquence un élément d'attention pour tous les pays, comme nous le rappelle un récent vol d'explosifs sur un site militaire dans le sud de la France en juillet 2015[560]. Plusieurs technologies de contrôle ont été développées pour assurer le suivi, l'identification automatique et la collecte de données afin de répondre aux défis liés à la gestion et la sécurisation des stocks d'armes. Ces technologies permettent d'empêcher les accès non autorisés aux stocks, d'améliorer la tenue des inventaires, de contrôler l'utilisateur final, de tracer l'utilisation des armes, de les suivre et les protéger lors d'un transfert[561]. Ces technologies vont de l'utilisation d'un simple clavier numérique à la mise en place de systèmes infra-rouge ou de vidéo-surveillance, de l'utilisation de codes-barres à la biométrie ou encore la radio-identification. Ces technologies « intelligentes » appelées mécanismes de sécurité contrôlé électroniquement (electronically controlled safety mechanisms – ECSMs) permettent non seulement la sécurisation des armes et des munitions lors d'un transfert ou dans un

---

[557] N. DUQUET et M. VAN ALSTEIN, *Guns for sale : The Belgian illicit gun market in a European perspective*, Brussels : Flemish Peace Institute, March 2016, pp.9-10

[558] A. ARTHURO, « Mexican police 'lose' six firearms per day ; over 15,000 weapons were lost or stolen since 2006 », *El Daily Post*, 3 juin 2015.

[559] Ibidem.

[560] Au moins 150 détonateurs, des pains de plastic ainsi qu'une « quarantaine de grenades », ont été volés sur un site militaire de Miramas (Bouches-du-Rhône) dans la nuit du 5 au 6 juillet 2015. « Double enquête sur le vol d'explosifs sur un site militaire à Miramas », *Le Monde*, 7 juillet 2015.

[561] M. SCHROEDER, « New technologies and small arms control : preventing unauthorized acquisition and use » *in* Small Arms Survey (dir.), *Behind the Curve : New Technologies, New Control Challenges*, An Occasional Paper of the Small Arms Survey, février 2015, p.88.

stock mais aussi, la prévention de toute utilisation non autorisée d'une arme[562].

226. Les organisations criminelles s'intéressent surtout aux stocks de grande quantité. Une attaque contre des bases militaires ou des forces de l'ordre en vue de dérober les stocks, présente des risques importants du fait du niveau de surveillance et de sécurité de ces lieux. C'est pourquoi, ils agissent dans les situations où les armes à feu sont moins bien protégées c'est-à-dire au moment de leur transfert et plus précisément lors de l'embarquement, le transport et l'arrivée[563]. Toutefois, au regard du nombre très important d'armes légères illicites actuellement en circulation dans le monde, la technologie n'aura jamais qu'un impact limité sur leur disponibilité[564]. De plus, il est important de rappeler que toute solution technique, aussi avancée soit-elle, restera toujours faillible, *« conçu par des humains, un système peut être désactivé par des humains »*[565].

227. L'exportation d'armes à feu est autorisée par un simple certificat d'exportation[566]qui ne sécurise pas suffisamment l'opération. Ce document peut être falsifié et la détection de la falsification dépend de la formation reçue par les autorités du lieu d'embarquement et de débarquement mais également de l'intégrité de ces autorités[567]. Certains États européens sont particulièrement marqués par une prévalence importante de la corruption et un manque de formation des autorités chargées du contrôle. Pour les États des Balkans et de l'ex-URSS, l'indice de corruption est relativement élevé[568] et le développement économique faible. C'est le cas aussi dans les États à faible revenus en Amérique centrale et du Sud et en Afrique. En conséquence, lorsqu'une cargaison est détournée dans un de ces pays, les armes à feu circulent

---

[562] C. TIERNON, « Armes légères et nouvelles technologies, Quels défis pour le contrôle des ALPC ? », *GRIP*, septembre 2015, 20p.

[563] O. GREENE et E. KIRKHAM, *Preventing diversion of small arms and light weapons : Issues and priorities for strengtened controls*, Safeworld et Université de Bradford, février 2009.

[564] C. STIERNON, « Armes légères et nouvelles technologies, Quels défis pour le contrôle des ALPC ? », *GRIP*, septembre 2015, 20p., p.15.

[565] M. ASHKENAZI, « Smart guns and smart people : The technology and its future », *in Smart Technology in SALW Control*, *brief 49*, BICC, Bonn, décembre 2013, p.31.

[566] Directive 91/477/CEE, relative au contrôle de l'acquisition et de la détention d'armes, Article 11.

[567] J. ROEBER, *Parallel Markets : Corruption in the international arms trade*, *Campaign Against Arms Trade*, juin 2005.

[568] Transparency International, Corruption Perception index 2017, 21 février 2018.

aisément. Lorsque les États effectuent un contrôle strict au niveau national pour empêcher la falsification de documents ou la corruption, le détournement reste possible du fait du manque d'échange d'informations entre les États et d'un manque d'harmonisation des pratiques.

228. Les États possèdent sur leurs territoires, plusieurs types de stocks. En plus du stock des armes des forces militaires et des forces de police, il y a dans certains États, des armes produites sur le territoire en attente d'un transfert et des armes issues de conflits. La majorité des armes issues de conflits se trouve dans des pays en reconstruction où la structure étatique est faible et l'économie est instable. Cela les rend inaptes à assurer une bonne gestion des stocks[569]. Par exemple, en 1992, le stock d'armes à feu de petit calibre en Ukraine était estimé à 82 milliards de dollars. Depuis lors, il est malheureux de constater que 32 milliards de dollars de ce stock a été détourné[570]. La présence d'un surplus d'armes issues de l'effondrement du bloc soviétique et du conflit des Balkans représente aussi un défi considérable pour l'Europe, leur gestion étant primordiale pour lutter efficacement contre le détournement des armes à feu.

229. Une deuxième modalité de détournement d'armes utilisée par les organisations terroristes est la réactivation. Une arme désactivée est une arme à feu rendue inopérante, c'est-à-dire incapable de tirer[571]. La désactivation d'une arme, consiste à en rendre le cycle permettant de tirer une munition, inopérant. Selon l'article 9 a) de la Résolution 55/255 de l'Assemblée générale portant Protocole des Nations Unies sur les armes à feu[572], une arme à feu est désactivée lorsque toutes les parties essentielles sont rendues définitivement inutilisables, impossible à enlever et remplacer pour prévenir la

---

[569] E.U. SAVONA, M. MANCUSO, *Fighting Illicit Firearms, Traficking Routes and Actors at European Level. Final Report of Project*, rapport final du projet FIRE, 2017, Op. Cit. p. 50.

[570] D. JACQMIN, *L'Ukraine : une nouvelle source pour le trafic d'armes*, éclairage du GRIP, 23 août 2016 ; F. BUSCEMI, N. DUQUET, E. GOLOVKO, E. WOODS, « Illicit firearms proliferation in the EU periphery : the case of Ukraine », *in* DUQUET (N), (dir.), *Triggering Terror : Illicit Gun Markets and Firearms Acquisition of Terrorist Networks in Europe*, Flemish Peace Institute, Brussels, 2018.

[571] J. ANCELIN, *La lutte contre la prolifération des armes légères et de petit calibre en droit international*, Thèse Droit, Université de Bordeaux, 2014.

[572] Protocole additionnel à la Convention contre la criminalité transfrontalière organisée contre la fabrication et le trafic illicites d'armes à feu, de leurs pièces, éléments et munitions, Op. Cit., article 9.

réactivation illicite. Pour ce faire, le Protocole des Nations Unies sur les armes à feu[573]préconise le respect de trois principes. Toutes les parties permettant la mise à feu et l'éjection de la munition doivent être désactivées de façon permanente et la désactivation doit être vérifiée et approuvée par les autorités compétentes. Enfin, l'arme désactivée doit comporter un marquage attestant sa désactivation.

230. La conversion implique d'inverser l'opération de désactivation pour remettre l'arme en état et lui permettre de recouvrir sa létalité. Elle doit suivre toute la procédure en l'occurrence les trois principes sus décrits pour la rendre utilisable. La réactivation elle, concerne les armes mises hors d'état de tirer sans avoir suivi l'ensemble du processus de conversion parce que l'arme n'aurait pas totalement été désactivée ou encore parce que l'intégralité du processus de conversion de l'arme n'est pas nécessaire pour lui permettre de tirer. Une réactivation peut consister à enlever la pièce qui obstruait le canon et redonner à l'arme son potentiel létal. Malheureusement, la réactivation ne requiert pas toujours des connaissances importantes et précises et elle peut s'appliquer à des armes de guerre comme l'AK47 ou les mitrailleuses lourdes.

231. Des armes réactivées provenant essentiellement de Slovaquie ont été saisies lors de l'attaque du Montrouge et de l'hyper cacher en France. Il faut signaler que le procédé de désactivation imposé par les autorités slovaques ne correspondait pas aux normes européennes malgré l'intégration de la Slovaquie dans l'Union européenne[574]. Les armes désactivées étaient seulement modifiées pour ne tirer que des munitions à blanc et cela facilitait leur réactivation. De plus, ces armes étaient en vente libre pour les personnes de plus de dix-huit ans notamment sur internet[575]. Depuis la précédente enquête mondiale, l'Union européenne a adopté le règlement (UE) 2018/337, qui établit des lignes directrices communes sur les normes et techniques de neutralisation afin de garantir que les armes à feu neutralisées soient

---

573 Idem

574 N. FLORQUIN et B. KING, *From legal to lethal, Converted Firearms in Europe,* Op. Cit. p.23

575 J. ANCELIN, *La lutte contre la prolifération des armes légères et de petit calibre en droit international*, Thèse Droit, Université de Bordeaux, 2014.

rendues irréversiblement inutilisables[576]. Une telle pratique doit être encouragée et généralisée.

2) La fabrication illicite d'armes à feu

232. L'AG a rappelé dans sa Résolution 65/64 (2010) que le problème du commerce illicite des armes légères et de petit calibre sous tous ses aspects nécessite des efforts concertés aux niveaux national, régional et international en vue de prévenir, combattre et éliminer la fabrication de ces armes que ces armes soient fabriquées par des tiers ou qu'il s'agisse d'une auto fabrication[577].

a) Les armes fabriquées par des tiers

233. La production illicite représente une petite fraction des armes à feu illicites saisies par les autorités des pays de l'Union européenne qui sont en réalité la principale origine des armes[578]. Cette production minoritaire est composée principalement d'armes fabriquées par des amateurs ou des employés de manufactures. On parle de production illégale lorsqu'une arme à feu est produite par une personne ou une entité n'ayant pas obtenu l'autorisation de fabriquer des armes. La production artisanale d'armes à feu est un phénomène marginal[579] qui se déroule bien souvent dans de petits ateliers ou au sein même des habitations[580]. Ces armes sont en général, de mauvaise qualité et assez rudimentaires. On distingue principalement trois catégories d'armes produites illégalement. Il s'agit d'armes à coup unique sans barillet[581]

---

[576] United Nations Security Council, Counter-Terrorism Committee, *Global survey of the implementation of Security Council resolution 1373 (2001) and other relevant resolutions by Member States*, 2021, §523.

[577] A/RES/65/64 du 8 décembre 2010 *portant sur le commerce illicite des armes légères et de petit calibre sous tous ses aspects*, §1.

[578] Des trafiquants d'armes sur d'autres continents envoient illicitement des armes en Afrique, par avion ou par bateau. La plupart des armes légères illicites utilisées en Afrique proviennent de Chine, d'Israël et de plus de 20 membres de l'OSCE (Organisation pour la sécurité et la coopération en Europe). V. AEFJN, *Exportations et transferts d'armes de l'Afrique Sub-saharienne vers l'Afrique Sub-Saharienne*, 2010, p.8.

[579] E.U. SAVONA et M. MANCUSO, *Fighting Illicit Firearms Traficking Routes and Actors at European Level. Final Report of Project FIRE*, Op. Cit.

[580] P. BATCHELOR, « Workshops and Factories : Products and Producers », Yearbook 2003 : *Development Denied*, Institut universitaire des Hautes études de Genève, Oxford University press, p.9.

[581] Partie cylindrique rotative contenant plusieurs chambres, chacune pouvant contenir une seule cartouche.

qui sont les plus simples à produire[582], de copies d'anciens modèles et d'armes reconstruites à partir de composants obtenus dans des chaînes de fabrication ou bien dans une arme à feu partiellement détruite. Les copies sont plus compliquées à réaliser et la qualité du produit fini laisse à désirer en raison du coût et de la rareté des matériaux et de l'outillage[583].

234. Les chercheurs de l'organisation Small Arms Survey, ont identifié plusieurs facteurs favorisant la production d'armes à feu illégales communs aux régions du monde où la confection artisanale est abondante[584]. Il s'agit de facteurs politiques liés à l'existence d'une guerre (civile, tribale ou interétatique) et économiques liés à l'existence d'un embargo sur les armes qui empêche leur production licite. Il s'agit enfin de facteurs culturels liés à l'encrage de cette méthode de fabrication d'armes et de l'habitude de leur utilisation[585].

235. Dans sa Résolution 75/241 (2020), l'AG a considéré qu'il faut réagir rapidement face aux possibilités offertes et aux difficultés soulevées par les tendances récentes dans les domaines de la technologie, de la conception et de la fabrication des armes légères et de petit calibre, en particulier pour ce qui est des armes en polymère[586]. Les armes en polymère sont des armes, des pistolets de fabrication ou d'assemblage artisanal. En 2020, une quantité importante d'armes, de projectiles et de douilles tirés à l'aide d'armes en polymère a été observée au Québec selon le laboratoire de sciences judiciaire et de médecine légale du Québec[587]. Par exemple, le polymère 80 qui imite le vrai pistolet Glock est fabriqué par une entreprise au Nevada (États-Unis) qui l'appelle ainsi car elle considère que l'arme est terminée à 80% lorsque les acheteurs acquièrent sa carcasse en polymère qui n'affiche pas de numéro de série. Les acheteurs acquièrent par la suite un canon et une culasse en métal qu'ils fixent à la carcasse. Celle-ci devient alors une arme à feu.

---

582 M. NOWAK et A. GSELL, « Handmade and Deadly Craft Production of Small Arms in Nigeria », *Small arms survey*, *Briefing paper*, Juin 2018.

583 P. BATCHELOR, *Workshops and Factories : Products and Producers*, Op. Cit. p.43.

584 J. KISS, « Craft Production of Small Arms », *Background paper*, Geneva, 2002.

585 C. JORJARTH, *Crime, War, and Global Traficking : Designing International Cooperation*, Cambridge University Press 2009.

586 A/RES/75/241 (2020) du 31 décembre 2020 *portant sur le commerce illicite des armes légères et de petit calibre sous tous ses aspects,* préambule.

587 D. RENAUD, « Saisies de pistolets illégaux de polymère », *La Presse*, 28 décembre 2010, en ligne.

b) L'auto fabrication d'armes à feu

236. L'apparition d'une source inédite dans la production illicite d'armes à feu, s'est faite avec l'imprimante 3D. L'impression 3D (ou impression tridimensionnelle) peut se définir comme *« un ensemble de procédés d'impression qui permet la fabrication d'objets tridimensionnels à l'aide d'une imprimante 3D, d'un fichier qui va servir de modèle 3D et de matériaux adaptés (plastique, résine, argile, céramique, métal, cire...), qui vont servir de matières premières pour la fabrication de l'objet. Le fonctionnement de l'impression 3D repose sur l'application de milliers de couches horizontales de matières imprimées l'une après l'autre, puis découpées et superposées entre elles pour obtenir l'objet final. Le fonctionnement d'une imprimante 3D n'est donc pas si éloignée de celui d'une imprimante traditionnelle à jet d'encre, qui consiste à déposer des couches d'encre sur un support papier »*[588]. En 2014, Yoshitomo Imura, un Japonais de 28 ans a été condamné pour avoir fabriqué des armes à feu avec une imprimante 3D[589]. Cet exemple met en lumière que non seulement il est possible de fabriquer des armes à feu à partir d'une imprimante 3D, mais aussi, que cette méthode de fabrication se répand de plus en plus[590]. Aujourd'hui, une imprimante 3D peut s'acquérir en ligne pour un montant minimum de 1,000 USD[591]. Cette baisse considérable du prix à bien entendu rendu les imprimantes 3D accessibles au plus grand nombre permettant la production d'objets divers dont des armes à feu[592]. De plus, l'utilisation de l'imprimante 3D simplifie considérablement le processus de fabrication en raison de l'utilisation de fichiers et de programmes permettant de guider l'imprimante lors de la découpe des matériaux qui sont disponibles en ligne[593]. Il faut toutefois relativiser l'importance de

---

[588] V. C. SUMMER, « As Firearms Surrender Begins, UK Police Fear Crooks Will Turn to 3D-Printed Guns », *Sputnik,* 13 novembre 2017.

[589] J. VINCENT, « Japanese man jailed for two years for creating 3D printing gun », *The Independant*, 21 octobre 2014.

[590] C. SUMMER, « As Firearms Surrender Begins, UK Police Fear Crooks Will Turn to 3D-Printed Guns », *Sputnik,* 13 novembre 2017.

[591] http://www.digicad.fr/imprimante-3d-prix consulté le 20 mai 2021.

[592] R. BAILEY, « How to Make A Gun at Home », *The Wall Street Journal*, 27 octobre 2016.

[593] N.R. JENZEN-JONES, « Small Arms and Additive Manufacturing : An Assessment of 3D-Printed Firearms », *in* B. KING et G. MCDONALD, (dir.), *Behind the Curve New Technologies, New Control Challenges*, Small Arms Survey, Occasional paper, février 2015.

cette méthode de fabrication d'armes car en réalité, le risque immédiat est limité du fait de leur manque de fiabilité et de résistance. Ces armes se détruisent après avoir tiré quelques coups. Les imprimantes 3D ne cessent cependant de progresser de sorte que très vite, ces problèmes de résistance et de fiabilité pourraient être résolus. Dès lors, l'utilisation des imprimantes 3D par des organisations criminelles qui alimenteront le marché noir posera un problème plus sérieux très prochainement. A cet égard, l'AG s'est déclarée préoccupée par le risque que des technologies nouvelles et émergentes soient utilisées à des fins terroristes. Elle a invité les États membres à envisager des mesures supplémentaires pour lutter contre l'utilisation de ces technologies à des fins terroristes particulièrement l'intelligence artificielle, l'impression 3D, les actifs virtuels et les systèmes de drones aériens[594]. Une illustration de ce phénomène est l'utilisation d'une arme à feu auto fabriquée imprimée en 3D pour l'attaque perpétrée à Halle en Allemagne en 2019 par un acteur solitaire[595].

237. On ne peut parler de l'auto fabrication d'armes sans évoquer les engins explosifs improvisés (EEI en français ou IED en anglais). L'IED reste l'arme de choix de l'EIIL et du Front el-Nosra. Un État membre a signalé que plus de 19 000 de ces engins avaient été mis hors service par les forces russes après la reprise de Palmyre, en République arabe syrienne. Les forces de sécurité iraquiennes ont également trouvé de nombreux engins explosifs improvisés lors d'opérations à Ramadi. Ces engins étaient faits principalement de composants disponibles dans le commerce, en particulier de détonateurs et d'engrais. Des États membres ont souligné qu'au cours de la période considérée, ces composants, en particulier les engrais, avaient continué d'entrer illégalement sur le territoire syrien par la Turquie. En réponse, la Turquie a officiellement interdit le transfert d'engrais à base de nitrate d'ammonium, de nitrate de potassium, de détonateurs et de cordeaux détonants vers la République arabe syrienne en mars 2016[596].

---

[594] A/RES/75/291 du 30 juin 2021 *portant Septième examen de la Stratégie antiterroriste mondiale de l'Organisation des Nations Unies,* §40.

[595] United Nations Security Council, Counter-Terrorism Committee, *Global survey of the implementation of Security Council resolution 1373 (2001) and other relevant resolutions by Member States*, 2021, §33.

[596] S/2016/629 du 19 juillet 2016, *Dix-huitième rapport de l'Équipe d'appui analytique et de surveillance des sanctions présenté en application de la Résolution 2253 (2015) concernant l'État islamique d'Iraq et du Levant (Daech), Al-Qaeda et les personnes et entités qui leur sont associées*, §9.

L'utilisation conjuguée de ces engins et de mines contre des convois militaires est de plus en plus fréquente au Sahel. En Iraq, l'EIIL a régulièrement recours à des voitures piégées et à des attentats-suicides[597]. Les armes auto fabriquées en particulier les IED sont difficiles à endiguer en raison de la disponibilité de leurs composantes en libre accès dans les marchés. Ces composantes étant principalement utilisées à des fins pacifiques voire de survie (l'engrais est utilisé pour l'agriculture), leur interdiction est difficile voire impossible et cela complique la lutte contre l'armement des terroristes.

238. Selon le comité 1267, des représentants d'États membres ont signalé l'importance de mettre au point des stratégies et des formations spéciales pour lutter contre les engins explosifs improvisés. Au 27 mars 2015, 48 personnes étaient inscrites sur la Liste du Comité pour leur implication dans l'utilisation et la fourniture de précurseurs servant à fabriquer des engins explosifs improvisés ou dans l'entraînement à l'emploi de ces engins[598].

B/ L'acquisition d'armes de destruction massive

239. Ainsi que le relève le Professeur Anne CAMMILLERI SUBRENAT au sujet des ADM, *« il ressort des divers textes internationaux que cette notion recouvre les armes nucléaires, chimiques, bactériologiques et leurs différents vecteurs »*[599]. L'Institut du droit international les définit par leur finalité. Il s'agit de *« tout moyen de guerre (...) capable de destruction massive »* ou qui *« par leur nature, sont destinées à produire une destruction massive »* ou bien encore *« qui ne peuvent être employées qu'à des fins de destruction massive, parce que le minimum de leur effet destructeur est déjà trop grand pour qu'on puisse le restreindre à des objectifs limités »*[600]. Les ADM s'apparentent à ce qui est désigné sous le vocable de bioterrorisme qui se définit comme *« la dissémination délibérée d'agents biologiques, chimiques, radiologiques ou nucléaires*[601]

---

[597] S/2015/441 du 16 juin 2015 précité, §63.

[598] Ibidem, p.28.

[599] A. CAMMILLERI-SUBRENAT, « La qualification d'ADM », *L'Observateur des Nations Unies*, 2005, n°18, p. 5.

[600] Institut de Droit International, « Le problème que pose l'existence des armes de destruction massive et la distinction entre les objectifs militaires et non militaires en général, travaux préparatoires », *Annuaire de l'IDI*, session de Nice de 1967, Vol. 52 -II, p. 29.

[601] Commission européenne, Communication du 2 juin 2003 au Conseil et au Parlement européen relative à la coopération dans l'Union européenne concernant la

susceptibles d'entraîner une contamination massive des personnes et de l'environnement dans un but terroriste »[602]. Pour mettre en œuvre l'interdiction de l'acquisition d'armes de destruction massive, des obligations spécifiques propres à chaque catégorie d'armes de destruction massive sont imposées. Ces obligations concernent aussi bien les armes nucléaires, les armes chimiques que les armes biologiques.

1) Les armes nucléaires et les armes chimiques

240. L'interdiction des armes de destruction massive concerne ordinairement l'acquisition auprès des structures qui les produisent. Cette action est rendue complexe par les difficultés à contrôler toutes les étapes de la circulation de ces armes. Au regard de leur dangerosité, une action en amont est opportune. C'est à cette fin que les mesures de non-prolifération des armes de destruction massive ont été adoptées.

241. Dans sa Résolution 75/31 (2020), portant Interdiction de mettre au point et de fabriquer de nouveaux types et systèmes d'armes de destruction massive[603], l'AG a engagé tous les États membres à prendre des mesures au niveau national et à renforcer celles qu'ils ont déjà prises pour empêcher que les terroristes n'acquièrent des armes de destruction massive et leurs vecteurs et les matières et technologies liées à leur fabrication[604]. Cette question est particulièrement prise en charge par une Résolution célèbre à savoir la Résolution 1540/2004[605] dont la mise en œuvre a été confiée à un comité spécialement créé à cet effet à savoir le comité 1540[606]. Cette Résolution adoptée en vertu du Chapitre VII de la Charte des NU a un caractère obligatoire. Elle met à la charge des États, des obligations négatives et des obligations positives en ce qui concerne l'interdiction d'acquisition d'armes de destruction massive, particulièrement, concernant les acteurs non

---

préparation et la réaction aux attaques par des agents biologiques et chimiques, COM (2003) 320 final.

[602] L. NEYRET, « La lutte contre le bioterrorisme dans l'Union européenne », in E. SAULNIER-CASSIA, (dir.), *La lutte contre le terrorisme dans le droit et la jurisprudence de l'union européenne Rapport final de la recherche réalisée avec le soutien de la Mission de recherche Droit et justice,* 2012, 514p., p.43.

[603] A/RES/75/31 (2020), *portant Interdiction de mettre au point et de fabriquer de nouveaux types et systèmes d'armes de destruction massive : rapport de la Conférence du désarmement.*

[604] A/RES/75/31, §3 de la Résolution.

[605] S/RES/1540 (2004) précité.

[606] Le comité 1540 a été créée au §4 de la Résolution 1540/2004.

étatiques et donc potentiellement les terroristes. Au §1 de cette Résolution, le Conseil a décidé que tous les États doivent s'abstenir d'apporter un appui, quelle qu'en soit la forme, à des acteurs non étatiques qui tenteraient de mettre au point, de se procurer, de fabriquer, de posséder, de transporter, de transférer ou d'utiliser des armes nucléaires, chimiques ou biologiques ou leurs vecteurs. Aucun État ne doit ainsi favoriser la conception ou la fabrication d'armes de destruction massives (ADM).

242. L'abstention ne suffit pas à réaliser les obligations mises à la charge des États car, des obligations positives plus importantes ont été prévues au §2 de la Résolution. Les États à ce titre, doivent adopter et appliquer, conformément à leurs procédures internes, une législation appropriée et efficace interdisant à tout acteur non étatique de fabriquer, se procurer, mettre au point, posséder, transporter, transférer ou d'utiliser des armes nucléaires, chimiques ou biologiques ou leurs vecteurs, en particulier à des fins terroristes. Une double obligation résulte de cette disposition. Premièrement, l'adoption d'une législation qui interdit et érige en infraction tout comportement permettant à des acteurs non étatiques d'acquérir des ADM et deuxièmement, la poursuite et la répression effective de tout contrevenant à cette disposition.

243. Un troisième niveau d'obligations est imposé aux États pour prévenir la prolifération des ADM. Il s'agit du contrôle permettant d'assurer le respect effectif des mesures législatives et règlementaires. Le Conseil a ainsi décidé au §3 de la Résolution 1540 (2004) que tous les États doivent prendre et appliquer des mesures efficaces de contrôle destinées à prévenir la prolifération des armes nucléaires, chimiques ou biologiques ou de leurs vecteurs. La Résolution 1540 est expressément visée par le règlement de 2009 relatif au contrôle des exportations de biens et technologies à double usage (BTDU) qui, dans son article 15, rappelle que tous les États doivent prendre et appliquer des mesures efficaces afin de mettre en place des dispositifs intérieurs de contrôle destinés à prévenir la prolifération des ADM. Des dispositifs de contrôle appropriés pour les éléments connexes, des dispositifs de contrôle du transit et du courtage doivent être mis en place à cet effet[607].

---

[607] A. MILLET-DEVALLE, « L'adaptation du droit de l'Union européenne en matière de contrôle des exportations d'armements et de biens et technologies à double usage à la lutte contre le terrorisme », in E. SAULNIER-CASSIA, (dir.), *La lutte contre le terrorisme dans le droit et la jurisprudence de l'union européenne Rapport final de*

244. Concernant les matières radioactives[608] en particulier, dans sa Résolution adoptée le 8 décembre 2010 portant Prévention de l'acquisition de sources radioactives par des terroristes[609], l'AG a appellé les États membres à soutenir les efforts internationaux pour prévenir l'acquisition et l'emploi par des terroristes de matières et de sources radioactives. Les États ont aussi été appelés à prendre et à renforcer les mesures requises au plan national pour prévenir l'acquisition et l'emploi par des terroristes de matières et de sources radioactives. Cette obligation implique l'adoption de mesures pour prévenir les attentats terroristes contre des centrales et installations nucléaires qui pourraient entraîner des émissions radioactives[610]. L'AG demande aux États membres, notamment les États producteurs et fournisseurs de sources radioactives, à soutenir les efforts de l'Agence internationale de l'énergie atomique visant à renforcer la sécurité des sources radioactives[611]. L'objectif ici est d'éviter que des groupes terroristes s'emparent de substances qui puissent leur servir à concevoir des ADM.

245. Par ***« matières nucléaires***, *il faut entendre le plutonium à l'exception du plutonium dont la concentration isotopique[612] en plutonium 238 dépasse 80 %, l'uranium 233, l'uranium enrichi en uranium 235 ou 233, l'uranium contenant le mélange d'isotopes qui se*

---

la recherche réalisée avec le soutien de la Mission de recherche Droit et justice, 2012, 514p., p.237.

608 La radioactivité est un phénomène naturel et des sources naturelles de rayonnements sont présentes dans l'environnement. Les rayonnements et les substances radioactives ont de nombreuses applications utiles, allant de la production d'électricité aux applications médicales, industrielles et agricoles. Les risques radiologiques pour les travailleurs, le public et l'environnement pouvant découler de ces applications doivent être évalués et le cas échéant, contrôlés. Des activités telles que les utilisations médicales des rayonnements, l'exploitation des installations nucléaires, la production, le transport et l'utilisation de matières radioactives, et la gestion de déchets radioactifs doivent donc être soumises à des normes de sûreté. La radioactivité n'est donc pas forcément liée au nucléaire. Normes de sûreté de l'AIEA pour la protection des personnes et de l'environnement, Préparation et conduite des interventions en cas de situation d'urgence nucléaire ou radiologique

609 A/RES/65/74 du 8 décembre 2010 *portant Prévention de l'acquisition de sources radioactives par des terroristes.*

610 V. A/RES/69/50 du 2 décembre 2014 *portant Prévention de l'acquisition de sources radioactives par des terroristes.*

611 IAEA/CODEOC/2004), *Code de conduite sur la sûreté et la sécurité des sources radioactives.*

612 Un isotope est chacun des éléments de même numéro atomique, mais de masses atomiques différentes.

trouve dans la nature autrement que sous forme de minerai ou de résidu de minerai, et toute matière contenant un ou plusieurs des éléments ou isotopes ci-dessus[613]*.* » Il existe trois types d'actes de terrorisme nucléaire. Le *« premier serait la dispersion de matières radioactives (une arme radiologique ou « bombe sale ») ; la deuxième possibilité serait l'attaque d'installations nucléaires pour provoquer la fuite de matières radioactives ; la troisième option serait l'explosion d'une arme nucléaire »*[614].

246. Il convient de préciser, s'agissant des armes de destruction massive, que la fabrication d'armes nucléaires par les groupes terroristes, aussi puissants soient-ils, est une hypothèse très improbable devant la difficulté technique et le coût qu'elle représente[615]. Pour M. David KYD, *« la probabilité [que l'organisation Al Qaeda] dispose d'une bombe nucléaire est minime, mais elle n'est pas à exclure. En revanche, la probabilité [qu'elle] dispose de matériaux radioactifs pour faire une bombe radiologique est grande, mais les conséquences seraient beaucoup moins graves »*[616]. La contrebande et le vol de matières fossiles sont ainsi, les premiers enjeux de la prévention de la prolifération des ADM. Il en va différemment des armes chimiques dont la technologie peut être maîtrisée par les terroristes assez aisément.

247. On entend par **« armes chimiques »,** « *les éléments ci-après, pris ensemble ou séparément :*

a) Les produits chimiques toxiques et leurs précurseurs, à l'exception de ceux qui sont destinés à des fins non interdites par la présente Convention, aussi longtemps que les types et quantités en jeu sont compatibles avec de telles fins ;

b) Les munitions et dispositifs spécifiquement conçus pour provoquer la mort ou d'autres dommages par l'action toxique des produits chimiques toxiques définis à l'alinéa a), qui seraient libérés du fait de l'emploi de ces munitions et dispositifs ;

c)Tout matériel spécifiquement conçu pour être utilisé en liaison directe avec l'emploi des munitions et dispositifs définis à l'alinéa b) »[617].

---

613 Article 1er de la Convention sur la protection physique des matières nucléaires.

614 V. M.L BLIN, L. ZHIWEI, « L'intérêt de la maîtrise des armements pour lutter contre le terrorisme nucléaire », *Forum du désarmement*, 2003, p.20.

615 V. J-C MARTIN, *Les règles internationales de lutte contre le terrorisme*, *Op. Cit.*

616 *Libération*, des 3 et 4 novembre 2001.

617 Article 2 de la Convention sur l'interdiction de la mise au point, de la fabrication, du stockage et de l'emploi des armes chimiques et sur leur destruction.

248. Le plan sur la sécurité nucléaire pour 2022-2025 de l'AIEA[618] adopté en septembre 2021, assigne à l'Institution comme mission à cet effet, la promotion de l'échange et du partage d'expérience, de connaissances et de bonnes pratiques à l'échelle internationale concernant les manières de mettre en place, de renforcer et de maintenir une culture de sécurité nucléaire solide et compatible avec les régimes de sécurité nucléaire des États. Dans ce cadre, elle prévoit l'organisation d'ateliers internationaux sur la culture de sécurité nucléaire. Elle compte fournir aussi une assistance accrue aux États qui en font la demande en vue de l'établissement et du renforcement de la culture de sécurité nucléaire. Son Service consultatif international sur la protection physique (IPPAS) prend une part active dans la mise en œuvre de ce plan en analysant les données et les informations communiquées par les États afin d'accroître l'efficacité de ses missions[619].

249. Dans sa Résolution adoptée le 12 décembre 2019 portant application de la Convention sur l'interdiction de la mise au point, de la fabrication, du stockage et de l'emploi des armes chimiques et sur leur destruction[620], l'AG s'est dite convaincue que 22 ans après son entrée en vigueur, la Convention a vu son rôle de norme internationale régissant la lutte contre les armes chimiques renforcé et qu'elle contribue de façon non négligeable à la paix et la sécurité internationales. Cette convention contribue significativement selon l'AG, à l'élimination des armes chimiques et à la prévention de leur réapparition. L'AG a condamné dans les termes les plus vigoureux l'emploi d'armes chimiques par quiconque et en quelque circonstance que ce soit, soulignant que l'emploi d'armes chimiques quel qu'en soit le lieu est condamnable[621].

250. L'AG a malheureusement constaté dans le §2 de cette Résolution[622], que des armes chimiques ont été utilisées en Iraq, en Malaisie, en République arabe syrienne, au Royaume-Uni et en Irlande du Nord depuis 2012 ainsi que l'atteste le Mécanisme d'enquête conjoint de l'Organisation pour l'interdiction des armes chimiques et l'Organisation des Nations Unies. Dans les rapports de ce mécanisme

---

[618] V. GC (65)/24 du 16 septembre 2021, *Plan sur la sécurité nucléaire pour 2022-2025, Rapport du Directeur Général*, 29 p.

[619] § 34 du *Plan sur la sécurité nucléaire pour 2022-2025* précité.

[620] A/RES/74/40 du 12 décembre 2019, préambule.

[621] Idem.

[622] A/RES/74/40 du 12 décembre 2019.

du 24 août 2016 et du 21 octobre 2016[623], il est établi que les Forces armées arabes syriennes sont responsables des attaques perpétrées à Tell Méniss (République arabe syrienne) le 21 avril 2014, à Sarmin (République arabe syrienne) le 16 mars 2015 et à Qaminas (République arabe syrienne) le 16 mars 2015. Au cours de ces attaques, des substances toxiques ont été libérées. L'État islamique d'Iraq et du Levant a aussi selon le même rapport, utilisé de la moutarde au soufre à Marea (République arabe syrienne) le 21 août 2015. Dans son rapport du 26 octobre 2017[624], il a établi que l'État islamique d'Iraq et du Levant a utilisé de la moutarde au soufre à Oum Haouch les 15 et 16 septembre 2016 et que la République arabe syrienne avait utilisé du sarin à Khan Cheïkhoun le 4 avril 2017.

251. L'AG exige des responsables de ces attaques, qu'ils renoncent sans délai à recourir de nouveau aux armes chimiques. Elle reste inquiète cependant au regard des rapports de la mission d'établissement des faits de l'Organisation pour l'interdiction des armes chimiques concernant les faits qui se seraient produits à Latamné (République arabe syrienne)[625] et à Saraqeb (République arabe syrienne)[626]. Le rapport final de la mission d'établissement des faits sur l'incident relatif à une allégation d'emploi de produits chimiques toxiques comme arme à Douma (République arabe syrienne) a pour sa part, conclu à l'existence de motifs raisonnables selon lesquels un produit chimique toxique y a été employé comme arme[627]. La prévention de l'acquisition et de l'utilisation d'armes chimiques montre ainsi des lacunes car aussi bien des acteurs étatiques comme la Syrie que des acteurs non étatiques tel que l'EIIL sont parvenus récemment à s'en procurer et à les utiliser[628].

252. Récemment, l'AG dans sa Résolution adoptée le 7 décembre 2020[629], s'est inquiétée du fait que le Secrétariat technique, n'est pas en mesure d'attester que la déclaration faite par la Syrie sur la destruction

---

[623] V. S/2016/888 du 24 août 2016 et du 21 octobre 2016.

[624] V. S/2017/904 du 26 octobre 2017.

[625] V. S/2017/931, annexe, et S/2018/620, annexe.

[626] V. S/2018/478, annexe.

[627] V. S/2019/208, annexe.

[628] Pour plus de détails sur cette question V. O. LION, « Des armes maudites pour les sales guerres ? l'emploi des armes chimiques dans les conflits asymétriques », *Institut de Stratégie Comparée « Stratégique »* 2009/1 n° 93-94-95-96, pp.491-531.

[629] A/RES/75/55 du 7 décembre 2020 portant *Application de la Convention sur l'interdiction de la mise au point, de la fabrication, du stockage et de l'emploi des armes chimiques et sur leur destruction*, §17.

de ses installations de fabrication d'armes chimiques était exacte et complète au sens de la Convention ou de la décision EC-M-33/DEC.1 du Conseil exécutif. La quatrième Conférence d'examen est d'ailleurs parvenue dans sa décision C-SS-4/DEC.3, à la conclusion que la République arabe syrienne avait omis de déclarer et de détruire certaines de ses armes chimiques et de ses installations de fabrication d'armes chimiques. C'est dire que la question reste préoccupante. L'AG est consciente au regard des exemples précités que des stocks de ces substances chimiques sont disponibles. Pour prévenir leur utilisation future, elle a réaffirmé l'obligation qui incombe aux États parties de mener à bien la destruction des stocks d'armes chimiques et la destruction ou la conversion des installations de fabrication d'armes chimiques conformément aux dispositions de la Convention et de l'Annexe sur l'application de la Convention sous le contrôle du Secrétariat technique de l'OIAC.

253. L'AG a aussi noté plusieurs motifs de satisfaction en la matière dans sa Résolution 74/40 le 12 décembre 2019[630]. Elle s'est félicitée que, sur la base des renseignements communiqués par la Fédération de Russie et des informations indépendantes fournies par les inspecteurs de l'Organisation pour l'interdiction des armes chimiques, le Directeur général de l'Organisation ait confirmé, dans son rapport du 5 octobre 2017[631] , l'achèvement de la destruction totale des armes chimiques annoncée par la Fédération de Russie. Elle s'est aussi félicitée de l'achèvement de la destruction des armes chimiques de catégorie 2 dont disposait encore la Libye dans le rapport du 22 décembre 2017[632] , ainsi que de l'achèvement de la destruction par l'Iraq de l'intégralité de son stock déclaré de restes d'armes chimiques dans le rapport du 28 février 2018[633]. L'AG dans sa Résolution adoptée le 7 décembre 2020[634], s'est réjoui de ce que les 27 installations de fabrication d'armes chimiques déclarées par la République arabe syrienne avaient été détruites. Le Comité 1540 a pour sa part, constaté en 2011, que 135 États, contre 105 en 2008, ont pris des textes pour interdire aux acteurs non étatiques de fabriquer ou de produire des armes chimiques. Toujours en 2011, cent

---

630 A/RES/74/40, Op. Cit.

631 V. EC-86/DG.31 du 5 octobre 2017.

632 V. EC-87/DG.6 du 22 décembre 2017.

633 V. EC-87/DG.18 du 28 février 2018.

634 A/RES/75/55 du 7 décembre 2020 portant *Application de la Convention sur l'interdiction de la mise au point, de la fabrication, du stockage et de l'emploi des armes chimiques et sur leur destruction*, §17.

vingt-trois (123) États réprimaient la fabrication ou la production d'armes chimiques par des acteurs non étatiques contre seulement 96 en 2008,[635]. Plus globalement, en ce qui concerne les armes chimiques, 96 % des stocks déclarés à l'échelle mondiale ont maintenant été détruits sous vérification internationale[636].

2) Les armes biologiques

254. Les armes biologiques sont des systèmes complexes qui disséminent des organismes pathogènes ou des toxines, pour nuire ou pour tuer des individus, des animaux, ou des végétaux. Elles consistent généralement en deux parties : un agent et un vecteur. Pratiquement, n'importe quel organisme pathogène (bactéries, virus, champignons, les prions[637], ou rickettsies[638]) peut être utilisé comme arme biologique. Les agents peuvent être modifiés par rapport à leur état naturel pour les rendre plus adaptés à une production de masse, au stockage et à leur dissémination en tant qu'armes. Dans le passé, des programmes d'armements biologiques ont inclus des efforts visant à produire de l'aflatoxine[639], de l'anthrax, de la toxine botulique, la fièvre aphteuse, la morve, la peste, la fièvre de Ku, la variole … Les dispositifs de dispersion d'armes biologiques peuvent prendre des formes diverses tels que des bombes, des missiles, des grenades à mains, des rockets, des réservoirs de pulvérisation fixés à des véhicules.

255. Certaines menaces d'emploi d'agents biologiques sont plus crédibles que d'autres, notamment au regard de leur simplicité d'usage, du peu d'équipements qu'elles requièrent et de leur caractère meurtrier. C'est notamment le cas du bacille du charbon (anthrax)[640]. En revanche,

---

[635] S/2011/579 du 12 septembre 2011 précité, §43.

[636] ONU, Bureau des affaires de désarmement, *Assurer notre avenir commun, Un programme de désarmement*, New York, 2018, 88p., p.24.

[637] Acronyme de « Proteinaceous Infectious Particles » (PRUSINER 1982), est l'agent responsable des encéphalopathies spongiformes transmissibles dites encore maladie à prions.

[638] Ce sont des bactéries à développement intracellulaire. De nombreux animaux constituent le réservoir naturel de ces bactéries.

[639] Les aflatoxines sont potentiellement cancérigènes et peuvent affecter l'ensemble des systèmes organiques en particulier le foie et les reins.

[640] Rappelons que quelques semaines après le 11 septembre 2001, des lettres piégées au bacille du charbon ont causé la contamination de plusieurs personnes aux États-Unis (cinq en sont mortes selon les informations publiées par le US Center for Diesease Control). Pour un bilan plus complet, voir M. LEITENBERG, « Biological weapons and « bioterrorism » in the first years of the 21st century », disponible sur le site de la Federation of American Scientists : http://www.fas.org/bwc.

globalement les agents biologiques militaires peuvent être difficilement mis au point par les groupes terroristes. Les agents biologiques d'une telle nature requièrent une technologie de pointe et une logistique qui n'est pas à la portée de ces groupes terroriste s'ils n'obtiennent pas l'aide d'un État. *« l'hypothèse qu'un groupe terroriste (...) dispose d'agents biologiques militarisés suppose le soutien et l'approvisionnement par un État maîtrisant cette technique (ce qui est risqué car l'État en question pourrait être identifié et s'exposerait à des représailles), soit le vol des stocks suffisants dans des laboratoires spécialisés et surveillés, même imparfaitement (auquel cas les États propriétaires ne manqueraient pas de s'en apercevoir) »*[641].

256. En exécution de leurs obligations résultant des Résolutions du Conseil et de l'AG particulièrement les Résolution 1540 (2004) et 2325 (2016) du Conseil, certains États ont promulgué des lois visant les armes biologiques, chimiques et nucléaires, soit séparément soit conjointement, notamment en combinant la législation-cadre avec des sanctions pénales. D'autres États ont intégré ces interdictions dans la législation réglementant et contrôlant les utilisations pacifiques des éléments connexes[642]. Conscients du risque que des terroristes puissent acquérir ou utiliser des armes de destruction massive et leurs vecteurs, plusieurs États ont récemment promulgué des lois antiterroristes prévoyant un certain nombre d'interdictions liées à ces armes, à leurs vecteurs et éléments connexes, y compris la pénalisation des violations commises par des terroristes[643]. Vingt-trois États ont indiqué qu'ils avaient étendu l'application de leur législation pénale au-delà de leur territoire national en incluant la pénalisation des activités illicites liées aux armes de destruction massive menées par leurs ressortissants vivant à l'étranger[644].

257. L'activité du Comité 1540 a permis d'engranger des succès en raison de l'implication des États qui entreprennent des actions et lui en font rapports. En 2019, seuls 9 des 193 États membres n'ont pas présenté leur premier rapport sur la mise en œuvre de la Résolution

---

[641] V. le rapport d'information n° 3460 sur *Les conséquences pour la France des attentats du 11 septembre 2001* présenté par la commission de la défense nationale et des forces armées, pp.37-38.

[642] S/2006/257 du 25 avril 2006 précité, §39.

[643] Ibidem, §40.

[644] S/2006/257 du 25 avril 2006 précité, §44.

1540 (2004). Le Comité a pris attache avec tous les États concernés notamment pour leur proposer une assistance[645].

258. Les technologies émergentes qui augmentent le risque que des groupes terroristes accèdent à des armes biologiques, radiologiques ou nucléaires (CBRN) et les utilisent comprennent les systèmes d'aéronefs sans pilote (UAS), le dark web, les logiciels malveillants, la biologie synthétique et l'impression 3D[646]. Une menace constante à laquelle la communauté internationale est confrontée, est l'évolution des méthodologies terroristes, qui s'adaptent en permanence pour échapper aux mesures de sécurité. Dans le contexte des progrès technologiques rapides et continus, il est possible que des groupes terroristes adaptent les technologies et exploitent les vulnérabilités des systèmes existants et des infrastructures connectées pour accéder à des armes de destruction massive (ADM)[647]. C'est pourquoi, le Conseil de sécurité dans sa Résolution 2325 (2016), engage les États à contrôler l'accès aux transferts intangibles de technologie et aux informations susceptibles d'être utilisées à des fins en rapport avec les armes de destruction massive et leurs vecteurs[648].

259. D'après les données de 2011, 112 États, contre 86 en 2008, se sont dotés d'un arsenal juridique pour interdire la fabrication ou la production d'armes biologiques. Au 1er avril 2011, ils étaient 95 États, contre 83 en 2008, à avoir adopté des mesures coercitives pour faire respecter cette interdiction[649]. En 2020, en raison des restrictions liées notamment aux voyages qui ont été imposées afin de maîtriser la pandémie de la COVID-19, le Comité n'a pas pu effectuer de visites dans les États. Toutefois, au cours de la période considérée, des consultations informelles ont été tenues virtuellement avec 24 États membres afin d'étudier et de préciser les informations complémentaires qu'ils avaient communiquées. Divers représentants gouvernementaux responsables de la mise en œuvre de la Résolution 1540 (2004) étaient présents lors de plusieurs de ces échanges informels, qui ont non

---

[645] S/2019/986 du 23 décembre 2019, Lettre adressée à la Présidente du Conseil de sécurité par le Président du Comité du Conseil de sécurité créé par la Résolution 1540 (2004), §57.

[646] United Nations Security Council, Counter-Terrorism Committee, *Global survey of the implementation of Security Council resolution 1373 (2001) and other relevant resolutions by Member States,* 2021, §756.

[647] Ibidem, §33.

[648] S/RES/2325 (2016) du 15 décembre 2016, §13.

[649] Ibidem, §47.

seulement été l'occasion d'apporter des précisions sur les renseignements figurant dans les tableaux, mais ont également contribué à améliorer la compréhension des obligations découlant de la Résolution 1540 (2004)[650]. Pour contrer cette menace, quelques pays ont élaboré et appliqué des réglementations ou des bonnes pratiques qui obligent les industriels à surveiller et contrôler étroitement le matériel sensible. Certains États membres ont cependant signalé qu'ils continuent à éprouver des difficultés pour empêcher le détournement de composants commerciaux par des terroristes[651].

§2 L'interdiction du commerce légal d'armes : les embargos

260. Lorsqu'un État n'est pas en mesure d'assurer la sécurité des armes sur son territoire, il est logique que l'on interdise le commerce des armes en direction de cet État. Ainsi, la constatation de menaces contre la paix et la sécurité internationale conduit à l'imposition d'embargos **(A)**. La mise en œuvre de ces sanctions pose quelques difficultés **(B)**.

A/ La pratique des embargos sur les armes

261. L'embargo sur les armes est une mesure largement utilisée dans la pratique du Conseil de sécurité pour préserver la paix et la sécurité internationales. Le Conseil a en particulier, adopté des mesures restrictives relatives au commerce d'armes à destination des Talibans et d'Al-Qaeda pour lutter contre le terrorisme. Il a imposé, par ses Résolutions 1390 (2002), 1452 (2002), 1455 (2003), 1526 (2004) et 1617 (2005), un embargo sur les armes contre Oussama Ben Laden, Al-Qaeda, les Talibans et les personnes et entités qui leur sont associées. Au paragraphe 1 (c) de la Résolution 1526 (2004), le Conseil de sécurité a décidé que tous les États doivent *« empêcher la fourniture, la vente ou le transfert directs ou indirects, à partir de leur territoire ou par leurs citoyens se trouvant en dehors de leur territoire ... d'armes et de matériel connexe de tous types..., les véhicules et le matériel militaires et les pièces de rechange pour le matériel susmentionné, ainsi que les conseils, l'assistance et la formation techniques ayant trait à des activités militaires »*[652] à des groupes terroristes.

---

650 S/2020/1308 du 28 décembre 2020 précité, §9.

651 Ibidem, §65.

652 Cette formule se retrouve à l'identique dans de nombreuses Résolutions du Conseil notamment les Résolutions 1390 (2002), 1452 (2002), 1455 (2003), 1526 (2004).

262. L'embargo est une sanction internationale non juridictionnelle et constitue comme le mécanisme de responsabilité, un moyen participant à l'effectivité des règles relatives à la lutte contre la prolifération des armes légères et de petit calibre. Les sanctions se fondent sur le non-respect de l'utilisation légitime des armes. Elles se fondent aussi sur le fait que des personnes peu recommandables telles que des organisations terroristes ont accès aux armes en raison du soutien actif des États au terrorisme, ou de la défaillance de certains États qui ne parviennent plus à assurer la sécurité des armes. Dans ce dernier cas, ceux qui obtiennent des armes licitement ou illicitement, peuvent les céder aux groupes terroristes. La mesure d'embargo permet ici de *« contribuer à la cessation des violations [du droit international], dans la mesure où les armes, principalement légères, en sont les principaux outils »* [653]. Contrairement à ce qui est requis pour l'engagement de la responsabilité internationale des États, l'embargo onusien[654] n'est pas directement attaché à la commission d'un fait internationalement illicite[655]. Cette sanction est consécutive à la constatation par le Conseil de sécurité, de *« l'existence d'une menace contre la paix, d'une rupture de la paix ou d'un acte d'agression »*[656]. Il n'y a donc ici aucune exigence de comportement étatique illicite préalable[657]. Comme l'a indiqué le Professeur Jean Marc SOREL, *« une action non illicite peut conduire au constat d'une menace si cette conduite est censurée par les États »*. C'est ainsi que les embargos adoptés en réponse à une menace à la paix, une rupture de la paix ou à un acte d'agression semblent révéler l'obligation dont les États sont débiteurs d'éviter que ces situations n'apparaissent.

263. La première situation qu'il convient d'évoquer ici est celle de rupture de la paix. Cette notion renvoie à la situation dans laquelle *« des hostilités ont éclaté sans qu'il soit allégué que l'une des parties est*

---

653 S. LORTHOIS, *Le microdésarmement et l'Afrique*, Thèse, Bordeaux, 2009, 588 p., p.296.

654 V. J. COMBACAU, *Le pouvoir de sanction de l'ONU, Étude théorique de la coercition non militaire*, Publication de la RGDIP, 1974, nouvelle série, n°23, Paris, Pedone, pp. 10-11.

655 Idem.

656 Article 39 de la Charte des Nations Unies.

657 J. CRAWFORD, « The relationship between sanctions and counter-measures », *in* V. GROWLANDDEBBAS (dir.), *United Nations sanctions and international law*, La Haye, Kluwer Law International, 2001, pp.57-68.

l'agresseur ou qu'elle a commis un acte d'agression »[658]. La pratique démontre qu'elle est peu utilisée pour fonder une mesure d'embargo même si le Conseil de sécurité s'est fondé sur cet argument pour placer l'Irak sous embargo lors de son invasion du Koweït[659]. En ce qui concerne l'agression, *« forme la plus grave et la plus dangereuse de l'emploi illicite de la force »,* elle n'a jamais été utilisée par le Conseil pour fonder un embargo[660]. Dans ces deux situations, la prolifération des armes n'est pas un élément déclencheur de la qualification de la situation, l'embargo vient surtout sanctionner d'autres faits.

264. Le Conseil tend à démontrer une utilisation « extensive[661] » de la notion de « menace contre la paix » pour l'imposition d'embargos[662]. La « menace contre la paix » recouvre de nombreuses réalités et s'entend d'*« un conflit entre États aussi bien qu'une situation interne très grave qui menace la paix parce que l'on peut s'attendre à ce qu'elle ait des répercussions internationales »*[663]. Il semble ainsi que cette notion englobe les conflits interétatiques et intraétatiques notamment le terrorisme, les violations graves des principes du droit international humanitaire ou encore la prolifération des armes[664]. Ce dernier point a été explicitement rattaché à la menace contre la paix par le Conseil de sécurité[665] et plus d'une fois[666]. À titre d'exemple, on remarque que l'embargo adopté à l'encontre de la Lybie en 2011 interdit *« la fourniture, la vente ou le transfert directs ou indirects [...] ainsi que*

---

[658] G. COHEN JONATHAN, « Commentaire de l'article 39 », *in* J-P. COT, A. PELLET (Dir.), *La Charte des Nations Unies*, Op. Cit., p.658.
[659] S/RES/660(1990) du 2 août 1990 *portant Situation en Iraq et au Koweït.*
[660] M. BENNOUNA, « L'embargo dans la pratique des Nations Unies : radioscopie d'un moyen de pression », *in* E. YAKPO, T. BOUMEDRA (dir.), La Haye, Kluwer law international, 1999, p.560.
[661] A. PELLET, P. DAILLIER, M. FORTEAU, *Droit international public*, Op. Cit., p.1100. L'analyse de la production du Conseil de Sécurité amène les auteurs à considérer que c'est la notion de « menace contre la paix » qui était la plus employée pour fonder les sanctions du Conseil.
[662] S/RES/1540 (2004) précité, §1er.
[663] G. COHEN JONATHAN, « Commentaire de l'article 39 », *in* J-P. COT, A. PELLET (dir.), *La Charte des Nations Unies,* Op. Cit., p.655 ; SOREL (J-M), « L'élargissement de la notion de menace contre la paix », *in Colloque de la SFDI de Rennes*, Op. Cit., p.18.
[664] N. FROWEIN, J-A KRISCH, « *Introduction to Chapter VII, Articles 39 – 43, Article 2(5)* », *in* B. SIMMA, (dir.), *The Charter of the United Nations : Commentary*, Oxford, Oxford University Press, Vol. I, 2nd éd., 2002, pp. 717-729.
[665] S/RES/418(1977) du 4 novembre 1977.
[666] S/RES/1467 (2003) du 18 mars 2003.

toute assistance technique ou formation, et toute aide financière ou autre en rapport avec les activités militaires ou la fourniture, l'entretien ou l'utilisation d'armes »[667]. Le Conseil ne définit pas précisément ce que recouvrent les opérations qu'elle vise et laisse aux destinataires de ces mesures la charge de déterminer l'étendue de leurs obligations. Le Conseil leur laisse ainsi, une importante marge d'appréciation. Dans le cas de la République démocratique du Congo, le Conseil de sécurité a adopté en 2003 un premier embargo à l'encontre des territoires du Nord et du Sud Kivu ainsi que de l'Ituri[668]. Au regard des multiples violations que cette mesure a subies, un groupe d'experts onusiens a invité le Conseil de sécurité à *« étendre le champ d'application de l'embargo sur les armes à l'ensemble du territoire de la République démocratique du Congo »*[669]. L'efficacité des mesures d'embargos est donc très relative.

B/Une mesure inefficace

265. Le recours à des procédés de suivi pour contrôler l'application des mesures d'embargo sur les armes est fréquent en raison notamment, du fait que les embargos sur les armes restent largement inexécutés de façon générale[670]. Les embargos onusiens sur les armes sont souvent accompagnés dès leur adoption, d'un comité des sanctions chargé d'en vérifier l'application[671]. Les Comités de suivi doivent *« solliciter auprès de tous les États des informations à propos des mesures prises par leurs soins dans le cadre de la mise en œuvre effective de l'embargo général et complet, à propos de toutes les livraisons d'armes et d'équipement militaire »*. Le Conseil a réaffirmé qu'il entend prendre des mesures appropriées si nécessaire, pour renforcer les mécanismes pertinents de suivi des embargos sur les armes, qui peuvent aider à garantir qu'il soit mis fin à l'approvisionnement en armes des terroristes. Il a encouragé les États membres à prendre des mesures

---

[667] S/RES/1970(2011) du 26 février 2011, § 9.

[668] S/RES/1493/2003 du 28 juillet 2003, § 20.

[669] S/2005/30 du 25 janvier 2005, Lettre adressée au président du Conseil de sécurité par le président du Comité du Conseil de sécurité créé par la Résolution 1533 *relative à la Situation concernant la République démocratique du Congo*, § 226.

[670] J. ANCELIN, *La lutte contre la prolifération des armes légères et de petit calibre en droit international*, Thèse Droit, Université de Bordeaux, 2014.

[671] Ces comités sont composés des représentants des États membres du Conseil de sécurité. Ils sont chargés de compiler et d'analyser des informations reçues des États membres et d'autres sources en matière de respect des prescriptions imposées par la sanction.

appropriées pour prévenir ou entraver les activités qui pourraient conduire à des violations des embargos sur les armes[672].

266. Ces dispositifs sont d'abord victimes de leurs carences intrinsèques. À l'occasion de l'embargo onusien sur les armes adopté contre la Lybie, le Conseil de sécurité a « demandé » aux États de faire rapport au Comité dans les cent vingt jours suivants l'adoption de la Résolution, des mesures qu'ils auront prises pour donner effet à l'embargo adopté. En « demandant » simplement au lieu d'exiger, le comité des sanctions spécialement créé à cet effet[673] dépendait dans son action, de la volonté de collaboration des États. Le Conseil de sécurité gagnerait donc a adopté l'impératif lorsqu'il impose des embargos. Cela aura l'avantage de déterminer clairement les obligations des acteurs et de faciliter ainsi, l'activité des comités de sanction chargés de veiller à l'application des embargos.

267. Les difficultés d'exécution des embargos sur les armes dépendent en partie aussi de l'environnement juridique. En exigeant des États qu'ils cessent toute exportation à destination d'un État déterminé, l'embargo nécessite au préalable que l'État d'origine des armes, contrôle parfaitement ses exportations d'armements. Ce qui est rarement le cas en raison de la discrétion et du secret qu'observent les industries des armements[674]. De plus, la vente d'armes fait généralement intervenir plusieurs intermédiaires dont l'identification est difficile. Ces derniers constituent des acteurs importants de la violation de nombreux embargos en raison du rôle qu'ils jouent auprès des producteurs d'armes. Enfin, les États n'ont pas toujours les capacités techniques de déterminer leurs stocks d'armes[675] ce qui peut compliquer le contrôle de la circulation des armes.

Section 2 Un contrôle de la circulation des armes perfectible

268. Sous cette rubrique, il s'agit d'aborder les transferts d'armes d'États exportateurs vers des États importateurs. Cette activité peut être l'occasion, de détourner certaines armes de leur destination. C'est pourquoi, le Conseil de sécurité *« engage les pays producteurs et exportateurs d'armes qui ne l'ont pas encore fait à promulguer des législations, réglementations et procédures administratives*

---

[672] S/RES/2370 (2017) du 2 août 2017, §3 et 4.

[673] S/RES/1518 (2003) du 24 novembre 2003, §1.

[674] J. ANCELIN, *La lutte contre la prolifération des armes légères et de petit calibre en droit international*, Thèse Droit, Université de Bordeaux, 2014.

[675] S/2015/441 du 16 juin 2015 précité, §65.

rigoureuses pour mieux assurer, par leur mise en œuvre, un contrôle effectif sur les transferts vers l'Afrique de l'Ouest d'armes légères effectués par les fabricants, fournisseurs, courtiers, agents maritimes et transitaires, y compris un mécanisme qui faciliterait le repérage des transferts d'armes illicites et un examen attentif des certificats d'utilisateur final »[676]. Des armes de destruction massive peuvent parvenir aux organisations criminelles notamment terroristes, sans une politique efficace de non-prolifération de ces matières **(§1).** Il faut également assurer un contrôle adapté des exportations d'armes pour empêcher que les armes classiques ne parviennent entre les mains des groupes terroristes **(§2).**

§1 La non-prolifération des armes étatiques de destruction massive

269. Les mesures de non-prolifération d'armes étatiques de destruction massive, du fait qu'elles limitent l'accès aux armes qu'utilisent ou tentent d'utiliser les groupes terroristes, préviennent les actes terroristes **(A)**. La mise en œuvre de ces mesures se heurte cependant à la résistance voire à la défiance de certains États. Ceux-ci violent allègrement les mesures de non-prolifération avec la complicité passive de certains États réputés puissants **(B)**.

A/ La nécessité de la mesure

270. Le terme « prolifération » renvoie à l'accroissement, à *« la multiplication rapide, normale ou pathologique »*[677], d'éléments divers. Il faut contre ce phénomène, développer des politiques de « non-prolifération ». En ce sens, ce terme est entendu comme une *« politique par laquelle on entend limiter le nombre de possesseurs d'armes [...] afin de diminuer les risques d'emploi de ces armes, de stabiliser la dissuasion et préserver la rareté de ces armes ... »*[678]. La non-prolifération des armes étatiques, qui consiste en une limitation du développement et de la diffusion des armements, est devenue ces dernières années, une composante de la lutte contre le terrorisme. De récentes crises en matière de prolifération d'armes de destruction, particulièrement d'armes nucléaires, nourrissent la crainte de la communauté internationale. L'Inde, le Pakistan et Israël ont accédé à

[676] S/RES/1467 (2003) du 18 mars 2003, §f.

[677] Dictionnaire de l'Académie française, 9 éd. http://www.cnrtl.fr/definition/academie9/prolifération>

[678] SALMON (J) (dir.), *Dictionnaire de droit international public*, Op. Cit., p.749.

l'arme nucléaire. La Corée du Nord s'est retirée le 10 janvier 2003, du Traité de Non-Prolifération des armes nucléaires (TNP) et tente depuis, d'acquérir une telle arme. Le Conseil a condamné les tirs multiples de missiles balistiques effectués par la République populaire démocratique de Corée (RPDC) le 5 juillet 2006 et engagé la République populaire démocratique de Corée à œuvrer à l'application rapide de la Déclaration commune du 19 septembre 2005. En particulier, la RPDC est appelée à renoncer à toutes les armes nucléaires et à tous les programmes nucléaires existants, à redevenir partie prochainement au Traité sur la non-prolifération des armes nucléaires et à collaborer avec l'Agence internationale de l'énergie atomique[679]. Il convient de noter à cet effet, que lors du démantèlement du réseau d'Abdul Qadeer Khan le « père » de la bombe atomique pakistanaise, ce dernier a avoué en février 2004, avoir participé pendant plusieurs années à des transferts de technologie nucléaire au profit de l'Iran, de la Libye et de la Corée du Nord[680].

271. La non-prolifération des ADM, au centre des politiques actuelles de sécurité, constitue à n'en pas douter, une forme de prévention primaire du terrorisme. Tant que des stocks d'armes et de matériels, d'engins et de technologies connexes existeront, les terroristes chercheront à s'en emparer. La réduction des armes disponibles réduit corrélativement les possibilités matérielles de vol, de détournement et d'achat au marché noir de ces armes. Idéalement, l'interdiction et la disparition totale des ADM défendues par l' « école du désarmement général et complet[681] », permettraient non seulement de limiter les risques liés aux matières, mais aussi de freiner l'acquisition de la technologie d'élaboration de tels moyens offensifs. A cette fin, il faut assurer la non-prolifération des armes détenues par

---

[679] S/RES/1695 (2006) du 15 juillet 2006, §6.

[680] V. sur cette affaire et plus largement les problèmes actuels de prolifération, L. BALMOND et A-S. MILLET, « Chronique des faits internationaux », *RGDIP*, pp.482-486

[681] V. les Résolutions adoptées par l'Assemblée générale portant Désarmement général et complet, A/RES/56/24 ; Résolution adoptée par l'Assemblée générale le 12 décembre 2019 portant Désarmement général et complet : application de la Convention sur l'interdiction de la mise au point, de la fabrication, du stockage et de l'emploi des armes chimiques et sur leur destruction, A/RES/74/40 ; Résolution adoptée par l'Assemblée générale le 7 décembre 2020 portant Désarmement général et complet : application de la Convention sur l'interdiction de la mise au point, de la fabrication, du stockage et de l'emploi des armes chimiques et sur leur destruction, A/RES/75/55.

les États, et contrôler les exportations d'armes ou de matières à double usage afin d'éviter leur détournement.

B/ L'efficacité de la mesure

272. Dans sa Résolution 1540/2004, le Conseil de sécurité s'est dit *« décidé à s'employer dorénavant à faciliter une riposte efficace face aux menaces qui pèsent sur le monde dans le domaine de la non-prolifération »*. L'AG des NU s'est inscrite dans cette même vision dans sa Résolution adoptée le 12 décembre 2019 portant Application de la Convention sur l'interdiction de la mise au point, de la fabrication, du stockage et de l'emploi des armes chimiques et sur leur destruction[682]. Elle a réaffirmé au §8 de cette Résolution, l'obligation à la charge des États parties de mener à bien la destruction des stocks d'armes chimiques et la destruction ou la conversion des installations de fabrication d'armes chimiques pour la réalisation de l'objet et du but de la Convention. L'AG a notamment dans sa Résolution 73/70 (2018), demandé aux États dotés d'armes nucléaires de redoubler d'efforts, comme ils s'y sont engagés, pour réduire leurs arsenaux nucléaires et, à terme, éliminer tous les types d'armes nucléaires, déployées ou non, notamment par des mesures unilatérales, bilatérales, régionales et multilatérales[683]. Elle a réitéré cette demande dans la Résolution 73/68 (2018) adoptée le 5 décembre 2018 portant Impératifs éthiques pour un monde exempt d'armes nucléaires[684] et dans la Résolution 74/45 (2019) adoptée le 12 décembre 2019 portant Désarmement nucléaire[685]. Dans son rapport de 2006, le comité de la Résolution 1540 situe ces Résolutions dans une perspective de *« constituer un filet de protection universel et totalement efficace pour prévenir la prolifération des armes nucléaires, biologiques et chimiques, de leurs vecteurs et éléments connexes »*[686]. Le maillage des mesures de prévention contre la prolifération vient ainsi compléter le TNP qui a organisé le désarmement des États en matière nucléaire.

---

[682] A/RES/74/40 du 12 décembre 2019.

[683] A/RES/73/70 (2018) du 5 décembre 2018 intitulée *Vers un monde exempt d'armes nucléaires : accélération de la mise en œuvre des engagements en matière de désarmement nucléaire*.

[684] A/RES/73/68 (2018) du 5 décembre 2018 *portant Impératifs éthiques pour un monde exempt d'armes nucléaires*.

[685] A/RES/74/45 (2019) du 12 décembre 2019 *portant Désarmement nucléaire*.

[686] P. WECKEL, « Le Conseil de sécurité des Nations Unies et l'arme nucléaire », *Annuaire français de droit international*, volume 52, 2006. pp. 178-197.

273. En réaction à l'essai nucléaire effectué par la Corée du Nord, le Conseil de sécurité par une déclaration présidentielle du 6 octobre 2006, a adressé au gouvernement de Pyongyang un avertissement sévère. La Résolution 1718 (2006)[687] adoptée à l'unanimité à cette occasion, a qualifié l'essai nucléaire de défi au TNP et au régime de non-prolifération de manière générale, ainsi que de menace pour la paix et la stabilité. Elle impose le retour au statu quo ante, accompagné de mesures de garanties. La Résolution 1737 du 23 décembre 2006[688] a soumis l'Iran à un régime de sanctions qui constitue un moyen de pression sur son gouvernement dans le but de faire obstacle à la mise au point de programmes nucléaires.

274. Le 7 mai 2014, lors de la séance marquant le dixième anniversaire de l'adoption de la Résolution 1540 (2004), le Conseil de sécurité a examiné la question de la « Non-prolifération des armes de destruction massive. » L'examen a révélé que la plupart des représentants des 60 États présents, ont fourni des informations sur les mesures qu'ils avaient prises en vue d'appliquer la Résolution[689]. Lors de cette séance, le Président du Conseil a fait une déclaration[690] au nom du Conseil de sécurité, dans laquelle il a réaffirmé que la prolifération des armes nucléaires, chimiques et biologiques et de leurs vecteurs faisait peser une menace contre la paix et la sécurité internationales. Le Président a aussi demandé à tous les États de redoubler d'efforts pour appliquer la Résolution 1540 (2004), en vue de parvenir à l'application intégrale de la Résolution en 2021[691]. Cet objectif n'a malheureusement pas été atteint puisque la question reste d'actualité.

275. Au cours de la décennie écoulée, quelques acquis ont toutefois été enregistrés, avec l'abandon des programmes nucléaires militaires par l'Afrique du Sud, l'Argentine et le Brésil, la dénucléarisation de la Biélorussie, de l'Ukraine et du Kazakhstan, les adhésions de l'Algérie (1996) et de Cuba (2002) au TNP. Cependant, le régime de non-prolifération nucléaire doit surmonter des crises, dont les plus récentes concernent la transparence des activités nucléaires de la République

---

[687] S/RES/1718 (2006) du 14 octobre 2006.
[688] S/RES/1737 (2006) du 23 décembre 2006.
[689] S/2014/958 du 31 décembre 2014 précité, §12.
[690] V. S/PRST/2014/7.
[691] S/2014/958 du 31 décembre 2014 précité, §12.

Populaire Démocratique de Corée et de l'Iran[692]. De plus, il y a une forme d'hypocrisie à promouvoir la non-prolifération tout en tolérant que certains États n'y adhèrent pas. La situation d'Israël, de l'Inde et du Pakistan est à cet égard problématique, en raison de leur refus d'assumer toute obligation de non-prolifération.

§2 Les régimes de contrôle des exportations des armes

276. Comme déjà relevé, le commerce des armes classiques n'est pas interdit. Il est seulement soumis à des règles strictes pour éviter que des groupes criminels accèdent aisément à ces armes. Le contrôle des exportations d'armes se fait à travers des règles particulières applicables aux armes classiques et aux armes à double usage **(A)**. Il se fait aussi par le marquage et le traçage des armes et des explosifs **(B)**.

A/ Les mesures générales

277. Le commerce des armes n'est pas prohibé. Il fait toutefois l'objet d'un encadrement pour limiter les risques de leur acquisition par des criminels dont les terroristes. Le droit d'acquérir ou de transférer des armes classiques est fondé sur des principes du droit international comme la légitime défense et la souveraineté de l'État. Les États ont ainsi le droit d'acquérir des armes pour pouvoir se défendre en cas d'agression dans le cadre de la légitime défense. La souveraineté extérieure implique aussi le droit pour chaque État de déterminer en toute autonomie ses objectifs et les moyens de les atteindre. Les États ont le droit dans ce cadre, de nouer des relations avec d'autres États, y compris des relations commerciales en matière d'armement classique[693]. Pour autant, le commerce des armes ne saurait bénéficier d'une liberté illimitée des acteurs car des personnes malveillantes pourraient en profiter pour vendre des armes à des criminels. C'est pourquoi, le commerce des armes est encadré par le contrôle des exportations en exigeant une autorisation ou une licence authentifiée. Cet encadrement est étendu au commerce des biens à double usage qu'on peut entendre comme des produits, technologies et logiciels qui

---

[692] A. BIAD, « La lutte contre la prolifération des armes de destruction massive à la croisée des chemins », *Annuaire Français de Relations Internationales* volume V, 2004.

[693] Sur les principaux acteurs des transferts d'armes classiques, voir P. HOLTOM et al, *Trends In International Arms Transferts*, 2012, en ligne sur le site de Stockholm International Peace Research Institute à la p.1.

peuvent être utilisés à la fois à des fins civiles et à des fins militaires[694]. Ils incluent notamment tous les biens qui peuvent être utilisés à des fins non explosives, mais aussi, qui entrent dans la fabrication d'armes nucléaires ou d'autres dispositifs nucléaires explosifs.

278. Il faut noter au sujet de cet encadrement juridique, l'impact de l'action conjuguée du Conseil de sécurité et de l'AG des NU pour l'adoption de conventions régionales visant à contrôler la circulation des ALPC dans certaines régions du monde et particulièrement en Afrique. Le Conseil de sécurité dans sa Résolution 2370 (2017) du 2 août 2017[695] a invité tous les États à devenir partie aux instruments régionaux et internationaux en vue de contribuer à mettre fin à l'approvisionnement en armes des terroristes. Il y a aussi encouragé les États Membres à prendre, conformément au droit international, des mesures appropriées pour prévenir ou entraver les activités qui pourraient conduire à des violations des embargos sur les armes qu'il a prévus. Le Conseil de sécurité a consacré sa Résolution 1467 (2003) à la situation des ALPC dans la zone CEDEAO et c'est trois ans après cette Résolution soit en 2006, que la convention CEDEAO sur les armes légères et de petit calibre, leurs munitions et autres matériels connexes a été adoptée. Ladite convention se réfère d'ailleurs expressément dans son Préambule aux *« résolutions du Conseil de sécurité des Nations Unies relatives à l'Afrique de l'Ouest imposant des embargos sur les armes à l'encontre de pays de la sous- région. »* La Convention de l'Afrique Centrale sur les armes légères et de petit calibre, leurs munitions et autres matériels connexes dite convention de Kinshasa adoptée le 30 avril 2010 se réfère aussi dans son préambule aux résolutions 1325 (2000), 1612 (2005), 1820 (2008), 1888 (2009), 1889 (2009) du Conseil de sécurité. C'est dire l'influence réelle que l'action du Conseil de sécurité et de l'AG des NU a eu sur l'adoption des textes régionaux en cette matière.

279. De manière générale, les régimes de contrôle imposent aux fournisseurs de préciser l'utilisation finale et l'utilisateur des produits à double usage (ce qui suppose en principe un certificat officiel d'utilisateur final). La licence ou l'autorisation d'exportation et d'importation et la documentation qui l'accompagne, contiennent des informations qui au minimum incluent le lieu et la date de délivrance,

---

[694] Conseil de l'Europe, Règlement 428/2009/CE du Conseil du 5 mai 2009 instituant un régime communautaire de contrôle des exportations, des transferts, du courtage et du transit des biens à double usage, JO L 134 du 29 mai 2009, p.1.
[695] S/RES/2370 (2017).

la date d'expiration, le pays d'exportation, le pays d'importation, le destinataire final, la désignation des armes à feu, de leurs pièces, éléments et munitions et leur quantité et éventuellement les pays de transit. Les informations figurant dans la licence d'importation doivent être fournies à l'avance aux États de transit[696].

280. Deux autres critères guident l'État dans sa décision d'autoriser l'exportation en l'occurrence, les possibilités de détournement ou d'utilisation illicite dans le pays destinataire et la capacité du gouvernement destinataire à protéger les matériaux exportés contre le vol et le changement de destination. Le § 3d) de la Résolution 1540 impose au sujet de cette exportation, de « *mettre en place, perfectionner, évaluer et instituer dans le pays des dispositifs appropriés et efficaces de contrôle de l'exportation et du transbordement de ces produits, y compris des lois et règlements appropriés permettant de contrôler leur exportation, leur transit, leur transbordement et leur réexportation et des contrôles portant sur la fourniture de fonds ou de services ..., et mettre en place des dispositifs de contrôle des utilisateurs finals...* » L'exportation légale pouvant être comme on l'a relevé une occasion d'acquisition d'ADM par des groupes non étatiques, ces mesures permettent de la contrôler pour éliminer ces possibilités. Pour donner effet aux prescriptions de la Résolution 1540 (2004), s'agissant du commerce des biens à double usage, des mesures efficaces de contrôle des exportations minimisent le risque que ces derniers soient détournés et vendus de manière illicite par des acteurs non étatiques[697]. Les services de contrôle aux frontières notamment les douanes, concourent dans certains cas, par le biais de mécanismes de coordination entre institutions, à l'effectivité de ces mesures de contrôle des exportations.

281. S'agissant particulièrement de la mise en œuvre des mesures de contrôle des exportations des matières nucléaires, chimiques et biologiques, en 2011, 124, 130 et 121 États ont respectivement adopté des mesures d'ordre législatif ou répressif en la matière, contre respectivement 76, 77 et 71 États en 2008. Certains États ont en plus, institué un système de gestion des risques suivant une approche efficace du contrôle des éléments connexes[698]. Le Comité 1540 a constaté que depuis 2008, un certain nombre d'États ont pris d'importantes mesures

---

[696] V. l'article 10 3) de la Résolution 55/255 portant protocole additionnel à la Convention de Palerme, Op. Cit.
[697] S/2011/579 du 12 septembre 2011 précité, §75.
[698] Ibidem, §78.

pour instituer des procédures d'octroi de licences en vue de l'exportation, du transit, du transbordement, de la réexportation et de l'importation de matières biologiques, chimiques et nucléaires. Ces États ont mis en place des administrations nationales compétentes et des procédures intergouvernementales d'examen des autorisations. En 2011, le Comité 1540 a relevé à cet effet, que 90 États, contre 76 en 2008, ont déclaré s'être dotés d'un régime de licences. Pour ce qui concerne les matières pouvant être utilisées dans la fabrication d'armes nucléaires, 91 États, contre 77, en 2008, se sont dotés d'un régime de licences.

282. Le contrôle des exportations concerne aussi les technologies permettant de mettre en place des armes nucléaires. Une grande accessibilité des technologies peut contribuer à la prolifération des ADM et mettre à rude épreuve les régimes actuels de contrôle des exportations institués traditionnellement par les États. Plusieurs d'entre eux, ont adapté leurs systèmes antérieurs de manière à mettre en œuvre des politiques et pratiques uniformes, pour administrer et appliquer efficacement les dispositifs de contrôle de la circulation des technologies. Trois indicateurs permettent au Comité 1540, de déterminer dans quelle mesure les États se sont adaptés aux évolutions technologiques. Il s'agit de l'intégration des technologies dans les listes d'articles soumis à contrôle, du suivi des transferts immatériels de technologie dans les systèmes de contrôle et enfin, du contrôle des échanges d'informations destinées à des ressortissants étrangers. Cela permet d'incriminer le fait de fournir une formation ou des instructions, y compris sous forme électronique, pour « fabriquer » ou « utiliser » des armes nucléaires, chimiques ou biologiques et leurs vecteurs[699]. Le Comité a constaté en 2011 que 73 États, contre 62 en 2008, avaient inséré les technologies dans les listes d'articles soumis à contrôle ; 66, contre 46 en 2008, avaient institué des mesures au sein de leurs systèmes de contrôle pour suivre les transferts immatériels de technologie ; et 47, contre 18 en 2008, avaient adopté des mesures pour contrôler les échanges d'informations destinés à des ressortissants étrangers[700].

283. Dans les États de l'Union européenne, le règlement (UE) n°258/2012 établit des conditions d'autorisation d'exportation, d'importation et de transit pour les armes à feu, leurs pièces, éléments

---

[699] S/2011/579 du 12 septembre 2011 précité, §87.
[700] Idem.

et munitions, et oblige les États de l'Union européenne à imposer des sanctions en cas d'infraction[701]. Tous les États européens criminalisent la fabrication, le trafic, l'importation et l'exportation illicites d'armes à feu. Le marquage et le traçage des armes permettent dans la même dynamique, de contrôler le parcours de vie des armes pour éviter qu'elles ne tombent entre de mauvaises mains.

B/Le marquage et le traçage des armes

284. L'AG a demandé dans sa Résolution 75/241 (2020)[702] à tous les États d'appliquer l'Instrument international visant à permettre aux États de procéder à l'identification et au traçage rapides et fiables des armes légères et de petit calibre illicites. Ils doivent notamment à cet effet, indiquer dans leurs rapports nationaux le nom et les coordonnées de leurs points de contact nationaux et fournir des informations sur les pratiques de marquage qu'ils utilisent pour indiquer le pays de fabrication ou le pays d'importation selon le cas. Le contrôle des armes implique que l'on puisse suivre leurs mouvements durant leur cycle de vie. Pour assurer un suivi suffisant, il faut apposer sur chaque arme un marquage « fiable » et « distinctif [703]».

285. Le marquage consiste à l'apposition d'inscriptions permettant d'identifier les armes, de procéder à leur enregistrement et au suivi du chemin parcouru dans le but de les localiser et de remonter jusqu'à leur source. Le marquage qui doit être appliqué sur l'arme au moment de sa fabrication, permet aux autorités d'identifier facilement le fabricant et le numéro de série[704] pour garantir un traçage efficace. Le Programme d'action en vue de prévenir, combattre et éliminer le commerce illicite des armes légères sous tous ses aspects, prévoit également l'obligation pour les États de conserver des registres concernant la fabrication, la possession et le transfert[705] afin de s'assurer de l'état des stocks d'armes

---

701 United Nations Security Council, Counter-Terrorism Committee, *Global survey of the implementation of Security Council resolution 1373 (2001) and other relevant resolutions by Member States*, 2021, §523.

702 A/RES/75/241 du 31 décembre 2020 *portant sur le commerce illicite des armes légères et de petit calibre sous tous ses aspects*, §3.

703 A/CONF.192/15 des 9-20 juillet 2001, *Rapport de la Conférence des Nations Unies sur le commerce illicite des armes légères sous tous ses aspects, Programme d'action en vue de prévenir, combattre et éliminer le commerce illicite des armes légères sous tous ses aspects*, § 7, p. 7.

704 Idem.

705 A/CONF.192/15 des 9-20 juillet 2001, *Rapport de la Conférence des Nations Unies sur le commerce illicite des armes légères sous tous ses aspects, Programme*

présents sur leur territoire ou faisant l'objet d'une exportation ou d'une importation. Ces mesures apparaissent régulièrement dans les droits internationaux et régionaux à vocation sécuritaire[706]. L'instrument international visant à permettre aux États de procéder à l'identification et au traçage rapides et fiables des armes légères et de petit calibre, exige que la première étape à savoir le marquage, soit effectuée *« lors de la fabrication* [707]*»* selon des spécifications techniques précises ou, *« dans la mesure du possible »* lors de l'importation. L'information sur les quantités d'armes présentes ou transférées est primordiale dans la régulation nationale des armes qui circulent dans les États.

286. Selon l'article 8 de la Résolution 55/255[708] de l'Assemblée générale du 31 mai 2001 portant Protocole additionnel à la Convention des Nations Unies contre la criminalité transnationale organisée sur la fabrication et le trafic illicites d'armes à feu, de leurs pièces, éléments et munitions, aux fins de l'identification et du traçage de chaque arme à feu, les États Parties *« :*

- Au moment de la fabrication de chaque arme à feu, soit exigent un marquage unique indiquant le nom du fabricant, le pays ou le lieu de fabrication et le numéro de série, soit conservent tout autre marquage unique et d'usage facile comportant des symboles géométriques simples combinés à un code numérique et/ou alphanumérique, permettant à tous les États d'identifier facilement le pays de fabrication ;

- Exigent un marquage approprié simple sur chaque arme à feu importée, permettant d'identifier le pays importateur et, si possible, l'année d'importation et rendant possible le traçage de l'arme à feu par les autorités compétentes de ce pays, ainsi qu'une marque unique, si l'arme à feu ne porte pas une telle marque. Les conditions énoncées au présent alinéa n'ont pas à être appliquées aux importations temporaires d'armes à feu à des fins licites vérifiables ;

- Assurent, au moment du transfert d'une arme à feu des stocks de l'État en vue d'un usage civil permanent, le marquage approprié unique permettant à tous les États Parties d'identifier le pays de

---

d'action en vue de prévenir, combattre et éliminer le commerce illicite des armes légères sous tous ses aspects, § 9, p. 8.

[706] Ibidem, § 17, p. 8.

[707] A/60/88/Corr.1 du 27 juillet 2005, *Rapport du Groupe de travail à composition non limitée chargé de négocier un projet d'instrument international visant à permettre aux États de procéder à l'identification et au traçage rapides et fiables des armes légères et de petit calibre*, § 8.

[708] A/RES/55/255 du 8 juin 2001.

transfert. » L'instrument international de traçage recommande l'application d'un marquage distinctif sur une partie essentielle ou structurelle de l'arme, qui fait office d'élément de contrôle, et encourage également le marquage d'autres éléments de l'arme, tels que le canon, la glissière ou le barillet[709].

287. Après le marquage, l'enregistrement est le deuxième paramètre pour un traçage effectif. Il contient l'information sur le marquage de l'arme avec son historique depuis la fabrication. En principe, toutes les informations concernant les transferts d'ALPC devraient être reprises dans les registres pour permettre de suivre l'arme à tout instant[710]. L'enregistrement est une prérogative nationale selon l'instrument international de l'ONU. La durée minimale de conservation des données est de trente ans pour la fabrication et de vingt ans pour les autres registres[711].

288. Dans sa Résolution adoptée le 7 décembre 2015 portant sur le commerce illicite des armes légères et de petit calibre sous tous ses aspects[712], l'Assemblée générale a demandé à tous les États de fournir des informations sur les pratiques de marquage qu'ils utilisent pour indiquer le pays de fabrication ou le pays d'importation[713]. Le Conseil de sécurité pour sa part, a encouragé *« la mise en œuvre de procédures de marquage et de traçage des armes légères et de petit calibre pour améliorer la traçabilité des armes qui pourraient être fournies aux terroristes à travers leur trafic illicite »*[714]. L'État reste cependant libre de décider d'effectuer ou non le traçage, ce n'est pas une obligation mais « un encouragement ». L'Instrument se limite aussi au traçage des armes « illicites » et ne comporte pas de disposition générale visant la traçabilité des armes dès leur mise en circulation jusqu'à la fin de leur vie. Le système se contente d'un contrôle a posteriori. Cela signifie que l'on attend que les armes détournées sur le marché licite soient utilisées dans une situation de crime et saisies par les autorités avant de les tracer. C'est ainsi que le Comité du Conseil de sécurité pour la RDC s'est trouvé depuis sa création, dans l'impossibilité de tracer les armes

---

[709] §10.

[710] V. L'article 7 du « Projet de convention : marquage, enregistrement et traçage des ALPC », Op. Cit.

[711] Dans le Protocole de Vienne et le protocole à la Convention de Palerme, le délai est de dix années.

[712] A/RES/70/49 (2015) du 7 décembre 2015.

[713] V. A/ 60/519 et A/60/88 et Corr.1 et 2, annexe.

[714] S/RES/2370 (2017) adoptée le 2 août 2017.

découvertes dans ce pays. Le rapport S/2006/53 de ce Comité montre que *« l'opacité traditionnelle du négoce légal des armes rend le dépistage de ces armes presque impossible »*[715]. Le même rapport montre le manque de sanctions qui obligeraient les États à coopérer, et dresse un tableau assez pessimiste des réponses qu'il a reçues des États[716].

289. Un système efficace et préventif devrait pourtant prévoir la possibilité de tracer une arme dès sa fabrication, ce qui impliquerait un contrôle harmonisé du circuit licite dès le départ. C'est l'État sur le territoire duquel l'arme est retrouvée, qui voit s'appliquer sa législation. Les différences entre les législations qui pourraient ne pas avoir le même engagement dans la lutte contre la prolifération des armes, peuvent constituer une autre difficulté en la matière. Le passage des armes du circuit légal vers le circuit illicite n'est pas prévisible au départ. De ce fait, toute action préventive contre le passage des armes vers le circuit illégal exige des contrôles proactifs. Il est nécessaire de pouvoir suivre systématiquement les ALPC de manière à ce qu'elles soient traçables à tout moment. Ceci implique un contrôle efficace et effectif du circuit légal tout au long du transfert. Les armes devraient être enregistrées avec toutes les informations nécessaires corroborées par des examens physiques aux points d'exportation, de transits éventuels et à l'importation pour s'assurer de la conformité des armes avec les informations tout au long du parcours. Un contrôle ultérieur d'une utilisation finale fidèle aux conditions de départ devrait également être effectué si nécessaire. Un exemple récent de non-utilisation de l'Instrument nous est donné dans le cadre de l'enquête menée par la police et la douane turques sur les 1.500 armes saisies en 2006 en provenance d'Irak[717]. La police a pu déterminer, selon ses propres méthodes d'investigation, qu'environ 1.100 de ces armes provenaient de la restructuration des forces irakiennes et avaient été offertes à ces forces par leurs alliés américain et polonais. Ces armes servaient dans la criminalité[718] et le terrorisme. Selon la police turque,

---

[715] §47 du rapport.

[716] V. également d'autres rapports du même Comité comme les rapports S/2006/525 et S/2007/40.

[717] Déclaration du délégué turc auprès de l'OSCE lors de la rencontre du FCS (Forum sur la coopération et la sécurité) à Vienne, le 21 mars 2007, dans le cadre du contrôle du trafic d'ALPC par voie aérienne.

[718] Par exemple, selon le responsable de la Police turque qui était également présent lors de la réunion de l'OSCE, une de ces armes avait servi à assassiner un prêtre à

certains pays et compagnies ne collaborent pas aux enquêtes de traçage en prétextant la confidentialité des informations. Les investigateurs américains ont établi que sur les 505.093 armes amenées en Irak, seulement 12.128 avaient été enregistrées[719]. Les autres armes sont actuellement en Irak et dans les pays environnants, avec peu de probabilité de traçage[720].

290. L'Équipe Spéciale analysant la mise en œuvre de ces prescriptions, a constaté que certains groupes terroristes avaient de plus en plus accès à des armes conventionnelles, obtenues soit à partir de stocks existants dérobés à des gouvernements, soit par détournement de livraisons récentes, notamment en Libye. S'agissant de ce pays en particulier, l'Équipe a été informée de l'« arrivée » d'armements qui ne proviennent pas de dépôts datant de l'ère Kadhafi. Des États membres ont également communiqué à l'Équipe des informations sur les types d'armes légères et lourdes aux mains de groupes terroristes (par exemple, des canons antiaériens et des systèmes portables de défense antiaérienne)[721]. En Asie occidentale par exemple, la plupart des États présentent des lacunes dans l'incrimination de l'altération d'armes à feu ou de l'effacement illicite de marquages tirant prétexte du fait qu'ils ne sont pas des fabricants d'armes à feu[722]. Par contre en Asie de l'Est, cinq États ont pris des mesures pour incriminer le trafic illégal d'armes à feu, les actes connexes de fabrication illégale, la fabrication ou l'altération illicites d'armes à feu ou l'effacement illicite de leurs marquages. Le Mexique également criminalise la fabrication, le trafic ou l'altération illicites et l'effacement illicite des marquages[723].

291. Pour réussir le traçage des armes, il faut un échange de renseignements, une coopération accrue. L'AG au §15 de la Stratégie antiterroriste mondiale a souligné l'importance du rôle joué par INTERPOL dans la coopération en raison de sa neutralité, de son

---

Trabzon en 2006. Les personnes qui l'ont assassiné avaient également un lien avec l'assassinat du journaliste turc d'origine arménienne en janvier 2007.

[719] Extraits d'un rapport fédéral du gouvernement américain, *New York Times*, 30 octobre 2006. Il s'agit de divers types d'ALPC comme les fusils d'assaut, mitraillettes, pistolets automatiques, lance-grenades.

[720] V. « Missing US weapons in Iraq said being used in crime, Terrorism in Turkey », *Hürriyet*, 24 février 2007.

[721] S/2015/441 du 16 juin 2015 précité, §63.

[722] United Nations Security Council, Counter-Terrorism Committee, *Global survey of the implementation of Security Council resolution 1373 (2001) and other relevant resolutions by Member States*, 2021, §355.

[723] Idem.

caractère apolitique, en somme de sa crédibilité. Elle a même consacré plusieurs Résolutions exclusivement à la *« Coopération entre l'Organisation des Nations Unies et l'Organisation internationale de police criminelle (INTERPOL) »*, notamment les Résolutions 71/19 (2016)[724] et 73/11 (2018)[725]. L'AG dans la Résolution 71/19 demande que *« l'Organisation des Nations Unies et l'Organisation internationale de police criminelle (INTERPOL), dans les limites de leurs mandats respectifs, renforcent leur coopération en matière de lutte contre le terrorisme, ... le commerce illicite des armes légères et de petit calibre, le trafic de matières nucléaires, biologiques, chimiques et radiologiques, la cybercriminalité... »* L'instrument prévoit que des organisations telle qu'INTERPOL, apportent leur soutien aux États pour faciliter les démarches de traçage d'armes illicites[726]. L'instrument insiste sur la nécessité pour les États, de promouvoir une collaboration par le biais des institutions internationales régionales auxquelles ils participent afin de garantir l'application de l'instrument universel[727].

292. L'AG a demandé une coopération avec l'institution, dans la circulation des armes légères et de petit calibre dans le préambule de la Résolution 71/19 (2016)[728]. Le Conseil de sécurité a rappelé cette invitation dans de nombreuses Résolutions dont la Résolution 2331 (2016) adoptée le 20 décembre 2016[729] et la Résolution 2395 (2017) adoptée le 21 décembre 2017[730]. Pour le traçage des armes, INTERPOL a mis en place un dispositif appelé illicit arms records and tracing management system (iARMS). Ce système Interpol de gestion des données sur les armes illicites et du traçage des armes (iARMS) crée en 2013, est un outil qui facilite les échanges d'informations et la coopération entre les services chargés de l'application de la loi en matière d'armes à feu liées à des affaires criminelles. Cette base de données dispose d'un système centralisé permettant aux services d'application de la loi du monde entier de signaler la perte, le vol, le trafic ou la contrebande d'armes à feu, et d'effectuer des recherches sur

---

[724] A/RES/71/19 du 21 novembre 2016 *portant Coopération entre l'Organisation des Nations Unies et l'Organisation internationale de police criminelle (INTERPOL).*
[725] A/RES/73/11 du 26 novembre 2018 *portant Coopération entre l'Organisation des Nations Unies et l'Organisation internationale de police criminelle (INTERPOL)*.
[726] Ibidem §§ 33 à 35.
[727] Ibidem, § 29.
[728] A/RES/71/19 du 21 novembre 2016 *portant Coopération entre l'Organisation des Nations Unies et l'Organisation internationale de police criminelle (INTERPOL).*
[729] S/RES/2331 (2016) du 20 décembre 2016.
[730] S/RES/2395 (2017) du 21 décembre 2017.

des armes à feu. Cette base de données facilite également la transmission des demandes internationales de traçage d'armes à feu et des réponses aux demandes, ainsi que leur suivi. Elle comporte un Module *« Gestion des Enregistrements Concernant les Armes à feu »* (FRM), composé d'une série d'interfaces web et vise à faciliter l'échange international d'informations sur des armes à feu perdues ou volées faisant l'objet d'un trafic ou d'une contrebande. Le module *« Gestion des demandes de traçage »* (TRM), comprend une série d'interfaces Web qui permet d'envoyer et de gérer des demandes internationales de traçage d'armes à feu en rapport avec une affaire criminelle et de répondre à de telles demandes. Le bureau central national Interpol du Burkina Faso procède régulièrement au traçage d'armes retrouvé retrouvés sur le théâtre du conflit terroriste à travers cette plateforme[731].

293. La coopération comprend l'échange d'informations entre les États, l'alerte en cas de détournement d'armes et la coopération en matière judiciaire. Elle permet de garantir la transparence dans le commerce des armes et de faire ainsi obstacle à la pratique de la corruption largement répandue dans le commerce des armes[732]. En ce qui concerne la mise en œuvre de l'obligation de coopérer en matière de circulation des armes, les États d'Amérique latine et des Caraïbes se sont positivement illustrés. Ils coopèrent et partagent des informations sur la saisie, la confiscation, la gestion et le traçage des armes à feu faisant l'objet d'un trafic illicite en partenariat avec le Centre National de Traçage du Bureau sur l'Alcool, le Tabac, les Armes à feu et les explosifs des États-Unis (ATF)[733]. Ces États continuent également de soumettre des demandes de traçage via le système INTERPOL de gestion des enregistrements et du traçage des armes illicites (iARMS). Au niveau sous régional, l'Agence de mise en œuvre de la Communauté des Caraïbes (CARICOM) pour la criminalité et la sécurité, a élaboré

---

[731] Cette réponse nous a été donnée par les responsables de cette structure à l'occasion d'une formation organisée sur les armes à Ouagadougou en 2021 par l'ONUDC.

[732] Sur la corruption dans le domaine du commerce des armes, voir par exemple L.G.B. BURDEAU, « Le commerce international des armes : de la sécurité à la défense de l'éthique et des droits de l'homme », *JDI*, 2007, p.417. V. aussi E. GUEMATCHA, « La réglementation internationale du commerce international des armes classiques : le traité du 2 avril 2013 et la protection de la personne », *Revue Québécoise de droit international*, volume 29-2, 2016. pp.75-109.

[733] United Nations Security Council, Counter-Terrorism Committee, *Global survey of the implementation of Security Council resolution 1373 (2001) and other relevant resolutions by Member States*, 2021, §477.

un protocole d'accord pour le partage d'informations balistiques dans le cadre du Système Régional Intégré d'Informations Balistiques (Regional Integrated Ballistic Information System-RIBIN-), ainsi que des procédures standards d'opération pour la transmission de preuves balistiques. Dans cette sous-région, le Groupe de travail sur les armes à feu du Marché commun du MERCOSUR a mis en place un réseau de spécialistes pour l'échange d'informations notamment sur les expériences et les pratiques en matière de marquage des armes à feu et des munitions. Pour se procurer des armes, les groupes terroristes ont besoin de moyens financiers. Les moyens financiers leur permettent aussi de faire des recrutements et d'accomplir d'autres tâches de sorte que l'action contre les moyens de financement des actes terroristes, constitue un pan important de la prévention du terrorisme.

Chapitre 2 L'action contre l'accès aux moyens de financement

463. Le financement du terrorisme est une infraction pénale tel que le prévoit l'article 2 de la convention internationale pour la répression du financement du terrorisme. La prévention du terrorisme à travers l'action contre l'accès aux moyens financiers par les groupes terroristes se situe avant la commission de cette infraction qu'elle vise justement à empêcher. La prévention du financement du terrorisme n'est pas une tâche aisée. Quels que soient les succès engrangés dans ce domaine notamment en éliminant certains réseaux ou certaines personnes du circuit, ceux-ci peuvent être très vite remplacés. Lutter contre le financement du terrorisme est une entreprise complexe qui fait intervenir plusieurs disciplines tels que le droit, la finance internationale, ou encore la fiscalité[734]. Elle reste cependant, l'un des moyens irremplaçables pour identifier les réseaux terroristes dans toutes leurs composantes, et les démanteler. L'enquête sur les attentats du 11 septembre 2001 a par exemple été grandement facilitée par l'étude des mouvements financiers (virements, cartes bancaires, etc.).

464. La Résolution 1373 (2001) a adopté une vision large de la lutte contre le financement du terrorisme. Le conseil agissant en vertu du chapitre VII de la charte, y *« décide que tous les États préviennent et répriment le financement des actes de terrorisme ; érigent en crime la fourniture ou la collecte délibérée par leurs nationaux ou sur leur territoire (...) des fonds (...) pour perpétrer des actes de terrorisme ; interdisent à leurs nationaux où à toute personne physique ou morale se trouvant sur leur territoire de mettre des fonds (...) à la disposition (...) de personnes qui commettent ou tentent de commettre des actes de terrorisme»*[735]. Elle reprend en substance les mesures déjà contenues dans la convention de 1999 sur la répression du financement du terrorisme. Le président de l'époque du Comité contre le terrorisme a souligné que *« ce qu'a fait la Résolution 1373 est promouvoir l'application de certains aspects des conventions, que nous considérons comme urgents pour des raisons touchant la paix et la sécurité »*[736]. La Résolution permet de la sorte, de remédier aux refus ou aux réticences éventuels de certains États d'adhérer à la convention de 1999, puisqu'elle s'impose à tous les États sans requérir leur consentement préalable. L'importance de cette application universelle repose sur le

---

[734] A/60/825 Op-Cit.

[735] Résolution 1373 (2001) précité, paragraphe 1er.

[736] Conférence de presse de sir Jeremy GREENSTOCK, en date du 19 octobre 2001, p.7, publiée sur le site : www.un.org/terrorism.

fait qu'elle empêche que les terroristes trouvent des zones de replis paisibles[737]. Le Conseil de sécurité a noté dans plusieurs Résolutions[738], que les terroristes et les groupes terroristes financent leurs activités par des ressources provenant d'activités illicites et d'activités licites **(Section 1)**. Il faut contrôler les transferts financiers des fonds de ces deux sources de financement du terrorisme **(Section 2)**.

Section 1 : L'action sur les sources de financement du terrorisme

465. La planification et l'exécution d'actes terroristes nécessitent des fonds importants[739]. Les moyens de financement permettent aux groupes terroristes de faire des projections sur le long terme, de se fournir en armement puissant, de se faire connaître, de recruter, et d'entraîner leurs membres[740]. Les motivations financières ont, par exemple, permis à Boko Haram de recruter *« près de 4000 camerounais en leur offrant chacun : une moto, une prime de recrutement (entre 2000 et 3000 dollars), et parfois un salaire (entre 100 et 400 dollars), en plus d'une somme d'argent versée à la famille en cas de décès »*[741]. La lutte contre le financement du terrorisme, qu'il provienne d'activités licites (commerciales, industrielles, ou caritatives), ou illicites (racket, trafic de drogues, proxénétisme, hold-up, etc.), constitue ainsi, un moyen efficace pour prévenir les actes terroristes.

§1 Les sources de financement illicites du terrorisme

Les groupes terroristes se livrent à divers types d'activités criminelles pour se procurer les ressources dont ils ont besoin. Ils peuvent commettre des infractions contre les personnes **(A)** ou des infractions contre les biens et la santé publique **(B)**. Il ne s'agit pas d'analyser l'ensemble des infractions qui peuvent alimenter les finances des groupes terroristes. Non seulement ce serait une tâche particulièrement ardue, mais aussi, l'analyse de certaines d'entre elles

---

[737] Ibidem.

[738] V. infra.

[739] Par exemple, les auteurs des attentats du 11 septembre 2001 ont suivi des cours de pilotage payants pendant plusieurs mois dans des écoles spécialisées aux États-Unis. Le FBI a estimé que la préparation de ces attentats aurait coûté à peu prés 500 000 dollars.

[740] Ministère des affaires étrangères français, Déclaration du Porte-parole du Quai d'Orsay, Paris, 1999, p.2.

[741] M. OLIVIER, « Infographie, comment Boko Haram a changé le Cameroun ? *Jeune Afrique*, 16 novembre 2016.

ne présentent pas d'intérêt en raison de leur faible capacité à générer des ressources.

A/ Les infractions contre les personnes et les biens

466. Plusieurs types de liens peuvent exister entre le terrorisme et la criminalité. Dans un premier temps, les organisations criminelles et les organisations terroristes peuvent développer des **liens de coopération** en développant des alliances[742]. Dans cette hypothèse, les groupes criminels peuvent par exemple utiliser les territoires contrôlés par les groupes terroristes avec leur autorisation, pour commettre des forfaits dont une partie du butin reviendra aux groupes terroristes. Le groupe terroriste trouve par ce biais, des ressources financières sans consacrer du temps aux activités criminelles et « sans ternir son image ». Le groupe criminel lui bénéficie dans ce cadre, d'une liberté d'action sans risque de faire face à sa responsabilité pénale, et profite des fruits de ses activités criminelles. Rachel EHRENFELD a pu dire à cet effet que *« lorsque les deux se combinent, les organisations terroristes tirent des avantages du trafic de drogues sans rien perdre de leur image, tandis que les trafiquants de drogues qui ont lié une alliance avec les terroristes deviennent plus redoutables et voient leur influence politique s'accroître »*[743].

467. Dans un deuxième temps, il peut s'agir d'un **lien de transformation**. Le groupe criminel peut se transformer en groupe terroriste et un groupe terroriste peut se transformer en groupe criminel[744]. Le groupe criminel qui sévit dans une région conquise par un groupe terroriste, peut se sentir dans une insécurité en raison de son activité qui ne serait pas tolérée par le groupe terroriste. N'ayant pas de qualification ou d'activité régulière, et surtout rompu à la manipulation des armes, le groupe criminel peut trouver dans l'activité terroriste une occasion de reconversion pour assurer sa survie. Le groupe terroriste lui, trouve dans ces criminels de « la main d'œuvre qualifiée » immédiatement employable sans nécessité d'entrainement. Un groupe terroriste peut aussi se transformer en groupe criminelle. Si l'organisation à laquelle des groupes terroristes appartiennent cesse son

---

742 A.P. SCHMID, *Links Between Terrorist and Organized Crime Networks : Emerging Patterns and Trends,* Milan, International Scientific and Professional Advisory Council, 2004, p.191.

743 R. EHRENFELD, *Narco-Terrorism,* New York, Basic Books, 1990, p.19.

744 P. WILLIAMS, E.U. SAVONA, (dir.), « The United Nations and transnational organized crime », *in Transnational Organized Crime*, vol. 1, 1995, p.3.

activité à la suite d'un accord politique ou d'un changement de doctrine, les groupes qui lui étaient affiliés, désormais sans activité et sans ressources, peuvent se convertir en groupes criminels pour trouver des moyens de survie.

468. Dans un troisième temps, il peut s'agir d'une **relation de convergence** où dans une organisation hybride, coexistent des groupes terroristes et des groupes criminels. Le terrorisme et la criminalité organisée convergent dans cette hypothèse totalement, et ne deviennent plus qu'un seul et même phénomène[745]. Tamara MAKARENKO a fait un intéressant effort de classification en plaçant divers types de convergences sur un continuum, avec la criminalité organisée à un extrême et le terrorisme à l'autre[746]. C'est l'hypothèse d'une répartition de compétences ou d'activités entre les membres de l'organisation terroriste. Pour assurer une efficacité de son action, un groupe terroriste peut affecter certains de ses membres à la recherche du financement de ses activités ou simplement des moyens de subsistance par l'exercice d'activités criminelles. Pendant que ces derniers commettront des actes criminels à cette fin, les autres se consacreront à leur activité principale, la commission d'actes terroristes.

469. Des liens de plus en plus étroits existent parfois entre des formes de criminalité transnationale organisée et le terrorisme[747] selon les constatations de l'AG et du Conseil de sécurité[748]. Ils ont constaté que dans certaines régions, des terroristes tirent profit de la criminalité transnationale organisée, notamment du trafic d'armes, de stupéfiants, de biens culturels, d'êtres humains et d'organes humains, ainsi que du commerce illicite des ressources naturelles, dont le pétrole[749], les

---

[745] T. MAKARENKO, « Transnational crime and its evolving links to terrorism and instability », *Jane's Intelligence Review*, novembre 2001.

[746] T. MAKARENKO, « The ties that bind : uncovering the relationship between organized crime and terrorism », *in* H.G. VAN DE BUNT, D. SIEGEL et D. ZAITCH (dir.), *Global Organized Crime : Trends and Developments,* La Haye, Kluwer Law International, 2003.

[747] A/RES/75/196 (2020) du 16 décembre 2020 *portant Renforcement du programme des Nations Unies pour la prévention du crime et la justice pénale, surtout de ses capacités de coopération technique*.

[748] S/RES/2462 (2019) du 28 mars 2019.

[749] S/RES/2170 (2014) du 15 août 2014. Le Conseil au §13 de cette Résolution « constate avec préoccupation que les gisements de pétrole et infrastructures connexes contrôlés par l'État islamique d'Iraq et du Levant, le Front el-Nosra et tous les autres individus, groupes, entreprises et entités associés à AlQaeda génèrent des recettes qui permettent à ceux-ci de financer des recrutements et de renforcer leurs capacités opérationnelles en vue d'organiser et de perpétrer des attaques terroristes. »

produits pétroliers, les unités de raffinage modulaires et matériels connexes, les pierres, métaux et autres minerais et minéraux précieux, le charbon de bois et les espèces sauvages, ainsi que des enlèvements contre rançon[750].

470. La criminalité organisée ordinaire et le terrorisme politique se distinguent essentiellement par *« les motivations différentes de ces deux phénomènes, qui dictent la façon dont les deux types d'organisations gèrent leurs activités respectives. La cupidité est le moteur de la délinquance et l'accumulation sa principale règle comptable. Ainsi, les organisations criminelles opèrent de façon très semblable aux entreprises privées légitimes, l'objectif ultime étant le profit et l'accumulation du gain (...). Les groupes de terroristes, en revanche, ont des motivations politiques, de sorte que leur objectif ultime est politique, à savoir remplacer une forme de gouvernement par une autre »*[751].

1)Les infractions contre les personnes

471. Il s'agit en premier lieu des prises d'otages. Le Conseil de sécurité a noté en 2014 que *« les rançons versées à des groupes terroristes constituent l'une des sources de revenus qui viennent soutenir l'effort de recrutement mené par ces groupes, renforcer leur capacité opérationnelle d'organiser et de perpétrer des attentats terroristes, et encourager la pratique des enlèvements contre rançon »*[752]. En 1991, le mouvement islamique ouzbek (IMU) a enlevé un général qui travaillait au Ministère de l'intérieur du Kirghizistan et quatre géologues japonais qui travaillaient pour une société minière près de Batken, région la moins développée du Kirghizistan. Selon des diplomates occidentaux, le Gouvernement japonais a secrètement payé à l'IMU entre deux et six millions de dollars en espèces pour obtenir leur libération[753]. Les groupes terroristes ont ainsi recours à des enlèvements et des prises d'otages pour financer leurs activités. La mobilité des touristes leur facilite cette tâche. Le groupe Abu Sayyaf,

---

[750] A/RES/75/196 (2020) du 16 décembre 2020 *portant Renforcement du programme des Nations Unies pour la prévention du crime et la justice pénale, surtout de ses capacités de coopération technique*.

[751] L. NAPOLEONI, « La nouvelle économie de la terreur : comment le terrorisme est financé », *Autrement*, 2005, p.36.

[752] S/RES/2133 (2014) du 27 janvier 2014, §7.

[753] A. RASHID, « They're only sleeping : why militant Islamists in Central Asia aren't going to go away », *New Yorker*, 14 janvier 2002.

qui rassemble de petits groupes islamistes terroristes par exemple, s'est spécialisé dans l'enlèvement contre rançon et a réussi à amasser un trésor de guerre évalué à plus de 100 millions de dollars[754]. En 2003, les FARC en Colombie, ont aussi engrangé 256 millions de dollars des rançons à eux versées suite à des enlèvements[755]. L'Afrique, et en particulier la région du Sahel, fait partie des régions les plus touchées par ces crimes extrêmement lucratifs[756]. Les rançons payées contre la libération d'otages sont ainsi des sources de revenus substantielles pour les terroristes. Elles permettent de soutenir l'effort de recrutement mené par ces groupes, de renforcer leur capacité opérationnelle à organiser et à perpétrer des attentats terroristes, et d'encourager la pratique d'autres enlèvements contre rançon[757].

472. Daech est l'illustration parfaite d'une organisation terroriste qui se finance en grande partie grâce aux rançons issues des enlèvements[758]. Ce commerce serait devenu si rentable pour les finances de l'organisation que cette dernière aurait édité un guide du kidnapping et superviserait de nombreuses prises d'otages[759]. La valeur commerciale d'un otage est très lucrative allant de 200 000 dollars versés en 2003 à 10 millions de dollars par otage[760] aujourd'hui. Selon une enquête menée par le *New York Times* en 2014, l'Europe aurait versé 105 millions de dollars à Al Qaeda à travers le versement de rançons aux diverses factions du groupe en échange de la libération de ressortissants enlevés. La France était en tête des paiements avec 58 millions de

---

[754] Commission des affaires étrangères de l'assemblée nationale francaise, *Rapport autorisant la ratification de la Convention internationale*, Op. Cit., p. 5.

[755] ONUDC, *Recueil de cas sur le terrorisme*, New York, 2010, §127.

[756] S/2016/49 de 2016, *Enquête mondiale portant sur la mise en œuvre de la Résolution 1373 (2001) du Conseil de sécurité par les États membres*, §414.

[757] V. S/RES/2462 (2019), S/RES/2482 (2019), S/2020/493.

[758] Le GAFI de son côté, a affirmé dans un rapport que « les enlèvements pour rançon en tant que méthode de financement du terrorisme ont été identifiés dans le monde entier par les organes d'application de la loi comme une source importante de revenus pour les groupes terroristes qui opèrent souvent dans des pays politiquement instables où l'autorité centrale est souvent faible, et la corruption endémique dans le secteur tant public que privé, et où le tissu social s'est déchiré à un degré considérable.» Rapport du GAFI, *Organized Maritime Piracy and related Kidnapping for Ransom*, juillet 2011, §49, accessible en ligne : http://www.fatf-gafi.org/dataoecd/40/13/48426561.pdf consulté le 13 février 2021.

[759] F. PILIU, D. BOULARD, *L'argent de la terreur*, First Document, 2016, p.139.

[760] « Ces rançons européennes qui financent Al Qaeda », *Tribune de Genève*, 31 juillet 2014.

dollars de versements depuis 2008[761] selon la même étude. Pour la seule année 2013, les paiements ont atteint 66 millions de dollars.

473. David S. COHEN, alors sous-secrétaire au Trésor américain pour le terrorisme et le renseignement financier, a déclaré dans un discours en 2012, que les « *enlèvements contre rançon sont devenus aujourd'hui la plus importante source de financement du terrorisme* »[762]. L'AG a fait le même constat en 2021 en établissant que les rançons versées à des terroristes constituent l'une des sources de financement de leurs activités ordinaires et d'autres enlèvements[763]. Elle a ainsi demandé à tous les États membres d'empêcher les terroristes de bénéficier, directement ou indirectement, de rançons ou de concessions politiques et de faire en sorte que les otages soient libérés sains et saufs[764]. Dans la Résolution 2133 (2014)[765], le Conseil de sécurité a fait la même demande aux États. Le Conseil s'est même *« dit déterminé à prévenir les enlèvements et les prises d'otage perpétrés par les groupes terroristes et à faire en sorte que les otages soient libérés en toute sécurité sans que soient versées des rançons ni accordées de concessions politiques »*[766].

474. Pour le Conseil, le meilleur moyen de prévention est la sensibilisation du public notamment l'information des voyageurs, des populations locales et des secteurs privé et associatif[767]. Le Conseil *« exige la libération immédiate et inconditionnelle de tous les otages »*[768]. Il rappelle l'adoption par le Forum mondial de lutte contre le terrorisme du Mémorandum d'Alger sur les bonnes pratiques en matière de prévention des enlèvements contre rançon par des terroristes et d'élimination des avantages qui en découlent. Le Conseil engage la Direction Exécutive du Comité contre le terrorisme à tenir compte de ce texte notamment dans le cadre de ses activités de renforcement des

---

[761] R. CALLIMACHI, « Paying ransoms, Europe bankrolls Qaeda terror », *New York Times,* 29 juillet 2014.

[762] « Comment l'Europe, dont la France, finance Al-Qaïda », *Challenges*, 30 juillet 2014.

[763] A/RES/75/291 du 30 juin 2021 *portant Septième examen de la Stratégie antiterroriste mondiale de l'Organisation des Nations Unies*, §54.

[764] Idem.

[765] Op. Cit. §3.

[766] S/RES/2199 (2015) du 12 février 2015, §18.

[767] S/2016/49 de 2016 *Enquête mondiale portant sur la mise en œuvre de la Résolution 1373 (2001) du Conseil de sécurité par les États membres,* §414.

[768] S/RES/1440 (2002) du 24 octobre 2002, §2.

capacités des États membres[769]. Le Mémorandum d'Alger préconise la mise en place de mécanismes par lesquels les personnes dans des zones à haut risque peuvent informer à titre confidentiel les autorités compétentes de la survenue d'enlèvements. Il prévoit aussi d'identifier et protéger les cibles potentielles de tentatives d'enlèvement de façon à prévenir ce type d'opérations en élaborant une approche opérationnelle qui intègre la collecte de renseignements, l'expertise de l'application de la loi et des unités spécialisées de répression du terrorisme. Il prévoit aussi d'élaborer et promouvoir en cas de prise d'otages en cours, une stratégie médiatique unique qui fasse partie de la stratégie de libération des otages dans la sécurité et sans promouvoir les objectifs des preneurs d'otages.

475. Malgré les efforts normatifs et de sensibilisation du Conseil et de l'AG, on note ces dernières années, des attaques contre particulièrement les travailleurs humanitaires et le personnel médical par les groupes terroristes notamment, des enlèvements suivis de prise d'otages, de détention ou encore d'assassinats. L'EIIL et d'autres groupes terroristes ont d'ailleurs déclaré que les travailleurs humanitaires sont des « cibles légitimes » et appelés leurs partisans à s'attaquer aux organisations humanitaires[770]. C'est là, une méconnaissance grave du Droit International Humanitaire. Le Groupe Abu Sayaf par exemple continue ces opérations de prises d'otages suivies de demandes de rançons[771].

476. L'objectif d'empêcher les prises d'otage et les paiements de rançon pour leur libération est ainsi loin d'être atteint. Tel que le Conseil l'a relevé[772], la difficulté réside dans le fait que le principal moyen de prévention de ce crime est la sensibilisation. En la matière, la persuasion ou la dissuasion sont difficiles à obtenir de personnes d'éducation différente et poursuivant des objectifs différents. Si l'on ne peut remettre en cause la pertinence et la nécessité de la présence des travailleurs humanitaires dans les zones de conflit pour porter secours aux victimes, celle d'acteurs comme les touristes ou les journalistes est difficilement explicable. Ces personnes par leur témérité, mettent leurs États d'origine dans des difficultés qu'elles peuvent facilement éviter

---

769 S/RES/2129 (2013) du 17 décembre 2013, §15.

770 United Nations Security Council, Counter-terrorism Committee, *Global survey of the implementation of Security Council resolution 1373 (2001) and other relevant resolutions by Member States*, 2021, §713.

771 Ibidem, §217.

772 S/RES/1440 (2002) du 24 octobre 2002.

en s'abstenant de se mettre en danger sans absolue nécessité. Pour ce qui est des travailleurs humanitaires et des travailleurs des entreprises privées qui exploitent généralement des ressources naturelles dans ces zones, il faudrait procéder à l'analyse du risque d'enlèvement en fonction de la configuration de la zone de conflit, et si le risque existe, surseoir à l'activité en attendant la sécurisation de la zone. C'est à ce prix qu'on évitera de grossir la cagnotte qui finance l'activité des organisations terroristes. Certaines personnes enlevées par les organisations terroristes ne servent pas à réclamer des rançons, elles font l'objet d'une véritable traite des personnes.

477. Il s'agit en deuxième lieu de la traite des personnes. L'expression « traite des personnes » désigne *« le recrutement, le transport, le transfert, l'hébergement ou l'accueil de personnes, par la menace de recours ou le recours à la force ou à d'autres formes de contrainte, par enlèvement, fraude, tromperie, abus d'autorité ou d'une situation de vulnérabilité, ou par l'offre ou l'acceptation de paiements ou d'avantages pour obtenir le consentement d'une personne ayant autorité sur une autre aux fins d'exploitation, cette dernière comprenant, au minimum, l'exploitation de la prostitution d'autrui ou d'autres formes d'exploitation sexuelle, le travail ou les services forcés, l'esclavage ou les pratiques analogues à l'esclavage, la servitude ou le prélèvement d'organes »*[773]. La traite des personnes est plus que jamais d'actualité, notamment avec les méthodes de financement utilisées par Daech. Peuvent être inclus dans cette notion, le proxénétisme, la prostitution, le commerce pédophile, la traite d'êtres humains, l'esclavage et le trafic de main-d'œuvre immigrée. Selon les chiffres des Nations Unies, il y aurait aujourd'hui, près de 45 000 victimes considérées comme marchandises humaines dans le monde. L'ONU estime que les femmes et les jeunes filles représentent 70% de ces victimes dont le trafic rapporterait à ses instigateurs plus de 32 milliards de dollars par an[774]. Depuis 2013, l'EIIL, Boko Haram et les Chabab se livrent à des enlèvements individuels ou de masse de femmes, puis les soumettent à des viols et autres formes d'exploitation sexuelle notamment les grossesses forcées. Au Nigéria, plus de 200 des femmes et des filles enlevées auraient été vendues pour 12 dollars des États-Unis chacune afin d'être mariées de force et réduites en esclavage

---

[773] A/RES/64/293 du 30 juillet 2010 *portant Plan d'action mondial des Nations Unies pour la lutte contre la traite des personnes*, §2 de l'annexe.
[774] F. PILIU, D. BOULARD, *L'argent de la terreur*, Op. Cit., p. 144. 116

sexuel. Celles qui sont retenues prisonnières subiraient des privations de nourriture et d'eau pendant deux ou trois jours et celles qui tentent de s'enfuir sont battues ou menacées de mort[775].

478. L'Asie du Sud-Est est depuis longtemps la plaque tournante de la traite d'êtres humains et du transport clandestin de personnes vers l'étranger. Un très grand nombre de groupes criminels fournissent des faux passeports aux migrants clandestins et aux criminels dans cette sous-région. Au moins 20 groupes criminels étrangers sont réputés être actifs à Bangkok dans la fourniture de documents de voyage falsifiés. Malgré les efforts déployés par les États, il reste relativement facile de se procurer des passeports contrefaits à peu de frais[776]. Des centaines de faux passeports turcs ont été saisis au cours de l'enquête sur les attentats qui ont frappé Bangkok en août 2015. Deux de ces faux passeports ont été utilisés par des passagers pour embarquer sur le vol MH370 de Malaysia Airlines en mars 2014 dont on ignore jusqu'aujourd'hui, la cause du crash dans l'océan indien. De plus, l'Association des Nations de l'Asie du Sud-Est (ASEAN) a introduit des mesures d'exemption de visa pour stimuler le tourisme et l'économie, et assouplir les mesures de contrôle préalables[777]. Cette mesure a pour conséquence un assouplissement des mesures de contrôle des documents de voyage qui favorise la traite des personnes.

479. Dans la Résolution 2199 (2015) précitée, le Conseil de sécurité des Nations Unies condamne « *avec la plus grande fermeté les enlèvements de femmes et d'enfants* » et s'est déclaré « *profondément choqué par l'exploitation et les sévices, dont le viol, les sévices sexuels et les mariages forcés* » perpétrés par Daech et le Front el-Nosra. Au §4 de la Résolution 2312 (2016), le Conseil de sécurité a engagé *« les États et les organismes régionaux dont des navires et aéronefs opèrent en haute mer au large des côtes libyennes, ou dans l'espace aérien situé au large de ces côtes, à faire preuve de vigilance à l'égard des actes de trafic de migrants et de traite d'êtres humains et, dans ce contexte, encourage les États et les organismes régionaux à renforcer et coordonner, en coopération avec la Libye, l'action menée pour décourager le trafic de migrants et la traite d'êtres humains »*[778].

---

[775] V. 2016, S/2016/49 du 20 janvier 2016, *Enquête mondiale portant sur la mise en œuvre de la Résolution 1373 (2001) du Conseil de sécurité par les États membres*, p.15.

[776] Ibidem, §182.

[777] Idem.

[778] S/RES/2312 (2016) du 6 octobre 2016.

480. L'AG a adopté le 30 juillet 2010, un Plan d'action mondial des Nations Unies pour la lutte contre la traite des personnes dans sa Résolution 64/293[779]. Au §14 de ce plan d'action, l'AG a demandé aux États d'intégrer la question de la traite des personnes dans les politiques et programmes plus généraux de l'Organisation des Nations Unies qui traitent du développement économique et social et des droits de l'homme. Il faut adopter et mettre en œuvre, à l'échelle nationale, des mesures spéciales pour lutter contre la traite aux fins d'exploitation économique et s'employer à sensibiliser les populations sur le sujet. Il faut aussi mettre au point ou renforcer des procédures de repérage des victimes qui comprennent des mesures adaptées et non discriminatoires aidant à repérer les victimes de la traite au sein des groupes vulnérables. Il convient de promouvoir des campagnes de sensibilisation à l'intention des victimes potentielles de la traite et du grand public, par le biais de l'éducation et d'une participation active des médias, des organisations non gouvernementales, du secteur privé et des responsables locaux, afin de décourager la demande qui favorise l'exploitation des personnes[780].

481. Le 17 décembre 2018, l'AG a adopté une Résolution portant mesures efficaces, renforcement et promotion de la coopération internationale concernant le don et la transplantation d'organes pour prévenir et combattre la traite des personnes à des fins de prélèvement d'organes et de trafic d'organes humains[781]. Elle y a invité les États à renforcer leurs cadres législatifs afin de prévenir et de combattre la traite des personnes à des fins de prélèvement d'organes et de trafic d'organes humains, en érigeant ces pratiques en infractions.

482. En ce qui concerne particulièrement la traite des femmes et des jeune filles, l'AG a adopté en 2020, la Résolution 75/158 portant Traite des femmes et des filles[782] où elle demande aux gouvernements de redoubler d'efforts pour prévenir et combattre, en vue de l'éliminer, la demande qui est à l'origine de la traite des femmes et des filles. A cet effet, il faut mettre en place ou multiplier les mesures préventives, législatives et punitives pour dissuader ceux qui exploitent les victimes de la traite et veiller à ce qu'ils répondent de leurs actes[783]. L'AG

---

[779] A/RES/64/293 du 30 juillet 2010 *portant Plan d'action mondial des Nations Unies pour la lutte contre la traite des personnes*.

[780] Ibidem, §18.

[781] A/RES/73/189 (2018) du 17 décembre 2018.

[782] A/RES/75/158 du 16 décembre 2020.

[783] § 13 de la Résolution.

demande également aux gouvernements de prendre les mesures préventives pour remédier aux causes profondes ainsi qu'aux facteurs de risque qui accroissent la vulnérabilité face à la traite des êtres humains. Il s'agit notamment de la pauvreté, des inégalités entre les femmes et les hommes, des stéréotypes de genre et des normes sociales négatives. Cette Résolution demande aux États membres de tenir compte des difficultés que soulèvent les nouvelles méthodes de recrutement des victimes de la traite des êtres humains telle que l'utilisation abusive d'Internet, pour mettre au point des campagnes de sensibilisation ciblées[784].

483. Selon le CCT[785], des groupes terroristes tels que l'EIIL, Boko Haram et Al-Shabaab continuent d'utiliser la traite des personnes pour atteindre leurs objectifs[786]. Dans le Sahel et le nord du Nigéria, les groupes terroristes tels qu'AQMI, Ansar Eddine et Al-Mourabitoun se livrent toujours à des activités de traite d'êtres humains[787]. Pour le Comité, la persistance du phénomène s'explique par l'impunité quasi totale des auteurs de la traite des êtres humains et des violences sexuelles perpétrées dans un contexte de terrorisme. La nature secrète de la traite des êtres humains, la difficulté de recueillir des preuves et le manque d'expertise nécessaire pour mener des enquêtes appropriées expliquent en grande partie cette impunité de la traite des êtres humains pratiquée par les groupes terroristes. Il est ainsi essentiel que les États renforcent la capacité des praticiens concernés à détecter et à documenter les cas de traite des personnes.

484. Dans la mise en œuvre des obligations en la matière, tous les États d'Amérique du Sud ont ratifié le « Protocole visant à prévenir, réprimer et punir la traite des personnes » et tous, sauf un, ont également ratifié le Protocole contre le trafic illicite de migrants par terre, air et mer. Les autorités brésiliennes ont engrangé des succès réels en matière de traite des personnes. Elles ont démantelé des réseaux de trafic d'êtres humains en coopérant étroitement avec les États de leur sous-région et en mettant en œuvre des opérations conjointes. Le système efficace

---

[784] §24 de la Résolution.

[785] United Nations Security Council, Counter-terrorism Committee, *Global survey of the implementation of Security Council resolution 1373 (2001) and other relevant resolutions by Member States*, 2021, §794.

[786] Les Résolutions 2331 (2016), 2388 (2017) and 2467 (2019) du Conseil de sécurité abordent les liens entre la traite des personnes, les violences sexuelles et le terrorisme.

[787] S/2016/49 du 20 janvier 2016, *Enquête mondiale portant sur la mise en œuvre de la Résolution 1373 (2001) du Conseil de sécurité par les États membres,* §25.

utilisé par le Brésil pour sécuriser les documents de voyage constitue également un exemple de bonnes pratiques[788]. C'est un exemple à encourager pour plus de réussite dans la prévention des infractions contre les personnes qui servent à financer le terrorisme même si le terrorisme se finance également par des infractions commises contre les biens et la santé publique.

2) Les infractions contre les biens et la santé publique

485. Nous analyserons sous cette rubrique les infractions contre les biens les plus utilisées par les organisations terroristes pour se procurer des ressources financières. Il s'agira de la contrebande, du trafic illicite de stupéfiants et du trafic de biens culturels.

486. La contrebande peut se définir comme un commerce frauduleux pratiqué en infraction aux lois d'un État. Il s'agit de l'introduction dans l'État de produits prohibés sans s'acquitter des droits de porte. Dans sa Résolution 2462 (2019) adoptée le 28 mars 2019[789], le Conseil de sécurité a noté « avec une vive inquiétude » que les terroristes et les groupes terroristes lèvent des fonds par divers moyens, notamment par le commerce illicite et l'exploitation de ressources naturelles. Dans sa Résolution 2199 (2015), le Conseil a invité les États membres à renforcer *« l'échange d'informations permettant de repérer les itinéraires de contrebande empruntés par l'EIIL et le Front el-Nosra et à envisager la possibilité de fournir une assistance technique à d'autres États membres et de renforcer leurs capacités afin de les aider à faire obstacle à la contrebande de pétrole, de produits pétroliers, d'unités de raffinage modulaires et de matériels connexes, par l'EIIL et le Front el-Nosra et tous autres personnes, groupes, entreprises et entités associés à Al-Qaeda »*[790].

487. Les sommes que les Talibans ont tirées de l'exportation illégale de matières en 2002, se situait entre 36 millions de dollars pour l'évaluation faite par l'ONU, et 75 millions de dollars pour celle de la Banque mondiale[791]. Selon une étude de l'Université nationale de la Colombie, le chiffre d'affaires réalisé à *San Andresito*, le plus vaste marché colombien de la contrebande, représentait en 1986 13,7 % du

---

788 Ibidem, §325.

789 S/RES/2462 (2019) précité.

790 S/RES/2199 (2015) précité, §14.

791 D. PEARL et S. STECKLOW, « Taliban banned TV but collected profits on smuggled Sonys », *Wall Street Journal*, 9 janvier 2002.

produit national brut du pays et 25,6 % en 1996[792]. Comme l'écrit Loretta NAPOLEONI, « *la contrebande met à la portée de vastes secteurs de la population locale une large gamme de produits qui seraient autrement trop chers pour elle, ce qui est l'une des raisons pour lesquelles il est politiquement très difficile d'éliminer ce type de commerce »*[793]. Selon une étude menée par Jean-Charles BRISARD et publiée par le Centre d'Analyse du Terrorisme en mars 2015, un cinquième de tous les attentats commis ces dernières années en Amérique du Nord, en Afrique, en Europe et en Asie ont utilisé la contrebande de cigarettes[794]. Cette utilisation des revenus de la contrebande de cigarettes pour planifier et exécuter des actes terroristes est illustrée par l'affaire Amedy Coulibaly. Ce dernier a financé la fusillade de Montrouge et la prise d'otages de l'Hyper Cacher en partie grâce à la contrebande et à la contrefaçon de cigarettes. « *Deux cartons de cartouches de cigarettes de contrebande de marque "Ten"* [795]» ont été retrouvés lors de perquisitions effectuées le 18 mai 2010 dans plusieurs boxes qu'il utilisait. Selon le Centre d'Analyse du Terrorisme, près de quinze organisations terroristes dans le monde utilisent la contrebande et la contrefaçon de cigarettes dans des proportions importantes pour se financer[796]. L'attrait de ce trafic pour les organisations terroristes s'explique par la surtaxation des cigarettes et leurs prix élevés dans les pays développés d'une part, la disparité de la fiscalité sur le tabac d'un État à un autre et la facilité de contrefaire, transporter et écouler les cigarettes d'autre part[797].

488. En 2000, aux États-Unis, dans le cadre de l'opération « *Smokescreen* », les autorités fédérales ont découvert un réseau de financement du *Hezbollah* par la contrebande de cigarettes et la contrefaçon de timbres fiscaux. Cette contrebande était organisée par

---

792 D. FARAH, « Money cleaned, Colombian style : contraband used to convert drug dollars », *Washington Post*, 30 août 1998.

793 L. NAPOLEONI, « La nouvelle économie de la terreur : comment le terrorisme est financé », Op. Cit., p. 45.

794 J-C. BRISARD, « Financement du terrorisme, la contrebande et la contrefaçon de cigarettes », *Centre d'analyse du terrorisme*, mars 2015.

795 Idem.

796 Selon le CAT : « La contrebande et le trafic de cigarettes représentent plus de 20% des sources criminelles de financement des organisations terroristes identifiées dans le cadre de 75 procédures judiciaires internationales visant spécifiquement des faits de financement du terrorisme depuis 2001. » V. CAT, « Financement du terrorisme, la contrebande et la contrefaçon de cigarettes », Op. Cit., p3.

797 Ibidem, p.2.

Mohamad Youssef Hammoud, un résident de Caroline du Nord. Il avait mis en place un réseau de trafic de cigarettes entre cet État et le Michigan, profitant des différences de taxation entre les deux États. Les cartouches de cigarettes étaient taxées à 0,65 dollars en Caroline du Nord, contre 7,50 dollars dans le Michigan. Les profits de ce trafic qui étaient transférés aux leaders du Hezbollah au Liban auraient rapporté au moins 8 millions de dollars[798].

489. Les contrebandes des diamants et de pierres précieuses sont aussi très appréciées des terroristes car il s'agit de ressources faciles à exploiter, à stocker, à dissimuler et dont la provenance est difficile à établir[799]. Daniel PEARL, un journaliste du *Wall Street Journal* décapité par Jaish-I-Mohammed (Armée de Mohammed), lorsqu'il préparait un reportage sur le commerce effectué au Pakistan dans le cadre de l'Accord afghan sur le commerce de transit (ATTA)[800], a écrit avant son enlèvement que, *« outre les gains qu'elle apporte aux réseaux, la contrebande est une source d'emploi pour les pauvres qui habitent les régions tribales le long de la frontière afghane »*[801]. La contrebande comme on le voit, au-delà du financement du terrorisme à proprement parler, modifie la structure des économies traditionnelles en favorisant l'apparition d'une économie clandestine. Elle crée un vaste marché noir dans les localités où elle se déroule, et suscite ainsi, une tolérance voire une adhésion des populations locales qui peuvent en tirer des revenus substantiels. La contrebande en provenance du Panama a même provoqué la faillite des sociétés qui faisaient le commerce du tabac et les sociétés d'import-export en Colombie[802]. La contrebande a également un impact négatif sur les recettes fiscales du pays. En 1996, la valeur totale des produits en provenance du Panama

---

798 « Operation Smokescreen Presentation », *Charlotte FBI Office / JTTF*, 2005, cité par CAT, « Financement du terrorisme, la contrebande et la contrefaçon de cigarettes », Op. Cit., p4.

799 United States general accounting office, *Report to Congressional Requesters, Terrorist Financing*, Washington, 2003, p. 20.

800 En 1950, l'Afghanistan, pays sans littoral, a signé un accord sur le commerce de transit aux termes duquel le Pakistan lui garantissait le droit d'importer des marchandises en franchise via le port de Karachi. Pendant le djihad antisoviétique, cet accord est devenu synonyme de contrebande de marchandises importées en franchise par l'Afghanistan.

801 D. PEARL et S. STECKLOW, « Taliban banned TV but collected profits on smuggled Sonys », *Wall Street Journal*, 9 janvier 2002.

802 D. FARAH, « Money cleaned, Colombian style : contraband used to convert drug dollars », *Washington Post*, 30 août 1998.

à destination de la Colombie, a atteint 1,7 milliard de dollars, mais les douanes colombiennes n'ont enregistré que 166 millions de dollars d'importations[803].

490. La contrebande d'armes à feu sert aussi à procurer des ressources financières aux groupes terroristes. Lors de l'interrogatoire de M. D, un membre de Boko Haram arrêté par des agents de sécurité au Nigeria, il a avoué que le produit de la vente de leurs armes était souvent donné à Boko Haram. Il a également expliqué que des armes étaient envoyées gratuitement à l'organisation terroriste dont certains membres sont impliqués dans la contrebande d'armes. Ces personnes se sont alliées avec des terroristes et des groupes terroristes à l'extérieur du Nigeria qui fournissent les moyens ou facilitent le processus d'acquisition illicite d'armes légères et de petit calibre[804]. Boko Haram qui se sait sous surveillance étroite, a choisi de confier à des femmes, des missions logistiques telles que la contrebande d'armes et de munitions et la transmission d'informations en partant du principe qu'elles parviennent plus facilement que leurs homologues masculins à passer les points de contrôle et à éviter que leurs maisons ne soient inspectées[805]. En août 2013 par exemple, les forces gouvernementales nigérianes ont arrêté cinq femmes membres de Boko Haram transportant des fusils et des munitions sous leur hijab[806].

491. Selon le CCT, la sous-région de l'Afrique australe continue de faire face à la criminalité organisée notamment le commerce illégal d'armes, le commerce illégal d'espèces sauvages et le braconnage ainsi qu'à la corruption[807]. La contrebande d'ALPC reste répandue dans certains États de l'Asie du Sud Est en tant que moyen de collecte de fonds et d'approvisionnement en armes pour les groupes terroristes locaux[808]. En 2020, quatre États, agissant en collaboration avec INTERPOL, ont mené une opération de sécurisation des frontières

---

[803] D. FARAH, « Money cleaned, Colombian style : contraband used to convert drug dollars », *Washington Post*, 30 août 1998.

[804] GIABA, *Le financement du terrorisme en Afrique de l'Ouest*, 2013.

[805] V. J.T.F. MARAMA, « Vigilantes arrest female Boko Haram », *The Vanguard*, Nigeria, 17 août 2013, www.vanguardngr.com.

[806] V. S/2016/49 du 20 janvier 2016, *Enquête mondiale portant sur la mise en œuvre de la Résolution 1373 (2001) du Conseil de sécurité par les États membres,* p.15.

[807] United Nations Security Council, Counter-terrorism Committee, *Global survey of the implementation of Security Council resolution 1373 (2001) and other relevant resolutions by Member States*, 2021, §94.

[808] Pour plus de détails sur la contrebande d'armes à feu, voir le Chapitre sur les moyens militaires.

intitulée "Maharlika III" pour cibler des terroristes et des groupes criminels organisés. Cette opération a permis la confiscation de plus de 13 000 armes à feu d'une valeur de plus d'un million d'euros et l'arrestation d'un membre de l'ASG (Abu Sayaf Group). Dans un autre État, des efforts ont commencé à être mis en œuvre pour empêcher des anciens militants d'agir et récupérer leurs armes. L'objectif poursuivi était de toucher 40 000 anciens combattants et armes d'ici 2022[809]. Cette méthode de financement du terrorisme est préoccupante car les conséquences économiques de la pandémie de COVID-19 semblent avoir conduit les terroristes à accroître leur recours aux activités criminelles pour leur financement. Un recours accru au trafic de minéraux et de pierres précieuses, à la fraude par voie électronique, à la vente de médicaments contrefaits et à la cybercriminalité a été signalé[810].

492. La Résolution 1373 (2001) du Conseil de sécurité insiste sur **le rôle du trafic de stupéfiants** dans le financement du terrorisme[811] et la nécessité de le combattre. Le Conseil a affirmé dans sa Résolution 2501 (2019)[812] que le produit illicite du trafic de drogues constitue une part substantielle des ressources financières des Talibans et de leurs associés. Le Conseil a aussi constaté dans sa Résolution 2082 (2012) que *« les moyens de financement ou d'assistance dont il s'agit comprennent sans s'y limiter le produit de la culture, de la production et du trafic de stupéfiants et de leurs précurseurs en provenance d'Afghanistan ou en transit dans le pays »*[813]. C'est probablement le domaine où le lien entre criminalité et terrorisme a le plus souvent été établi. Le bénéfice réciproque entre ces deux catégories d'activités criminelles est attesté de longue date[814] et montre comment pendant des

---

[809] United Nations Security Council, Counter-terrorism Committee, *Global survey of the implementation of Security Council resolution 1373 (2001) and other relevant resolutions by Member States*, 2021, §238.

[810] S/2021/98 (2021), §61 ; CTED, *The Impact of the COVID-19 pandemic on terrorism, counter-terrorism and countering violent extremism*, décembre 2020, p.4. V. aussi, FATF, *COVID-19-related Money Laundering and Terrorist Financing*, décembre 2020.

[811] V. S/RES/1373 (2001) précité, §4.

[812] S/RES/2501 (2019) du 16 décembre 2019, Préambule.

[813] S/RES/2082 (2012) du17 décembre 2012, §4.

[814] V. par exemple le cas du financement des activités terroristes du PKK par le trafic de stupéfiants et l'imposition de taxes révolutionnaires pour les trafiquants et raffineurs. V. F. SALOMON, J.L. VANNIER, *Political violence and Narco-Trafficking*, Institut de criminologie, Paris, 1996.

décennies, des groupes terroristes ont fait usage du marché illicite de stupéfiants et de substances psychotropes à des fins économiques[815]. En plus d'être considéré comme une source de revenus essentielle pour les groupes terroristes de tous les continents[816], le trafic de stupéfiants est devenu un outil puissant pour réaliser d'autres objectifs cruciaux des groupes terroristes. Des études ont montré qu'une part importante des personnes impliquées dans des attentats terroristes en Europe, ont précédemment participé à diverses formes de criminalité et en particulier, à du petit trafic de stupéfiants[817]. De fait, le trafic de stupéfiants prend de plus en plus d'importance en lien avec d'autres aspects du terrorisme tels que la radicalisation ou le recrutement à des fins terroristes[818]. Le trafic de drogue aide au recrutement des groupes terroristes en attirant par ce canal, ceux qui s'adonnent déjà à ce commerce. Les groupes terroristes utilisent même cette activité pour amener les populations locales à soutenir leur action, comme l'attestent les liens qui unissent des producteurs pauvres et défavorisés de stupéfiants en Colombie et le groupe terroriste des FARC[819]. La participation du Hezbollah et du Hamas au trafic de cocaïne, d'héroïne et de marijuana en lien étroit avec les groupes criminels qui contrôlent le trafic de stupéfiants suivant « la route des Balkans[820] » est aussi à signaler.

---

[815] Ne serait-ce que pour l'UE, les dépenses des citoyens des 28 États membres sont estimées à 24 milliards d'euros. V. le Rapport 2016 sur le marché des drogues dans l'UE, EUROPOL et OEDT.

[816] V. GAFI, *Normes internationales sur la lutte contre le blanchiment de capitaux et le financement du terrorisme et de la prolifération. Recommandations du GAFI*, février 2012, mises à jour en 2015.

[817] V. R. SIMEOX, « We Will Conquer Your Rome : A Study of Islamic State Terror Plots in the West », *Henry Jackson Society, Centre pour la réponse à la radicalisation et le terrorisme (CRT)*, 2015. V. aussi S. MULLINS, « The Road to Orlando : Djihadist-Inspired Violence in the West, 2012-2016 », *CTC Sentinel*, juin 2016, http://www.ctc.usma.edu/posts/the-road-to-orlando-djihadist-inspired-violence-in-the-west-2012-2016 .

[818] V. S/RES/2199 (2015) précité, §11, 15, 18, 23, 24 et 28.

[819] Selon le Rapport mondial sur les drogues 2016 de l'ONUDC, « la pauvreté, la précarité économique et le chômage sont parmi les facteurs encourageant les cultures illégales et la production de drogue », p. 75.

[820] V. M. LEWITT, *Hezbollah : The Global Footprint of Lebanon's Party of God*, Georgetown University Press, Washington D.C., 2013, p.320. V. aussi CLARKE (CP), « Drugs & Thugs : Funding Terrorism Through Narcotics Traficking », *Journal of Strategic Security*, 2016, pp. 4-5.

493. En Colombie et au Pérou par exemple, les groupes terroristes sont financés en partie par le trafic de drogues[821]. C'est le cas notamment du *Sendero Luminoso* (Sentier Lumineux) au Pérou, du *Movimiento 19 de Abril* (M-19), des *Forces armées révolutionnaires de Colombie* (FARC) en Colombie, de l'Union nationale Karen au Myanmar et des Tigres de libération de l'Elam tamoul[822]. En 2003, année de l'attentat contre le club El Nogal, les FARC ont tiré 1 milliard 728 millions de dollars de la vente de cocaïne[823]. Les auteurs des attentats de Madrid étaient impliqués dans le trafic de drogues. Leurs activités étaient tellement lucratives que dans l'appartement où encerclés par la police, ils ont fait exploser leur bombe, les enquêteurs ont retrouvé plus de 50 000 euros en liquide et des drogues représentant une valeur commerciale de 1,5 million d'euros[824]. Oussama ben Laden est aussi soupçonné d'avoir tiré d'importants profits du trafic d'opium, dont l'Afghanistan est le plus grand producteur mondial[825].

494. Au cours de ces dix dernières années, une augmentation conséquente de la quantité de drogue saisie dans la région du Sahel[826] a été observée. Cette drogue comprend la contrefaçon commerciale ou trafic de médicaments à savoir les drogues de synthèse (ecstasy, kétamine et autres amphétamines, etc.)[827]. Un avion-cargo complétement calciné de type Boeing a ainsi été retrouvé dans le désert malien, début Novembre 2009. L'avion provenait d'Amérique latine chargé de cocaïne et a atterri dans la région de Gao au nord du Mali. Après avoir déchargé cette cargaison de stupéfiants, les délinquants ont incendié l'appareil. On peut se demander comment cet avion a pu échapper à tous les radars pour parvenir à sa destination. On peut même se poser les questions de savoir s'il a en réalité échappé à ces radars, ou s'il a été toléré ou accepté ?

495. En 2009, l'ONUDC estimait le trafic de cocaïne en Afrique de l'Ouest et en Afrique Centrale à 900 millions de dollars. Une manne

---

[821] R.H. WARD, « Les aspects économiques du terrorisme », *in* ONUDC, *forum sur le crime et la société volume 4*, numéros 1 et 2, décembre 2004, p. 28.

[822] Idem.

[823] ONUDC, *Recueil de cas sur le terrorisme*, New York, 2010, §127.

[824] ONUDC, *Recueil de cas sur le terrorisme*, New York, 2010, §88.

[825] AG/SHC/626 du 13 octobre 2003, *Le financement du terrorisme à partir des bénéfices du trafic de drogues et la production afghane d'opium inquiètent les délégations de la troisième Commission,* §2-4.

[826] « Le Boeing de la coke », *Jeune Afrique*, 26 novembre 2009.

[827]United States general accounting office, *Report to Congressional Requesters, Terrorist Financing*, Washington, 2003, p.20.

importante de ce trafic est captée par les groupes terroristes de la région dans la mesure où ceux-ci contrôlent des parties de ce territoire. C'est un fait indéniable aujourd'hui que les groupes islamistes présents au Sahel tels qu'AQMI, le MUJAO, Ansar Dine ou encore Boko Haram financent le recrutement de nouveaux éléments et l'achat d'armes par les bénéfices générés par le trafic de cocaïne provenant d'Amérique latine[828].

496. L'AG a invité les États membres à resserrer la coopération internationale et régionale pour contrer la menace que font peser sur la communauté internationale la culture, la production, le trafic et la consommation illicites de stupéfiants et de substances psychotropes[829]. En Afrique australe, les États à cet effet, ont renforcé leur coopération en matière d'investigation contre le trafic de drogues et le crime organisé. Cette activité est facilitée par la coopération policière régionale dans le cadre de la Southern African Regional Police Chiefs Cooperation Organization (SARPCCO)[830]. Il faut généraliser de telles pratiques pour que les résultats qui tardent à venir puissent être perceptibles.

497. Le trafic de biens culturels et d'antiquités procure aussi des revenus substantiels aux groupes terroristes. La destruction du patrimoine culturel est un fait fréquent dans le cadre des conflits armés, alors même qu'il est condamné par le droit international humanitaire[831] et les droits de l'homme[832] particulièrement dans le cadre de l'UNESCO[833]. L'atteinte aux biens culturels par les terroristes n'est pas neutre en réalité. En s'attaquant à ces biens, les terroristes privent leurs victimes de leurs racines historiques, de leur identité et de leur patrimoine culturel.

---

[828] ONUDC, *Rapport sur la situation du trafic de cocaïne en Afrique de l'Ouest*.

[829] A/RES/75/291 du 30 juin 2021 *portant Septième examen de la Stratégie antiterroriste mondiale de l'Organisation des Nations Unies*, §64.

[830] United Nations Security Council, Counter-terrorism Committee, *Global survey of the implementation of Security Council resolution 1373 (2001) and other relevant resolutions by Member States,* 2021, §109.

[831] V. l'article 53 Protocole additionnel I aux Conventions de Genève et l'article 16 du Protocole additionnel II aux Conventions de Genève.

[832] V. A/71/317 du 9 août 2016, *Rapport de la Rapporteure spéciale, Karima BENNOUNE, dans le domaine des droits culturels*, transmis par le SG des Nations Unies à l'AGNU.

[833] V. la Convention de l'UNESCO pour la protection des biens culturels en cas de conflit armé adoptée 1954 et complétée par le Protocole additionnel II adopté en 1999.

498. Dans sa Résolution adoptée le 17 décembre 2018 portant Renforcement du programme des Nations Unies pour la prévention du crime et la justice pénale, surtout de ses capacités de coopération technique[834], l'Assemblée générale a engagé les États parties à assurer une vaste coopération visant à prévenir et combattre le trafic de biens culturels et les infractions connexes. La Résolution 2253[835] du 17 décembre 2015 du Conseil de sécurité elle, a appelé les États à fournir des orientations visant à enrayer la mécanique de financement de l'État islamique, notamment le commerce illicite d'antiquités. Le Conseil a réaffirmé cet engagement dans ses Résolutions 2170[836] de 2014 et 2199 de 2015. Particulièrement au §6 de la Résolution 2170 (2014), le Conseil a demandé à tous les États de prendre toutes les mesures nécessaires et appropriées pour empêcher que des établissements d'enseignement ou des institutions culturelles et religieuses ne soient contrôlés par des terroristes ou leurs partisans. Dans la Résolution 2199 (2015), le Conseil a *« condamné les destructions du patrimoine culturel iraquien et syrien, commises en particulier par l'EIIL et par le Front el-Nosra, qu'il s'agisse de dommages accidentels ou de destructions intentionnelles, notamment des sites et objets religieux, qui font l'objet de destructions ciblées »*[837]. Puis il a décidé que *« tous les États membres doivent prendre les mesures voulues pour empêcher le commerce des biens culturels iraquiens et syriens et des autres objets ayant une valeur archéologique, historique, culturelle, scientifique ou religieuse, qui ont été enlevés illégalement d'Iraq depuis le 6 août 1990 et de Syrie depuis le 15 mars 2011, notamment en frappant d'interdiction le commerce transnational de ces objets et permettant ainsi qu'ils soient restitués aux peuples iraquien et syrien »*[838].

499. L'AG a rappelé sur cette question, les Résolutions pertinentes de l'Organisation des Nations Unies sur le trafic et le commerce illicites de biens culturels, et demandé aux États membres de redoubler d'efforts pour empêcher que les terroristes ne tirent profit du trafic de biens culturels. Les États doivent à cet effet, assurer le retour, la restitution ou le rapatriement dans leur pays d'origine, des biens culturels ayant fait l'objet d'un trafic ou ayant été exportés ou importés illicitement, volés, pillés, déterrés de manière illicite ou commercialisés de manière

---

[834] A/RES/73/186 (2018).
[835] S/RES/2253 (2015).
[836] S/RES/2170 (2014).
[837] §15 de la Résolution.
[838] §17 de la Résolution.

illicite[839]. Cela permettra de décourager les acquéreurs de pièces antiques qui hésiteront à risquer leurs avoirs dans des investissements incertains dont le produit peut être arraché à tout moment. L'idée est que sans marché, il n'y a point de trafic. Par ces mesures, le Conseil veut donc éliminer tous débouchés à ce commerce et ce faisant tout intérêt des groupes terroristes de s'attaquer auxdits biens. Cela n'a pas empêché que début 2015, l'EIIL contrôle 2500 sites archéologiques en Irak (soit un cinquième des sites irakiens[840]) et 4500 en Syrie, parmi les plus riches au monde. L'EIIL a même mis sur pied un bureau spécifiquement dédié aux fouilles, « légalisant » le pillage massif et systématique des sites archéologiques selon deux modalités distinctes[841]. D'une part, il fournit des permis d'exploitation aux contrebandiers « agréés »[842], pour effectuer des fouilles et vendre les objets trouvés moyennant le paiement d'une taxe comprise entre 20 % et 50 %[843]. D'autre part, pour se faire un profit plus élevé, il se charge lui-même de l'exploration et de la vente des pièces qu'il découvre. L'EIIL a généré environ 30 millions de dollars américains grâce au trafic d'antiquités en 2015, soit environ 1 % de son revenu total. Ainsi, le trafic de tels biens est devenu un moyen ordinaire pour financer les activités des groupes terroristes dans certains États du Proche ou Moyen-Orient comme l'Afghanistan, l'Irak, ou la Syrie. La CPI a récemment connu de l'affaire Procureur c/ Al Mahdi pour destruction de monuments religieux au Mali par un membre d'Ansar Eddine, mouvement associé à Al-Qaïda. Ce jugement portait uniquement sur la destruction et non le trafic de ces biens mais est utile à évoquer dans la

---

[839] A/RES/75/291 du 30 juin 2021 *portant Septième examen de la Stratégie antiterroriste mondiale de l'Organisation des Nations Unies,* §63.

[840] A. OSBORN, « Islamic State looting Syrian, Iraqi sites on industrial scale-UNESCO », *Reuters*, 2 juillet 2015. V. aussi Financial Action Task Force (FATF), « Financing of the Terrorist Organisation Islamic State in Iraq and the Levant (ISIL) », *FATF Report*, février 2015.

[841] C.E. HUMUD, R. PIROG, L. ROSEN, « Islamic State Financing and U.U. Policy Approaches », CRS Report prepared for Members and Committees of Congress, *Congressional Research Service*, 10 avril 2015.

[842] A.L. DAHMOUSH F. AL MASHHOUR et Syrians for Democracy, « The Impact of International Coalition Operations on the Economy of Islamic State in Syria », *Justice for Life Observatory in Deir EzZor*, janvier 2016.

[843] B. FRAYSSE, « La vérité sur le trafic d'antiquités de l'État islamique », *Challenges*, 22 février 2016.

mesure où ces actes ont été commis après la prise du contrôle de la région par un groupe terroriste[844].

500. Il convient de souligner le décalage entre le discours de l'organisation terroriste et la réalité de ses pratiques. D'un côté, il prône publiquement la destruction de ces sites et objets antiques considérés comme des idoles[845] et d'un autre, il sélectionne discrètement les pièces de valeur qui constituent pour lui une source importante de profit après leur vente. Des pièces ont notamment été saisies au Royaume-Uni, au Liban et en Jordanie.

B/ Le financement du terrorisme avec l'argent blanchi

501. Le blanchiment d'argent a pour objectif de dissimuler l'origine illicite des ressources. L'argent blanchi sert souvent à financer le terrorisme. C'est pourquoi, il faut prévenir le blanchiment de l'argent destiné à financer les activités terroristes **(2)**. Ces deux notions qui entretiennent des liens étroits sont toutefois à distinguer **(1)**.

1)Distinction entre blanchiment d'argent et financement du terrorisme

502. Le blanchiment est défini par le Dictionnaire de droit international public comme *« l'opération consistant à donner une apparence licite à un bien d'origine illicite, qu'il soit corporel ou incorporel, par des opérations de transfert ou de conversion de ce bien auprès d'institutions financières ou de crédit. Le blanchiment peut être le fait soit de l'auteur de l'infraction principale qui lui a permis de se procurer ce bien, soit d'un complice de l'auteur, soit d'une personne qui n'a pris aucune part dans l'infraction principale mais qui apporte en connaissance de cause son concours à la conversion ou au transfert du bien pour en cacher l'origine illicite »*[846]. Le blanchiment est un délit

---

[844] Le Procureur c. Ahmad Al Faqi Al Mahdi, CPI, jugement du 27/09/2016, n° ICC-01/12-01/15 ; *https://www.icccpi. int/Pages/record.aspx?docNo=ICC-01/12-01/15-171*. La Cour, conformément à l'article 8(2)(e)(iv) du Statut de Rome, qui érige en infraction pénale « le fait de diriger intentionnellement des attaques contre des bâtiments consacrés à la religion, à l'enseignement, à l'art, à la science ou à l'action caritative, des monuments historiques, des hôpitaux et des lieux où des malades et des blessés sont rassemblés, pour autant que ces bâtiments ne soient pas des objectifs militaires », a condamné Al-Mahdi à neuf ans d'emprisonnement.

[845] L'État Islamique a diffusé plusieurs vidéos mettant en scène la destruction de statues notamment dans un musée de Mossoul en février 2015.

[846] J. SALMON, *Dictionnaire de droit international public*, Bruylant, Bruxelles, 2001, p.130.

d'intermédiaire intentionnel, ou une infraction de conséquence impliquant souvent de nombreux complices. Les délinquants ont besoin de dissimuler l'origine illicite des fonds dans la mesure où la présence entre leurs mains d'importantes sommes d'argent apparaîtrait suspecte et permettrait de remonter assez facilement aux marchés illégaux[847]. Le blanchiment consiste à donner une apparence légale aux produits de l'activité criminelle. Il comprend généralement trois étapes. La première, **le placement**, consiste à se débarrasser du numéraire, notamment des petites coupures. Ensuite, **l'empilage** a pour but de brouiller les pistes en multipliant les transactions entre plusieurs pays pour se servir des différences de réglementations entre les États et échapper aux poursuites judiciaires. La dernière phase est **l'intégration** qui permet de donner une apparence licite à l'argent sale, les fonds pouvant alors s'investir dans l'économie légale[848].

503. Pour les terroristes, le blanchiment de capitaux n'est pas une fin en soi mais un moyen permettant l'exécution de leurs actions. Le blanchiment d'argent et le financement du terrorisme sont des crimes connexes lorsqu'ils sont envisagés sous l'angle du profit que les terroristes tirent de la criminalité. En ce sens, le GAFI a noté qu'il n'y a pas de différence significative entre les sources de financements utilisées par les terroristes et celles utilisées par la criminalité organisée : « *les terroristes se livrent à des activités criminelles pour financer leurs opérations. (...) Dans les deux cas les méthodes pour blanchir les fonds sont quasiment identiques* »[849].

504. Néanmoins, blanchiment de capitaux et financement du terrorisme diffèrent sur quelques aspects. Le blanchiment n'est pas un procédé obligatoire pour les terroristes qui utilisent aussi bien de l'argent *blanchi* que de l'argent *propre* pour financer leurs actions. De surcroit, blanchiment de capitaux et financement du terrorisme

---

847 J. CARTIER-BRESSON, « États, marchés, réseaux et organisations criminelles entrepreneuriales » *in Criminalité organisée et ordre dans la société,* Presses Universitaires d'Aix-Marseille, 1997, p. 67. V. Ph. WILLIAMS, « Organizing Transnational Crime : Networks, Markets and Hierarchies », *Revue Transnational Organized Crime*, Frank Cass, Londres, volume 4, n° 3 et 4, 1998, p. 57-87.

848 V. C. CUTAJAR, « La description du processus de blanchiment », *in Le blanchiment des profits illicites, Textes réunis par Chantai CUTAJAR*, Presses Universitaires de Strasbourg, 2000, p.18.

849 GAFI, *Rapport sur les typologies du blanchiment de capitaux*, 2000-2001, 1er février 2001, p.31.

interviennent différemment dans la « *séquence criminelle* »[850]. Le financement d'un acte terroriste intervient en amont de la réalisation du crime alors que le blanchiment de capitaux intervient après le crime, afin de recycler le produit financier de ce dernier. Ainsi, selon Anthony AMICELLE *« l'inclusion du financement du terrorisme amène à une redéfinition de la problématique anti blanchiment : la notion même de « argent sale » s'en trouve modifiée, puisqu'elle ne désigne plus seulement les fonds illicites, mais aussi des capitaux légitimes potentiellement criminels dans leur destination »*[851]. Le financement du terrorisme lui, consiste en un noircissement de capitaux, la finalité consiste à commettre un crime donc à effacer toute traçabilité[852].

2) La prévention du financement du terrorisme avec l'argent blanchi

505. Désormais, les banquiers et autres professionnels impliqués dans la lutte anti blanchiment ne doivent plus uniquement s'enquérir de l'origine des fonds de leurs clients, ils doivent également s'interroger sur l'intention de ces derniers et sur la finalité des fonds. Un changement d'approche dans les obligations déclaratives qui sont imposées aux organismes financiers par les pouvoirs publics devient nécessaire. Les politiques pré-11 septembre 2001 étaient avant tout conçues pour confisquer les capitaux illicites après l'acte délictueux. Les politiques post-11 septembre elles, ont pour objectif de prévenir de possibles attaques et d'appréhender des potentiels terroristes[853].

506. Dans sa Résolution adoptée le 17 décembre 2018 portant Renforcement du programme des Nations Unies pour la prévention du crime et la justice pénale, surtout de ses capacités de coopération technique[854], l'Assemblée générale a encouragé les États membres à continuer de recenser tous les liens qui existent entre la criminalité transnationale organisée, les activités illicites liées à la drogue, le

---

[850] M-C. DUPUIS-DANON, « La lutte contre la finance criminelle : financement du terrorisme et blanchiment d'argent sale », *in* J-F. DAGUZAN (dir.), *Financement du terrorisme,* Géoéconomie, automne 2004, n°31, p.91.

[851] A. AMICELLE, « La lutte contre le financement du terrorisme », *in* D. BIGO (dir.), *Au nom du 11 septembre…*, La découverte, 2008, p. 131-138.

[852] F. COMPIN, « Financement du terrorisme et blanchiment de capitaux : liaisons dangereuses ou manipulations d'état ? » *L'Homme & la Société*, 2016/1 n° 199, pp.159-172.

[853] L. AMOORE, M. DE GOEDE, « Governance, risk and dataveillance in the war on terror », *Crime, Law and Social Change*, n°43, 2005, p. 152.

[854] A/RES/73/186 (2018).

blanchiment d'argent et le financement du terrorisme, d'analyser ces liens et d'y faire obstacle. Le lien entre le blanchiment de ressources et le terrorisme peut se situer principalement dans le cadre de paiements de biens. Si une organisation terroriste veut acquérir des biens de grande valeur sur le plan de la logistique ou autre par exemple, il peut s'avérer nécessaire de faire recours à des transactions financières dans le cadre du système bancaire. On sait en particulier qu'au-delà de certains montants, les paiements en espèces ne sont pas autorisés et leur utilisation crée la suspicion. Les organisations terroristes recourent alors au blanchiment pour déguiser l'origine de leurs revenus s'ils ont été obtenus par des moyens illicites.

507. L'un des organes majeurs en matière de lutte contre le financement du terrorisme est le Groupe d'action financière internationale (GAFI), ou en anglais FATF (Financial Action Task Force) créé par les États du G7 avec leurs partenaires de l'OCDE, à la suite du sommet de l'Arche à Paris en 1989[855]. Le GAFI s'efforce de constituer un réseau mondial de lutte contre le blanchiment et le financement du terrorisme, ce qui a conduit à la formation de Groupes régionaux ou internationaux dits « de type GAFI » qui effectuent des tâches similaires aux siennes dans leur aire géographique[856]. Dans sa Résolution 1617 (2005), le Conseil de sécurité a engagé tous les États membres à appliquer les normes internationales détaillées que constituent les 40 recommandations du Groupe d'action financière sur le blanchiment de capitaux (GAFI)[857]. Il s'agit de quarante

[855] Le GAFI est un organisme international indépendant. Il n'a pas de structure précisément définie et réexamine sa mission tous les cinq ans. Le processus de décision au sein du GAFI est fondé sur le consensus. À côté des États, deux organisations internationales sont membres du GAFI : la Commission européenne et le Conseil de coopération du Golfe. Le GAFI comprend plus de 20 observateurs (le Fonds monétaire international, la Banque mondiale, les Banques régionales de développement, INTERPOL, EUROPOL, les organismes régionaux de type GAFI...) et plus de 15 organisations ou organismes internationaux.

[856] Il s'agit des groupes ou organismes suivants : le Groupe Asie/Pacifique sur le blanchiment de capitaux (GAP), le Groupe d'action financière des Caraïbes (GAFIC), le Comité restreint d'experts du Conseil de l'Europe sur l'évaluation des mesures de lutte contre le blanchiment (Comité MONEYVAL), le Groupe anti-blanchiment de l'Afrique orientale et australe (GABAOA), le Groupe d'action financière de l'Amérique du Sud (GAFISUD) et le Groupe des autorités de contrôle bancaire des centres extraterritoriaux (OGBS).

[857] S/2005/789, Lettre datée du 14 décembre 2005, adressée au Président du Conseil de sécurité par le Président du groupe de travail créé par la Résolution 1566 (2004), §17.

recommandations formulées en 1990 pour lutter contre le blanchiment de l'argent sale. Elles ont été révisées une première fois en 1996 après consultation de toutes les parties intéressées et de nouveau en juin 2003. Le GAFI a étendu en 2001 son mandat à la question du financement du terrorisme et a adopté à cette fin huit recommandations spéciales.

508. Les premières (recommandations 1 à 3) demandent aux États d'incriminer le blanchiment de capitaux sur la base des conventions de Vienne de 1988 sur les stupéfiants et de Palerme de 2000 sur la criminalité transfrontière organisée, en retenant la gamme la plus large d'infractions sous-jacentes. L'objet principal des recommandations du GAFI concerne les mesures à prendre par les banques et les autres professions concernées pour lutter contre le blanchiment (recommandations 4 à 25). Il est demandé aux banques de ne pas entraver la mise en œuvre des recommandations du GAFI en invoquant le secret professionnel, de ne pas tenir de comptes anonymes ou sous des noms fictifs, et surtout de prendre des mesures de vigilance à l'égard de la clientèle. Le client ou le bénéficiaire effectif doit être clairement identifié. De plus, les transactions doivent faire l'objet d'un examen attentif en fonction de la connaissance que la banque a du client et de son profil de risque. Une surveillance renforcée devrait être déployée à l'égard des clients occasionnels, des transactions inhabituelles, ou des personnes politiquement exposées.

509. Pour assurer la transparence des transactions financières, les banques doivent s'assurer que les correspondants bancaires étrangers avec lesquels elles traitent intègrent la question de la lutte contre le blanchiment de capitaux dans leurs activités. Aujourd'hui, avec l'évolution technologique, les transactions sont rapides, faciles et certaines mêmes peuvent se faire sous anonymat. Ces dernières en particulier, doivent faire l'objet d'une attention particulière. La conservation des documents bancaires pendant un certain délai pour permettre de s'y référer peut aider à réussir la lutte contre le blanchiment de capitaux.

510. L'AG dans le cadre de l'examen de sa Stratégie antiterroriste mondiale, a estimé qu'il fallait que tous les États membres procèdent à une évaluation nationale des risques de financement du terrorisme et répertorient les secteurs de l'économie les plus exposés à ce risque. Les États membres doivent établir des liens avec les institutions financières nationales et mettre en commun les informations sur les risques de financement du terrorisme afin d'élargir le champ de l'action qu'ils mènent pour repérer d'éventuelles activités de financement du terrorisme[858]. La mise en commun des initiatives et des ressources, notamment des forces de l'ordre, des services de renseignement, des services de sécurité et des cellules de renseignement financier peut y aider. Le Centre des Nations Unies de lutte contre le terrorisme assiste les États membres pour qu'ils aient une meilleure compréhension des risques de financement de terrorisme. Il a renforcé la capacité de détection, de prévention et de lutte contre le financement du terrorisme de plusieurs États[859]. Le centre a mis en œuvre des activités avec les groupes régionaux de type GAFI de lutte contre le blanchiment d'argent de l'Afrique australe, du Moyen Orient et de l'Afrique du Nord pour améliorer leurs plans d'action de prise en charge des risques liés à cette pratique[860].

511. L'AG demande aux États membres de prendre en charge le problème de l'anonymat des transactions en retraçant les opérations des agences illégales de transfert de fonds pour les sanctionner et les démanteler. Il faut en plus, remédier aux risques associés à l'utilisation de liquidités, de systèmes informels de transferts de fonds, de cartes de crédit ou de débit à prépaiement, d'avoirs virtuels et d'autres moyens anonymes employés dans des transactions monétaires ou financières[861].

512. Dans le cadre de la dissuasion de l'activité terroriste, le financement du terrorisme devrait être à la fois une infraction principale du blanchiment d'argent et une infraction autonome. Les infractions telle que la complicité ne peuvent s'y substituer. Le champ de l'infraction tel qu'il est défini à l'article 2 de la Convention internationale pour la répression du financement du terrorisme mérite d'être noté. Elle renvoie aux actes terroristes incriminés au titre non seulement de toutes les infractions visées par les différents instruments de lutte contre le terrorisme énoncés dans la Convention de 1999, mais également de l'infraction générale. Par conséquent, la qualification de financement du terrorisme devrait également s'appliquer aux infractions visées dans les 19 instruments internationaux de lutte contre le terrorisme. Les États sont invités à incriminer également le

---

[858] A/RES/75/291 du 30 juin 2021 *portant Septième examen de la Stratégie antiterroriste mondiale de l'Organisation des Nations Unies*, §56.

[859] United Nations Counter-Terrorism Centre, Annual report 2021, January - December 2021, 132p., p.47.

[860] Idem.

[861] Ibidem, §57.

financement sans qu'il soit nécessaire d'établir un lien avec un ou plusieurs actes terroristes précis. Cette obligation a été réaffirmée au paragraphe 17 de la Résolution 2253 (2015) dans laquelle le Conseil note que la Recommandation 5 du GAFI s'applique au financement d'organisations terroristes ou de terroristes, quelle qu'en soit la raison, notamment, mais pas exclusivement, le recrutement, l'entraînement ou le voyage, même en l'absence de lien avec un acte terroriste précis. Pour que l'infraction de financement du terrorisme soit constituée, il ne devrait pas être nécessaire que les fonds aient été effectivement utilisés pour commettre ou tenter de commettre un acte terroriste[862].

§2 Les sources licites de financement du terrorisme

513. Les groupes terroristes ne tirent pas leurs financements exclusivement d'activités illicites. Certaines de leurs sources de revenus sont parfaitement licites. Les bénéfices réalisés à l'occasion d'affaires légitimes, l'argent rassemblé par les organisations caritatives, les mosquées et les contributions individuelles de musulmans qui finissent entre les mains de groupes armés terroristes ne peuvent être considérés comme « argent sale ». Les sources de financement licites de la nouvelle économie de la terreur sont de l'ordre de 300 à 500 milliards de dollars par an alors que la somme des revenus licites et illicites servant à financer le terrorisme elle, est estimée à près de 1 500 milliards de dollars[863]. Les revenus licites représenteraient ainsi environ un tiers des revenus globaux de ces groupes et proviennent principalement d'organismes à but non lucratif **(A),** de crédits de consommation et de petites entreprises privées **(B).**

A/L'utilisation d'organismes à but non lucratif

514. La distinction entre les sources licites et les sources illicites n'est pas simplement conceptuelle, elle a une portée pratique importante. L'existence de sources légales de financement peut rendre la détection du phénomène plus complexe. Lorsque les ressources proviennent de sources illicites, les acteurs de tous ordres ont une bonne connaissance des circuits habituels empruntés par ces ressources et peuvent ainsi concentrer leurs énergies sur ces circuits. Les ressources provenant de sources licites ne font pas l'objet d'une telle attention

---

[862] S/2017/716 du 15 août 2017 précité, p.7.

[863] NAPOLEONI (L), « La nouvelle économie de la terreur : comment le terrorisme est financé », Op. Cit., p. 48.

habituellement. Ce relatif désintérêt des acteurs de lutte contre la criminalité de ces circuits de transferts de ressources, est exploité par les groupes terroristes. A ce sujet, le GAFI explique que *« lorsque les organisations terroristes obtiennent des soutiens financiers à partir de sources légales (dons, ventes de publications, etc.) certains facteurs compliquent les opérations de détection et de suivi de ces fonds. Par exemple, les fondations caritatives ou les organismes à but non-lucratif et autres entités légales joueraient éventuellement un rôle important dans le financement de certains groupes terroristes. L'origine apparemment légale de ce financement peut signifier, par exemple, qu'il n'y a guère d'indicateurs susceptibles de mettre en évidence le lien entre une transaction financière individuelle ou une série de transactions et des activités terroristes »*[864].

515. Dans un rapport de 2013, le GAFI a affirmé que « *des groupes terroristes et leurs financiers tirent des fonds à la fois d'activités licites et illicites et les déplacent à travers des canaux formels et informels pour soutenir leurs activités »*[865]. Une bonne part des sources du financement du terrorisme peut ainsi être légale, pour le moins en apparence. Les enquêtes menées après les événements du 11 septembre 2001 ont établi que les sources financières d'Oussama ben Laden et de l'organisation Al-Qaeda, sont issues en partie, de transactions légales[866] notamment d'organisations de charité. Les modes licites de financement du terrorisme international comprennent notamment le financement étatique, les dons et contributions volontaires ou tout type de contribution à des organismes à but non lucratif effectué pour des motifs caritatifs, religieux, culturels, éducatifs, sociaux ou confraternels. C'est de cette catégorie de financement, qui n'est pas nouvelle, que relève en particulier la zakât, concept islamique correspondant à l'aumône obligatoire versée par le musulman à titre de solidarité et pouvant être utilisée au bénéfice de la communauté[867].

---

[864] GAFI, *Directives à l'attention des institutions financières pour la détection des activités de financement du terrorisme*, 24 avril 2002, sur le site internet du GAFI [wwwl.oecd.org/fatf7TerFinance_fr.htm], p. 6.

[865] GAFI, *Financement du terrorisme en Afrique de l'Ouest*, Octobre 2013.

[866] V. K. EICHENWALD, « Les travaux de la VIe commission de la 27e Assemblée générale des Nations Unies », *Annuaire français de droit international*, 1972, Volume 18, Numéro 1, pp.544-583.

[867] La zakât et son lien avec le terrorisme a été étudié par Michel KOUTOUZIS, Op. Cit.. Selon lui, « Bien sûr, l'opium finance les guerres afghanes, comme il finance les insurrections, les guérillas et le terrorisme islamiques. Non pas directement, mais par ricochet, à travers la zakât, des fonds saoudiens et des ONG islamistes pakistanaises

Certaines familles fortunées du Moyen-Orient estiment qu'il est de leur devoir de contribuer à l'effort financier des moudjahidines pour qu'ils puissent effectuer leur djihad et *« implanter l'islam sunnite sur des terres étrangères »*[868]. L'obligation de l'aumône troisième pilier de l'Islam, explique le développement important d'organisations caritatives musulmanes dont les réseaux terroristes ont tiré avantage soit à l'insu de ces ONG, soit en utilisant des ONG de façade afin de collecter des fonds[869]. Les OBNL légitimes peuvent être utilisées comme couverture par des individus ayant des intentions malveillantes pour mener des activités criminelles. Les OBNL sont dans ce cas, victimes d'agissements criminels[870] d'organisations terroristes qui les utilisent pour mobiliser, déplacer, stocker des fonds dans « *des secteurs que les dirigeants de l'OBNL n'ont pas autorisés ou sanctionnent »*[871]. Plus généralement, les biens de l'OBNL tels que la trésorerie, les locaux, les marchandises, les ressources humaines peuvent être utilisés à des fins criminels.

516. Dans leurs relations professionnelles avec leurs partenaires étrangers, les OBNL envoient ou reçoivent des financements à travers des procédures de transfert international d'argent. Elles peuvent simuler des pertes à l'occasion de ces transferts dont les montants correspondants feront l'objet de retrait en espèces à la destination prévue[872]. Les OBNL interviennent aussi dans des endroits en situation de crise humanitaire. Tel est d'ailleurs leur objet en principe. Les fonds mobilisés pour alimenter leurs activités de secours aux personnes dans la détresse, peuvent être subtilisés ou détournés pour financer les

---

- c'est-à-dire, une fois que l'ensemble des cycles de blanchiment et de réintégration des bénéfices des trafics transformera, par un coup de baguette magique, une partie de ces mêmes bénéfices en dons issus des plus-values sur les pétrodollars et la zakât'. [...] Si le Département d'État américain semble découvrir enfin le rôle de la zakât dans le financement des camps de Ben Laden, et se préoccupe des banques islamistes, il pèche toujours par amnésie sélective [...] ».

[868] J. ALAIN, « La lutte contre les ressources du terrorisme », *Pouvoirs,* 2016/3 (N° 158), p. 25-37.

[869] F. DANIELA, « Conceptions et Pratiques du Don en Islam », *La Découverte*, 2012. Vol 1, n°39, p.449.

[870] SNAC TP9/2014 *Méthodologie d'évaluation des risques de blanchiment d'argent et de financement du terrorisme concernant le secteur des organisations à but non lucratif*, p.11.

[871] Ibidem, p.12

[872] Ibidem, p.13

activités terroristes avec la complicité des dirigeants de ces organisations.

517. Récemment encore, l'utilisation d'organisations à but non lucratif a été décrite comme étant une technique efficace utilisée pour le financement du terrorisme. Selon le GAFI, « *l'utilisation abusive d'organismes à but non lucratif pour financer le terrorisme est en passe d'être reconnue comme un point faible essentiel de la lutte mondiale visant à arrêter ce type de financement à la source* »[873]. Le Groupe ajoute que « *la communauté internationale a (...) démontré que les (...) organisations terroristes utilisent le secteur des OBNL pour se procurer des fonds et les faire circuler, pour s'assurer un appui logistique, pour encourager le recrutement de terroristes et pour soutenir par tout autre moyen les organisations terroristes et leurs activités* »[874]. L'utilisation des OBNL offre plusieurs avantages aux organisations terroristes qui les utilisent. Elle offre un accès facile à d'importantes sommes d'argent qui passent dans les trésoreries de ces organisations. Elle permet aux groupes terroristes d'avoir à disposition, des structures ayant une implantation internationale et ayant une proximité avec les régions où sévissent les organisations terroristes. Elle permet en plus d'échapper au contrôle des autorités publiques.

518. Le 30 mai 2017, suite à l'ouverture d'une enquête préliminaire par le parquet de Paris pour financement du terrorisme et association de malfaiteurs terroristes contre Idriss Sihamedi, fondateur de l'ONG musulmane Baraka City, ce dernier a annoncé sur son compte twitter que son domicile a fait l'objet d'une perquisition par la brigade financière de Paris « *suspectant des montages à des fins terroristes* »[875]. En 2014, le service français de Traitement du Renseignement et Action contre les Circuits Financiers Clandestins (TRACFIN), a fait remonter plusieurs signalements au sujet de cette ONG qui a fait un premier virement de 200.000 euros à destination des territoires palestiniens puis

---

[873] GAFI, *Les IX recommandations spéciales du GAFI, Normes du GAFI*, octobre 2001 ; GAFI, *Rapport sur les typologies de blanchiment 2003-2004*. V. aussi G. DELRUE, « Le blanchiment de capitaux et le financement du terrorisme », *Maklu Pub*, 2012.

[874] GAFI, *Normes internationales sur la lutte contre le blanchiment de capitaux et le financement du terrorisme et de la prolifération*, février 2012, p.57.

[875] « Paris : Perquisitions dans les locaux de Baraka City, l'ONG musulmane controversée », *20 minutes*, 31 mai 2017.

deux autres, d'un montant cumulé de 500.000 euros, vers l'étranger[876]. En avril 2014, la Société Générale et le Crédit Industriel et Commercial (des banques) tirant motif de ces faits, ont informé l'association qu'elles ne souhaitaient plus la compter parmi leurs clients[877]. Le cas *Baraka City* illustre la volonté des autorités françaises de s'attaquer aux micros financiers du terrorisme conformément à la huitième recommandation spéciale du GAFI, qui recommande aux États d'exercer un contrôle sur le rôle des organisations charitables et des organismes politiques exerçant des activités sociales ou non-lucratives[878]. L'ONG saoudienne *Al Haramein* a de son côté, joué un rôle essentiel, lors de la guerre en Bosnie, dans l'acheminement de combattants islamistes, ainsi que dans le trafic d'armes et le transport de fonds. Elle a par la suite été mise en cause après les attentats de 1998 en Afrique de l'Est.

519. Les banques islamiques par exemple, prélèvent sur chacune des transactions réalisées par leur intermédiaire, la *zakat* (aumône) que doit obligatoirement acquitter chaque musulman. Il n'est tenu aucun registre de ces échanges monétaires et le code de pratiques des banques islamiques exige la destruction de tous les documents dès que l'argent de la *zakat* a été transféré[879]. Certaines organisations caritatives virent leurs fonds par le biais de banques islamiques aux groupes et cellules islamiques répartis dans le monde au titre de cette aumône. Par exemple, la Muwafaq, mieux connue sous le nom de *"Blessed Relief"*, organisation caritative saoudienne organisait des cours d'arabe, d'informatique et d'études coraniques en Bosnie et assurait également des distributions de vivres aux nécessiteux. Au même moment, selon un ancien agent de renseignement croate, la Muwafaq appuyait les groupes armés musulmans qui opéraient en Bosnie et en Albanie[880].

520. Lors de sa déclaration à la préfecture de Paris le 10 janvier 2012, l'Association Perles de l'Espoir qui prétendait aider les peuples palestinien et syrien à travers des actions valorisant l'éducation, la

---

[876]« Baraka City : plongée au cœur d'une association controversée », *Le Parisien*, 29 février 2016. V. aussi CE, 24 septembre 2021, Association de défense des droits de l'homme -collectif contre l'islamophobie en France, req 449215, n°12.

[877] L. SAN, « Baraka City, l'ONG islamique soupçonnée de tout et poursuivie pour rien », *France Télévision*, 04 février 2016.

[878] « Le financement du terrorisme. Résolution », *Revue internationale de droit pénal,* Vol. 80, 2009, pp.519-524.

[879] L. NAPOLEONI, Op. Cit.

[880] « Assault on charities is risky front for the US », *Wall Street Journal*, 16 octobre 2001.

santé, le civisme et la démocratie[881], a été mis en cause dans le financement du terrorisme. En réalité, l'association profitait de ses convois humanitaires pour financer des groupes de combattants syriens opposés au régime d'AL-ASSAD et à Daech. Le Directeur exécutif de Benevolence International Foundation, un organisme de charité figurant sur la liste du Comité établi en vertu de la Résolution 1267 du Conseil de sécurité de l'ONU comme entité associée à Al-Qaeda, a reconnu avoir utilisé de manière frauduleuse, des dons versés à des fins caritatives pour soutenir le réseau Al-Qaeda et d'autres groupes violents en Tchétchénie et en Bosnie-Herzégovine. Dans le même sens, en novembre 2008 les fondateurs de la *Holy Land Foundation* ont été inculpés par un tribunal fédéral du Texas de l'infraction définie en droit américain de soutien matériel au terrorisme[882]. C'est dire que les exemples en cette matière sont légion.

521. Le Conseil au §1b) de la Résolution 1373 (2001) agissant sous le Chapitre VII a décidé *d'« ériger en infraction la fourniture ou la collecte délibérée par leurs nationaux ou sur leur territoire, par quelque moyen que ce soit, directement ou indirectement, de fonds que l'on prévoit d'utiliser ou dont on sait qu'ils seront utilisés pour perpétrer des actes de terrorisme ».* C'est dire que le Conseil ne fait aucune distinction sur l'origine de fonds servant à financer le terrorisme dans la condamnation de cette pratique. Dans sa Résolution 2368 (2017), il a demandé aux États membres de prendre des mesures fermes et énergiques afin de superviser efficacement les systèmes de transfert de valeurs monétaires, de détecter et prévenir les mouvements transfrontières de devises destinées au financement du terrorisme. Le Conseil insiste dans la même Résolution sur la nécessité d'éviter le détournement des activités des organisations à but non lucratif à des fins de terrorisme, en recourant à une démarche axée sur l'analyse des risques, tout en s'employant à atténuer les effets sur les activités légales exercées par ces moyens[883]. En 2021, dans le cadre de son programme de lutte contre le financement du terrorisme, le Centre des Nations Unies de lutte contre le terrorisme a organisé des ateliers nationaux de formation pour l'Irak, le Maroc, l'Arabie Saoudite, le Soudan et le Tadjikistan sur la protection des secteurs à but non lucratifs contre leur

---

[881] S. SEELOW, « Une association humanitaire accusée de financer le djihad », *Le Monde*, 23 novembre 2014.
[882] ONUDC, *Recueil de cas des affaires de terrorisme*, New York, 2010, §93.
[883] S/RES/2368 (2017) du 20 juillet 2017, §22.

utilisation par les groupes terroristes, les investigations sur le financement du terrorisme, et les avantages du virtuel[884].

522. Il reste cependant indispensable d'être prudent dans l'action menée pour éviter le financement du terrorisme par des organisations charitables notamment à travers la *zakat* car elle est en principe une œuvre de charité et de solidarité à encourager. Il ne faudrait donc pas sous le couvert de la lutte contre le financement du terrorisme, s'ingérer sans raison valable dans un domaine aussi sensible en raison de son caractère religieux. Des pressions plus ou moins discrètes, faites notamment sur les pays du Golfe ou l'Arabie saoudite, ont incontestablement conduit à la prise de mesures de surveillance et de contrôle qui se sont montrées efficaces[885]. Certains terroristes, pour financer eux-mêmes les actes terroristes qu'ils projettent de commettre, contractent des emprunts avec des établissements financiers et bancaires à cette fin. D'autres profites des revenus de leurs entreprises privées.

B/ L'utilisation des crédits de consommation et de petites entreprises privées

523. On peut financer le terrorisme avec des ressources d'origine licite sans faire appel à une structure organisée, une institution entière comme une OBNL. Cela est possible à un niveau individuel tel que nous le montre l'utilisation qu'ont fait certains terroristes, des crédits de consommation. Jean-Baptiste CARPENTIER, ancien directeur de TRACFIN a déclaré à cet effet que si « *les crédits à la consommation nous paraissaient des opérations à faible risque, l'expérience malheureuse de janvier (2015) a montré qu'il fallait remettre en question cette classification* »[886]. Juridiquement, le crédit à la consommation est une opération de crédit destinée à l'acquisition d'un bien de consommation ou d'un service dans un but autre que celui de satisfaire aux besoins d'une entreprise. En septembre 2014, Hayat Boumeddiene, la compagne d'Amedy Coulibaly, le preneur d'otages d'un hyper cacher à Paris, est parvenue à emprunter 27 200 euros auprès de la société de crédit à la consommation *Financo*[887] dans l'optique de

---

[884] United Nations Counter-Terrorism Centre, Annual report 2021, January - December 2021, 132p., p.48.

[885] Islamfrance.free.fr/aumone.html.

[886] « Le crédit conso, nouvelle arme des terroristes », *Le Parisien*, 01 juillet 2015.

[887] F. PILIU, D. BOULARD, *L'argent de la terreur*, First Document, 2016, p.240.

s'acheter une *Mini Cooper*[888]. Arrivée en Belgique avec la voiture, elle l'a revendue et en a retirée des sommes importantes qui ont permis l'acquisition des armes ayant servi à la tuerie[889]. En novembre 2014, Amedy Coulibaly lui-même, après avoir tenté à plusieurs reprises d'obtenir un crédit sans succès, est parvenu à obtenir en présentant des fiches de paie falsifiées, un crédit auprès de *Mercedes* pour l'achat d'une voiture qu'il a revendue peu après à 16 000 euros[890]. Il a contracté en plus, un prêt de 6 000 euros auprès de la société *Cofidis,* avant de passer à l'acte[891]. Pour obtenir ce crédit, Amedy Coulibaly s'est présenté comme un chef de projet de la société *Naxos*, filiale télécom du groupe *Telcité/RATP*[892].

524. Le crédit de consommation fréquemment utilisé par les djihadistes ainsi qu'on vient de le noter, à y voir de près, semble en contradiction avec les pratiques imposées par la charia. Selon les interprétations littéralistes du Coran, les crédits à la consommation peuvent être considérés comme de *l'usure*, ce qui est formellement prohibé en islam[893]. David THOMSON explique que pour les terroristes, « *ce n'est pas du vol. Mieux, ce serait même un acte héroïque que de voler des biens aux mécréants pour un but lié au Djihad. Certains djihadistes l'apparentent même à une vengeance contre ces établissements bancaires [qui] ont poussé leurs familles au surendettement à coups de 'crédits conso' répétés* »[894]. David THOMSON reprend le témoignage d'un français candidat au départ pour la Syrie qui éclaire considérablement la facilité avec laquelle il est possible d'obtenir un crédit à la consommation à des fins criminelles ou terroristes. Selon ce témoin, « *on est associés avec des frères qui ont une société, donc ils ont plus de facilités. On fait des emplois fictifs,*

---

888 « Comment Hayat BOUMEDDIENE, la compagne de COULIBALY, a fui la France », *Le Monde*, 24 février 2015.

889 G. GENDRON, « Le crédit à la consommation, bon plan des djihadistes », *Libération*, 16 janvier 2015.

890 « Attentats de Paris : récit détaillé des trois jours qui ont changé la France », *Le Monde*, 20 février 2015.

891 « Amedy COULIBALY avait contracté un prêt de 6000 € qui aurait pu financer ses attentats », *La Voix du Nord*, 14 janvier 2015.

892 G. GENDRON, « Le crédit à la consommation, bon plan des djihadistes », *Libération*, 16 janvier 2015.

893 « Tout ce que vous donnerez à usure pour augmenter vos biens aux dépens des biens d'autrui ne fructifiera pas auprès de Dieu. » (S.30-V.39) ; « Ô vous qui croyez ! Ne pratiquez pas l'usure en multipliant démesurément votre capital. » (S.3-V.130).

894 V. D. THOMSON, *Les Français djihadistes*, Les Arènes, 2014.

avec des fausses fiches de paie, on grossit les salaires et on ouvre des comptes dans des banques différentes. Comme ça, on lance toutes les procédures en même temps. On multiplie les crédits. On prend le liquide et c'est bon, après on part. C'est ça le butin de guerre »[895].

525. Un autre mécanisme a été révélé par les opérations Gebel et Toureg. L'opération Gebel était constituée de petites entreprises légales qui fraudaient le fisc. Les personnes impliquées falsifiaient des documents d'identité, fournissaient de faux certificats de travail et louaient des véhicules qui étaient ensuite revendus en Afrique du Nord. Ce stratagème a permis de récolter plus de cinq millions d'euros qui ont été ensuite virés sur le compte de différents groupes associés à des activités terroristes[896]. L'opération Toureg impliquait de petites entreprises licites qui avaient transféré plus de 300 000 euros, sur plusieurs comptes bancaires ouverts dans de nombreux pays aux membres de groupes violents d'Afrique du Nord, tels que le Groupe salafiste pour la prédication et le combat et le Groupe islamique armé algérien (GIA). La vigilance des institutions bancaires sur la personnalité et les activités de leurs clients permettrait de réduire ce risque que les fonds qu'elles mettent à la disposition de leurs clients, servent à financer des actes terroristes. Il faut donc contrôler les transferts financiers, pour éviter que les sommes réunies ne circulent librement vers les groupes terroristes.

Section 2 : Un contrôle des transferts financiers dynamique

526. L'un des piliers de la lutte contre le financement du terrorisme est le contrôle des transferts financiers. Même lorsque les groupes terroristes parviennent à réunir les fonds nécessaires pour leur action, encore faut-il qu'ils réussissent à les acheminer au lieu de l'action projetée. Le contrôle des transferts financiers vise justement à empêcher la circulation des ressources financières des groupes terroristes vers leurs membres chargés de l'exécution des actes terroristes **(§1)**. Lorsque les contrôles sont bien menés, ils permettent de repérer les mouvements de fonds des groupes terroristes et d'identifier l'ensemble des fonds dont ces acteurs disposent. Il faut alors procéder au gel ou à la confiscation des avoirs selon les cas **(§2)**.

---

[895] Idem.

[896] ONUDC, *Recueil de cas sur les affaires de terrorisme*, New York, 2010, §86.

§1 La mise en œuvre du contrôle

527. Les transferts financiers vers les groupes terroristes peuvent se faire dans le cadre du système formel traditionnel à travers des établissements financiers homologués qui fonctionnent suivant des règles connues et sous le contrôle des autorités compétentes **(A)**. Dans cette hypothèse le contrôle est assuré par les établissements financiers en collaboration avec les cellules de renseignements financiers. Les transferts peuvent aussi se faire dans un cadre informel **(B)**.

A/ Les transferts monétaires informels

528. Les transferts monétaires informels se déroulent en dehors des circuits financiers homologués. Le contrôle des transferts monétaires informels concerne les OBNL **(1)** et d'autres systèmes dont ces organisations profitent **(2)**. Dans le premier cas, les OBNL peuvent participer à ces transferts volontairement ou bien être utilisés contre leur et parfois même à leur insu. Dans le second cas, il s'agit pour les groupes terroristes de recourir à des personnes peu regardantes sur l'origine des fonds pour transférer leurs fonds.

1) L'activité des Organisations à but non lucratif

529. Dans sa Résolution 2368 (2017)[897] adoptée le 20 juillet 2017, le Conseil de sécurité a noté que la campagne internationale en cours contre le financement du terrorisme a permis de détecter des cas particuliers dans lesquels des terroristes et des organisations terroristes, exploitent certaines organisations à but non lucratif pour se procurer et faire circuler des fonds, s'assurer un appui logistique, encourager le recrutement de terroristes ou soutenir par tout autre moyen des organisations terroristes. Le Conseil dans la même Résolution, a demandé aux organisations non gouvernementales, aux organisations à but non lucratif et aux organisations caritatives de prévenir et de contrecarrer toute exploitation de leur statut par des terroristes en prenant des mesures d'atténuation des risques. L'application d'une stratégie ciblée et basée sur les risques ainsi que la collaboration des gouvernements avec le secteur associatif permet d'atténuer effectivement l'utilisation à des fins terroristes des OBNL. Le GAFI ajoute dans sa Recommandation 8 que *« les pays devraient examiner la pertinence de leurs lois et règlements relatifs aux organismes à but non lucratif qu'ils ont identifiés comme vulnérables à une exploitation à des*

---

897 S/RES/2368 (2017) précité.

fins de financement du terrorisme. Les pays devraient appliquer des mesures ciblées et proportionnées à ces OBNL, selon une approche basée sur les risques, pour les protéger d'une exploitation à des fins de financement du terrorisme. »

530. Pour surveiller efficacement les OBNL, il faut identifier et cibler celles qui présentent le plus de risques plutôt qu'agir indistinctement sur elles toutes, avec le risque de ne pas disposer de moyens suffisants pour le faire efficacement. Toutes les institutions n'étant pas intrinsèquement à haut risque, il est important, dans un premier temps, que les États aient une bonne compréhension du secteur des organisations à but non lucratif de leur juridiction et des risques de financement du terrorisme auxquels ce secteur est exposé. L'État doit connaître son secteur des OBNL, connaître celles qui par leurs activités, la qualité de leurs acteurs et les relations qu'elles entretiennent, sont susceptibles d'être impliquées volontairement dans une activité de financement du terrorisme, et celles qui peuvent être involontairement manipulées ou détournées à cette fin. Il ne sert à rien en effet, de consacrer du temps et des ressources à des OBNL qui ne courent aucun risque alors que dans le même temps, les ressources ne suffisent pas à couvrir efficacement celles qui courent un grand risque de basculer dans cette activité. Après avoir identifié ces sous-groupes vulnérables, les États devraient réexaminer leurs lois et règlements applicables et collaborer étroitement avec ces organisations pour déterminer l'ampleur des mesures d'atténuation des risques à prendre afin d'assurer leur protection contre les détournements[898].

531. Selon l'ONUDC, les mesures de lutte contre le blanchiment de capitaux ou le financement du terrorisme peuvent comprendre *« le contrôle de la propriété des entités déclarantes, des mesures de vigilance à appliquer par les entités déclarantes à l'égard de la clientèle, la conservation des documents d'identification et des documents relatifs aux transactions financières, la déclaration des transactions financières suspectes, les contrôles internes et la formation, la surveillance de la lutte contre le financement du terrorisme et un régime de sanctions administratives du pays. Les mesures préventives comprennent également l'efficacité de l'analyse des transactions suspectes, la coopération nationale avec d'autres autorités compétentes, la coopération internationale avec d'autres cellules de renseignement financier et des services de renseignement*

[898] Lettre datée du 15 août 2017 précité, §4, p.28.

non financier, l'affectation de ressources et leur mise à la disposition des applicateurs de la loi »[899]. En somme, comme l'indique aussi le CCT, pour être efficaces, il faut que les mesures associent un effort soutenu de sensibilisation et une surveillance ciblée fondée sur les risques d'une part, une collecte d'information efficace, et des mécanismes efficaces de coopération internationale d'autre part[900].

532. Pour assurer une surveillance ou un contrôle ciblé fondé sur les risques, les organisations à but non lucratif peuvent par exemple avoir l'obligation d'être agréées et enregistrées, de publier des états financiers annuels détaillant leurs recettes et leurs dépenses, de disposer de mécanismes de contrôle appropriés, et de rendre publiques des informations pertinentes sur leur objet, les personnes qui les contrôlent et leur équipe dirigeante[901]. La sensibilisation a pour objet, de faire prendre conscience aux OBNL qui sont involontairement utilisées pour le financement du terrorisme, de la réalité de la pratique et de l'importance de leur contribution pour la paix et la sécurité collective. Elle consiste aussi à faire connaître les efforts déployés par les États pour découvrir les pratiques de financement, leurs chances élevées de succès et les graves conséquences auxquelles les personnes qui s'y adonnent s'exposent. L'efficacité des mécanismes de coopération internationale implique la désignation de points de contact et la définition de procédures appropriées pour répondre aux demandes internationales de renseignements concernant toute organisation soupçonnée de financer le terrorisme. Enfin, il faut sanctionner les organisations fautives à la mesure de leurs forfaits en tenant compte des spécificités de chaque espèce.

533. L'Équipe Spéciale se fondant sur le paragraphe 13 de la Résolution 2161 (2014), a recommandé au Comité de demander aux États membres de sensibiliser le public à l'obligation de veiller à ce qu'aucun fonds, actif ou ressource économique ne soit mis directement ou indirectement à la disposition de groupes terroristes. Elle a aussi engager les organismes à but non lucratif, les associations et entreprises qui ne font pas partie du secteur financier ainsi que le grand public, à signaler toute activité suspecte aux autorités compétentes[902]. Toute suspicion doit être signalée aux autorités compétentes pour analyse et

---

[899] UNODOC, *Guidance manual for Member States on terrorist financing risk assessments*, Vienna, 2018, 98 p., p.36, [notre traduction].
[900] Lettre datée du 15 août 2017 précité, §5, p.28.
[901] Ibidem, §7, p.28.
[902] S/2015/441 du 16 juin 2015 précité, §50.

décision à prendre. Le citoyen ordinaire peut difficilement faire le tri entre les comportements qui appellent une attention particulière de ceux qui sont parfaitement banals. Seules des autorités compétentes spécialement formées à cet effet, peuvent accomplir cette tâche avec efficacité et prendre en charge à temps, tout risque.

534. L'enquête du comité 1373 et du Comité 1267 en 2020, a révélé que 74 % des États avaient augmenté la sensibilisation de leur secteur associatif au risque de financement du terrorisme, 13 % ne l'avaient pas fait et 13 % n'ont pas fourni d'information. Au moins deux États ont indiqué que des programmes de mobilisation avaient été conçus par des organismes de règlementation compte tenu des risques répertoriés, et comprenaient l'élaboration de directives communes et la publication d'alertes sur les modalités de collecte et de transfert de fonds[903]. Le CCT a constaté qu'en Europe du Sud et du Sud Est, des progrès ont été accomplis dans le domaine du contrôle des OBNL. En 2020, trois États de cette sous-région avaient réalisé une évaluation complète des risques pour le secteur des OBNL de financement du terrorisme ou de blanchiment d'argent. Un État a mené une évaluation générale des OBNL tandis qu'un autre État a procédé à un examen des vulnérabilités du secteur des OBNL au financement du terrorisme. Quatre États n'ont toujours pas pris les mesures adéquates pour évaluer le risque de financement du terrorisme pour leur secteur des OBNL[904]. Dans les États du sahel (Burkina Faso, Mali, Niger), le caractère largement informel des économies, la prédominance de l'argent liquide et le faible encadrement des secteurs économiques et des organisations à but non lucratif restent des sources de préoccupation[905]. La situation est identique dans quelques zones géographiques de l'Asie du Sud où les entités terroristes répertoriées continuent de collecter des fonds pour financer le terrorisme par le biais d'organisations de façade[906].

---

[903] Lettre adressée au Président du Conseil de sécurité par le Président du Comité du Conseil de sécurité créé par la Résolution 1373 (2001) concernant la lutte antiterroriste et le Président du Comité du Conseil de sécurité faisant suite aux Résolutions 1267 (1999), 1989 (2011) et 2253 (2015) concernant l'État islamique d'Iraq et du Levant (Daech), Al-Qaeda et les personnes, groupes, entreprises et entités qui leur sont associés, S/2020/493 du 3 juin 2020, §81.

[904] United Nations Security Council, Counter-terrorism Committee, *Global survey of the implementation of Security Council resolution 1373 (2001) and other relevant resolutions by Member States*, 2021, §645.

[905] Ibidem, §174.

[906] Ibidem, §276.

535. Des progrès ont cependant été notés par le CCT en 2020 comparativement à son enquête précédente de 2016 particulièrement en ce qui concerne l'évaluation du risque de financement du terrorisme pour le secteur des OBNL. La Chine, le Japon et la République de Corée ont inclus l'examen de leurs secteurs des OBNL dans leurs évaluations nationales des risques. Un État était en train de collecter des données et des renseignements pour son évaluation des risques des OBNL et avait déjà pris des mesures pour sensibiliser les OBNL au financement du terrorisme et aux risques connexes. Quatre États de la région sont membres de l'entité de lutte contre le blanchiment d'argent, et trois sont également membres du GAFI. Un État ne fait partie d'aucune institution régionale de type GAFI. [907].

536. De plus, en Europe de l'Est, contrairement à l'enquête mondiale précédente qui avait observé que seuls quelques États de cette sous-région avaient entrepris une évaluation du risque de financement du terrorisme de leurs secteurs à but non lucratif, il y a eu une amélioration dans cette activité. Tous les États de l'Union européenne de cette sous-région ont entrepris une évaluation du risque de financement du terrorisme du secteur des organisations à but non lucratif. Trois États l'ont réalisé dans le cadre de leur évaluation nationale de risque globale et non comme une évaluation autonome. Si cette attitude peut faire croire à un engagement insuffisant des États, on doit noter qu'il s'agit déjà d'un progrès. Seule la moitié des États non membres de l'Union européenne de cette sous-région ont évalué le risque de financement du terrorisme pour leurs secteurs à but non lucratif. Deux de ces États ont identifié les vulnérabilités du secteur des OBNL et même proposer des mesures d'atténuation. C'est dire l'engagement des États à implémenter les mesures édictées par le Conseil et l'AG et à collaborer avec leurs organes de contrôle pour évaluer leurs actions.

2) L'activité des Hawala et des passeurs de fonds

537. Une fois réunies, les ressources circulent afin de parvenir aux personnes qui doivent commettre les actes terroristes. Les groupes terroristes parviennent à déplacer leurs ressources grâce notamment au système de le hawala. C'est un réseau de bureaux et d'agents de change, répartis à travers le monde, qui permet d'effectuer ou de recevoir

[907] United Nations Security Council, Counter-terrorism Committee, *Global survey of the implementation of Security Council resolution 1373 (2001) and other relevant resolutions by Member States*, 2021, §381.

presque instantanément des transferts non monétisés. Ce système est souvent le seul moyen d'envoi d'argent dans certains endroits du monde tels que les États corrompus ou faillis, ou en proie à une guerre civile. Il est largement implanté dans les pays en conflit et particulièrement dans ceux qui font face au terrorisme. Kaboul par exemple compte treize banques officielles et environ 2 000 courtiers hawala. Selon la Banque mondiale, 65 % de tous les transferts à destination de l'Afrique subsaharienne se font par le hawala[908]. Pour le Pakistan, Dubaï et l'Inde, ce serait plusieurs milliards d'euros qui circuleraient au moyen du système hawala, beaucoup plus que les sommes qui circulent dans le réseau bancaire classique[909]. On estime que 50% des transferts de fonds envoyés dans l'ensemble du continent africain se font à travers ce système[910].

538. Généralement, les courtiers de ce procédé sont rémunérés à travers des commissions d'environ 1%, sur les taux de change, en effectuant des transferts partout dans le monde dans un laps de temps réduit. *Hawala* est un mot arabe qui signifie *transfert*. Le Coran condamne l'usure, encourage le hawala[911] dans plusieurs de ses textes. Il s'agit d'un système de compensation qui permet de faire circuler des fonds d'un pays à l'autre, hors des circuits bancaires classiques, entre personnes de confiance. Le hawala est un réseau informel de transfert de fonds d'un lieu à un autre par le biais de courtiers appelés hawaladars. Les hawaladars sont des agents de change, des courtiers (*brokers*), constitués en réseaux informels aux mailles serrées. Pour que le système fonctionne correctement, une forte cohésion et une confiance réciproque est indispensable.

539. En octobre 2001, le magazine *Times a* publié un sinistre portrait du système hawala en ces termes : « *au plus profond d'un dédale de vieux Delhi, ou les rues sont même trop étroites pour un pousse-pousse, des hommes boivent du thé dans des bureaux miteux. Personne n'a l'air de travailler jusqu'à ce que le téléphone ne se mette à sonner. Des chiffres sont alors écrits frénétiquement, suivis par quelques instructions chuchotées. Il parait évident que ces hommes sont en train de transférer des fonds à des trafiquants de drogue, des politiciens*

[908] F. VARESE, « Le « hawala », banque du djihad », *Le Monde*, 05 février 2015.
[909] E. VERNIER, *Techniques de blanchiment et moyens de lutte,* Op. Cit., p. 83.
[910] F. VARESE, « Le « hawala », banque du djihad », *Le Monde*, 05 février 2015.
[911] Aux termes du verset 2298, « si un débiteur invite son créancier à collecter sa dette auprès d'une tierce personne et que le créancier accepte, la tierce personne va devenir le débiteur. Le créancier ne pourra plus exiger sa dette auprès du débiteur initial ».

corrompus, des individus pratiquant l'évasion fiscale ainsi qu'à des terroristes »[912]. Pour illustrer le fonctionnement de ce système, prenons l'exemple éloquemment présenté par Mohammed EL-QORCHI : « *la transaction initiale consiste en l'envoi de fonds d'un client A d'un pays A au profit d'un client B d'un pays B. Un hawaladar du pays A reçoit de A des fonds libellés dans la monnaie de ce pays et remet à A un code d'identification. Il donne alors instruction à son correspondant du pays B de verser un montant équivalent en monnaie locale à B, qui doit donner à son tour le code pour recevoir les fonds. L'hawaladar du pays A peut se rémunérer en prenant une commission ou en jouant sur la marge d'intermédiation. Après remise des fonds, l'hawaladar du pays A a un engagement envers l'hawaladar du pays B et le dénouement des positions peut se faire par règlement financier ou par l'importation de biens et services. Les positions des deux parties peuvent aussi être transférées à d'autres intermédiaires, qui reprennent et consolident les positions initiales et assurent un règlement global ou multilatéral. Le règlement de l'engagement contracté par l'hawaladar du pays A vis-à-vis de l'hawaladar du pays B suite à la transaction initiale peut se faire par l'importation de biens ou par une « hawala en sens inverse ». Cette dernière opération est souvent utilisée, dans les pays en développement, pour financer des investissements ou couvrir des dépenses de voyage, de santé ou d'éducation. En cas de contrôle des changes dans le pays B, par exemple, le client (XB), qui souhaite transférer des fonds à l'étranger pour régler des frais de scolarité, fournit de la monnaie locale à son courtier l'hawaladar du pays B et demande qu'une somme équivalente soit remise à son fils (XA) dans le pays A. Les clients ne sont pas conscients du fait que la transaction est une hawala ou une hawala inverse. L'hawaladar du pays B peut utiliser directement l'hawaladar du pays A si XB a besoin de fonds dans le pays A, ou indirectement en lui demandant d'utiliser un autre correspondant dans un autre pays où les fonds sont attendus. Une hawala en sens inverse n'implique pas forcement que le règlement soit effectué par les mêmes hawaladars ; elle peut faire intervenir différents hawaladars et être liée à une autre transaction. Elle peut aussi être réglée par le biais d'importations. L'hawaladar du pays A peut ainsi régler sa dette en*

[912] « A banking system built for terrorism », *Time Magazine*, 05 octobre 2001.

finançant des exportations vers le pays B, où HB sera l'importateur ou l'intermédiaire »[913].

540. Dans certains États, le hawala est licite alors que dans d'autres, il est interdit et même érigé en infraction. A titre d'exemple, en France, le hawala relève de l'exercice illégal de la profession d'intermédiaire en opérations de banque et est ainsi interdite. Au Royaume-Uni par contre, le hawala est une pratique légale mais faiblement règlementée. En Allemagne aussi, plusieurs fournisseurs de prestations hawala se sont vus accorder une licence leur permettant de vendre des services financiers. Malheureusement, ce « *système archaïque permet également de mettre à la disposition des taupes de l'argent liquide et de couvrir les frais de fonctionnement de la nébuleuse terroriste »*[914]. Le CCT a constaté qu'il existe dans les États, des systèmes parallèles d'envoi de fonds, de type *hawala* qui fonctionnent généralement en dehors des circuits bancaires formels et échappent souvent au contrôle des autorités. Ils peuvent de ce fait être utilisés à mauvais escient. Pour leurs clients, ces services présentent l'avantage de transférer des fonds ou de changer des espèces à moindre coût et dans des délais plus rapides que les banques ; de plus, il n'est pas nécessaire de détenir un compte bancaire, ce qu'apprécient particulièrement les personnes qui n'ont pas accès au système bancaire. Ils sont très utilisés dans les régions où les services bancaires sont limités ou inexistants[915].

541. En 2018, la justice bulgare a inculpé six personnes pour financement du terrorisme après qu'ils ont transféré plus de 10 millions de dollars via un système hawala, acheté et livré plus d'une centaine de véhicules à la frontière turco-syrienne pour soutenir des organisations terroristes. En République arabe syrienne, 43 personnes ont été arrêtées pour des accusations similaires en 2019[916]. Au Royaume-Uni, trois demandeurs d'asile anti-Kadhafi ont plaidé coupable en 2007 et reconnu qu'ils avaient remis des fonds et des documents à une tierce personne, tout en sachant ou en ayant des motifs raisonnables de croire

---

[913] M. EL-QORCHI, « Hawala, Comment fonctionne ce système informel de transfert de fonds et faut-il le règlementer ? », *Finance et Développement*, 2002.

[914] R. BOSWORTH-DAVIES cité par M. ROCHE, « La technique de l'"hawala", méthode de financement de l'internationale terroriste », *Le Monde*, 24 septembre 2001.

[915] S/2017/716 du 15 août 2017 précité, p.23.

[916] United Nations Security Council, Counter-terrorism Committee, *Global survey of the implementation of Security Council resolution 1373 (2001) and other relevant resolutions by Member States*, 2021, §628.

qu'ils risquaient d'être utilisés à des fins de terrorisme. En l'occurrence, près de 20 000 livres sterling avaient été versés chaque année à un groupe radical libyen, ainsi que de faux passeports[917]. Deux ressortissants iraquiens résidant en Suède, y collectaient aussi des fonds dans les mosquées qui étaient transférés en Iraq via l'Allemagne, par des *hawalistes* pour financer des cellules terroristes[918].

542. C'est au regard de l'ampleur de cette pratique, que dans sa Résolution 2462 (2019) adoptée le 28 mars 2019, le Conseil de sécurité a demandé à tous les États d'accroître la traçabilité et la transparence des transactions financières et d'évaluer les risques associés à l'utilisation de liquidités et d'effets au porteur négociables, y compris les mouvements transfrontaliers illicites de liquidités, ainsi que d'autres produits financiers, notamment *« les cartes à valeur stockée ou cartes prépayées, et les systèmes parallèles de transfert de fonds* ***(y compris le hawala)*** *et en prenant les mesures voulues pour neutraliser ces risques. »* Pour les cartes prépayées, le risque posé par l'anonymat peut survenir lorsque la carte est achetée, enregistrée, chargée, rechargée ou utilisée par le client. De plus, les cartes prépayées peuvent facilement être transmises à des tierces parties inconnues de l'émetteur[919].

543. Le GAFI pour sa part, indique que chaque pays devrait prendre des mesures afin de s'assurer que les personnes physiques ou morales qui fournissent un service de transmission de fonds ou de valeurs obtiennent une autorisation d'exercer ou s'inscrivent sur un registre, et qu'elles soient assujetties à toutes les Recommandations du GAFI qui s'appliquent aux banques et aux institutions financières non bancaires. Chaque pays devrait s'assurer que les personnes physiques ou morales qui fournissent ce service illégalement soient passibles de sanctions administratives, civiles ou pénales[920].

544. Le CCT a édicté à cet effet que les prestataires de services de transfert de fonds ou de valeurs devraient être soumis à des vérifications de conformité avec les normes en vigueur en matière de lutte contre le blanchiment d'argent et le financement du terrorisme. Ils doivent veiller à ce que leurs agents soient agréés ou enregistrés par une autorité compétente et tenir à jour une liste de ces derniers[921]. Pour le comité,

---

[917] ONUDC, *Recueil de cas sur les affaires de terrorisme*, New York, 2010, §85.

[918] Ibidem, §87.

[919] FATF, *Guidance for a risk-based approach prepaid cards, mobile payments and internet-based payment services*, 2013, 47 p., p.17.

[920] GAFI, *Recommandation spéciale VI*.

[921] S/2017/716 du 15 août 2017 précité, p.23.

les États devraient prendre des mesures pour recenser les personnes physiques ou morales offrant ces services sans agrément ou enregistrement et leur imposer des sanctions proportionnées et dissuasives. Il n'est pas nécessaire pour les États de rendre illégaux les systèmes parallèles de transfert de fonds, mais ils devraient avoir les moyens d'en surveiller et d'en réglementer les activités[922].

545. S'agissant de l'activité des passeurs de fonds, selon le CCT, les transports physiques transfrontières d'espèces et d'effets au porteur négociables sont très répandus en raison du recours massif aux espèces dans de nombreux États[923]. L'utilisation de ces moyens d'acheminement de fonds présente plusieurs avantages pour les groupes terroristes. Pour le GAFI, *« l'utilisation d'espèces ou de devises (c'est-à-dire de billets de banque et de pièces de monnaie utilisés comme moyen d'échange) est attrayante pour les criminels, principalement en raison de son anonymat et de l'absence de piste de vérification. Les criminels recherchent autant de flexibilité que possible et souhaitent éviter d'être détectés. Les espèces offrent cette souplesse, car elles sont universellement acceptées et peuvent être utilisées et déplacées avec peu ou pas de tenue de registres. Les espèces sont souvent utilisées pour acheter d'autres produits et services. Certains criminels stockent également de grandes quantités d'argent liquide comme forme de sécurité »*[924]. L'utilisation des espèces offre ainsi aux criminels les avantages de l'anonymat, de la flexibilité et de la facilité de l'utilisation. Les effets au porteur *« sont également attrayants pour les criminels, car il s'agit de documents physiques qui ont une valeur monétaire pour la personne qui les possède et qui se présentent sous une forme dont la propriété ou le titre est transmis à la livraison »*[925].

546. Pour se conformer aux obligations résultant de la Résolution 1373 (2001), les États doivent mettre en place tout mécanisme permettant de détecter et surveiller les transports physiques transfrontières d'espèces et d'effets négociables au porteur couvrant tous les types de transports transfrontières. Les États doivent aussi mettre en place un système de déclaration ou de communication pour les entrées et les sorties d'espèces et d'effets au porteur négociables.

---

922 Idem.

923 Idem.

924 FATF, *Global Money Laundering & Terrorist Financing Threat Assessment, A view of how and why criminals and terrorists abuse finances, the effect of this abuse and the steps to mitigate these threats*, Paris, July 2010, 76p., p.15, [notre traduction].

925 Idem [notre traduction].

Ces deux systèmes (déclaration et communication) peuvent coexister dans le cadre d'un contrôle strict souhaité par un État, mais la mise en place de l'un seulement suffit à remplir les obligations imposées par la Résolution suscitée. Dans un système de déclaration, toute personne qui procède au transport physique transfrontière d'espèces ou d'effets dont la valeur dépasse un montant préalablement déterminé, qui ne peut être supérieur à 15 000 dollars/euros doit remettre une déclaration sincère aux autorités compétentes désignées. Dans un système de communication, il est exigé des voyageurs qu'ils répondent de bonne foi aux questions qui leur sont posées et qu'ils fournissent sur demande, les informations appropriées aux autorités[926]. Dans les deux cas, il faut mettre en place un système permettant d'assurer l'efficacité du contrôle. Des autorités identifiées, suffisamment formées et rompues à cette tâche sont nécessaires pour engranger les résultats attendus. Ces autorités doivent avoir à leur disposition, des sanctions efficaces, proportionnées et dissuasives à imposer aux personnes qui font de fausses déclarations ou communiquent des informations fausses. La confiscation de ces espèces ou effets lorsqu'ils sont liés au financement du terrorisme ou au blanchiment de capitaux doit être prévue.

547. Selon le CCT, à l'examen de la mise en œuvre de ces obligations, tous les États de l'Asie du Sud Est, ont mis en place des systèmes de déclaration ou de communication pour détecter les espèces et les effets au porteur négociables dans les aéroports internationaux. Six États habilitent les autorités compétentes à bloquer et retenir les devises et les effets au porteur négociables en cas de suspicion de financement du terrorisme[927]. Quatre États d'Asie du Sud ont légalement habilité des autorités pour bloquer les espèces et les effets au porteur négociables soupçonnés d'être liés au blanchiment d'argent et au financement du terrorisme. Deux autres États ont adopté une législation prévoyant que les fonds pourraient être restreints si nécessaire. La durée pendant laquelle les liquidités ou les effets au porteur négociables peuvent être bloqués, varie dans toute la région, mais dans la plupart des cas, seule une restriction temporaire des fonds est autorisée[928].

---

926 S/2017/716 du 15 août 2017 précité, p.3.

927 United Nations Security Council, Counter-terrorism Committee, *Global survey of the implementation of Security Council resolution 1373 (2001) and other relevant resolutions by Member States*, 2021, §236.

928 Ibidem, §278.

548. Plusieurs États des Caraïbes ont renforcé la coordination entre les autorités compétentes pour identifier et enquêter sur les transports transfrontaliers d'espèces ou d'autres effets au porteur négociables, ce qui a entraîné un certain nombre de saisies. Cependant, certains États ne disposent toujours pas de la base législative permettant aux autorités compétentes d'arrêter ou de restreindre les devises et les effets au porteur négociables soupçonnés d'être liés au financement du terrorisme[929]. Dans la CEMAC, le Règlement N°1/16 donne compétence aux autorités pour saisir les espèces et les effets au porteur négociables qui se rapportent au financement du terrorisme pour une période qui ne dépasse pas 72 heures. C'est aussi le cas pour les États de l'Afrique de l'Ouest dans le cadre du GIABA, une institution de la CEDEAO en la matière. Les transferts des fonds des groupes terroristes peuvent se faire également dans un cadre formel bien organisé. Même dans ce cas, le contrôle demeure difficile à mettre en œuvre.

B/ Le contrôle des transferts financiers formels

549. Les délinquants financiers rivalisent d'ingéniosité et de créativité pour dissimuler leurs actions ou au moins les déguiser pour ensuite les consacrer à des activités terroristes. Le contrôle se fait par la traçabilité des opérations financières et la surveillance des transactions.

1) Le traçage des opérations financières

550. Le traçage des opérations financières n'est plus seulement promu pour identifier et confisquer les produits d'un crime déjà commis. Il sert aussi à empêcher la survenue d'attentats en privant leurs initiateurs des moyens financiers pour les réaliser. Ainsi, la lutte contre l'« argent sale » vise autant à rassembler des preuves permettant de poursuivre et de condamner des criminels qu'à réunir des renseignements permettant de mettre en échec les groupes terroristes avant qu'ils n'aient agi[930]. Les capitaux circulent d'autant plus facilement que les banques, d'un pays à l'autre, ne sont pas en situation de concurrence. Elles n'ont pas à gérer les mêmes règles ni les mêmes contextes. La vitesse de transmission de ces capitaux est de l'ordre de quelques secondes à quelques minutes. En 2009, Society for Worldwide Interbank Financial Telecommunication (SWIFT)[931] a traité près de 3,8

---

[929] Ibidem, §446.

[930] A. AMICELLE, « Les professionnels de la surveillance financière. Le malentendu comme condition de possibilité », *Criminologie*, 46(2), 2013, pp.195-219, p.197.

[931] SWIFT (Society for Worldwide Interbank Financial Telecommunication) se présente comme une entreprise « par l'intermédiaire de laquelle le secteur des finances

milliards de messages, soit environ 15 millions par jour (la moitié concerne des opérations de paiement). En France en 2010, 17 milliards d'opérations de paiement ont été effectuées par les banques pour leurs clients particuliers et entreprises, soit près de 50 millions par jour. Le rôle de SWIFT se conçoit ainsi comme celui de fournisseur mondialement dominant, de messageries automatisées permettant aux organismes clients d'échanger des informations financières standardisées. Aucun système humain ne peut contrôler une par une toutes ces opérations et la fixation de seuils n'aboutit qu'à inciter les blanchisseurs à fractionner leurs opérations. Il faut donc assurer la traçabilité de ces ressources pour permettre de les contrôler. Si la confidentialité est nécessaire à la protection de la vie privée, à la protection des données personnelles ou de certaines données importantes dans la concurrence économique, cette préoccupation légitime a souvent servi d'excuse au maintien d'une opacité propice aux activités criminelles en général, et terroristes en particulier. Ces restrictions empêchent de mettre en évidence et de tracer les ressources utilisées par les terroristes. En ce qui concerne particulièrement le secret bancaire, c'est un secret professionnel qui garantit la confidentialité d'informations que les banques détiennent sur leurs clients à l'égard du public et des administrations et autorités étatiques. Il participe à la protection de la vie privée des personnes et au plan économique, à la conservation de secrets économiques et de concurrence. En application du secret bancaire instauré dans certains États, les informations détenues par les banques ne sont pas accessibles aux enquêteurs ni aux autorités judiciaires locales, *a fortiori* aux autorités étrangères dans le cadre d'une entraide judiciaire internationale.

551. Pourtant, la traçabilité est un principe essentiel qui offre la possibilité d'établir le cheminement des fonds, de telle sorte que l'on puisse relier ses différentes étapes, retrouver l'endroit et la personne qui les reçoit, ou remonter à l'origine des fonds. La traçabilité permet de démanteler les réseaux qui interviennent dans toute la chaîne. Lorsque les expéditeurs des fonds sont identifiés dans le cadre de la coopération comme participant à des activités terroristes, le traçage permet d'agir préventivement en gelant leurs fonds. Ainsi, lutter contre le financement du terrorisme, c'est rappeler que la liberté des flux

---

effectue ses transactions financières avec rapidité, assurance et en toute confiance ». C'est le principal système international de transactions entre banques. Elle a été créée en 1973 par 239 banques de 15 pays et son siège social est situé à la Hulpe, en Belgique.

financiers, utile d'un point de vue économique, ne doit pas être absolue. Une vigilance accrue des institutions financières est requise pour assurer une transparence des activités financières.

552. Dans sa Résolution 2462 (2019)[932], le Conseil de sécurité a demandé à cet effet à tous les États, d'accroître la traçabilité et la transparence des transactions financières en faisant en sorte que les institutions financières ainsi que les entreprises et professions non financières, puissent échanger des informations en vue d'atténuer les risques de blanchiment de capitaux et de financement du terrorisme. Le Conseil demande également aux États d'évaluer et de neutraliser les risques potentiels associés à l'utilisation d'actifs virtuels et, au besoin, le risque que de nouveaux instruments financiers notamment les plateformes de financement participatif, soient détournés pour financer des actes de terrorisme. Le conseil toujours dans la Résolution 2462 (2019), *« engage vivement tous les États à appliquer les normes internationales détaillées que constituent les quarante recommandations révisées du GAFI sur la lutte contre le blanchiment de capitaux et sur le financement du terrorisme et de la prolifération et les notes interprétatives »*[933]. L'efficacité du système dépend pour ainsi dire de la qualité de l'évaluation des risques par les institutions bancaires. La méthode d'évaluation à adopter dépend de la taille et de l'activité de la banque. Comme a pu le dire le FATF (GAFI en anglais), *« l'évaluation des risques d'une banque n'a pas besoin d'être complexe, mais devrait être proportionnelle à la nature et à la taille de ses activités. Pour les banques plus petites ou moins complexes (par exemple lorsque les clients de la banque appartiennent à des catégories similaires et/ou lorsque la gamme de produits et services proposés par la banque est très limitée), une simple évaluation des risques peut suffire. À l'inverse, lorsque les produits et services de la banque sont plus complexes, lorsqu'il existe plusieurs filiales ou succursales offrant une grande variété de produits et/ou que leur clientèle est plus diversifiée, un processus d'évaluation des risques plus sophistiqué sera nécessaire »*[934]. Ainsi, lorsqu'une méthode simplifiée d'évaluation suffit à déceler les opérations suspectes dans une banque, il est inutile

---

[932] S/RES/2462 (2019) précité.

[933] S/RES/2462 (2019) précité, §4.

[934] FATF, *Risk-based approach guidance for the banking sector*, Paris, 2014, 50p, §55, [notre traduction].

de la complexifier[935]. Pour une meilleure traçabilité des opérations, la Recommandation VII du GAFI sur les virements électroniques demande aux États d'*« obliger les institutions financières à inclure des renseignements relatifs au donneur d'ordre concernant les transferts de fonds effectués à destination ou en provenance d'un autre pays »*[936]. Les États doivent également *« obliger les institutions financières à conserver les renseignements relatifs au donneur d'ordre à chaque étape de la chaîne de paiement »*[937].

553. Les paradis fiscaux et autres centres offshore régis par des règles ultralibérales sont des zones de non droit aménagées au sein du Système financier international et constituent une entrave à la traçabilité des opérations financières. Selon un rapport des Nations Unies, *« les centres financiers offshore ont une existence légitime et sont Parties intégrantes d'un système financier mondial et la finance offshore continuera d'ailleurs de faire partie d'une économie mondiale active et en expansion »*[938]. Ces paradis financiers, sont propices au blanchiment et à la dissimulation de fonds et constituent des maillons faibles dans la lutte contre le financement du terrorisme, un écueil face aux efforts de l'ensemble des États. En effet, dans les paradis fiscaux, ne viennent pas que les capitaux de ceux qui veulent faire des affaires juteuses. D'autres y viennent chercher le secret, la certitude que les curieux (inspecteurs des impôts par exemple) seront repoussés par les autorités du pays d'accueil[939]. Il s'agit d'assurer une meilleure étanchéité pour empêcher soit les fuites d'information vers l'extérieur, soit les infiltrations de ceux qui voudraient bien savoir (inspecteurs des impôts, juges, procureurs, policiers et agents de renseignement). La dissociation de la personne physique de la personne morale est ainsi apparue comme un moyen de rompre la chaine de la traçabilité en utilisant un moyen plus simple et qui est presque toujours légal. La

---

[935] La France a par exemple mis en place le système FICOBA (fichier des comptes bancaires, ouverts en France, dont les titulaires sont ou non-résidents français) qui peut fournir rapidement des renseignements complets relatifs à l'ensemble des comptes détenus par une personne ou une société. V. http://www.cnil.fr/index.php?id=2006 consulté le 17 janvier 2021.

[936] Le problème de traçabilité est évoqué à l'article 8, paragraphe 1 de la convention sur le financement du terrorisme lorsqu'elle impose aux États contractants de prendre des mesures nécessaires « à l'identification » des fonds.

[937] Idem.

[938] Office pour le contrôle des drogues et la prévention du crime de l'ONU, *Paradis financiers, secrets bancaires et blanchiment d'argent*, 1998.

[939] T. CRETIN, « Les paradis fiscaux », *S.E.R. « Études »2009/11 Tome 411,* pp.439-450.

multiplication des mécanismes juridiques à travers notamment les sociétés dites « écrans », permet de dissocier les responsabilités et de cacher ceux qui tirent le vrai profit de la situation. On peut ranger dans cette catégorie les sociétés en sommeil, les sociétés coquilles[940] et bien sûr les sociétés off-shore[941], noms multiples qui désignent une même réalité dont la finalité est de masquer la réalité économique. Dans les paradis fiscaux, il est mis à la disposition des clients, des moyens juridiques pour occulter l'identité des bénéficiaires économiques, et de multiples subterfuges qui empêchent de remonter à l'origine des mouvements de fonds et aux commanditaires. En définitive, un paradis judiciaire leur est offert[942]. Cette difficulté est bien connue des juges et procureurs du monde entier qui échouent presque toujours *« sur les bancs de sable des îles au ciel bleu, ou sur le secret des établissements bancaires, ou sur celui des conseils juridiques qui conduisent leurs clients dans le dédale des opportunités offertes »*[943]. En avril 2002, la police bosniaque a communiqué au Ministère de la justice des États-Unis un rapport intitulé « le circuit de l'or » qui avait été découvert lors d'une descente opérée dans un repère d'Al-Qaeda en Bosnie-Herzégovine. Ce rapport contenait les noms des 20 principaux appuis financiers du terrorisme[944]. Parmi eux figuraient certains des hommes les plus riches et les plus puissants du monde dont l'un des beaux-frères du Roi d'Arabie saoudite qui selon *Forbes Magazine*, vient au 137e rang parmi les plus grandes richesses mondiales, avec une fortune estimée à 4 milliards de dollars. Ce dernier est le fondateur de la holding Dallah al-Baraka, empire bancaire comptant 23 succursales et plusieurs sociétés d'investissement dans une quinzaine de pays. Le président de l'Organisation internationale de secours islamique, organisation caritative saoudienne liée à Oussama Ben Laden, le président de la First

---

940 Les sociétés coquilles sont par exemples des sociétés par actions, qui n'ont aucune activité commerciale que certains fraudeurs utilisent pour donner une impression de légitimité à leurs opérations.

941 Le terme anglais offshore signifie au large des côtes ou extraterritoriale. La société offshore est une société enregistrée à l'étranger dans un pays où le propriétaire n'est pas résident. A la différence des filiales internationales des sociétés commerciales, ces sociétés n'exercent aucune activité économique dans le pays où elles sont domiciliées. Elles ne sont pas toujours illégales. Parfois elles servent simplement à faire de l'optimisation fiscale.

942 T. CRETIN, « Les paradis fiscaux », *S.E.R. « Études »2009/11 Tome 411,* pp.439-450.

943 Idem.

944 J. SOLOMON, « Bosnia raid yields al-Qaeda donor list », *Miami Herald*, 19 février 2003.

Islamic Investment Bank ainsi qu'un beau-frère d'Oussama Ben Laden, ancien propriétaire de la Saudi National Commercial Bank, figuraient également sur cette liste[945].

554. Pour éviter ces écueils liés au manque de transparence, il convient d'envisager la levée du secret bancaire en cas d'activité criminelle, conformément à la Convention des Nations Unies de 1999 sur le financement du terrorisme qui édicte en son article 12 §2 que *« les États parties ne peuvent invoquer le secret bancaire pour refuser de faire droit une demande d'entraide judiciaire »*. Le secret bancaire est ainsi rendu inopposable entre États parties, dans le cadre de l'entraide judiciaire en cas d'infractions de financement du terrorisme. Le Conseil de sécurité a quant à lui décidé dans la Résolution 1373 (2001) que tous les États *« se prêtent mutuellement la plus grande assistance lors des enquêtes criminelles et autres procédures portant sur le financement d'actes de terrorisme ou l'appui dont ces actes ont bénéficié, y compris l'assistance en vue de l'obtention des éléments de preuve qui seraient en leur possession qui seraient nécessaires à la procédure »*. Cette obligation d'entraide judiciaire notamment en matière de preuves qui pèse sur tous les États, limite considérablement leur faculté de créer des paradis fiscaux et d'opposer le secret bancaire à des demandeurs de coopération.

555. Le CCT a constaté que les virements électroniques et d'autres instruments proposés par le système financier classique, servent aussi à blanchir efficacement les produits d'activités illicites ou à faire circuler des capitaux licites dans le but de financer le terrorisme ou de soutenir des activités terroristes. Les terroristes effectuent des opérations financières structurées d'un montant inférieur aux seuils de déclenchement des obligations de déclaration et de conservation de documents pour échapper aux différents contrôles[946]. Il faut donc que les institutions financières veillent à ce que tous les virements électroniques transfrontières d'un montant égal ou supérieur à 1 000 dollars/euros soient toujours accompagnés d'informations exactes et complètes sur le donneur d'ordre et le bénéficiaire. Pour les virements électroniques nationaux, les nom, numéro de compte (ou, s'il n'a pas de compte, un numéro de référence unique d'opération permettant la traçabilité de celle-ci), adresse, numéro national d'identité, numéro

---

[945] L. NAPOLEONI, « La nouvelle économie de la terreur : comment le terrorisme est financé », Op. Cit.

[946] S/2017/716 du 15 août 2017 précité, p.24.

d'identification client ou date et lieu de naissance doivent être communiqués[947].

556. Pour détecter les virements électroniques transfrontières pour lesquels il manque des informations sur le donneur d'ordre ou le bénéficiaire, l'institution financière du bénéficiaire doit prendre des mesures raisonnables pour vérifier son identité lorsque cela n'a pas été fait précédemment et conserver ces informations. Elle doit disposer de politiques et de procédures fondées sur le risque pour décider quand exécuter, rejeter ou suspendre un virement électronique qui ne remplit pas les conditions requises d'information sur le donneur d'ordre ou le bénéficiaire[948].

557. Parmi les réponses obtenues par le CCT en 2020, 60 % des États ont procédé à une évaluation du risque de financement du terrorisme dans le cadre de leur évaluation nationale des risques ou d'évaluations plus larges des risques liés au blanchiment d'argent. Seuls 20 % des États ont déclaré avoir procédé à une évaluation spécifique du risque de financement du terrorisme. Environ 10 % des États ayant répondu ont indiqué qu'ils n'avaient pas procédé à une évaluation du risque de financement du terrorisme, mais qu'ils prévoyaient de le faire en 2020 ou dans un avenir proche[949]. La plupart des États ont déclaré être en mesure d'utiliser les renseignements produits par leur cellule de renseignements financiers, et 64 % des États ayant réagi, ont indiqué qu'ils menaient des enquêtes sur le financement du terrorisme dans toutes les affaires de terrorisme et en dehors de celles-ci. 6% des États ont indiqué qu'ils n'enquêtaient sur le financement du terrorisme que dans le cadre des affaires de terrorisme, et 24 % des États de toutes les régions ont soit déclaré qu'ils ne menaient pas systématiquement d'enquête financière ou ont refusé de répondre[950].

---

[947] S/2017/716 du 15 août 2017 précité, p.24.
[948] Idem
[949] S/2020/493 du 3 juin 2020, Lettre adressée au Président du Conseil de sécurité par le Président du Comité du Conseil de sécurité créé par la Résolution 1373 (2001) concernant la lutte antiterroriste et le Président du Comité du Conseil de sécurité faisant suite aux Résolutions 1267 (1999), 1989 (2011) et 2253 (2015) concernant l'État islamique d'Iraq et du Levant (Daech), Al-Qaeda et les personnes, groupes, entreprises et entités qui leur sont associés, §39.
[950] Ibidem, §60.

2) La surveillance des transactions en vue de la détection des opérations suspectes

558. Dans la Résolution 2462 (2019), le Conseil a mis l'accent sur les risques de financement du terrorisme, exhortant tous les États à développer une compréhension claire des risques de financement du terrorisme auxquels ils sont exposés et des secteurs économiques qui sont les plus vulnérables au financement du terrorisme à l'effet de cibler et détecter les opérations suspectes[951]. La détection de ces opérations n'est pas une chose aisée. La règle générale a toujours été de dire qu'avec *« le blanchiment d'argent nous cherchions une aiguille dans une botte de foin, mais avec le financement du terrorisme nous nous sommes mis à chercher une aiguille dans un tas d'aiguilles dans la mesure où il s'agit souvent de transactions banales, or nous gérons des millions de transactions et il nous faudrait connaître l'intention des individus au moment où ils font ces transactions pour qu'elles passent de banales à suspectes, mais sans information préalable des services de sécurité, cela nous est impossible, nous ne savons pas par où commencer »*[952]. C'est dire que la détection est particulièrement difficile. Le Conseil de sécurité dans sa Résolution 2129 (2013)[953] a engagé la Direction exécutive du Comité contre le terrorisme à travailler en étroite collaboration avec le GAFI, notamment dans le cadre du processus d'évaluations mutuelles du Groupe, en s'employant à promouvoir une application effective des recommandations relatives à la lutte contre le financement du terrorisme. Les législations internes demandent aux banques et professions concernées de surveiller attentivement les transactions financières et de signaler celles qui leur apparaissent suspectes. La déclaration de soupçon est l'élément central du dispositif. Toutefois, il n'a pas paru souhaitable, pour ne pas altérer le climat des relations d'affaires et la confiance des clients, que les banques alertent directement les autorités de police ou de poursuite judiciaire des opérations douteuses qu'ils constateraient. C'est pourquoi, les recommandations du GAFI ont prévu de créer dans chaque État, un organisme spécialisé, appelé Cellule de renseignements financiers, chargé de collecter les déclarations de soupçons et autres

---

951 S/RES/2462 (2019) précité, §14. V. aussi S/2019/998 (2019), *Technical guide to the implementation of Security Council Resolution 1373 (2001) and Resolution 1624 (2005)*.

952 A. AMICELLE, « Les professionnels de la surveillance financière. Le malentendu comme condition de possibilité », *Criminologie*, 46(2), 2013, pp.195–219, p.201.

953 S/RES/2129 (2013) du 17 décembre 2013, §17.

informations, de les traiter afin d'identifier les opérations réelles qui se cachent derrière la façade des flux apparents et éventuellement de déclencher des poursuites. Les institutions financières ne peuvent pas opposer le secret bancaire à ces cellules dès lors que les opérations détectées sont fortement suspectées d'être des opérations de blanchiment. La déclaration de soupçon doit être faite en matière de blanchiment comme pour les autres moyens ou sources de financement d'activités terroristes. En Angleterre, près de 3500 individus possèdent une accréditation leur permettant d'accéder au fichier central de la Soca qui regroupe les déclarations de soupçons transmises par les institutions soumises à la législation anti- blanchiment. Ces signalements sont officiellement utilisés pour tous types d'activités criminelles allant de la fraude aux prestations sociales au trafic de drogue international, du trafic d'êtres humains au financement du terrorisme[954]. Il s'agit de s'interroger sur l'origine des fonds. Le banquier doit deviner l'intention du client ou la finalité de l'utilisation des fonds. Le soupçon résulte d'une incohérence entre le profil du client et l'opération traitée ou de la contradiction entre la finalité d'une opération et sa mise en œuvre. C'est le cas par exemple lorsque pour réaliser une transaction simple, on recourt à un montage complexe.[955].

559. De très nombreux pays ont adopté des législations qui règlementent le secret bancaire[956] pour permettre les déclarations de soupçons et les poursuites pénales, mais tout le problème est de déterminer à partir de quels indices, une transaction se révèle suspecte. Le GAFI donne quelques indications sur les indices qui peuvent alerter les institutions de transfert d'argent. Lorsque par exemple le client mène sa relation d'affaires ou ses transactions dans des conditions inhabituelles cela constitue un indice. Il peut s'agir d'un client qui parcourt des distances inexpliquées pour effectuer des transactions, d'un client qui possède ou exploite une entreprise qui semble être une société écran, d'un client qui fait appel à des agents ou associés dont la nature de la relation ou de la transaction rend difficile l'identification

---

[954] Idem.

[955] V. Conseil de l'Europe, Règlements 1354/2001 du 4 juillet 2001, 1996/2001 du 11 octobre 2001 et 2199/2001 du 12 novembre 2001.

[956] Le secret bancaire fait l'objet de dispositions législatives au Danemark, en Grèce, en France, au Luxembourg, en Autriche, au Portugal, en Finlande et en Suède. En Belgique, en Allemagne, en Espagne, en Irlande, en Italie, aux Pays-Bas et au Royaume-Uni, le secret bancaire est régi par le contrat de droit civil conclu entre la banque et son client. V. C 277 E/8, JO CE, 14 novembre 2002.

du propriétaire des fonds, d'un client qui sait peu ou est réticent à divulguer des détails sur le bénéficiaire, d'un client qui est impliqué dans des transactions sans lien apparent avec le pays de destination et sans explication raisonnable[957].

560. Certes, la qualification d'infraction pénale ne relève que des autorités judiciaires, mais ce sont les professionnels des opérations financières qui le plus souvent peuvent donner l'alerte. Les institutions financières estiment que l'économie illicite est tellement imbriquée dans l'économie légale qu'il est souvent très difficile de les démêler et qu'il leur est pratiquement demandé de faire le travail du juge sans en avoir les moyens et en risquant de mettre en cause les relations avec leurs clients. A titre d'illustration, M. M un citoyen canadien d'origine somalienne résidant à Dakar, a créé une société immobilière A en collaboration avec M. D, un Sénégalais. Un compte ouvert au nom de ladite société dans une banque au Sénégal a, peu de temps après, reçu un virement d'environ 106 000 USD de M. S, un Somalien établi aux États-Unis par l'intermédiaire d'une institution financière basée à Dubaï. Se fondant sur les circonstances suspectes de la transaction notamment le pays d'origine des fonds, le manque d'informations adéquates pour documenter l'identité du nouveau client, et la destination des fonds, la banque Sénégalaise a déposé une déclaration de soupçon (DS) auprès de la Cellule de Renseignements Financiers (CRF) sénégalaise. L'enquête ultérieure de la CRF a révélé que la société n'avait pas de statut juridique au Sénégal, et qu'elle avait été créée spécifiquement pour le blanchiment de fonds illicites grâce à la vente de marchandises importées. Monsieur M, Monsieur D, et Monsieur S étaient en relation avec des groupes extrémistes impliqués dans des activités terroristes en Afrique de l'Est, en Amérique du Nord, en Europe et en Mauritanie. Monsieur M, Monsieur D, et Monsieur S ont créé une société connexe, la société B, avec d'autres ressortissants sénégalais, pour importer des marchandises d'occasion, dont certaines ont été vendues localement et le reste exporté vers un pays tiers pour la revente. Le produit de ces ventes a été envoyé à un certain nombre de groupes terroristes à travers différents canaux[958].

---

[957] FATF, *Guidance for a Risk-Based Approach for Money or Value Transfer Services*, 2016, Paris, 71 p., p.24. www.fatf-gafi.org/publications/fatfrecommendations/documents/rba-money-or-value-transfer.html consulté le 11 mai 2022.

[958] GAFI, *Rapport sur le financement du terrorisme en Afrique de l'Ouest,* 2013.

561. Des entreprises et professions non financières au regard de la spécifié de leurs activités, peuvent être aussi utilisées pour blanchir de l'argent et financer le terrorisme. Il s'agit particulièrement des professions juridiques dans le cadre de leurs activités de conseil et de défense[959]. Ces juristes peuvent apporter des conseils en exploitant les failles des textes, pour contribuer à dissimuler des ressources et nuire à leur traçabilité. Le GAFI a adopté les *Lignes directrices de l'approche fondée sur les risques pour les professions juridiques* pour prendre en charge cette question. L'approche fondée sur les risques, appliquée à la lutte contre le blanchiment de capitaux et le financement du terrorisme (BC/FT) signifie que les pays, les autorités compétentes et les entreprises et professions non financières, dont les avocats, les notaires et d'autres membres des professions juridiques devraient identifier, évaluer et comprendre les risques en matière de BC/FT auxquels ils sont exposés. La compréhension des risques leur permettrait ensuite de prendre les mesures appropriées afin de les atténuer et de les gérer. Pour les membres des professions juridiques, l'identification et le maintien d'une bonne compréhension du risque en matière de BC/FT spécifique à leurs services, leur clientèle, les juridictions dans lesquelles ils opèrent et l'efficacité des contrôles en place, exigent des moyens et une formation spécialisée[960]. Les professions juridiques sont tenues de procéder à l'identification et à la vérification de l'identité du client et du bénéficiaire effectif, de comprendre l'objet et la nature de la relation d'affaires, d'adopter des mesures de vigilance continues concernant la relation[961]. Par exemple en France, il est fait obligations aux avocats de déclarer leurs soupçons en matière de BC/FT[962].

562. Le CCT a remarqué que les principales menaces identifiées par les États correspondent à celles émanant de groupes terroristes transnationaux tels que l'EIIL et Al-Qaeda et les entités qui leur sont associées. Plusieurs États ont également identifié des menaces de financement du terrorisme posées par des groupes locaux désignés

---

959 Les agents du fisc ou des experts comptables peuvent être utilisés dans le même but.

960 GAFI, *Lignes directrices de l'approche fondée sur les risques pour les professions juridiques*, Paris, 2019, 114p., §67 et 68.http://www.fatf-gafi.org/fr/publications/documents/Lignes-directrices-AFR-professions-juridiques.html consulté le 11 mai 2022.

961 Ibidem §76.

962 Y. MAYAUD, *La prévention du terrorisme*, Paris, Dalloz, 2021, 240p., p.131.

conformément à leurs régimes de sanctions nationaux[963]. L'incapacité des autorités chargées de l'application des lois à mener fréquemment des évaluations nationales des risques représente une vulnérabilité importante[964].

563. En ce qui concerne l'échange de renseignements financiers, Stuart LEVEY, ancien sous-secrétaire d'État sur le terrorisme et le renseignement financier aux États- Unis, explique que *« suivre l'argent est une des sources d'information les plus précieuses que nous ayons pour identifier et localiser les réseaux de terroristes et leurs soutiens »*[965]. Si un terroriste envoie ou reçoit de l'argent d'une autre personne, il devient aisé d'établir un lien entre les deux individus. De plus, quand ils envoient ou reçoivent de l'argent par le système bancaire, les terroristes fournissent souvent des informations qui donnent des pistes concrètes pouvant faire avancer une enquête. Pour ces raisons, les agents du contreterrorisme placent beaucoup d'espoir dans le renseignement financier. Conformément aux Résolutions pertinentes, en particulier les Résolutions 1267 (1999), 1373 (2001), 1624 (2005), 2322 (2016), 2396 (2017) et aux traités bilatéraux et multilatéraux applicables, tous les États membres doivent se prêter mutuellement la plus grande assistance pour empêcher le financement d'actes de terrorisme en agissant sur toute personne qui appuie ou participe directement ou indirectement au financement d'activités terroristes[966].

564. Le Groupe d'action financière contribue à rendre plus efficace l'action internationale contre le blanchiment d'argent et le financement du terrorisme. Le Conseil exige le respect des recommandations du GAFI en la matière dans ses Résolutions 2129 (2013) et 2462 (2019) précitées. Dans la Note explicative de la recommandation 24, le GAFI indique que *« les pays devraient de manière rapide, constructive et efficace fournir une coopération internationale concernant les informations élémentaires et sur les bénéficiaires effectifs*

[963] United Nations Security Council, Counter-terrorism Committee, Global survey of the implementation of Security Council resolution 1373 (2001) and other relevant resolutions by Member States, 2021, §719.
[964] Ibidem, §99.
[965] Propos de Stuart LEVEY alors sous-secrétaire d'État sur le terrorisme et le renseignement financier aux États- Unis rapporté par A. AMICELLE, « Les professionnels de la surveillance financière. Le malentendu comme condition de possibilité », *Criminologie*, 46(2), 2013, pp.195-219.
[966] S/2018/1177 du 28 décembre 2018 précité, p.15.

conformément aux recommandations 37 et 40. Cette coopération devrait notamment impliquer : (a) de faciliter l'accès par les autorités compétentes étrangères aux informations élémentaires des registres de sociétés ; (b) d'échanger des informations sur les actionnaires ; et (c) d'utiliser leurs pouvoirs, conformément à leurs lois nationales, pour obtenir des informations sur les bénéficiaires effectifs pour le compte d'homologues étrangers »[967]. Les comités du Conseil de sécurité créés par les Résolutions 1267 (1999) et 1988 (2011)[968], ont mis en place de solides réseaux pour l'application des mesures, notamment avec des organisations régionales et d'autres partenaires. Il est important de renforcer les capacités et de consolider le rôle du Groupe d'action financière et des organismes régionaux du même type. Le Groupe Intergouvernemental d'Action Contre le Blanchiment d'Argent en Afrique de l'Ouest (GIABA) par exemple, a été créé par la Conférence des Chefs d'État et de Gouvernements de la Communauté Economique des États de l'Afrique de l'Ouest (CEDEAO) en 2000. Le GIABA est une institution spécialisée de la CEDEAO, chargée du renforcement des capacités des États membres pour la prévention, et la lutte contre le blanchiment de capitaux et le financement du terrorisme dans la région et constitue un relais du GAFI.

565. Le Conseil a demandé aux États dans sa Résolution 2462 (2019) de coopérer pour prévenir le financement du terrorisme en « :

i. veillant à ce que les autorités compétentes puissent exploiter les renseignements financiers obtenus auprès des cellules de renseignement financier et les informations financières pertinentes recueillies auprès du secteur privé... ;

ii. renforçant l'intégration et l'utilisation de renseignements financiers dans les affaires liées au terrorisme, y compris en resserrant la coordination entre les organes concernés ;

iii. utilisant davantage les renseignements financiers et les traces financières pour déceler les réseaux terroristes et les bailleurs de fonds ;

iv. envisageant la mise en place d'un mécanisme qui permette aux autorités compétentes d'obtenir des informations pertinentes,

---

[967] GAFI, *Recommandations du GAFI, Normes internationales sur la lutte contre le blanchiment de capitaux et le financement du terrorisme et de la prolifération*, mise à jour octobre 2018, Paris, France, p.2 www.fatfgafi.org/fr/publications/recommandationsgafi/documents/recommandations-gafi.html

[968] S/RES/1988 (2011) du 17 juin 2011.

notamment mais pas exclusivement sur des comptes bancaires, afin de repérer plus facilement les avoirs des terroristes »[969]... Les échanges d'informations entre les cellules de renseignements financiers sont particulièrement importants dans le cadre de cette coopération telle que prévue par la Résolution 2462 (2019). La cellule de renseignements financiers (CRF) est un élément important du dispositif du fait qu'elle reçoit, analyse et transmet les rapports faisant état d'opérations ou d'activités suspectes et toutes autres informations pertinentes liées au soupçon de blanchiment d'argent et de financement du terrorisme. Elle est habituellement un intermédiaire incontournable entre les autorités publiques et le secteur privé[970]. Une CRF efficace peut donc être un catalyseur important dans la mise en place d'un système dynamique de lutte contre le blanchiment d'argent et le financement du terrorisme. Certaines CRF ont des compétences en matière d'enquête ou de poursuites, tandis que d'autres exercent des fonctions purement administratives ou ont un fonctionnement hybride[971]. La France par exemple est un État dont l'engagement dans la lutte contre le blanchiment de capitaux et le financement du terrorisme est saluée par le GAFI dans son rapport de 2022 portant *Mesures de lutte contre le blanchiment de capitaux et le financement du terrorisme en France*. Dans les conclusions générales du rapport, le GAFI déclare que *« la France dispose d'une bonne et très bonne compréhension des risques respectivement en matière de blanchiment de capitaux (BC) et de financement du terrorisme (FT), quoique moins développé pour certaines autorités de contrôle des entreprises et professions non-financières désignées (EPNFD). Le Conseil d'orientation de la LBC/FT assure une coordination efficace au plan national. D'une manière générale, les politiques nationales reflètent adéquatement les risques identifiés »*[972] La CRF française le TRACFIN, selon le GAFI, *« produit des analyses opérationnelles approfondies et de bonne qualité répondant aux besoins des autorités compétentes. En outre, elle*

---

[969] Résolution 2462 (2019) du 28 mars 2019 précité, §19.
[970] S/2017/716 du 15 août 2017 précité, p. 7.
[971] Idem.
[972] GAFI, *Mesures de lutte contre le blanchiment de capitaux et le financement du terrorisme - France, Rapport du quatrième cycle d'évaluations mutuelles*, Paris, 2022, p.5 www.fatf-gafi.org/fr/publications/evaluationsmutuelles/documents/rem-france-2022.html consulté le 11 mai 2022.

développe des analyses stratégiques, principalement de caractère typologique, qui contribuent à la compréhension des risques »[973].

566. Des représentants de cellules de renseignements financiers du Nigéria et de la Belgique ont déclaré que de nombreuses cellules ne sont pas dotées de moyens suffisants pour exploiter les renseignements reçus des services de police[974]. Les États devraient donc renforcer l'aptitude de leurs CRF à coopérer de façon à étoffer les capacités en la matière, tel que préconisé au paragraphe 5 de la Résolution 2331 (2016) du Conseil. La Direction Exécutive du Comité contre le terrorisme a mentionné des projets de renforcement des capacités menés en Tunisie et en Iraq en fonction des besoins qu'elle a elle-même évalués[975]. Les CRF de plus de 150 États et territoires ont rejoint le Groupe Egmont des cellules de renseignements financiers afin de bénéficier d'une plateforme sécurisée pour l'échange d'informations spécifiques relatives au blanchiment d'argent et au financement du terrorisme[976]. Le Centre des Nations Unies de lutte contre le terrorisme assiste les États membres à avoir accès au logiciel goFinTel, une solution logicielle efficace et intégrée des Nations Unies. Le Programme contre le financement du terrorisme du centre a pris en charge la conception et le développement du logiciel et sa mise application qui permettront à la communauté des utilisateurs d'adopter une démarche orientée-renseignement pour collecter, analyser, utiliser et partager les renseignements financiers. Cette initiative a été développée en réponse à la Résolution 2462 (2019) du Conseil de sécurité qui a invité les États à intensifier l'échange des renseignements financiers pertinents et d'améliorer la traçabilité des transactions financières conformément au droit international. En 2021, le centre et son partenaire l'Office des Nations Unies des Technologies de l'Information et de la Communication ont mis en service la version alpha de cette application[977]. Lorsque le traçage des fonds est réalisé avec efficacité, il faut déterminer le sort provisoire ou définitif de ces fonds afin de les mettre hors de portée des groupes terroristes.

---

[973] Ibidem, P.10.

[974] Idem.

[975] CCT, *Rapport de la conférence de haut niveau des Nations Unies sur la lutte contre le terrorisme*, 28-29 Juin 2018, New York, 40p., Op. Cit.

[976] S/2017/716 du 15 août 2017 précité, §3.

[977] United Nations Counter-Terrorism Centre, Annual report 2021, January - December 2021, 132p., p.51.

§2 Le sort des fonds : le gel et la confiscation des avoirs

567. Une efficacité pleine et entière de mesures qui élimineraient la totalité des moyens de financement des organisations terroristes reste utopique. Il faut donc agir aussi sur les moyens qu'ils parviennent à réunir **(A)**, en gelant les ressources soupçonnées de servir à une activité terroriste, et en confisquant les ressources de ceux qui sont définitivement convaincus de mener des activités terroristes **(B)**.

A/ La consécration des obligations

568. Plusieurs Résolutions du Conseil et de l'AG prévoient les mesures de gel des avoirs des organisations terroristes **(1)**. Lorsque l'on parvient à identifier et à confisquer ces avoirs, la confiscation a un impact important sur l'action des groupes terroristes qui sont ainsi privés des ressources nécessaires à la conduite de leurs opérations **(2)**.

1) Les fondements de l'obligation internationale de gel des avoirs

569. Selon l'article 2 f) de la convention de Palerme, *« les termes "gel" ou "saisie" désignent l'interdiction temporaire du transfert, de la conversion, de la disposition ou du mouvement de biens, ou le fait d'assumer temporairement la garde ou le contrôle de biens sur décision d'un tribunal ou d'une autre autorité compétente. »* Il s'agit de toute action tendant à empêcher un changement du volume des fonds, de leur montant, de leur localisation, de leur propriété, de leur possession, de leur nature, de leur destination ou toute autre modification qui pourrait permettre leur utilisation. Le § g) ajoute que le terme confiscation *« désigne la dépossession permanente de biens sur décision d'un tribunal ou d'une autre autorité compétente. »* Le gel et la saisie permettent ainsi, de bloquer les avoirs et fonds sans que la propriété ne soit transférée définitivement tandis que la confiscation ou la déchéance des avoirs et fonds, aboutit à ce que le propriétaire perde tout droit sur le bien[978].

570. L'objectif poursuivi est de bloquer les fonds destinés à alimenter le terrorisme sans pour autant altérer le flux des capitaux légitimes. Les mesures de gel, saisie et confiscation d'avoirs liés au crime, sont des mesures classiques de lutte contre le blanchiment

---

[978] V. GAFI, *Notes directives aux recommandations spéciales relatives au financement du terrorisme et au questionnaire d'auto-évaluation*, p.3, sur le site Internet du GAFI : http://www.oecd.org/fatf/TerFinancefr.htm consulté le 11 mai 2022.

d'argent. La Résolution 1373 (2001) prévoit que les États *« gèlent les fonds et autres avoirs financiers ou ressources économiques des personnes qui commettent, ou tentent de commettre, des actes de terrorisme, les facilitent ou y participent, des entités appartenant à ces personnes ou contrôlées, directement ou indirectement, par elles, et des personnes et entités agissant au nom, ou sur instruction, de ces personnes et entités, y compris les fonds provenant de biens appartenant à ces personnes, et aux personnes et entités qui leur sont associées, ou contrôlées, directement ou indirectement, par elles. »* Ces mesures touchent aussi bien ceux qui commettent les actes terroristes eux-mêmes, que ceux qui donnent les instructions d'agir ou encore ceux qui assurent le contrôle de ces organisations terroristes. La portée de l'obligation est donc très large et semble répondre d'une manière adaptée à la complexité des réseaux financiers du terrorisme. Force est cependant de constater que la Résolution 1373 (2001) ne prévoit que le gel des fonds et avoirs financiers destinés au terrorisme sans considérer leur confiscation. Toutefois, le gel peut toujours être consolidé dans le cadre d'une privation définitive de ces biens, par une confiscation judiciairement ou administrativement ordonnée.

571. Dans la Résolution 1390 (2002)[1234] condamnant les Talibans pour avoir permis à Al Qaeda et à d'autres groupes d'installer la base de leurs activités terroristes en Afghanistan, le Conseil de sécurité, agissant en vertu du Chapitre VII de la Charte, a décidé que tous les États doivent bloquer sans délai les fonds et autres avoirs financiers ou ressources économiques de Oussama ben Laden, des membres de l'organisation Al-Qaeda ainsi que des Talibans et autres personnes, groupes, entreprises et entités associés à ces personnes. Le blocage porte sur *« les fonds provenant de biens leur appartenant ou contrôlés, directement ou indirectement, par eux ou par des personnes agissant pour leur compte ou sous leurs ordres, et [les États doivent] veiller à ce que ni ces fonds ni d'autres fonds, actifs financiers ou ressources économiques ne soient rendus disponibles, directement ou indirectement, pour les fins qu'ils poursuivent, par leurs citoyens ou par une personne se trouvant sur leur territoire (...) »*[979]. L'action du Conseil de sécurité ne se limite pas aux seuls groupes identifiés comme

---

979 C. RAPOPORT, « Les sanctions ciblées dans le droit de l'ONU », *in Les sanctions ciblées au carrefour des droits international et européen*, Table ronde franco-russe avec l'Université d'État Lobatchevski de Nijni-Novgorod, Collection les Conférences Publiques du Centre d'Excellence Jean Monnet Université Pierre-Mendès-France - Grenoble (France), 10 mai 2011, point 2.

terroristes, elle est également dirigée contre les personnes qui leur sont associées et qui participent, de près ou de loin, à la préparation et/ou au financement des activités terroristes. De ce point de vue, la Résolution 1390 (2002) n'est en fait que la reprise des prescriptions contenues dans d'autres Résolutions notamment les Résolutions 1267 (1999) et 1373 (2001) demandant aux États membres de geler les fonds et avoirs financiers des personnes concernées. Cette Résolution a été renforcée par la Résolution 1526 (2004) adoptée par le Conseil de sécurité le 30 janvier 2004[980] et par la Résolution 2395 (2017)[981] adoptée le 21 décembre 2017.

572. Le gel d'avoir ne figure pas dans l'énumération de l'article 41 de la Charte des NU. Son admission par le Conseil procède d'une interprétation extensive de cette disposition. S'agissant ensuite des cibles des mesures, on constate que le Conseil de sécurité édicte des sanctions financières visant directement des personnes privées. De telles mesures ne sont pas expressément exclues du champ de l'article 41 de la Charte qui habilite le Conseil à adopter des sanctions n'impliquant pas l'emploi de la force. Si la lettre de l'article 41 ne vise pas seulement les États[982], il faut bien relever que l'esprit de cet article semble le destiner uniquement à prendre pour cible des États, comme l'atteste la liste des mesures qui y sont envisagées. Le Conseil de sécurité a pourtant estimé que l'article 41 n'est pas limité aux États. Il retient une lecture dynamique de cette disposition pour l'adapter aux nouveaux défis. L'application de l'article 41 à des individus n'a pas soulevé de controverse majeure dans la doctrine[983].

573. Sur le plan technique, l'obligation de geler, saisir et confisquer les fonds destinés au terrorisme suppose de la part des États, l'habilitation et la désignation d'autorités et/ou tribunaux telles que prévues par le GAFI. Elle suppose aussi la mise en place d'une procédure effective de collaboration entre les institutions financières et les autorités habilitées à geler les avoirs. Dans l'idéal, un système de communication permettant de porter rapidement les décisions à la connaissance des acteurs doit exister. Pour geler, saisir ou confisquer des avoirs, un préalable s'impose. Il s'agit de les identifier.

---

[980] S/RES/1526 (2004) précité.

[981] S/RES/2395 (2017) précité.

[982] L'article 41 utilise le terme « Membres des Nations Unies. »

[983] V. B. YAS, « La lutte contre le financement du terrorisme international », *Annuaire français de droit international*, volume 48 2002, pp.103-128.

2) Les moyens d'identification des avoirs

574. Les transactions qui alimentent le terrorisme sont très souvent d'apparence banale (transferts de faibles montants, opérations sans complexité), et l'argent peut circuler par le truchement d'associations « caritatives » ou de sociétés écrans aux activités légitimes en apparence comme on l'a déjà évoqué. Il faut donc des dispositifs spécifiques adaptés.

575. Dans le cadre de la lutte contre le financement du terrorisme, des listes internationales de personnes et entités qui financent le terrorisme ont été publiées. Ainsi que l'explique l'Équipe d'appui analytique et de surveillance des sanctions contre les Talibans et membres d'Al-Qaeda, *« ... faute d'accord sur la définition du terrorisme, [la liste] constitue le seul document de consensus existant sur la composition d'Al-Qaeda »*[984]. Des critiques sont parfois faites contre ces listes. Certaines grandes banques ont dénoncé la multiplication de listes discordantes et réclamé leur fusion. D'ailleurs, le Groupe de suivi créé par la Résolution 1363 (2001) du Conseil de sécurité, a constaté dans son deuxième rapport que *« la force et l'effet de ces listes varient, de même que les restrictions imposées en matière de mouvement ou de gel des avoirs, ce qui rend plus difficile la tâche de ceux chargés de les appliquer »*[985]. L'incomplétude des listes qui sont arrêtées à partir d'informations communiquées par les États et les institutions régionales, en application de la Résolution 1333 (2000) du Conseil de sécurité (§ 8, c) a été aussi soulignée[986].

576. Parmi les principales listes publiées, celle du Comité des sanctions créé par la Résolution 1267 du Conseil de sécurité occupe une place de choix. Le « Comité 1267 » est composé d'États qui proposent que les personnes qu'ils soupçonnent de soutenir financièrement le terrorisme, soient inscrites sur la liste. S'il n'y a pas d'objection de la part d'un État membre du Comité, le nom est inscrit. La liste publiée en novembre 2001 comptait 90 noms d'individus, 85 noms d'entités liées à Al-Qaeda et 152 noms de personnes associées aux Talibans. Elle Comptait, au début de l'année 2005, 433 noms dont 289 sont associés à Al-Qaeda. Certains États qui considèrent que cette procédure a des insuffisances, se sont montrés réticents à communiquer des noms au Comité 1267[987] . Au 11 octobre 2024, la liste comportait 435 personnes

---

[984] S/2004/679 (2004) du 20 octobre 2004, p.4, §5.

[985] S/2002/1050 (2002) du19 septembre 2002, p.8, §23.

[986] Ibidem, §22

[987] V. le rapport du Groupe de suivi créé par la Résolution 1363, § 13.

et 169 entités et groupes[988]. Ceux-ci reprochent au mécanisme de ne pas recourir à une instance judiciaire pour établir la culpabilité des mis en cause avant leur inscription sur la liste. Des États, pour ne pas se plier aux exigences du comité, ont objecté qu'ils ne disposaient pas de procédures officielles permettant l'identification des personnes ou des entités à signaler au Comité. D'autres ont indiqué qu'ils étaient tenus de respecter les règles de confidentialité régissant les procédures ou les enquêtes judiciaires.

577. Par la suite et prenant en considération ces critiques, la Résolution 1904 a créé le Bureau du Médiateur le 17 décembre 2009. Ledit Bureau a pour mission d'assister le Comité 1267 (1999) dans l'examen des demandes de radiation des listings afin d'améliorer la transparence et le respect des droits fondamentaux. C'est cet organe impartial et indépendant spécifiquement rattaché au Comité 1267 (1999), qui reçoit directement les demandes de radiation des personnes listées, et exerce une fonction d'intermédiaire entre elles et le Comité des sanctions contre Al-Qaïda et les Talibans[989]. Alors que le Point Focal se contentait de réunir les informations, le Médiateur a un rôle davantage proactif. Cela a pour effet de lui reconnaître le droit de donner un avis indépendant au Comité. Enfin, le Médiateur doit tenir le requérant informé de la décision du Comité en expliquant au maximum les raisons de la décision. Ainsi, le Médiateur du comité 1267 crée par la Résolution 1904 (2009) a été institué « *en réaction à la jurisprudence Kadi*[990]*, c'est-à-dire à l'affirmation du nécessaire respect des droits fondamentaux dans le régime des mesures antiterroristes* »[991]. Ce dernier vient encadrer les pouvoirs substantiels du Conseil de sécurité en matière de sanctions à l'égard des personnes impliquées ou soupçonnées d'être impliquées dans des affaires de terrorisme[992]. Selon

---

[988] V. scsanctions.un.org/9wkjqfr-al-qaida.html, consulté le 11/10/2024.

[989] ONUDC, Service de la prévention du terrorisme, *Programme de formation juridique contre le terrorisme*, Module 2 : Le cadre juridique universel contre le terrorisme, 2010.

[990] CJUE, grande chambre, arrêt du 3 septembre 2008, Affaires jointes C-402/05 P et C-415/05 P, *Yassin Abdullah Kadi et Al Barakaat International Foundation c. Conseil de l'Union européenne*, *Recueil*, p. I-6351

[991] L. DUMOULIN, « Droits fondamentaux et mesures antiterroristes : l'exemple du gel des avoirs des présumés terroristes », in Institut Universitaire Varenne, *in Droits fondamentaux, ordre public et libertés économiques*, LGDJ, 2013.

[992] Pour plus de détails, V. L. DUMOULIN, « Black lists et gel des avoirs Bilan et perspectives du Médiateur du Comité 1267 des Nations Unies », *Revue de science criminelle et de droit pénal comparé,* 2013/1 N°1, pp.23-50.

Lisa DUMOULIN, objectivement, nul ne peut nier que depuis l'instauration du Médiateur du Comité 1267, les choses ont changé en matière de radiation des « black lists ». Elle constate qu'un renforcement des garanties procédurales est observable en la matière, et suivant ce constat, il est possible d'affirmer que l'institution du Médiateur s'est avérée propice à l'équité et à la transparence des procédures en cause[993]. D'aucuns qualifient même l'institution du Médiateur *« de la première institution relevant véritablement du concept de l'État de droit dans les procédures du Conseil de sécurité »*[994]. Le Conseil lui-même salue l'institution et l'activité du Médiateur, en affirmant qu'*« il s'agit de la première fois qu'un mécanisme lui étant extérieur peut revenir sur ses décisions »*[995]. Toutefois, le Médiateur connaît des difficultés matérielles liées au besoin de traduction de documents volumineux et un budget insuffisant[996]. De plus, alors que les Résolutions 1989 (2011) et 2083 (2012) du Conseil demandaient aux États membres de communiquer toute information utile au Médiateur, la collecte d'informations auprès des États reste extrêmement laborieuse. Le Médiateur relève ainsi, dans son 4e rapport, une augmentation du taux de non-réponse des États durant la période et l'envoi tardif des renseignements. D'autres critiques lui sont faites et la plus importante est que le Médiateur n'intervient que pour une seule catégorie de sanctions, celles qui font suite aux résolutions 1267 (1999), 1989 (2011) et 2253 (2015) concernant l'État islamique d'Iraq et du Levant (Daech), Al-Qaeda et les personnes, groupes, entreprises et entités qui leur sont associés. La procédure manque aussi de transparence en raison des restrictions strictes qui l'encadrent ainsi que l'a reconnu l'ancienne Médiatrice, Catherine MARCHI-UHEL[997]. Le bilan du Médiateur reflète le compromis à l'origine de sa création. Son action n'est en effet ni un

---

[993] Idem.

[994] O. De FROUVILLE, « Réforme du fonctionnement du Conseil ou le Conseil comme institution internationale : Que peut-on faire sans modifier la Charte ? », in A. NOVOSSELOFF, (dir.), *Le Conseil de sécurité des Nations Unies. Entre impuissance et toute puissance*, éditions du CNRS, 2016, pp.297-314.

[995] Conseil de sécurité, Security Council Working Methods : Provisional Progress, Research Report, n° 1, 22 janvier 2018, p. 14, disponible sur www.securitycouncilreport.org .

[996] V. 4e Rapport du Médiateur, juillet 2012, § 54 et 55.

[997] C. MARCHI-UHEL, Rapport du Bureau du Médiateur établi en application de la Résolution 2368 (2017) du Conseil de sécurité, 7 août 2017, document S/2017/685, p.14.

parfait succès, ni un véritable échec, c'est un « entre deux » dont on peut alternativement soit se féliciter en émettant quelques regrets, soit déplorer en reconnaissant tout de même les progrès réalisés en la matière[998].

578. Dans la Résolution 2368 (2017) adoptée le 20 juillet 2017, le Conseil a précisé davantage les « Critères d'inscription sur la Liste » et décidé que « *les actes ou activités indiquant que telle personne, tel groupe, telle entreprise ou entité est associé à l'EIIL (Daech) ou à Al-Qaeda et remplit donc les conditions pour être inscrit sur la Liste relative aux sanctions contre l'EIIL et Al-Qaeda sont les suivants :*

1)Le fait de concourir à financer, organiser, faciliter, préparer ou exécuter des actes ou activités d'Al-Qaeda et de l'EIIL, en association avec ceux-ci, sous leur nom ou pour leur compte, ou le fait de les soutenir ;

2)Le fait de fournir, vendre ou transférer des armements et matériels connexes à Al-Qaeda ou à l'EIIL ;

3)Le fait de recruter pour le compte d'Al-Qaeda ou de l'EIIL ou de soutenir, de toute autre manière, des actes ou activités d'Al-Qaeda, de l'EIIL ou de toute cellule, filiale ou émanation ou tout groupe dissident de ceux-ci »[999]. Il a dans la même Résolution 2368 (2017), pour assurer plus de transparence au système, chargé *« le Comité de publier sur son site Web les résumés des motifs ayant présidé à l'inscription sur la Liste relative aux sanctions contre l'EIIL (Daech) et Al-Qaeda des personnes et entités visées. »* Afin de faciliter l'application efficace et universelle des sanctions prises par les États membres, il importe que les données figurant dans la Liste récapitulative des personnes et entités soumises à sanctions soient aussi à jour et précises que possible. Le Comité s'emploie à faire de la Liste, un outil dynamique permettant de répondre à la menace croissante que représentent Al-Qaeda et les Talibans. On a dénombré un total de 31 mises à jour de la Liste récapitulative en 2010. Le Comité a donné son accord pour radier 23 personnes et 17 entités de la Liste en 2010. Trente-six demandes de radiation concernant 110 personnes et 11 entités ont été reçues par le Comité la même année[1000].

---

[998] V. L. DUMOULIN, « Black lists et gel des avoirs Bilan et perspectives du Médiateur du Comité 1267 des Nations Unies », *Revue de science criminelle et de droit pénal comparé,* 2013/1 N°1, pp.23-50.

[999] S/RES/2368 (2018) du10 juillet 2017.

[1000] Lettre adressée à la Présidente du Conseil de sécurité par le Président du Comité du Conseil de sécurité créé par la Résolution 1267 (1999) concernant Al-Qaeda, les

579. Le 12 janvier 2010, comme le Conseil de sécurité l'a demandé au paragraphe 13 de sa Résolution 1904 (2009), le Comité a mis en ligne sur son site Web un formulaire type de demande d'inscription des personnes et des entités, à utiliser pour proposer d'ajouter des noms à la Liste récapitulative du Comité. De nouvelles rubriques ont été ajoutées au formulaire dans le souci d'améliorer la qualité et la précision des renseignements fournis[1001]. En 2015, 36 personnes et quatre entités ont été inscrites sur la liste. Vingt-quatre individus ont été radiés, dont sept après saisine du Bureau de la Médiatrice. Le Comité a également approuvé la modification des informations concernant 27 personnes et cinq entités inscrites. Le Comité et la Médiatrice sont tous deux compétents pour recevoir les demandes de radiation[1002]. À la fin de la période considérée, 243 personnes et 74 entités figuraient sur la liste relative aux sanctions du Comité. Le Comité s'est prononcé sur cinq cas, décidant la radiation de trois personnes inscrites sur la Liste et le maintien de deux autres. Le Médiateur s'est rendu en Algérie, en Allemagne et au Koweït pour s'entretenir avec cinq requérants. Deux requérants ont répondu à ses questions à distance[1003]. Elle a présenté deux rapports périodiques au Conseil de sécurité, l'un le 1er février 2016[1004] et l'autre le 1er août 2016[1005].

B/ L'efficacité des mesures de gel

580. Le gel, la saisie et la confiscation des avoirs concernent principalement, les groupes terroristes et leurs alliés. Le gel porte en principe sur tous les avoirs des organisations terroristes, mais exceptionnellement, des dérogations peuvent être accordées dans un but

---

Talibans et les personnes et entités qui leur sont associées, S/2010/685 (2010) du 31 décembre 2010, §16.

1001 Idem.

1002 S/2015/976 du 17 décembre 2015, Lettre adressée à la Présidente du Conseil de sécurité par le Président du Comité du Conseil de sécurité faisant suite aux Résolutions 1267 (1999), 1989 (2011) et 2253 (2015) concernant l'État islamique d'Iraq et du Levant (Daech), Al-Qaeda et les personnes, groupes, entreprises et entités qui leur sont associés.

1003 S/2016/1115 du 19 décembre 2016, Lettre adressée au Président du Conseil de sécurité par le Président du Comité du Conseil de sécurité faisant suite aux Résolutions 1267 (1999), 1989 (2011) et 2253 (2015) concernant l'État islamique d'Iraq et du Levant (Daech), Al-Qaeda et les personnes, groupes, entreprises et entités qui leur sont associés, §49.

1004 S/2016/96 (2016) du 1er février 2016.

1005 S/2016/671 (2016) du 1er août 2016.

humanitaire. Lorsque le gel des avoirs est effectif, l'efficacité est évidente puisque les groupes terroristes sont délestés d'un moyen important d'action. Cela est d'autant plus vrai que le gel porte sur tous les avoirs des terroristes.

1)Le principe du gel de tous les avoirs

581. Conformément à l'alinéa (a) du paragraphe 1 de la Résolution 2161 (2014), le gel des avoirs s'applique aux personnes, groupes, entreprises et entités dont les noms sont inscrits sur la Liste du Comité des sanctions. Comme résumé par la Note explicative sur la terminologie du gel des avoirs approuvée par le Comité des sanctions contre Al Qaeda le 24 février 2015, « *le gel des avoirs a pour objet de priver les personnes, groupes, entreprises et entités inscrits sur la Liste des moyens financiers leur permettant de soutenir le terrorisme, et vise par conséquent à faire en sorte qu'aucuns fonds, avoirs financiers ou ressources économiques ne soient mis à la disposition de ceux-ci tant qu'ils font l'objet de sanctions* »[1006]. Des mesures de gel d'avoirs ont été mises en œuvre avant le 11 septembre 2001, mais leur ampleur est de loin inférieure au volume assez spectaculaire des mesures qui ont frappé les avoirs de l'organisation Al Qaeda et les groupements et individus proches de ce réseau après cette date. Ces mesures ont résulté d'abord d'une série de Résolutions adoptées par le Conseil de sécurité, notamment les Résolutions 1267 (1999), 1333 (2000) et 1390 (2002). Certains États ont adopté des mesures individuelles de gel d'avoirs, notamment à l'encontre des groupes mis en cause dans les attentats du 11 septembre 2001. En Suisse, par exemple, le Conseil fédéral a adopté des ordonnances contre le groupe Al-Qaeda et les Talibans, notamment une ordonnance du 7 novembre 2001 permettant le blocage des avoirs et interdisant de fournir des fonds à toute personne morale ou physique figurant sur la liste établie par le Conseil fédéral annexée à l'ordonnance. Cette liste reprend les noms inscrits sur celle établie par les Nations Unies. Les banquiers se sont vus imposés, l'obligation de déclarer les avoirs bloqués au Secrétariat d'État à l'Économie en indiquant le nom du bénéficiaire, l'objet et le montant des avoirs gelés[1007]. L'application de ces directives a permis de dénoncer 75

[1006] Note explicative sur la terminologie du gel des avoirs approuvée par le Comité des sanctions contre Al-Qaeda le 24 février 2015.

[1007] V. ordonnance du 7 novembre 2001 interdisant le groupe Al-Qaïda et les organisations apparentées, disponible sur le site internet de la Confédération helvétique, www.admini.ch/ch/f/gg/cr/2001/20012461.html consulté le 13 mars 2021.

comptes bancaires à la fin de l'année 2002 et de bloquer trente millions d'euros[1008].

582. En ce qui concerne l'objet de la confiscation, le terme « *fonds* » ou « *autres biens* » est défini par le GAFI comme « *les actifs financiers, les biens de toute nature, corporels ou incorporels, meubles ou immeubles, quel que soit leur mode d'acquisition, ainsi que les documents ou instruments juridiques sous toute forme, y compris électronique ou numérique, prouvant la propriété ou les intérêts sur lesdits fonds ou autres biens, y compris, mais de façon non limitative, les crédits bancaires, les chèques de voyage, les chèques bancaires, les mandats, les actions, les valeurs mobilières, les obligations, les traites ou lettres de crédit, ainsi que les éventuels intérêts, dividendes ou autres revenus ou valeur tirés de ou produits par de tels fonds ou autres biens »*[1009]. Les avoirs des groupes terroristes comprennent pour ainsi dire tous leurs biens meubles et immeubles. La note explicative sur la terminologie de gel des avoirs approuvée par le Comité des sanctions contre Al Qaeda reprend les mêmes éléments de patrimoine en les explicitant[1010].

583. Les États-Unis qui ont été en première ligne dans l'adoption de tout ce dispositif de prévention et de lutte contre le terrorisme au lendemain du 11 septembre 2001, ne se sont pas fait prier pour appliquer les mesures de gel des avoirs. Ces mesures prises immédiatement après les attentats du 11 septembre ont permis de bloquer des sommes considérables. Un rapport du Département du Trésor américain précise que *« approximately 4 million $ in assets belonging to Usama bin Laden and the Al Qaeda network had been frozen in the U.S. Furthermore, these agencies reported that no less than 102 countries had committed to joining efforts to disrupt terrorist assets. Another $ 24 million in international terrorist assets had been frozen by the efforts of sixty-two other nations by enforcing their own national asset blocking orders "*[1011].

[1008] P. BLASER, Op. Cit., p. 24.

[1009] GAFI, *les IX recommandations spéciales*, 2004, p. 12.

[1010] Note explicative sur la terminologie du gel des avoirs approuvée par le Comité des sanctions contre Al-Qaeda le 24 février 2015.

[1011] V. le Rapport de septembre 2002 du Département du Trésor américain, *Contributions by the Department of the Treasury to the Financial War on Terrorism —Fact Sheet*, disponible sur le site internet du Department du Trésor américain www.treas.gov/press/releases/reports/2002910184556291211.pdfj , p.8. Selon ce rapport « Over 165 countries and jurisdictions have issued blocking orders against the assets of terrorists. Since September 11th, 2001, $112 million in terrorist assets have

584. Concernant la mise en œuvre de ces mesures, selon le CCT, la grande majorité des États qui lui ont envoyé un rapport, ont indiqué qu'ils avaient pris des textes législatifs, des décrets ou des règlements administratifs, pour s'assurer qu'ils disposaient de pouvoirs suffisants, pour donner suite au paragraphe 2 de la Résolution 1390 (2002)[1012]. Lorsque ces mécanismes n'étaient pas encore disponibles, les États ont informé le Comité qu'un projet de loi était à l'étude ou avait été élaboré pour remédier à cette situation. De nombreux États membres continuent d'axer leurs efforts sur les avoirs financiers et les institutions financières lorsqu'ils examinent les moyens de mettre en œuvre un gel des avoirs. Dans ses échanges avec les États membres, l'Équipe met l'accent sur l'obligation beaucoup plus large de bloquer les ressources économiques, lesquelles comprennent les avoirs de tous types. De fait, les actifs les plus précieux d'un terroriste sont souvent des biens immobiliers. Dans ce contexte, au paragraphe 13 de sa Résolution 2161 (2014), le Conseil de sécurité engage les États membres à demander instamment que les organismes d'enregistrement des sociétés, des titres fonciers et autres organismes publics et privés concernés vérifient régulièrement leurs bases de données au regard de la Liste relative aux sanctions.

585. Il peut néanmoins exister des obstacles très concrets à cette vérification. Dans un rapport récent, la Banque mondiale a indiqué que les titres de propriété sont conservés exclusivement au format papier dans 62 économies et que seules 50 % des *« économies du monde entier disposent de bases de données informatiques sur les droits et servitudes »*[1013]. En l'absence de fichiers informatiques pouvant faciliter les recherches, il est très difficile de repérer des biens appartenant à une personne ou entité inscrite sur la Liste. L'inexistence de bases de données informatiques relatives aux servitudes rend aussi malaisé les vérifications des sûretés[1014] qui grèveraient certains biens,

---

been frozen worldwide in over 500 accounts. $34 millions of those assets are frozen in the United States, $78 millions overseas ».

[1012] S/2002/1423 (2002) du 20 décembre 2002, Lettre adressée au Président du Conseil de sécurité par le Président du Comité du Conseil de sécurité créé par la Résolution 1267 (1999), *Rapport du Comité du Conseil de sécurité créé par la Résolution 1267 (1999)*.

[1013] Le Groupe de la Banque mondiale a recueilli dans 170 économies des données « sur la fiabilité, la transparence et la couverture des systèmes de cadastre ». V. Groupe de la Banque mondiale, *Doing Business 2015 : Going Beyond Efficiency*, pp.60-61.

[1014] Selon l'article 1er de l'acte uniforme OHADA portant organisation des sûretés, une sûreté est l'affectation au bénéfice d'un créancier d'un bien, d'un ensemble de

et les soumettant du même coup, à une restriction, ou une interdiction de vente. Il existe donc encore des obstacles très concrets qui freinent la mise en œuvre effective du gel des avoirs[1015].

586. Trois États d'Asie du Sud ont noté que des comptes et des fonds liés à des individus et groupes désignés ont été gelés. Le Ministère indien de l'intérieur a publié une procédure détaillée décrivant les obligations de toutes les personnes intervenant dans la mise en œuvre des sanctions financières ciblées conformément à la Résolution 1373 (2001)[1016]. Parmi les États non membres de l'Union européenne de l'Europe de l'Est, la moitié peut geler les fonds sans délai. Dans un des États, bien que la première mesure puisse être prise dans l'heure, une série de mesures supplémentaires doit être prise avant le gel des fonds, de sorte qu'en pratique, le gel des avoirs prend plusieurs semaines[1017]. Or, l'efficacité du mécanisme dépend de la rapidité avec laquelle elle est mise en œuvre pour empêcher que les terroristes n'organisent leur insolvabilité avant l'aboutissement de la procédure. En Amérique du Nord, Cinq des six États de ce groupe peuvent geler des fonds sans délai, ce qui est à saluer. Quatre des six États avaient déjà gelé des avoirs en application de la Résolution 1373 (2001) sans qu'aucune information sur les montants précis en cause ne soit rendue disponible[1018]. Les mesures de gel et de confiscation des avoirs que nous venons d'examiner admettent quelques dérogations.

2) Les dérogations dans un but humanitaire

587. Des sanctions ciblées qui se traduisent par un gel des avoirs, l'imposition d'interdictions de déplacement et d'autres restrictions peuvent nuire gravement à la capacité des intéressés et de leur famille à exercer leurs droits économiques et sociaux. Des mesures de dérogation à but humanitaire du gel des avoirs sont toujours possibles pour atténuer les souffrances des personnes qui dépendent de ceux dont les avoirs doivent être gelés. Il est de ce fait nécessaire d'atténuer les

---

biens ou d'un patrimoine afin de garantir l'exécution d'une obligation ou d'un ensemble d'obligations, quelle que soit la nature juridique de celles-ci et notamment qu'elles soient présentes ou futures, déterminées ou déterminables, conditionnelles ou inconditionnelles, et que leur montant soit fixe ou fluctuant.

[1015] S/2015/441 du 16 juin 2015 précité.

[1016] United Nations Security Council, Counter-terrorism Committee, *Global survey of the implementation of Security Council resolution 1373 (2001) and other relevant resolutions by Member States*, 2021, §276.

[1017] Ibidem, §519.

[1018] Ibidem, §603.

conséquences économiques induites par la lutte contre le terrorisme grâce à des dérogations à but humanitaires[1019] pour éviter que les conditions de vie difficiles ne favorisent la vulnérabilité qui facilite le recrutement.

588. En application de la Résolution 1452 (2002)[1020], modifiée par le paragraphe 15 de la Résolution 1735 (2006)[1021], et comme indiqué aux paragraphes 75 et 76 de la Résolution 2253 (2015)[1022], le Comité 1267 reçoit les communications par lesquelles les États membres lui notifient leur intention d'autoriser l'accès à des fonds ou autres avoirs financiers ou ressources économiques gelés, pour couvrir des dépenses de base en particulier l'alimentation, la santé et le culte. En outre, en application des paragraphes 9 et 62 de la Résolution 2161 (2014)[1023], le point focal créé par la Résolution 1730 (2006)[1024] est également habilité à recevoir les demandes de dérogation présentées par des personnes, groupes, entreprises ou entités inscrits sur la Liste, à condition que la demande ait été préalablement soumise à l'État de résidence pour examen.

589. Une fois informé, le Comité examine et approuve dans le délai prescrit de cinq jours ouvrables les demandes des États membres aux fins des dépenses extraordinaires visées au §1 alinéa b de la Résolution 1452 (2002) et au §75 alinéa b de la Résolution 2253 (2015). Les États membres sont encouragés à rendre rapidement compte au Comité de l'emploi qui a été fait des fonds débloqués, afin d'empêcher qu'ils servent au financement du terrorisme[1025]. Ces dérogations, visent à limiter « les effets secondaires » des mesures de gel d'avoirs et viennent ainsi limiter les pouvoirs du Conseil de sécurité. Le 4 février 2000, le Comité a autorisé, conformément aux dispositions du §4 alinéa a) de la Résolution 1267 (1999) du Conseil de sécurité, ainsi qu'aux dispositions du paragraphe 6 des directives adoptées par le Comité pour la conduite de ses travaux, une demande des Talibans portant sur 90 voyages aller-retour d'Ariana Afghan Airlines en deux étapes (première

---

[1019] V. Haut-Commissariat des Nations Unies aux droits de l'homme, *Droits de l'homme, terrorisme et lutte antiterroriste Fiche information N°32*, p.50.

[1020] S/RES 1452 (2002) du 20 décembre 2002.

[1021] S/RES/1735 (2006) du 22 décembre 2006.

[1022] S/RES/2253 (2015) du 17 décembre 2015.

[1023] S/RES/2161 (2014) du 17 juin 2014.

[1024] S/RES/1730 (2006) du 19 décembre 2006.

[1025] Comité 1267 (1999), *Directives régissant la conduite des travaux du Comité*, adoptées le 7 novembre 2002.

étape 9 février-9 mars 2000; deuxième étape 25 mars-23 avril 2000) pour le transport de 12 000 pèlerins afghans désireux de se rendre à la Mecque[1026]. Entre 2003 et 2014, il y a eu au total 148 demandes de dérogations au gel des avoirs soit 137 demandes en application du §1 alinéa a de la Résolution 1452 (2002) relatif aux dépenses de base (vivres, loyers, médicaments …) et 11 demandes en application du §1 alinéa b relatif aux dépenses extraordinaires[1027]. En 2016, le Comité a reçu deux demandes de dérogation au gel d'avoirs qu'il a approuvées, déterminant que les fonds en question étaient nécessaires pour des dépenses de base aux termes du paragraphe 75 a) de la Résolution 2253 (2015). Le Comité a reçu deux autres demandes de dérogation au gel des avoirs pour des fonds dont il a déterminé qu'ils étaient nécessaires pour des dépenses extraordinaires aux termes du paragraphe 75 b) de la Résolution 2253 (2015), et une autre demande de dérogation au gel d'avoirs, transmise par le point focal en application du paragraphe 76 de la Résolution 2253 (2015), qu'il n'a pas approuvée[1028].

[1026] Lettre datée du 29 décembre 2000, adressée au Président du Conseil de sécurité par le Président du Comité du Conseil de sécurité créé par la Résolution 1267 (1999) concernant l'Afghanistan *Annexe Rapport du Comité du Conseil de sécurité créé par la Résolution 1267 (1999) concernant l'Afghanistan*, S/2000/1254.

[1027] Lettre datée du 16 juin 2015, adressée au Président du Conseil de sécurité par le Président du Comité du Conseil de sécurité faisant suite aux résolutions 1267 (1999) et 1989 (2011) concernant Al-Qaeda et les personnes et entités qui lui sont associées, S/2015/441, §55.

[1028] S/2016/1115 du 19 décembre 2016 précité.

CONCLUSION DU TITRE II

590. Le contrôle de l'accès aux armes des groupes terroristes est une préoccupation importante de l'ONU dans le cadre de la prévention du terrorisme. Les technologies émergentes augmentent le risque que des groupes terroristes accèdent à des armes biologiques, radiologiques ou nucléaires (CBRN) et les utilisent.[1029] Les mesures d'embargos édictées pour empêcher la circulation d'armes dans des zones fortement à risque, sont très peu respectées en raison d'un environnement juridique difficile marqué par la discrétion et le secret qu'observent les industries des armements[1030]. D'autre part, la vente d'armes fait généralement intervenir plusieurs intermédiaires de sorte que l'identification des acteurs à surveiller est difficile. Ces derniers constituent des acteurs importants de la violation de nombreux embargos en raison du rôle qu'ils jouent auprès des producteurs d'armes. De ce fait, toute action préventive contre le passage des armes vers le circuit illégal exige des contrôles proactifs. Il est nécessaire de suivre systématiquement les ALPC, de manière à ce qu'elles soient traçables à tout moment, pour assurer l'efficacité du contrôle des armes. Ce que les normes édictées par le Conseil et l'AG ne prévoient pas encore.

591. En ce qui concerne le financement du terrorisme, il est impossible d'empêcher tous les attentats en contrôlant les opérations financières. Des attentats récemment perpétrés montrent qu'ils peuvent être orchestrés avec des moyens limités obtenus de manière légitime et souvent sans avoir recours à des opérations financières suspectes. En bloquant les flux financiers vers les organisations terroristes, il est cependant possible de limiter leurs ressources disponibles et d'entraver leurs activités de propagande, de recrutement et autres, en vue, à terme, d'empêcher les terroristes de commettre des attentats. La réduction des fonds disponibles des terroristes, réduit leurs capacités et limitent ainsi leur force. De plus, les terroristes ont généralement besoin de fonds pour créer un environnement favorable à la poursuite de leurs activités, et pas seulement pour perpétrer des attentats. Les actions des NU contre le financement du terrorisme particulièrement en ce qui concerne le gel et la confiscation des avoirs est d'une efficacité redoutable comme on

---

1029 S/RES/1456 (2003) du 20 janvier 2003. V. aussi, United Nations Security Council, Counter-Terrorism Committee, *Global survey of the implementation of Security Council resolution 1373 (2001) and other relevant resolutions by Member States*, 2021, §756.

1030 J. ANCELIN, *La lutte contre la prolifération des armes légères et de petit calibre en droit international*, Thèse Droit, Université de Bordeaux, 2014.

l'a vu[1031]. Leur mise en œuvre est cependant rendue particulièrement difficile par l'absence dans beaucoup d'États, de fichiers informatisés des cadastres et autres registres de biens immobiliers. Cette défaillance empêche l'identification de ce type de biens souvent plus précieux que les biens mobiliers et les numéraires.

592. Aussi bien en ce qui concerne l'accès aux moyens militaires à travers le trafic illicite des armes à feu, que le financement du terrorisme par des activités illicites particulièrement les infractions contre les biens et les infractions contre les personnes, il apparaît de façon constante que la capacité de l'État à contrôler toute l'étendue de son territoire est un préalable à l'efficacité des mesures adoptées par le Conseil et l'AG. Lorsqu'une partie du territoire est contrôlée par des groupes terroristes ou d'autres groupes criminelles, l'État ne peut implémenter ces mesures sur des territoires qu'il ne contrôle pas.

[1031] V. ONUDC, *Recueil des cas en matière de terrorisme*, New York, 2010, §84.

CONCLUSION DE LA PREMIERE PARTIE

593. Dans cette première partie de notre étude, il s'est agi pour nous d'examiner la capacité de l'action de l'ONU, à atteindre son objectif d'empêcher la commission d'actes terroristes. Deux axes de réflexion nous ont permis d'apporter une réponse à cette préoccupation. Il s'est agi d'analyser dans un premier temps l'empêchement de la perpétration d'actes terroristes et dans un second temps, l'action contre l'accès des organisations terroristes à des moyens militaires et financiers.

594. On peut aisément indiquer que l'ONU, sur le plan normatif, a édicté de nombreuses mesures visant à empêcher la perpétration des actes terroristes et l'accès des groupes terroristes à des moyens militaires et financiers. Les États ont globalement montré une bonne volonté à mettre en œuvre les mesures imposées tel que cela résulte des données recueillies par le mécanisme institutionnel créé à cette fin. Pour les mesures non mises en œuvre, il convient pour l'ONU, de redoubler d'efforts pour assurer leur effectivité car sans effectivité, aucune efficacité ne peut être envisagée. Pour les actions qui ont été effectivement mises en œuvre, l'efficacité atteinte est fort appréciable. En effet, les sanctions du Conseil contre les États qui méconnaissent ses prescriptions d'interdiction des soutiens actif et passif au terrorisme, ont permis de réduire significativement lesdits soutiens. Les mesures de sureté nucléaire, maritime et aérien lorsqu'elles sont effectivement respectées, ont renforcé significativement cette sureté. Les actions de terrorisme aérien et maritime se sont fortement réduites nonobstant la survivance d'actions de terrorisme maritime en Asie particulièrement. Les mesures de sureté nucléaire atteignent des résultats satisfaisants lorsque les mesures de protection physique sont respectées ainsi que cela été démontré.

595. Les actions contre les sources licites de financement du terrorisme sont en général implémentées par les États. Toutefois, certains systèmes bancaires qui ont des règles de fonctionnement peu transparents (les banques islamiques par exemple), rendent le contrôle très difficile. L'action contre les sources de financement illicite est difficile à mettre en œuvre en raison notamment de la non maitrise de l'intégrité du territoire par certains États et de la complexité de la lutte contre la criminalité organisée.

PARTIE 2 UNE EFFICACITÉ MITIGÉE DANS L'ACTION POUR LE RESPECT DES DROITS DE L'HOMME DANS LA LUTTE ANTITERRORISTE

596. M. Cornu dans le Vocabulaire juridique définit les droits de l'Homme comme un droit *« inhérent à l'être humain (homme ou femme) ; ensemble de facultés et prérogatives considérées comme appartenant naturellement à tout être humain dont le Droit public,[...], s'attache à imposer à l'État le respect et la protection en conformité avec certains textes de portée universelle (Déclaration des droits de 1789 en son article 2, Déclaration universelle des Droits de l'Homme adoptée par l'Assemblée générale de l'ONU le 10 déc. 1948, et dans son ordre, Convention Européenne des Droits de l'Homme de 1950) »*[1032]. Dans le même sens, Kéba MBAYE affirme que les droits de l'Homme sont *« un ensemble cohérent de principes juridiques fondamentaux qui s'appliquent partout dans le monde tant aux individus qu'aux peuples et qui ont pour but de protéger les prérogatives inhérentes à tout homme et à tous les hommes pris collectivement en raison de l'existence d'une dignité attachée à leur personne et justifiée par leur condition humaine »*[1033]. Les libertés publiques ne sont qu'une catégorie de droits de l'homme. *« Par liberté, sans entrer dans des considérations philosophiques, on souhaite mettre en lumière toute une faculté d'agir et une sphère d'autonomie, ce qui semble orienter prioritairement vers certains droits de l'Homme. L'épithète "publique", rend surtout compte de la dimension verticale des libertés publiques »*[1034]. Les droits dits fondamentaux eux, peuvent être entendus comme *« des droits individuels, exercés individuellement, exigibles de tous contre tous et qui révèlent l'équilibre à opérer entre la libre disposition de soi et la nécessaire garantie sociale de l'existence même du sujet individuel »*[1035] tandis que *« les libertés fondamentales représentent [...] l'ensemble des droits subjectifs*

[1032] G. CORNU, *Vocabulaire juridique*, Association Henri Capitant, 12ème édition mise à jour, Quadrige, Éditions PUF, janvier 2018, p.378.

[1033] K. MBAYE, *Les droits de l'Homme en Afrique*, Éditions Pedone, novembre 2002, p.35.

[1034] L. FAVOREU, cité par M.M. SY, *La protection constitutionnelle des droits fondamentaux en Afrique, l'exemple du Sénégal*, Éditions l'Harmattan, mai 2007, p.31.

[1035] X. BIOY, *Droits fondamentaux et libertés publiques*, 5ème édition, Éditions LGDJ, septembre 2018, p.99.

considérés comme primordiaux pour la protection de l'État de droit et de la démocratie »[1036].

597. La Rapporteuse spéciale de la Sous-commission pour la promotion et la protection des droits de l'Homme a fait remarquer dans son rapport de 2019 à l'Assemblée générale, que le développement de la pratique de lutte antiterroriste est intervenu au détriment du respect de l'État de droit et des droits humains[1037]. L'on constate ainsi que le respect des droits de l'homme n'est pas une priorité de tous les acteurs dans la lutte antiterroriste. Or, les mesures antiterroristes et le respect des droits de l'homme, des libertés fondamentales et de l'État de droit sont complémentaires et se renforcent mutuellement[1038]. Le respect de tous les droits de l'homme dans la lutte antiterroriste constitue une pratique optimale, car c'est non seulement une obligation juridique des États, mais aussi un élément indispensable d'une stratégie efficace à moyen et à long terme pour lutter contre le terrorisme[1039].

598. Pour espérer une efficacité plus grande dans la prévention du terrorisme, des actions pour empêcher la radicalisation, c'est-à-dire *« le processus par lequel un individu ou un groupe adopte une forme violente d'action, directement liée à une idéologie extrémiste à contenu politique, social ou religieux qui conteste l'ordre établi sur le plan politique, social ou culturel »*[1040] doivent être implémentées en amont. Cela a l'avantage d'empêcher que l'individu n'arrive au stade du passage à l'acte. L'approche globale permet de ne pas se focaliser uniquement sur les personnes déjà radicalisées qui cherchent désormais les moyens matériels de passer à l'acte, mais d'empêcher que l'individu n'arrive à ce stade du processus terroriste. C'est dans ce cadre notamment que le premier pilier de la Stratégie antiterroriste mondiale porte sur les *« Mesures visant à éliminer les conditions propices à la propagation du terrorisme ... s'agissant notamment des conflits qui perdurent, de la déshumanisation des victimes du terrorisme sous toutes ses formes et dans toutes ses manifestations, de l'absence de*

1036 Amnesty International, *Protéger les droits humains : Outils et mécanismes juridiques internationaux*, Jurisclasseur, 2003, p.413.

1037 A/73/361.

1038 S/2018/1177 (2018) du 28 décembre 2018 précité, p.15.

1039 A/HRC/16/5122 du décembre 2010, Rapport du Rapporteur spécial sur la promotion et la protection des droits de l'homme et des libertés fondamentales dans la lutte antiterroriste, Dix pratiques optimales en matière de lutte antiterroriste, §12.

1040 F. KHOSROKHAVAR, *Radicalisations*, Paris, Editions de la Maison des sciences de l'homme, novembre 2019, pp.33-34.

légalité et des violations des droits de l'homme, de la discrimination ethnique, nationale et religieuse, de l'exclusion politique, de la marginalisation socioéconomique et de l'absence de gouvernance, tout en sachant qu'aucune de ces conditions ne saurait excuser ou justifier des actes de terrorisme»[1041]. Ces conditions favorables à la propagation du terrorisme quoiqu'important, ne seront pas abordés dans le cadre de cet ouvrage en raison de contraintes externes.

599. La lutte antiterroriste elle-même a paradoxalement généré une « condition propice à la propagation du terrorisme » dans son sens usuel. Il s'agit du non-respect des droits de l'homme dans la lutte antiterroriste. Il importe d'insister cependant sur le fait que dans le contexte des NU, la question du respect des droits de l'homme dans la lutte antiterroriste n'est pas incluse dans les conditions propices à la propagation du terrorisme qui fait l'objet du premier pilier de la Stratégie antiterroriste mondiale. Dans le cadre des Nations Unies, les violations des droits de l'homme qui interviennent dans la riposte de l'État lorsqu'une crise terroriste éclate fait l'objet d'une approche distincte et autonome à travers le pilier 4 de la SAM intitulé « les mesures garantissant le respect des droits de l'homme et la primauté du droit en tant que base fondamentale de la lutte antiterroriste ». Nous nous situons ici dans l'antiterrorisme alors que dans la première hypothèse nous étions dans le contreterrorisme. L'importance de cette question a conduit l'AG a appelé les États, à « *redoubler d'attention et d'efforts aux niveaux national et international pour aider les États membres, à leur demande, à faire en sorte que toutes les mesures de lutte contre le terrorisme soient conformes à l'État de droit et au droit international ..., d'intégrer et de généraliser la promotion et la protection des droits humains et des libertés fondamentales dans leurs projets et programmes de renforcement des capacités, à l'échelle des quatre piliers de la Stratégie »*[1042]. La Direction Exécutive du CCT aborde toujours ces questions lors de ses visites dans les pays, comme lors des ateliers qu'elle organise. Elle est convaincue que *« le respect des droits de l'homme, des libertés fondamentales et de l'état de droit est complémentaire et se renforce mutuellement avec des mesures*

[1041] Résolution 60/288 (2006) adoptée par l'Assemblée générale portant *La Stratégie antiterroriste mondiale de l'Organisation des Nations Unies,* A/RES/60/288, annexe, p.4.

[1042] AG, Résolution 75/291 (2021) adoptée par l'Assemblée générale le 30 juin 2021, portant *Septième examen de la Stratégie antiterroriste mondiale de l'Organisation des Nations Unies*, A/RES/75/291, §101.

efficaces de lutte contre le terrorisme et constitue un élément essentiel d'un effort réussi de lutte contre le terrorisme »[1043]. Il faut donc concilier respect des droits de l'homme et lutte antiterroriste malgré les difficultés **(Chapitre 1).**

[1043] United Nations Security Council, Counter-Terrorism Committee, *Global survey of the implementation of Security Council resolution 1373 (2001) and other relevant resolutions by Member States*, 2021, préambule.

Chapitre 1 La mise à l'épreuve de certains droits de l'homme

600. L'exigence de respect des droits humains dans la lutte contre le terrorisme ne signifie pas que les États ne disposent d'aucune marge pour mettre en œuvre leurs mesures de lutte. Certaines situations autorisent les États à modifier la légalité ordinaire dans le cadre de leurs actions. Lorsqu'une situation l'exige, sans que l'on ne soit véritablement en présence de circonstances exceptionnelles ou de situation de crise telles que prévues par le droit international, des mesures de restriction de liberté sont possibles pour permettre aux autorités chargées de la sécurité de mener à bien leurs missions. Ces mesures exceptionnelles doivent être utilisées pendant une durée limitée en raison de leur caractère exceptionnel, et doivent prendre fin dès que ces mesures ne sont plus nécessaires[1044].

601. Lorsque l'on est en situation de crise, de circonstances exceptionnelles, les pouvoirs de l'État s'accroissent pour tenir compte de l'ampleur de la menace qui pèse sur son existence. Une fois cette situation établie, l'État dispose du pouvoir non pas seulement de restreindre certains droits et libertés, mais aussi de déroger purement et simplement à certains d'eux. Le terrorisme peut menacer l'existence même de l'État, lui faire courir un péril imminent de sorte que l'État d'urgence ou l'État d'exception qui vise à le combattre ne peut qu'avoir un caractère préventif en empêchant ce péril de survenir. L'État d'urgence en imposant les contraintes qu'il édicte, s'affirme ainsi comme une réaction destinée à juguler les manifestations de la crise, en empêchant que la situation ne génère de danger pour l'avenir[1045]. Le contrôle contre les abus s'exerce alors sur la nécessité et la proportionnalité des mesures adoptées en rapport avec la réalité de la menace. Il faut alors respecter cette nouvelle légalité de crise qui accorde plus de pouvoirs à l'État. D'ailleurs, certains droits élevés au rang de droits intangibles ne peuvent faire l'objet de dérogation même en situation de crise.

602. En plus de montrer comment la violation des droits de l'homme conduit au terrorisme, il s'agit dans ce chapitre, de montrer aussi comment il est possible d'allier respect des droits et lutte contre le terrorisme. Autrement dit, il s'agit aussi de montrer comment on peut

---

[1044] Résolution 64/168 adoptée par l'Assemblée générale le 18 décembre 2009 portant *Protection des droits de l'homme et des libertés fondamentales dans la lutte antiterroriste,* A/RES/64/168, §19.

[1045] MAYAUD (Y), *La prévention du terrorisme*, Paris, Dalloz, 2021, 240p., p.15.

respecter les droits de l'homme dans la lutte antiterroriste pour éviter la radicalisation.

603. Comme on l'a déjà relevé, certains droits et libertés peuvent faire l'objet de restrictions ou de dérogations si la situation de l'État l'exige. Il faut alors veiller à ce que ces restrictions ou dérogations ne donnent lieu à des abus **(Section 1)**. Le respect de certains droits sont particulièrement difficiles en raison de leur caractère sensible. Une attention particulière doit alors leur être accordée (**Section 2)**.

Section 1 Les limitations apportées à certains droits

604. Le Conseil dans sa Résolution 1624 (2005) a rappelé que le droit à la liberté d'expression énoncé à l'article 19 de la Déclaration universelle des droits de l'homme et à l'article 19 du Pacte international relatif aux droits civils et politiques ainsi que les restrictions qui y sont reconnues, *« doivent être expressément fixées par la loi et être nécessaires pour les raisons énoncées au paragraphe 3 de l'article 19 du Pacte »*[1046]. La Rapporteuse spéciale de la Sous-commission pour la promotion et la protection des droits de l'Homme, fait remarquer que ces restrictions sont contreproductives à long terme, pour la raison précise que *« le manque d'intégration et de contrôle du respect des droits humains, constitue une faiblesse structurelle qui rend [l]es programmes [de lutte contre le terrorisme] moins efficaces, moins stratégiques et moins acceptés par les communautés qu'ils entendent soutenir »*[1047]. Nous examinerons les conditions de limitation de ces droits et libertés **(§1)** avant leur examen proprement dit **(§2)**.

§1 Les conditions de limitation

605. Les conditions de restriction se distinguent des conditions de dérogation principalement en raison de la différence de nature et d'ampleur des difficultés que traversent l'État. Les conditions à réunir pour une restriction des libertés, sont plus souples que les conditions requises pour une dérogation. Cette différence s'explique par la différence entre les conséquences que ces mesures engendrent.

1046 S/RES/1624 (2005), préambule.

1047 Programme des Nations Unies pour le développement (PNUD), *Sur les chemins de l'extrémisme violent en Afrique : Moteurs, dynamiques et éléments déclencheurs,* 2017, p.3 et p.6.

A/ Les restrictions

606. Les instruments de protection des droits de l'homme auxquels renvoie la Résolution 1624 (2005) susvisée, envisagent la possibilité pour les États parties, d'énoncer des restrictions a un certain nombre de droits et libertés, lorsqu'ils doivent faire face à une situation qui requiert un certain équilibre entre les droits individuels et l'intérêt commun[1048]. Cela ne signifie toutefois pas, que totale latitude est accordée aux autorités politiques de restreindre de façon générale et selon leur bon vouloir les droits et libertés des citoyens de leurs juridictions respectives. Pour y procéder, il faut réunir certaines conditions.

607. Les restrictions doivent être de nature exceptionnelle et doivent être interprétées restrictivement. En effet, les États ne peuvent avoir recours aux restrictions que dans les circonstances limitées prévues dans le Pacte international relatif aux droits civils et politiques[1049]. Les dispositions relatives aux restrictions contenues dans le Pacte, découlent de l'article 29 de la Déclaration universelle des droits de l'homme qui édicte que *« dans l'exercice de ses libertés, chacun n'est soumis qu'aux limitations établies par la loi exclusivement en vue d'assurer la reconnaissance et le respect des droits d'autrui et afin de satisfaire aux justes exigences de la morale, de l'ordre public et bien-être général dans une société démocratique »*[1050]. Cette restriction est reprise et explicitée dans plusieurs dispositions du PIDCP notamment à son article 12 qui prévoit que *« les droits ... ne peuvent être l'objet de restrictions que si celles-ci sont prévues par la loi, nécessaires pour protéger la sécurité nationale, l'ordre public, la santé ou la moralité publiques, ou les droits et libertés d'autrui, et compatibles avec les autres droits reconnus par le présent Pacte »*[1051]. Les articles 18 (liberté de pensée, de conscience et de religion), 21 (liberté de réunion) et 22 (liberté d'association) du Pacte reprennent les mêmes restrictions concernant les libertés.

608. Ainsi que le prévoit l'article 12 suscité, un certain nombre de buts seulement peuvent justifier et légitimer les restrictions. Il s'agit de la sécurité nationale, la sûreté publique, l'ordre public, mais également la protection de la santé ou de la morale publique, et dans certains cas,

---

[1048] Il ne s'agit pas là d'une situation de crise au sens du droit international.

[1049] Adopté par l'Assemblée générale des Nations Unies dans sa Résolution 2200 A (XXI) du 16 décembre 1966 (entre en vigueur le 23 mars 1976, conformément à son article 49).

[1050] V. l'article 29 2) de la Déclaration universelle des droits de l'homme.

[1051] V. 12 1) du PIDCP.

la protection des droits et des libertés d'autrui. La CADHP a maintes fois réaffirmé ce principe[1052]. Le motif tiré de la sécurité nationale permet de recourir à ces restrictions dans le cadre de la lutte contre le terrorisme. Pour le professeur Pierre KLEIN, ces mesures peuvent s'analyser comme *« une manière acceptable pour les États, d'accroître leur marge de manœuvre en vue de lutter contre la préparation ou la perpétration d'actes de terrorisme (...) »*[1053]. Sur un plan plus général, la technique des restrictions permet, par une loi nationale et sur la base d'intérêts nationaux, à un État, de contrevenir à ses obligations ordinaires contenues dans une norme supérieure en l'occurrence une convention internationale[1054]. De plus, la restriction doit être prévue par la loi selon les termes mêmes du Pacte[1055]. La CADHP indique à cet effet que les normes internationales relatives aux droits de l'homme *« exigent des lois nationales qui restreignent la liberté d'expression qu'elles soient claires, prévisibles et conformes à l'objet de la Charte et des instruments internationaux des droits de l'homme. Elles doivent, par ailleurs, être d'application générale »*[1056]. Si la loi ne doit pas nécessairement être entendue dans son sens organique à savoir une délibération du parlement, cette précaution offre au moins la sécurité de l'exigence du respect du principe de la légalité, c'est-à-dire de l'antériorité de la restriction à son exécution, à sa mise en œuvre. Aujourd'hui, avec l'ampleur du phénomène terroriste, ces restrictions se multiplient. Elles affectent principalement la liberté de mouvement, le libre choix de la résidence (article 12, paragraphe 3), l'exclusion de la presse et du public à la totalité ou à une partie d'un procès (article 14, paragraphe 1), la liberté d'expression (article 19, paragraphe 3) et la liberté de réunion (article 21). Aux États-Unis par exemple, les compagnies de téléphonie et les fournisseurs d'accès internet ont été invités à collaborer avec le FBI (Federal Bureau of Investigation) pour

---

[1052] CADHP, *Ingabire Victoire Umuhoza c. République du Rwanda* (fond) (24 novembre 2017), *RJCA,* p.171, § 132 ; *Konaté c. Burkina Faso* (fond) (5 décembre 2014), *RJCA*, p.320, §§ 145 à 166 ; *Ajavon c. Bénin* (mesures provisoires) (2020), *RJCA*, p.124.

[1053] P. KLEIN, « Le droit international à l'épreuve du terrorisme », Op-Cit, p.418.

[1054] V. M. DELMAS-MARTY, *Raisonner la raison d'État, vers une Europe des droits de l'homme*, Paris, PUF, 1989, pp.22 et s.

[1055] V. les articles 12, 18.

[1056] CADHP, *Ingabire Victoire Umuhoza c. République du Rwanda* (fond) (24 novembre 2017), *RJCA,* p.171, § 132 ; *Konaté c. Burkina Faso* (fond) (5 décembre 2014), *RJCA*, p.320, §§ 145 à 166

l'interception des messages téléphoniques et des courriels[1057]. En plus des restrictions, les instruments de protection des droits de l'homme autorisent les États à prendre des mesures dérogatoires particulièrement en situation de crise.

B/Les dérogations en situation de crise

609. Au-delà des mesures visant à restreindre la jouissance de certains droits et libertés pour assurer la sécurité ou l'ordre public, la majorité des instruments internationaux et régionaux protecteurs des droits de l'homme, envisagent des situations plus dramatiques ou l'existence même de l'État est en cause. Alors que les restrictions sont des ingérences qui rendent l'exercice des droits concernés plus difficile (ils sont restreints mais subsistent), les dérogations sont de véritables mises à l'écart de ceux-ci. DELMAS MARTY a pu dire à cet effet que *« la langue du droit ne traite pas de façon équivalente les manquements à la loi selon que l'auteur est un simple particulier ou l'État. Celui-ci ne commet pas d'infraction, il déroge »*[1058].

610. L'état d'exception s'entend comme le régime légal spécial adopté par un État dans le but de faire face à une situation qui menace sa survie et le fonctionnement général de ses institutions. François Saint-Bonnet caractérise l'état d'exception comme se situant *« au point de rencontre de trois éléments constitutifs : la dérogation (ou infraction), la référence à une situation anormale et la conception d'une finalité supérieure »*[1059]. Quelles que soient les variations terminologiques employées (état d'exception, d'urgence, de crise), elles recouvrent toutes le même phénomène, celui de la réaction juridique de l'État face à un tel danger. L'État réagit en modifiant les règles de droit commun pendant toute la durée de la crise. Ce mécanisme fournit alors le cadre légal nécessaire et suffisant pour l'adoption de mesures particulières adaptées à la situation, qui, en temps normal, porteraient

---

[1057] V. M. RATNER, « Les libertés sacrifiées sur l'autel de la guerre », *Le Monde diplomatique*, novembre 2001, p.21 ; J-C. PAYE, *La fin de l'État de droit. La lutte antiterroriste : de l'état d'exception à la dictature*, Paris, La Dispute, 2004, 215 p., pp 28-34 ; C. CAMUS, *La guerre contre le terrorisme. Dérives sécuritaires et dilemme démocratique*, Paris, du Felin, 2007, 151p.

[1058] M. DELMAS-MARTY, *Raisonner la raison d'État, vers une Europe des droits de l'homme,* Op-Cit, p.19.

[1059] F. SAINT-BONNET, *L'état d'exception*, Paris, Presses universitaires de France, 2001, p. 27.

atteintes aux règles constitutionnelles ou législatives de l'État et à ses engagements.

611. Une crise peut avoir moins d'intensité qu'un conflit armé généralisé, mais constituer une menace immédiate pour la survie de l'État. L'exemple peut être pris ici de la catastrophe naturelle qui détruit le tissu économique et social, ainsi que les infrastructures principales d'un État dont l'autorité est déjà mal assurée sur tout ou partie de son territoire. La proclamation de l'état d'exception est un des moyens pour faire face à certaines résistances locales. La situation la plus critique qui autorise le recours à ce régime d'exception reste bien sûr le conflit armé international ou interne (guerre civile). Le terrorisme à ce titre autorise, en fonction de l'ampleur des attaques à recourir à ce régime de crise. Le droit international n'a, du reste, jamais condamné cette pratique constante et universelle. Au contraire, les instruments internationaux de protection des droits de l'individu, envisagent le plus souvent la possibilité pour l'État partie, de déroger à certaines règles suivant des conditions précisément énumérées. Ainsi, l'article 4 du Pacte international relatif aux droits civils et politiques, dispose que « *dans le cas où un danger public exceptionnel menace l'existence de la nation et est proclamé par un acte officiel, les États parties au présent Pacte peuvent prendre, dans la stricte mesure où la situation l'exige, des mesures dérogeant aux obligations prévues dans le présent Pacte, sous réserve que ces mesures ne soient pas incompatibles avec les autres obligations que leur impose le droit international et qu'elles n'entraînent pas une discrimination fondée uniquement sur la race, la couleur, le sexe, la langue, la religion ou l'origine sociale* »[1060].

612. On perçoit ici une tension entre deux impératifs presqu'irréconciliables à savoir assurer d'une part la protection des libertés individuelles et collectives, et permettre d'autre part, que chaque État puisse se prémunir contre des événements qui pourraient lui faire perdre une partie de son territoire au profit de groupes terroristes. Le droit international recherche une solution d'équilibre qui permette de contenir les tentatives des États de profiter de cette circonstance exceptionnelle pour violer leurs obligations internationales. Des conditions très strictes ont ainsi été prévues à cet effet. Les dérogations doivent être nécessaires pour faire face à la

---

[1060] V. l'article 4 §1 du PIDCP.

situation de crise[1061]. L'ampleur de la crise détermine la nature des mesures à prendre. Ces mesures ne doivent pas être détournées de leur objectif pour régler des comptes politiques en limitant les droits des citoyens plus que de raison. Elles doivent répondre à un besoin réel, venir à bout de la situation de crise.

613. Une fois la mesure choisie, et une fois son caractère nécessaire vérifié, il reste à s'assurer qu'elle soit proportionnée à la menace. La majoration des délais de garde-à-vue par exemple se comprendra si l'État cherche à isoler certains éléments perturbateurs. Une prolongation abusive des délais de garde-à-vue pourra cependant faire perdre à la mesure son caractère non pas nécessaire, mais proportionnel, à l'exemple d'une garde-à-vue de 25 jours. On retrouve à cet effet dans les conventions, la mention du critère de la « *stricte mesure où la situation l'exige* ». Bien sûr, aucune définition ne peut en être donnée par avance, en raison de la subjectivité de ces termes. La détention de personnes suspectées d'actions terroristes de grande ampleur sera d'un tel enjeu pour la sécurité nationale, que les contacts qu'elles voudront avoir avec l'extérieur seront réduits au plus strict minimum. Il reste que l'isolement complet et prolongé d'un individu suscitera des questions.

614. L'AG a regretté que dans certains États, le renforcement des capacités et l'assistance offerts aux acteurs de la lutte antiterroriste, soient assurés par des autorités gouvernementales comme le ministère de la défense, qui bénéficie de dérogations au contrôle du respect des droits humains ou de l'exclusion d'un tel contrôle. C'est le cas aux États-Unis par exemple, où les programmes du Ministère de la Défense pour la formation et l'équipement des forces de sécurité étrangères sont dispensés des dispositions relatives aux droits de l'homme dans la loi intitulée « Foreign Assistance Act »[1062] et/ou opèrent dans une large mesure indépendamment du Secrétaire d'État américain. Dans d'autres États, il existe des zones d'intérêt militaire où des restrictions et des dérogations au respect des droits de l'homme sont autorisées. En Europe de l'Est, *« quatre des 11 États de cette sous-région ont adopté des lois spéciales qui confèrent des pouvoirs spécifiques à certaines autorités pour lutter contre le terrorisme (prévoyant, entre autres, des pouvoirs élargis pour l'utilisation des Techniques d'Enquêtes Spéciales), et aucune de ces lois ne semble comporter de clauses*

[1061] La Cour EDH a sanctionné la Turquie pour avoir profité de l'état d'urgence pour priver d'assistance juridique les prévenus alors que cette mesure n'était pas nécessaire.

[1062] Loi du 17 décembre 1973.

d'extinction. À titre d'exemple, on peut citer les lois de deux États qui permettent à leurs services de maintien de l'ordre de désigner une zone d'opérations antiterroristes, à l'intérieur de laquelle les autorités ont des pouvoirs accrus en matière de perquisition et peuvent restreindre la liberté de mouvement et de rassemblement public »[1063].

615. Le Comité des DH recommande aux États de recourir de préférence aux limitations, qui sont plus souples, et qui n'ont pas pour effet de faire abstraction des obligations internationales[1064]. Les instruments internationaux admettent d'ailleurs que certains droits puissent être limités en raison de circonstances particulières, par exemple la liberté de réunion ou de circulation, dont la limitation sera toujours préférable à l'interdiction pure et simple. Pour ce qui est de la liberté d'expression la CEDH, explique que toute « formalité », « condition », « sanction » ou « restriction » imposée en la matière doit être proportionnée au but légitime poursuivi[1065]. En ce sens, le principe de proportionnalité est fondamental en ce qu'il guide l'usage même que les États feront de l'état d'exception.

616. Les dérogations doivent prendre fin lorsque la situation de crise s'estompe. Le droit international ne saurait autoriser le recours permanent à des pouvoirs exceptionnels qui impliquent que l'on impose, pendant un temps indéfini, de très graves atteintes aux droits de l'homme et aux libertés fondamentales. Les prorogations systématiques d'états d'urgence pendant des années, voire des décennies, sont assimilables à des urgences permanentes, et compromettent la protection effective des droits de l'homme. Lorsque des pouvoirs spécifiques en vue de la lutte antiterroriste sont créés, pour être respectueux des droits de l'homme, ils devraient s'éteindre douze mois après leur entrée en vigueur, à moins que l'Assemblée législative ne les renouvelle avant cette date[1066]. À mesure que *« la situation d'urgence se prolonge, il devient plus difficile de maintenir une cloison étanche entre les éléments des services de sécurité, du renseignement*

[1063] United Nations Security Council, Counter-Terrorism Committee, *Global survey of the implementation of Security Council resolution 1373 (2001) and other relevant resolutions by Member States,* 2021, §548.

[1064] Observation générale n° 29 précitée, §5.

[1065] CEDH, arrêt *Handside c/Royaume-Uni* du 7 décembre 1976 ; *Goodwin c/Royaume-Uni*, arrêt du 27 mars 1996.

[1066] A/HRC/16/5122 du décembre 2010, Rapport du Rapporteur spécial sur la promotion et la protection des droits de l'homme et des libertés fondamentales dans la lutte antiterroriste, *Dix pratiques optimales en matière de lutte antiterroriste*, Bonne pratique 4.

et de la police qui opèrent de leur côté selon les lois antiterroristes, et l'appareil de justice pénale ordinaire, dont relèvent les infractions ordinaires »[1067]. La remise en cause du droit au silence tout comme l'usage dans certains pays de tribunaux extraordinaires ou de juridictions pénales d'exception, prévus à l'origine pour les seules personnes soupçonnées de terrorisme mais dont les compétences sont ensuite élargies à d'autres infractions en sont une parfaite illustration. Or, *« une dérogation n'est pas un vaccin contre des dangers possibles ou latents concernant les États ; elle s'exerce plutôt dans le cadre de dangers matérialisés, concrets et mesurables menaçant un État »*[1068] et devrait prendre fin quand la situation ne l'exige plus.

§2 Les droits susceptibles de limitation

617. Les mesures de prévention du terrorisme dans leur mise en œuvre, occasionnent des atteintes à certains droits. La liberté d'expression, la liberté religieuse et la liberté de mouvement sont les libertés qui souffrent particulièrement des actions de prévention du terrorisme. D'autres libertés comme les libertés d'association et de réunion peuvent connaître des restrictions mais leurs effets sur la radicalisation restant très faibles, nous ne les examinerons pas dans le cadre de cette étude.

A/ La liberté d'expression

618. Le CCT a affirmé que *« le droit à la liberté d'expression n'est pas absolu et les États ont une base légitime pour prendre des mesures coercitives contre l'incitation à commettre des actes terroristes, conformément aux exigences de leurs obligations et engagements juridiques internationaux, le cas échéant, y compris les dispositions de l'article 19 de la Déclaration universelle des droits de l'homme et de l'article 19 du Pacte international relatif aux droits civils et politiques (PIDCP) »*[1069]. L'incrimination des infractions de prévention qui limite la liberté d'expression, n'est pas spécifique au terrorisme. D'autres contentieux l'utilisent fort abondamment notamment, les infractions

---

[1067] A/HRC/37/52, 1er mars 2018, Rapport de la Rapporteuse spéciale sur la promotion et la protection des droits de l'homme et des libertés fondamentales dans la lutte antiterroriste, *concernant les difficultés que présentent pour les droits de l'homme les états d'urgence dans le contexte de la lutte contre le terrorisme*, §59.

[1068] Ibidem, §70.

[1069] CTED, *Global survey of the implementation of Security Council resolution 1624 (2005) by Member States*, 2021, §8, [notre traduction].

relatives au code de la route, à la mise en danger des mineurs, aux délits de risques causés à autrui, à la participation à une association de malfaiteurs...[1070]. La lutte contre le terrorisme est un terrain privilégié pour l'implémentation de ce modèle d'incrimination dite infraction formelle ou infraction obstacle, afin d'éviter des atteintes aux personnes et aux biens[1071], souvent caractérisées par des dommages incommensurables. Les restrictions de la liberté d'expression se traduisent justement par l'institution ou l'élargissement d'infractions de prévention. Dans ces cas, l'on lutte contre une dangerosité intrinsèque avérée du discours orienté vers un objectif visible. Il faut donc anéantir les projets terroristes avant leur mise en œuvre. L'oxymore[1072] contenu dans l'expression « infraction de prévention » révèle la singularité de ce mode d'incrimination.

1) Les défis posés par l'incrimination de l'incitation

619. Le Conseil de sécurité a abordé la question de l'incitation au terrorisme dans plusieurs de ses Résolutions. C'est ainsi par exemple qu'au paragraphe 5 de sa Résolution 1373 (2001), le Conseil a déclaré que *« le financement et l'organisation d'actes de terrorisme ou l'incitation à de tels actes en connaissance de cause sont également contraires aux buts et principes de l'Organisation des Nations Unies »*. Le Conseil de sécurité a précisé et renforcé cette condamnation en 2005 dans sa Résolution 1624 (2005)[1073] puis dans sa Résolution 2354 (2017)[1074] où il a condamné avec la plus grande fermeté *« l'incitation à commettre des actes de terrorisme et réprouv[é] toute tentative pour justifier ces actes ou en faire l'apologie, qui serait de nature à inciter à en commettre de nouveaux »*[1075]. Dans sa Résolution 1963 (2010), le Conseil de sécurité a encouragé la Direction Exécutive à faire une plus large place à la Résolution 1624 (2005) dans le dialogue qu'elle mène

[1070] A. PONSEILLE, « Les infractions de prévention, argonautes de la lutte contre le terrorisme », *RDLF*, 2017 chron. n°26.
[1071] V. J. ALIX, *Terrorisme et Droit pénal. Pour une étude critique des incriminations terroristes*, Paris, Dalloz, Coll. Nouvelle bibliothèque de thèses, vol.91, 2010, 662 p.
[1072] Figure de style qui consiste à allier deux mots de sens contradictoires.
[1073] S/RES/1624 (2005), §4.
[1074] Résolution 2354 (2017) adoptée par le Conseil de sécurité le 24 mai 2017, S/RES/2354 (2017).
[1075] Préambule de la Résolution.

avec les États membres en vue de l'élaboration de stratégies de lutte contre l'incitation aux actes de terrorisme[1076].

620. En pratique, le Conseil de sécurité demande aux États d'interdire par la loi l'incitation à commettre des actes terroristes[1077]. En vertu de l'article 131-5 du Code pénal burkinabè, la complicité ne peut être retenue qu'en présence d'un fait principal punissable, c'est-à-dire si l'infraction commise par l'auteur est consommée ou au moins tentée. Afin d'éviter que le hasard ne devienne un critère de répression, et pour ne pas faire dépendre la responsabilité pénale du complice de l'activité d'un tiers, le législateur a érigé en infractions autonomes les actes de complicité définis à l'article 131-8[1078]. Ainsi, *« quiconque incite à la commission d'un crime ou d'un délit est puni des peines prévues pour l'infraction quand bien même celle-ci n'aurait pas été commise en raison de l'abstention volontaire de celui qui devait la commettre. »* C'est là, un bon exemple d'internalisation de cette obligation.

621. Les groupes terroristes incitent à la discrimination, à l'hostilité et à la violence de sorte que la pénalisation d'une telle incitation constitue un moyen direct de prévenir le terrorisme. La Lettre au peuple américain[1079] de septembre 2002 dans laquelle Oussama ben Laden a promis une lutte à mort si les États-Unis refusaient d'adopter une orientation religieuse déterminée, de rejeter entre autres la fornication, l'usage de substances intoxicantes, le jeu et la perception d'intérêts sur les prêts, de cesser d'appuyer les Gouvernements d'Israël, de l'Inde, de la Russie et des Philippines et de se retirer des pays islamiques, constitue par exemple une incitation au terrorisme. Les juridictions danoises ont mis en œuvre les incriminations en matière d'incitation au terrorisme dans l'affaire Saïd Mansour en 2007. Ce dernier qui diffusait des vidéos montrant des décapitations et d'autres meurtres commis au Pakistan, en Tchétchénie et en Iraq, a été inculpé d'incitation au terrorisme. Il a été jugé et condamné en 2007 à 42 mois d'emprisonnement en vertu de la loi danoise de 2002 contre l'incitation

---

[1076] Lettre datée du 10 décembre 2013, adressée au Président du Conseil de sécurité par le Président du Comité du Conseil de sécurité créé par la Résolution 1373 (2001) concernant la lutte antiterroriste.

[1077] S/RES/2242 (2015), §13.

[1078] R. COMBALDIEU, « Le problème de la tentative de complicité ou le hasard peut-il être arbitre de la répression ? », *RSC*, 1959, p.454 et s.

[1079] V. Guardian Unlimited, Observer Worldview Extra, http://observer.guardian.co.uk/worldview/story/0,11581,845725,00.html .

au terrorisme. Les vidéos incriminées ont été saisies dans le cadre des enquêtes menées dans plusieurs pays, dont l'Espagne[1080]. Toujours en juillet 2007, Younis Tsouli et deux autres ont plaidé coupables du chef d'accusation d'utilisation de l'internet pour inciter à la commission d'actes de terrorisme hors du Royaume-Uni. Il leur a été reproché la diffusion de vidéos dans lesquelles étaient filmées la décapitation d'otages et d'autres atrocités[1081]. Attila Ahmet, le successeur d'Abou Hamza al-Masri à la mosquée de Finsbury Park, a plaidé coupable, en 2007, de trois chefs d'accusation d'incitation au meurtre dans le cadre d'un camp d'entraînement de terroristes prévoyant des attentats à la bombe. Mohammed Hamid, baptisé Oussama Ben London par les médias britanniques en raison de ses apparitions télévisées, et plusieurs de ses complices ont été inculpés en 2008, d'incitation au meurtre, d'entraînement à des fins terroristes et de participation à des camps d'entraînement au terrorisme. Ces chefs d'inculpation illustrent la variété des infractions qui peuvent être retenues pour interdire et empêcher le recrutement, l'endoctrinement et la préparation d'actes de terrorisme[1082]. La preuve des accusations a pu être apportée grâce aux enregistrements audio obtenus par un agent de police infiltré dans le camp d'entraînement. Les membres du réseau reconnus coupables du projet d'attentat à la bombe contre le système de transport londonien du 21 juillet 2005, ont participé à ce camp d'entraînement. Leur projet n'avait échoué que parce que les charges placées dans les engins explosifs improvisés n'avaient pas explosées[1083].

622. La Direction Exécutive a animé sur ce sujet, des ateliers régionaux à Tachkent (Ouzbékistan), pour les États de l'Asie centrale (en décembre 2010, en coopération avec l'OSCE), à Nairobi pour les États de l'Afrique de l'Est (en novembre 2011), à Rabat, pour les États du Maghreb et du Sahel (en juillet 2012) et à Alger, pour les États de l'Afrique du Nord (en juin 2013)[1084]. Deux ateliers nationaux sur la Résolution 1624 (2005) ont été organisés en coopération avec le Gouvernement kenyan à Nairobi (en mai 2014) et à Mombasa (en janvier 2015), et un troisième à Tunis, les 3 et 4 novembre 2015, en coopération avec le Gouvernement tunisien. L'objectif principal de ces activités, est de montrer que pour lutter efficacement contre l'incitation

---

[1080] ONUDC, *Recueil de cas d'affaires de terrorisme*, New York, 2010, §119.

[1081] Ibidem, §120.

[1082] ONUDC, *Recueil de cas d'affaires de terrorisme*, New York, 2010, §120.

[1083] Idem.

[1084] *Enquête mondiale de 2016 sur la Résolution 1624 (2005)*, précité, p.9 et 10.

à commettre des actes terroristes, les États devraient envisager une approche multidimensionnelle, associant des mesures de répression avec d'autres dispositions visant à prévenir et combattre l'incitation motivée par l'extrémisme[1085]. Comme il a été noté dans le premier rapport du CCT, de nombreux États traitent le problème de l'incitation en s'appuyant sur des infractions accessoires largement reconnues telles que la complicité, la participation et la provocation. Un État a estimé que le fait de proférer une menace peut constituer une incitation et un autre a estimé que cela peut constituer l'apologie du terrorisme[1086]. Ces États n'imposent de responsabilité qu'en cas de commission ou de tentative de commission de l'infraction principale (en l'espèce, un acte de terrorisme). Il est donc plus difficile dans ces États, de poursuivre au niveau national les personnes accusées d'incitation, et de coopérer avec d'autres États pour les traduire en justice[1087]. Dans plusieurs États, les auteurs du crime d'incitation encourent la même peine que l'auteur de l'acte terroriste lui-même. Un État soumet les coupables d'incitation à une peine de 5 à 10 ans d'emprisonnement, en plus d'une amende. Dans un autre État, un individu coupable d'incitation est considéré comme un complice du terrorisme et, en vertu de sa loi antiterroriste, est *« sévèrement puni, la peine la plus élevée possible étant la peine capitale »*[1088].

623. Certains États ont évoqué des mesures préventives tels que des plans d'action nationaux contre la discrimination et le racisme, qui prévoyaient une protection efficace contre le racisme. Un État a indiqué qu'il accordait des subventions financières aux organisations bénévoles pour promouvoir l'intégration nationale et l'harmonie communautaire par le biais de programmes spéciaux. Un autre État a initié un forum de discussion sur l'islam visant à améliorer la connaissance de cette religion et à encourager une diversité de points de vue et d'opinions sur l'islam et les musulmans. Plusieurs États ont évoqué le rôle important des chefs religieux dans la promotion de la paix et de la tolérance telles

---

[1085] Idem.

[1086] Conseil de sécurité, *Deuxième rapport sur l'application de la Résolution 1624 (2005) présenté par le Comité contre le terrorisme au Conseil de sécurité*, S/2008/29 du 21 janvier 2008.

[1087] *Enquête mondiale de 2016 sur la Résolution 1624 (2005)*, précité, p.9 et 10.

[1088] Letter dated 18 January 2008 from the Chairman of the Security Council Committee established pursuant to resolution 1373 (2001) concerning counter-terrorism addressed to the President of the Security Council, *Second report of the Counter-Terrorism Committee to the Security Council on the implementation of resolution 1624 (2005)*, S/2008/29, §9.

qu'énoncées dans les doctrines de diverses religions[1089]. En Afrique de l'Ouest, 8 des 15 États, ont adopté une législation interdisant l'incitation à commettre des actes terroristes. Deux autres États ont introduit des dispositions qui pourraient avoir un tel effet mais les cinq États restant n'ont toujours pas de dispositions dans ce sens[1090].

2)Les défis posés par l'incrimination de la provocation au terrorisme et de l'apologie du terrorisme

624. L'AG dans le cadre de la revue de sa SAM rejette les tentatives de justification ou de glorification (apologie) d'actes terroristes. Elle y engage tous les États membres à faire en sorte que toute personne sérieusement soupçonnée, sur la base d'informations crédibles et pertinentes, de s'être rendue coupable de la provocation au terrorisme ne puisse pas bénéficier d'une protection[1091]. On peut distinguer provocation au terrorisme et apologie du terrorisme.

625. Le délit de provocation incrimine la provocation directe, laquelle appréhende seulement l'appel explicite à la commission d'un acte déterminé[1092], ce qui circonscrit clairement la répression. La sanction de la provocation indirecte empièterait trop sur la liberté d'expression puisqu'il punirait tout propos insidieux pouvant amener au passage à l'acte. Elle pourrait mettre en cause de simples discours idéologiques dont on pourrait penser qu'ils ont une force d'entraînement. À un autre égard cependant, l'incrimination est plus large puisque la provocation directe aux actes de terrorisme est punie sans aucune exigence de publicité ou de commission effective du projet. C'est la seule teneur des propos, des mots utilisés, de la façon dont ils sont associés et de la charge émotive qui est prise en compte. Le propos plus subtil est certainement aussi dangereux, car pouvant adopter la

---

1089 Ibidem, §26.

1090 CCT, Global survey of the implementation of Security Council resolution 1624 (2005) by Member States, 2021, §32.

1091 AG, Résolution 75/291 (2021) adoptée par l'Assemblée générale le 30 juin 2021 portant *Septième examen de la Stratégie antiterroriste mondiale de l'Organisation des Nations Unies*, A/RES/75/291, §38.

1092 G. BARBIER, *Code expliqué de la presse*, Paris, 1911, p. 297 : « pour être punissable, la provocation non suivie d'effet doit être directe. Pour avoir ce caractère, il faut qu'elle soit manifeste, patente, flagrante, que non seulement par son esprit, mais par ses termes mêmes, elle excite à commettre un fait déterminé, (…) l'attaque la plus violente, tant qu'elle n'est pas accompagnée d'un appel à la force, tant qu'elle n'excite pas formellement à l'acte matériel constitutif du crime ou du délit, ne revêt évidemment pas le caractère d'une provocation directe ».

forme d'un discours cohérent, structuré, et affecter la raison par un travail d'endoctrinement plus long et plus profond que la provocation directe.

626. L'apologie elle, doit être publique, *« (...) l'exigence de publicité demeure nécessaire, car il s'agit de l'expression d'une opinion, certes potentiellement odieuse, mais qui n'incite pas directement à commettre une infraction »*[1093]. L'apologie est la glorification des prétendus héros de l'anarchie, donnés en exemple à des esprits faibles et dévoyés, *« qu'on dirige ainsi, plus lentement, mais plus sûrement, vers le but qu'on se propose, et auquel on ne les aurait peut-être pas conduits par une provocation directe et trop violente »*[1094]. La parole appréhendée est plus diffuse, voire simplement ambiguë. L'apologie n'est pas seulement la glorification du crime ou du criminel, elle comprend aussi la justification de leurs actes, c'est-à-dire la présentation de l'infraction comme un idéal incompris, comme un acte digne d'approbation dont l'auteur ne devrait pas être condamné[1095]. L'apologie est encore constituée, lorsque le propos rabaisse la victime, ce qui revient à justifier le crime, ou à mettre sur un même plan, le criminel et la victime dans une comparaison ou une assimilation douteuse qui, finalement, banalise le crime commis[1096].

627. La jurisprudence punit tant l'apologie directe que l'apologie indirecte qui ne peut être ramenée à un mot ou une expression mais résulte de l'ensemble d'une publication, entendant amener le public à porter un jugement favorable sur un criminel ou sur son crime[1097]. Est ainsi constitutif du délit, le fait d'écrire « je suis Charlie-Koulibaly », mêlant Charlie Hebdo, victime d'une attaque ayant fait 12 morts, et le patronyme du terroriste ayant attaqué l'« Hyper Cacher » à Paris le 9 janvier 2015[1098]. Suite aux attentats terroristes survenus à Trèbes et

---

[1093] Assemblée Nationale Française, rapport n° 2173, Op. Cit., p.95.

[1094] Intervention du garde des Sceaux français, à la Chambre des députés le 11 décembre 1893, *D.* 1894, IV, p.9.

[1095] B. DE LAMY, « Des actes aux paroles ; des paroles aux actes (à propos des délits d'apologie et de provocation terroristes) », *Mélanges en l'honneur de Geneviève GIUDICELLI-DELAGE*. pp.462-473.

[1096] V. en ce sens Crim. 11 février 1954, *Bull. crim.* n° 71.

[1097] V. CEDH 23 septembre 1998, *Lehideux et Isorni contre France*, § 55.

[1098] V. TGI Paris, 18 mars 2015, *Juris-data* n° 2015-005323, condamnant un humoriste ayant inscrit sur sa page Facebook après les attentats commis à Paris en janvier 2015 « ce soir, je me sens Charlie Coulibaly ». Pour les juges « (...) en associant Charlie à Coulibaly, il fait un amalgame provocateur entre le symbole de la

Carcassonne le 23 mars 2018, trois affaires pour apologie du terrorisme ont été jugées en France. Ainsi, un jeune homme de 18 ans a été condamné à six mois de prison avec sursis après avoir notamment regretté qu'il n'y ait pas eu « plus de morts ». Une femme végan a été condamnée à sept mois d'emprisonnement assorti du sursis pour avoir vanté la mort d'un boucher lors d'une prise d'otage dans un supermarché. Enfin, un ancien candidat (ex-La France insoumise) a été condamné à un an avec sursis et sept ans de privation de ses droits civiques après s'être réjoui de la mort du Colonel de gendarmerie Arnaud Beltrame[1099].

628. Un séminaire régional consacré aux politiques applicables à la répression et la prévention du terrorisme, a été organisé à Dar es-Salaam (Tanzanie) du 26 au 28 février 2013 par la Direction Exécutive à l'intention de procureurs de pays d'Afrique de l'Est chargés de la lutte contre le terrorisme. Plusieurs participants ont fait valoir à cette occasion que les poursuites judiciaires pour délits « d'expression » n'étaient pas toujours la meilleure solution. Ils ont prétendu qu'il convenait avant tout, de s'interroger sur l'intention de l'auteur du message et le risque objectif que les opinions ainsi exprimées puissent être traduites en action[1100]. Afin d'éviter toute atteinte à la liberté d'expression, les mécanismes des Nations Unies relatifs aux droits de l'homme prévoient sans ambiguïté que l'infraction d'incitation à commettre des actes de terrorisme ne peuvent s'appliquer qu'aux communications qui visent véritablement à inciter à la violence. Pour le Rapporteur spécial des Nations Unies sur la promotion et la protection des droits de l'homme et des libertés fondamentales dans la lutte antiterroriste, l'article 5 de la Convention du Conseil de l'Europe pour la prévention du terrorisme qui prévoit que *« constitue une infraction le fait de diffuser ou de mettre un message à disposition du public par tout autre moyen, délibérément et illégalement, avec l'intention d'inciter à la commission d'une infraction terroriste, lorsqu'un tel comportement, qu'il préconise expressément ou non la commission d'infractions terroristes, crée un danger qu'une ou plusieurs de ces infractions soient*

---

liberté d'expression qui a coûté la vie à des journalistes et un auteur d'actes terroristes auquel il s'identifie ».

[1099] M. BRUNEL, E. MILLER, *Les mesures de lutte contre le terrorisme face aux droits de l'Homme*, Rapport, Mai 2018, p.53. Stéphane POUSSIER avait écrit sur twitter « à chaque fois qu'un gendarme se fait buter, et c'est pas tous les jours, je pense à mon ami Rémi FRAISSE » tué par un gendarme en 2014.

[1100] *Enquête mondiale de 2016 sur la Résolution 1624 (2005)*, §10.

commises »[1101] est une bonne pratique de mise en œuvre de cette prescription. Dans l'affaire *Leroy* c. *France*[1102], la Cour européenne de justice n'a pas conclu à une violation de la liberté d'expression lorsqu'un dessinateur et le Directeur de publication d'un hebdomadaire ont été poursuivis par la justice française en vertu d'une loi réprimant l'apologie du terrorisme. Le requérant avait remis à la rédaction un dessin symbolisant l'attentat contre les tours jumelles de New York avec comme sous-titre : "NOUS EN AVIONS TOUS RÊVÉ ... LE HAMAS L'A FAIT". La Cour a considéré, comme l'indique le communiqué de presse *« ... qu'en faisant une allusion directe aux attaques massives dont Manhattan a été le théâtre, en attribuant ces événements à une organisation terroriste notoire, et en idéalisant ce funeste projet par l'utilisation du verbe "rêver", donnant une valorisation non équivoque à un acte de mort, le dessinateur justifie le recours au terrorisme, adhérant par l'emploi de la première personne du pluriel ("nous") à ce moyen de destruction, présenté comme l'aboutissement d'un rêve et en encourageant indirectement en définitive le lecteur potentiel à apprécier de façon positive la réussite d'un fait criminel »*[1103]. La Cour a également affirmé que les autorités britanniques n'avaient pas violé les dispositions de l'article 10 de la Convention Européenne des Droits de l'Homme sur la liberté d'expression en condamnant M. Norwood. Ce dernier avait collé à sa fenêtre une affiche sur laquelle on voyait les tours jumelles de New York en flammes avec le commentaire *"Islam dehors, Protégez le peuple britannique"* suivi du symbole d'un croissant et d'une étoile barrée[1104]. La Cour a admis que le requérant avait exercé son droit à la liberté d'expression consacré par l'article 10 **mais** a souligné que ce droit devait être concilié avec l'article 17 de la Convention qui dispose qu' *« aucune des dispositions de la présente Convention ne peut être interprétée comme impliquant pour un État, un groupement ou un individu un droit quelconque de se livrer à une activité ou d'accomplir un acte visant à la destruction des droits ou libertés reconnus dans la présente Convention ou à des limitations plus amples de ces droits et libertés que celles prévues à ladite Convention. »*

[1101] A/HRC/16/51, § 29 à 32.

[1102] CEDH, 2 octobre 2008, requête n° 36109/03.

[1103] ONUDC, *Recueil des cas, précité,* §108.

[1104] V. CEDH, 11 novembre 2004, *Norwood* c. *Royaume-Uni*, requête n° 23131/03, et *Ivanov* c. *Russie*, requête n° 35222/04, arrêt du 25 février 2007.

629. Le recours à l'incrimination d'apologie du terrorisme alarme cependant, les défenseurs des droits humains. Les propos incriminés sous la qualification d'apologie du terrorisme peuvent être en fait, de simples provocations sans intention d'inciter à la commission d'attentats. En effet, dans « *la majorité des cas, il n'y a pas de finalités terroristes* [et] *dans l'esprit du législateur, il ne s'agissait pas de viser les personnes ivres ou les déficients mentaux. Or, les infractions ressemblent plus en ce moment à des formes d'outrages et de menaces sur les policiers qu'à des soutiens organisés à des réseaux terroristes* »[1105]. Au Burkina Faso par exemple, l'article 312-11 du code pénal punit d'une peine d'emprisonnement d'un an à dix ans et d'une amende de trois cent mille (300 000) à deux millions (2 000 000) de francs CFA, quiconque, en temps de paix, participe en connaissance de cause à une entreprise de démoralisation des Forces armées de nature à nuire à la défense nationale. En temps de guerre, cette infraction est qualifiée « trahison » et la peine encourue est l'emprisonnement à vie[1106]. On voit l'excès du législateur burkinabè qui manifeste là, une volonté désespérée de museler les citoyens qui rapportent les évènements terroristes sur la toile. Cette incrimination ne respecte pas le principe de légalité pénale prévue par le PIDCP[1107] et par le code pénal burkinabè lui-même[1108]. Ce principe de légalité n'exige pas seulement l'incrimination par un texte, cette incrimination doit être précise[1109] et le non-respect de ce critère occasionne un refus de donner effet au texte[1110]. La loi ne donne aucune définition de l'entreprise de démoralisation, ce qui est un manquement grave au principe de légalité et se contente d'une formule tout aussi floue qui n'est d'aucun secours aux applicateurs de la loi. Or, la loi pénale par essence est d'interprétation stricte. Elle se borne à punir toute personne qui *« participe en connaissance de cause à une entreprise de démoralisation des Forces armées de nature à nuire à la défense nationale »*[1111]. Les abus sont ainsi à craindre. En France, *« les mises en examen pour apologie du terrorisme représentent une partie importante, voire une grande majorité des résultats sur le plan*

1105 W. BOURDON, *Les dérives de l'état d'urgence*, Actualité Plon, 2017, 324p.
1106 Article 311-2 du code pénal.
1107 Article 15.
1108 Article 111-1 du code pénal.
1109 V. Crim. 16 janvier 2002, *Bull.* n°6.
1110 V. Crim. 1er février 1990, *Bull.* n°56, Crim. 27 mars 1995, Bull. n°125.
1111 Article 312-11 du code pénal précité.

judiciaire de l'état d'urgence »[1112]. Trois cent quatre-vingt-cinq (385) personnes ont été condamnées de ce chef en 2015 et 365 personnes en 2016[1113]. C'est pourquoi selon le CCT, il convient de rappeler que, concernant l'ensemble des mesures prises pour prévenir et combattre l'incitation à commettre des actes terroristes, il importe d'établir une distinction entre les communications susceptibles de constituer une infraction pénale et celles qui, tout en étant moralement abjectes, n'entrent pas dans cette catégorie[1114].

630. La contextualisation des propos tenus est primordiale « *pour que le simple fait de prononcer certains mots ne conduise pas presque automatiquement à une condamnation pénale* »[1115]. Le Syndicat de la magistrature française, le 20 janvier 2015, a appelé dans ce sens à « *résister à la vague de l'émotion* » et à « *l'injonction de la répression immédiate* »[1116]. Comme l'affirme John DALHUISEN d'Amnesty International « *la liberté d'expression ne doit pas être réservée à certains. L'heure n'est pas à l'ouverture de procédures inspirées par des réactions à chaud, mais bien plutôt à la mise en place de mesures réfléchies qui protègent des vies et respectent les droits de tous* »[1117].

631. En France, l'article 11 de la loi de 1955 autorise le ministre de l'intérieur à prendre *« toute mesure pour assurer l'interruption de tout service de communication au public en ligne provoquant la commission d'actes de terrorisme ou en faisant l'apologie. »* Dans son premier rapport annuel sur le blocage administratif des sites à caractère terroriste et pédopornographique, la Commission Nationale de l'Informatique et des Libertés, indiquait que 60 sites à caractère terroriste avaient été bloqués[1118]. Le Haut-Commissariat des droits de l'Homme des Nations Unies s'est inquiété du blocage administratif des sites internet considérés comme faisant l'apologie du terrorisme, en raison de l'absence de contrôle judiciaire sur les procédures de blocage

---

[1112] W. BOURDON, *Les dérives de l'état d'urgence*, Op. Cit. p.249.
[1113] Ibidem, p.248.
[1114] Lettre datée du 26 avril 2017, adressée à la Présidente du Conseil de sécurité par le Président du Comité du Conseil de sécurité créé par la Résolution 1373 (2001) concernant la lutte antiterroriste, S/2017/375, §4.
[1115] W. BOURDON, *Les dérives de l'état d'urgence*, Op. Cit.
[1116] « Apologie du terrorisme : résister à l'injonction de la répression immédiate ».
[1117] Communiqué d'Amnesty International "France faces « litmus test » for freedom of expression as dozens arrested in wake of attacks", 16 Janvier 2015.
[1118] W. BOURDON, *Les dérives de l'état durgence,* Paris, Actualité, Plon, 2017, p.238.

des sites[1119]. Le contrôle devrait s'effectué au regard des principes de nécessité et de proportionnalité prévus notamment à l'article 4 du PIDCP. La volonté de contrôler internet a amené le législateur français à tenter de criminaliser la consultation de certains sites. Il s'est agi particulièrement d'incriminer le fait de consulter habituellement des sites internet « *provoquant la commission d'actes de terrorisme, soit faisant l'apologie de ces actes* ». Le Conseil constitutionnel français[1120] a encadré cette incrimination en ne l'admettant pas si les sites étaient consultés de bonne foi, à des fins de recherches ou pour des raisons professionnelles dans le but d'informer le public.

632. La CEDH prend en compte *« des circonstances entourant le cas soumis à son examen, en particulier des difficultés liées à la lutte contre le terrorisme »*[1121] mais elle a clairement affirmé que, s'il convient *« d'examiner avec une vigilance particulière la publication des opinions de représentants d'organisations qui recourent à la violence contre l'État, lorsque des opinions ne relèvent pas de cette catégorie, les États contractants ne peuvent se prévaloir de la protection de l'intégrité territoriale, de la sécurité nationale ou de la défense de l'ordre ou de la prévention du crime pour restreindre le droit du public à être informé en utilisant le droit pénal pour peser sur les médias »*[1122]. La Cour a ainsi condamné comme des atteintes disproportionnées[1123] à la liberté d'expression, des interdictions de diffusion ou de lourdes condamnations pénales de responsables de la publication d'ouvrages ou de revues encourageant le séparatisme par l'action violente.

633. Dans certains États, les dispositions juridiques relatives à l'incrimination des infractions de prévention sont vagues ou imprécises de sorte qu'en les invoquant, le risque de porter atteinte à la liberté d'expression est réelle. Les incriminations portent notamment sur les menaces présumées contre la sécurité de l'État ou l'unité nationale, sans qu'aucun lien ne soit établi avec un acte de violence. Ces dispositions

---

1119 Déclaration publique sur la loi relative à l'état d'urgence et sur la loi relative à la surveillance des communications électroniques internationales du 19 janvier 2016. www.ohchr.org/FR/NewsEvents/Pages/DisplayNews.aspx?NewsID=16961&LangID=F.

1120 V. la décision n°2016-611, QPC du 10 février 2017, décision n°2017-682 QPC, du 15 décembre 2017.

1121 *Dağtekin c. Turquie*, n° 36215/97, 13 janvier 2005, § 23.

1122 *Sürek et Özdemir c. Turquie,* numéros 23927/94 et 24277/94, 8 juillet 1999, § 63.

1123 CEDH, *Ibrahim Aksoy c. Turquie*, 10 janvier 2001.

par leur imprécision, admettent une faculté d'interprétation qui peut occasionner des abus et est ainsi contraire à l'exigence du respect du principe de la légalité pénale et de son corollaire d'interprétation stricte de la loi pénale. Elles peuvent servir de prétexte pour réduire la liberté d'expression d'adversaires politiques, de défenseurs des droits de l'homme ou de journalistes[1124]... De plus, dans certains États, les peines de l'interdiction de l'incitation sont excessivement lourdes, prévoyant jusqu'à 30 ans d'emprisonnement et, dans au moins un cas, l'application de la peine capitale[1125].

634. La Turquie qui a subi un nombre considérable d'actions terroristes sur son territoire, a engagé de nombreuses poursuites pour incitation au terrorisme devant ses juridictions dans le cadre de la répression des infractions de prévention. La Grande Chambre de la Cour européenne des droits de l'homme saisie de recours issus de ces procédures, s'est prononcée en 1999, sur les affaires Ceylan contre Turquie[1126], Karatas contre Turquie[1127] et Surek contre Turquie[1128] le même jour. Dans l'affaire Ceylan contre Turquie, la Grande Chambre a considéré que le fait pour l'intéressé d'écrire un article accusant le gouvernement de mener un terrorisme et un génocide d'État contre les Kurdes, n'était pas une incitation à la violence, à la résistance armée ou à l'insurrection et que sa condamnation constituait une violation de la liberté d'expression garantie par la Convention européenne des droits de l'homme. Dans l'affaire Karatas contre Turquie, était en cause une lettre qui demandait également aux Kurdes de se venger et précisait que "nous sacrifierons nos têtes, enivrés du feu de la rébellion" contre "les chiots de la putain ottomane". La Cour a considéré que si "l'ouvrage litigieux contient des poèmes qui, à travers un style souvent pathétique et de nombreuses métaphores, appellent au sacrifice pour le "Kurdistan" et contient des passages très agressifs à l'égard du pouvoir turc, il convient néanmoins de garder à l'esprit que, parce qu'il s'agit de poèmes, ces textes constituent une forme d'expression artistique qui s'adresse à une minorité de lecteurs qui y sont sensibles[1129]. Le CCT a noté au sujet des restrictions apportées à la liberté d'expression qu'en Océanie, dans plusieurs États, *« certaines mesures juridiques ont été*

1124 CTED, *Enquête mondiales sur la Résolution 1625 (2005)* précité, §20.
1125 Ibidem, §22.
1126 CEDH (2e Section), 28 mars 2006, n°46771/99.
1127 CEDH (Grande chambre), 08/07/1999, arrêt n°23168/94.
1128 CEDH (Grande chambre), 08/07/1999, arrêt n°26682/95
1129 ONUDC, *Recueil des cas des affaires de terrorisme*, New York, 2010, §107.

contestées devant les tribunaux au motif qu'elles limitaient la liberté d'expression »[1130] et que dans le monde de façon général, *« plusieurs États ont érigé en infraction pénale des actes qui ne peuvent pas constituer une incitation à un comportement criminel. Cela peut avoir un impact négatif sur les droits de l'homme, en particulier la liberté d'expression »*[1131]. En Afrique du Nord, en Afrique de l'Est, de l'Ouest, en Asie du Sud-Est, en Asie du Sud et en Amérique centrale, on peut résumer la situation en ces termes : *« plusieurs États ont introduit des définitions de l'incitation ou du terrorisme qui semblent vagues ou trop larges, ce qui suscite des inquiétudes »*[1132]. C'est dire que la question reste d'actualité dans le monde.

B/ La liberté religieuse et la liberté de mouvement

1) La liberté religieuse

635. À la suite des attentats survenus à Paris et dans le département de la Seine-Saint-Denis dans la nuit du 13 au 14 novembre 2015, le Groupe État islamique a déclaré que *« un groupe [...] s'est avancé vers ses ennemis cherchant la mort dans les sentiers d'Allah, secourant sa religion, son Prophète et ses alliés »*[1133]. Il s'agit là manifestement d'une justification religieuse apportée à leur action criminelle. Les autorités françaises prenant acte du lien possible entre une interprétation radicale du Coran et le terrorisme, adoptent dans le cadre de l'état d'urgence, des mesures de lutte qui portent atteinte à la liberté religieuse. Les mesures de prévention du terrorisme qui visent la protection de l'ordre public, peuvent être prises par l'État en vertu de son pouvoir ordinaire de police administrative ou dans le cadre de l'état d'urgence s'il est décrété. Dans les deux cas, des libertés sont amenées à être méconnues. Ces mesures qui bénéficient du privilège du préalable de l'action administrative, doivent être exécutées tant qu'une décision du juge n'en établit pas la non-conformité au droit à la suite d'un recours. En effet, la décision exécutoire bénéficie, avant toute vérification du Juge, d'une présomption de conformité au droit qui

---

[1130] United Nations Security Council, Counter-Terrorism Committee, *Global survey of the implementation of Security Council resolution 1373 (2001) and other relevant resolutions by Member States,* 2021, §765.

[1131] Ibidem, §780.

[1132] CTED, *Global survey of the implementation of Security Council resolution 1624 (2005) by Member States*, 2021, §19, 24, 34, 47 et 71.

[1133] Disponible sur le compte TWITTER de David THOMSON, @_DavidThomson.

implique que l'affirmation de la situation juridique nouvelle, crée immédiatement cette situation. Le particulier visé par la décision se trouve dès qu'elle est intervenue, titulaire du droit ou de l'obligation qu'elle a entendu établir[1134].

636. Les doctrines religieuses visent généralement la conversion de toutes les populations « dites mécréantes » parce que ne partageant pas leur foi, au besoin par l'usage d'une violence exacerbée. Les mesures de police administrative adoptées à partir du 13 novembre 2015, dans le but de prévenir d'autres attentats terroristes en France, sont ainsi souvent fondées sur les convictions religieuses des auteurs potentiels des attentats. Des assignations à résidence[1135] , des perquisitions et des interdictions de sortie du territoire ont été mises en œuvre contre des « radicalisés ». Entre le 14 novembre 2015 et le 25 avril 2016, 270 perquisitions administratives ont été effectuées en France dans le cadre de l'État d'urgence[1136]. Autant d'entraves à la liberté religieuse dont l'efficacité est encore à rechercher. Selon un enquêteur dont les propos ont été recueillis et publiés dans un article du journal *L'Humanité* du 22 mars 2016, ces perquisitions n'étaient pas utilisées par les services de renseignements dans la mesure où elles révélaient à l'individu perquisitionné et son entourage qu'ils étaient ciblés. Ces perquisitions donnaient malencontreusement aux personnes suspectées, le signal de cesser toute activité ou de changer leurs modes de communication ou d'opération[1137].

637. Parallèlement, des « salafistes » étrangers, notamment des imams, sont expulsés ou interdits d'entrée sur le territoire[1138] . Les

[1134] J. RIVERO, J. WALINE, *Droit administratif*, Paris, Dalloz, 2006, pp.364-365.

[1135] Les assignations à résidence peuvent en vertu de la loi sur l'état d'urgence adoptée en novembre 2015 en France, être décidées à l'encontre d'un individu pour lequel des « raisons sérieuses de penser que son comportement constitue une menace pour la sécurité et l'ordre publics » existent.

[1136] W. BOURDON, *Les dérives de l'état d'urgence,* Paris, Actualité, Plon, 2017, p.268.

[1137] Ibidem, pp.190-191.

[1138] Le 29 mars 2012 déjà, les autorités françaises ont interdit l'entrée sur leur territoire de quatre personnes qui devaient intervenir du 6 au 9 avril au Bourget à la « 29e rencontre annuelle de l'islam de France » de l'Union des organisations musulmanes de France (UOIF). Le gouvernement avait considéré que « les positions et les propos tenus par ces personnes qui appellent à la haine et à la violence portaient gravement atteinte aux principes de la République et, dans le contexte actuel, représentaient un fort risque de troubles à l'ordre public ».

expulsions d'imams se comptent par dizaines[1139] en France et ont débuté avant les attentats de 2015. Les expulsions sont des mesures décidées par le Préfet ou le Ministre de l'intérieur à l'encontre d'un individu étranger présentant une menace pour l'ordre public. Ces mesures qui sont susceptibles de recours en annulation devant le juge administratif, se fondent sur d'éventuels liens avec des djihadistes et la teneur des propos qui sont tenus par ces imams. Il s'agit de propos considérés comme des discours de haine, des appels à la violence et plus largement la promotion d'un islam radical. Pour justifier l'expulsion le 31 octobre 2012 de Mohamed Hammami, responsable religieux de la mosquée Omar à Paris, le ministère de l'Intérieur a affirmé que *« lors de ses prêches, l'imam a tenu des propos ouvertement hostiles aux valeurs de la République. Il a valorisé le djihad, proféré des propos antisémites et justifié le recours à la violence et aux châtiments corporels contre les femmes »*[1140]. Comme l'a souligné le Conseil d'État *« il appartient [...] à l'autorité administrative de prendre les mesures de nature à éviter que des infractions pénales soient commises »*[1141] alors que bien des propos tenus sont en l'occurrence incriminés par la législation pénale. Certains propos tenus par cet imam, qualifiés de « propos hostiles aux valeurs de la République » doivent-ils être considérés comme des menaces ou relèvent-ils de la marge offerte par le principe de la liberté d'expression qu'elle soit religieuse ou non[1142] ? Pour la Cour européenne des droits de l'homme, la liberté d'expression vaut aussi pour les idées *« qui heurtent, choquent ou inquiètent l'État ou une fraction quelconque de la population. Ainsi le veulent le pluralisme, la tolérance et l'esprit d'ouverture sans lesquels il n'est pas de "société démocratique »*[1143]. Elle a enfin considéré que *« le simple fait de défendre la charia, sans en appeler à la violence pour*

1139 Selon le Ministère de l'intérieur français, il y aurait eu soixante-cinq expulsions d'imams depuis 2012.

1140 Communiqué de presse du 31 octobre 2012, https://mobile.gouv.fr

1141 CE, Ord., 9 janvier 2014, *Ministre de l'intérieur c/Société Les Productions de la Plume et M. Dieudonné M'Bala M'Bala*, n° 374508.

1142 V. à ce sujet, V. CHAMPEIL-DESPLATS, *L'état d'urgence devant le Conseil constitutionnel, ou quand l'État de droit s'accommode de normes inconstitutionnelles*, Rapport. V. aussi, S.H. VAUCHEZ, « La fabrique législative de l'état d'urgence : lorsque le pouvoir n'arrête pas le pouvoir », *Cultures & Conflits*, mis en ligne le 01 janvier 2022, consulté le 07 janvier 2022. URL : http://journals.openedition.org/conflits/20717

1143 CEDH, 7 décembre 1976, *Affaire Handyside c/Royaume-Uni*, § 49.

l'établir, ne pouvait passer pour un discours de haine »[1144]. Des interdictions d'accès à des établissements « sensibles » sont décidées à l'encontre de personnes ayant des relations avec des islamistes impliqués dans des filières terroristes. Selon le Ministère de l'intérieur français, il y aurait eu, depuis 1973, vingt-six déchéances de nationalité[1145] dont treize à la suite d'une condamnation pour terrorisme en application des articles 25 et 25-1 du code civil français.

638. Des mosquées sont fermées, des associations à objet cultuel sont dissoutes parce qu'elles sont liées à la mouvance islamiste. Des « réunions religieuses » ou prières collectives sont interdites. En 2016, la mosquée de Lagny-sur-Marne a ainsi été fermée au motif que *« dans le contexte de l'état d'urgence créé par les attentats, la salle de prière dite Mosquée de Lagny-sur-Marne représentait, par son fonctionnement et sa fréquentation, une menace grave pour la sécurité et l'ordre publics »*[1146]. La juridiction administrative saisie en référé, après avoir rappelé la liberté de culte, a estimé que cette salle de prière musulmane a abrité *« des activités de prêche et d'enseignement en faveur d'un islamisme radical, prônant le rejet des valeurs de la République et de l'Occident, l'hostilité aux chrétiens et aux chiites et faisant l'apologie du djihad armé ainsi que de la mort en martyre [de même qu'elle a servi] de lieu d'endoctrinement et de recrutement de combattants volontaires, dont plusieurs ont rejoint les rangs de Daech et ont combattu en Irak et en Syrie, où certains sont décédés »*[1147]. Il en a conclu que l'arrêté préfectoral de fermeture de la mosquée ne portait pas *« une atteinte manifestement illégale et grave à une liberté fondamentale »*. Désormais, en France aux termes de la loi du 30 octobre 2017 renforçant la sécurité intérieure et la lutte contre le terrorisme, le représentant de l'État dans le département ou à Paris le préfet de police, aux fins de prévenir la commission d'actes de terrorisme, *« peut prononcer la fermeture des lieux de culte dans lesquels les propos qui sont tenus, les idées ou théories qui sont diffusées ou les activités qui se déroulent provoquent à la violence, à la*

[1144] Idem.

[1145] Sur la conformité de la déchéance de nationalité aux principes d'égalité et de non-discrimination, V. Conseil Constitutionnel français, 23 janvier 2015, n°2014-439.

[1146] CE, 25 février 2016, n° 397153.

[1147] Ibidem.

haine ou à la discrimination, provoquent à la commission d'actes de terrorisme ou font l'apologie de tels actes »[1148].

639. Du fait des mesures adoptées pour prévenir le terrorisme islamiste, certains musulmans pratiquants sont privés du droit d'accéder à leur lieu de culte en raison de ces fermetures administratives de mosquées. À cet égard, le Conseil constitutionnel français considère que les dispositions de l'article 8 de loi sur l'état d'urgence[1149] *« en ce qu'elles restreignent la liberté de se réunir, [...] portent atteinte au droit d'expression collective des idées et des opinions »,* mais peuvent être admises à certaines conditions. Il s'agit de l'exigence d'un péril imminent (état d'urgence), la nécessaire adaptation, la nécessité, la proportionnalité et la durée limitée des mesures qui doivent être contrôlées par le juge administratif. Le Conseil constitutionnel a considéré que cette disposition assortie des conditions susdites assurait *« une conciliation qui n'est pas manifestement déséquilibrée entre le droit d'expression collective des idées et des opinions et l'objectif de valeur constitutionnelle de sauvegarde de l'ordre public ».* La fermeture d'une mosquée est donc justifiée si elle respecte ces conditions et particulièrement si l'atteinte à la liberté du culte est proportionnelle à la menace à l'ordre public. Le Conseil Constitutionnel censure d'ailleurs très peu les décisions prises dans le cadre de l'état d'urgence faisant dire à Monsieur BARANGER que *« du point de vue du contrôle juridictionnel, l'histoire retiendra peut-être que peu d'actes relevant de l'état d'urgence actuellement en vigueur ont été contrôlés, et que moins encore furent censurés. Elle retiendra peut-être aussi que le contrôle juridictionnel a pris fréquemment la forme étrange de la coopération entre un juge de l'urgence n'ayant pas peur des considérants de principe et d'un juge constitutionnel très modéré, pour ne pas dire timide, dans l'exercice de son contrôle. C'est un*

[1148] V. l'article L227-1 du Code de la sécurité intérieure française. La durée de la fermeture ne peut excéder six mois et doit intervenir à l'issue d'une procédure contradictoire.

[1149] Article 8 de la loi française du 3 avril 1955 aux termes duquel « le ministre de l'intérieur, pour l'ensemble du territoire où est institué l'état d'urgence, et le préfet, dans le département, peuvent ordonner la fermeture provisoire des salles de spectacles, débits de boissons et lieux de réunion de toute nature dans les zones déterminées par le décret prévu à l'article 2. Peuvent être également interdites, à titre général ou particulier, les réunions de nature à provoquer ou à entretenir le désordre ».

renversement des choses qui peut intriguer »[1150]. Il n'en demeure pas moins que la fermeture d'une mosquée reste une atteinte au droit de culte de la grande majorité des musulmans qui fréquentait ladite mosquée et qui n'est nullement perméable au discours djihadiste encore moins à la doctrine de l'action violente. C'est la radicalisation d'une partie de cette majorité silencieuse, victime collatérale de ces fermetures « justifiées » qu'il faut craindre.

2) La liberté de mouvement

640. La liberté de mouvement est l'une des libertés fondamentales qui peut être remise en cause en situation de crise particulièrement en matière de terrorisme. Pour assurer l'efficacité des différents contrôles, la circulation peut être interdite à certaines heures. Par exemple au Burkina Faso, dans la région de l'Est, le Gouverneur prend régulièrement des mesures pour interdire la circulation à des moments de la nuit[1151]. Cela permet d'exercer un contrôle sur les populations pour tenter d'arrêter les terroristes, mais empêche qu'elles vaquent à leurs occupations habituelles et se déplacent vers d'autres horizons pour subvenir aux besoins de ceux qui dépendent d'elles.

641. Dans les zones dites d'intérêt militaire en particulier que plusieurs États ont créées[1152], la liberté de mouvement n'existe pas. On entend par zone d'intérêt militaire selon la législation burkinabè, *« toute portion du territoire délimitée pour la conduite d'opérations militaires par les forces terrestres ou aériennes et présentant un intérêt tactique dans les circonstances particulières du moment »*[1153]. Toute présence dans le périmètre délimité est interdite et toute personne s'y trouvant, est présumée appartenir aux groupes ennemis et s'expose aux risques liés aux opérations militaires et pour les plus chanceux qui resteraient en vie, à des poursuites judiciaires et à des sanctions.

[1150] D. BARANGER, « Quel 'État de droit' ? Quels contrôles ? Le juge des référés et le maintien en vigueur de l'état d'urgence », *RFDA*, 2016, p.357.

[1151] V. par exemple le communiqué administratif n°2018-008 du 18 septembre 2018 interdisant la circulation « aux usagers se déplaçant en engin à deux roues ou en tricycles de 19 heures à 5 heures du matin pour compter du mardi 18 septembre 2018 jusqu'à nouvel ordre.

[1152] Ibidem, §548.

[1153] V. l'article 3 de l'Ordonnance n°2022-003/PRES-TRANS portant création d'une zone d'intérêt militaire pour les opérations dans la Région de l'Est.

642. Lorsqu'un État de siège[1154] est instauré, les localités sont administrées par l'armée. Dans ces conditions, l'État de droit n'est plus de mise et cela laisse le champ libre à l'arbitraire. L'armée ne s'embarrasse pas toujours du respect des procédures, de la présomption d'innocence, ou du contradictoire qui pourtant protègent les citoyens. Rappelons que l'état de siège a trois effets principaux. Le premier est de substituer l'autorité militaire à l'autorité civile dans l'exercice de la police de l'ordre. Le second est d'étendre ces pouvoirs de police dans des domaines assez considérables : perquisitions de jour et de nuit, éloignement des individus dangereux, remise des armes et des munitions, interdiction des publications susceptibles de créer des désordres... Le troisième effet enfin, est d'élargir la compétence des conseils de guerre aux civils inculpés de crimes et délits contre la sûreté de l'État, les atteintes aux institutions ou à l'ordre public[1155].

643. Il est fréquent que les personnes victimes d'arbitraire se révoltent et rejoignent les groupes terroristes. On peut citer à cet effet l'histoire de ce jeune nigérien resté dans son village avec sa famille alors que tous les jeunes vigoureux de son âge avaient déserté le village et rejoint les groupes terroristes. Il a refusé de prendre les armes contre ses concitoyens. L'armée arrivée dans ce village l'y ayant trouvé, l'a soupçonné d'appartenir aux groupes terroristes au regard de sa corpulence, de son âge et du fait que tous ses semblables de la localité avaient rejoint les groupes terroristes. Il a été interrogé et violenté par les enquêteurs avant d'être finalement relâché en l'absence de toute preuve l'incriminant. Le jour même de son retour dans son village il a rejoint un groupe terroriste, révolté par le traitement dont il a été l'objet[1156]. En dehors des libertés sus évoquées, certains droits spécifiques connaissent aussi des atteintes à l'occasion de la lutte antiterroriste.

[1154] Selon l'article 58 de la Constitution du Burkina Faso, « le Président du Faso décrète, après délibération en Conseil des ministres, l'état de siège et l'état d'urgence. »

[1155] R. JACQUES, « Les situations d'urgence en droit constitutionnel », *Revue internationale de droit comparé*, Vol. 42 N°2, Avril-juin 1990, Etudes de droit contemporain. pp.751-764, p.756.

[1156] Fait rapporté par un magistrat nigérien.

Section 2 Les défis particuliers en matière de droits de l'homme

644. Pour certains droits, alors même qu'il n'existe pas véritablement de restriction à leur sujet, leur mise en œuvre sont mis à mal par la lutte antiterroriste. Leur respect dans le cadre de la lutte antiterroriste constitue un véritable défi à l'occasion de la conduite de certaines mesures d'investigation. L'égalité de traitement des citoyens peut ainsi être mis à mal à travers les profilages réalisés au cours des enquêtes **(§1)**. Ces enquêtes peuvent en plus, être l'occasion d'atteintes aux données à caractère personnel et à la vie privée **(§2)**.

§1 Les défis liés au profilage et à la surveillance des données

645. Dans sa Résolution 2396 (2017), le Conseil de sécurité a demandé aux États membres de s'abstenir de procéder à un profilage fondé sur des motifs discriminatoires lorsqu'ils élaborent et utilisent des outils d'évaluation des risques, afin d'identifier les individus qui montrent des signes de radicalisation conduisant à la violence[1157]. L'AG dans le même sens, exhorte les États à veiller à ce que les mesures destinées à prévenir et contrer le terrorisme soient non discriminatoires, et à ne pas procéder à un profilage fondé sur des motifs discriminatoires interdits par le droit international[1158]. Elle insiste au §g du Plan d'action contre l'extrémisme violent, pour que les programmes soient pleinement conformes aux règles internationales relatives aux droits de l'homme, notamment le respect de la vie privée, l'égalité entre les sexes et le principe de non-discrimination.

646. Les principes d'égalité et de non-discrimination sont au cœur du droit des droits de l'homme[1159]. Ils ont même accédé au rang de normes de *jus cogens* selon certains[1160], parce qu'ils sont le fondement de toute la structure juridique de l'ordre public national et international qui imprègne tout le droit. Dans le cadre particulier de la lutte antiterroriste, le Comité contre la discrimination raciale a déclaré que le principe de non-discrimination n'était pas susceptible de limitation puisqu'il était devenu une norme de *jus cogens*. Plusieurs documents

---

[1157] V. les §4 et 38 de la Résolution.

[1158] Résolution 75/291 (2021) adoptée par l'Assemblée générale le 30 juin 2021 portant *Septième examen de la Stratégie antiterroriste mondiale de l'Organisation des Nations Unies*, précité, §103.

[1159] V. par exemple, Déclaration universelle des droits de l'homme (articles 1 et 2) et Pacte International relatif aux droits civils et politiques (article 26).

[1160] Cour interaméricaine des droits de l'homme, avis consultatif OC-18/03 sur la situation juridique et les droits des migrants sans papiers, 17 septembre 2003, §101.

internationaux et régionaux concernant la promotion et la protection des droits de l'homme dans la lutte contre le terrorisme l'ont confirmé[1161].

647. Le recours à un ensemble d'indicateurs définissant les suspects potentiels peut, en principe, constituer un moyen d'enquête admissible et un important instrument d'application de la loi en particulier en période de lutte antiterroriste. De façon générale, le profilage utilise un indicateur unique ou un ensemble d'indicateurs qui, lorsqu'ils sont regroupés, présentent les caractéristiques d'un individu, d'un passager ou d'un chargement à haut risque. Le profilage se présente comme un mécanisme intrusif car il implique la collecte et l'utilisation à court, moyen ou long terme de toutes les informations touchant à l'individu. Toute donnée personnelle est susceptible de renseigner sur les agissements futurs de l'individu qu'elle touche. Avant de valider cette tendance, le préalable est de valider le degré de prédictibilité de la donnée étudiée et ce n'est que si la valeur prédictive est élevée que la prise en compte des prévisions peut être considérée comme pertinente. Ces dernières années, « *plusieurs programmes et outils de lutte contre l'extrémisme violent propice au terrorisme employant l'intelligence artificielle et une amplification algorithmique ont été développés. Par exemple, l'initiative Redirect développée par Jigsaw (une filiale de Google) et Moonshot CVE, une organisation à but non lucratif (OBNL), consiste en un système algorithmique capable de reconnaître les profils des individus qui sont des cibles potentielles des discours haineux et des efforts de radicalisation des groupes terroristes. L'algorithme a été testé sur le discours terroriste afin de lui apprendre les mots et les phrases utilisés. Une fois programmé, l'algorithme permet d'identifier les internautes considérés à risque afin de les rediriger vers des contenus alternatifs positifs* »[1162]. Des programmes automatisés de détection des discours terroristes ont ainsi été élaborés et testés pour permettre le repérage et la suppression desdits contenus. En Asie centrale par exemple, « *les gardes-frontières utilisent l'analyse des risques, le profilage et les dénonciations reçus des services de détection et de répression d'autres États, pour identifier les personnes nécessitant un examen plus approfondi. En Géorgie, des analyses des*

[1161] V. E/CN.4/2006/98, §48; Comité des droits de l'homme, Observation générale n°29 (2001) sur les dérogations en période d'état d'urgence (article 4), §8 et 16; et E/CN.4/2002/18, annexe, §4 i).

[1162] United Nations Security Council, Counter-Terrorism Committee, *Global survey of the implementation of Security Council resolution 1373 (2001) and other relevant resolutions by Member States,* 2021, §760 [Notre traduction].

risques sont publiées mensuellement et communiquées aux fonctionnaires travaillant dans les postes de contrôle frontaliers »[1163]. Ces pratiques répandues en fin de compte, constituent une mise à l'épreuve des libertés publiques face aux enjeux sécuritaires qui se posent[1164].

648. C'est particulièrement, le profilage fondé sur un indicateur telle que l'origine ethnique ou nationale des individus, qui est contraire au principe de non-discrimination[1165]. Il faut se garder de déduire à partir d'hypothèses, le risque que pourrait représenter une personne pour la sécurité sur la base de caractéristiques tels que sa nationalité, sa race, son origine ethnique, sa religion, son apparence, son sexe, son âge, etc[1166]. Pour contrer ces dérives, le Comité contre la discrimination raciale dans sa recommandation générale n°30 (2004), a appelé les États à veiller à ce que les mesures prises dans le cadre de la lutte contre le terrorisme ne soient pas discriminatoires, par leur but ou par leurs effets, en fonction de la race, de la couleur, de l'ascendance ou de l'origine nationale ou ethnique. Il a insisté que les non ressortissants des États ne fassent pas l'objet de profils ou stéréotypes raciaux ou ethniques. Le Réseau d'experts indépendants sur les droits fondamentaux de l'Union européenne, a émis de sérieuses réserves sur l'élaboration de profils terroristes et le profilage sur la base de caractéristiques tels que la nationalité, l'âge ou le lieu de naissance, soulignant *« le risque majeur de discrimination inhérent à ces pratiques »*[1167]. Cette réserve s'applique également à l'établissement de profils à partir de la religion des individus. Le profilage et les dispositifs analogues doivent faire l'objet d'un étroit contrôle judiciaire et être périodiquement revus[1168].

649. Les États ont renforcé leurs efforts dans le sens d'éliminer les entraves au respect des droits de l'homme particulièrement, le respect de la non-discrimination dans la recherche des contenus terroristes sur

---

1163 Ibidem, §319 [Notre traduction].

1164 S. NAWAF, « L'utilisation des données personnelles dans la lutte contre le terrorisme, *International Journal of Open Governments*, 2019, http://ojs.imodev.org/index.php/RIDDN, pp.21-32.

1165 V. A/HRC/4/26, §32 à 62.

1166 Bureau de lutte contre le terrorisme, Centre des Nations Unies pour la lutte contre le terrorisme, *Les droits de l'homme et les contrôles effectués dans le cadre de la sécurité et de la gestion des frontières*, New York, 2018, 28p., p.19.

1167 Réseau d'experts indépendants sur les droits fondamentaux de l'Union européenne, *Équilibre entre liberté et sécurité dans les réponses de l'Union européenne et de ses États membres à la menace terroriste,* 2003, p.21.

1168 V. E/CN.4/2005/103, §71 à 76 ; et A/HRC/4/26, §32 à 62.

internet. Cependant, peu d'entre eux ont les ressources et l'expertise nécessaires pour implémenter des technologies de pointe. Cela explique que les évaluations aient mis en exergue des préoccupations sur des impacts discriminatoires des mesures antiterroristes dans certaines communautés en lien avec le profilage et la surveillance[1169]. Le CCT recommande pour assurer le respect du principe de non-discrimination, de *« veiller à ce que les pouvoirs spéciaux, les techniques d'enquête et les mesures restrictives soient conformes aux principes de légalité, de proportionnalité et de nécessité; mettre en place des garanties pour se protéger contre le profilage racial, ethnique ou discriminatoire; envisager de limiter les pouvoirs spéciaux accordés aux autorités chargées de la sécurité publique et d'introduire des procédures claires et accessibles permettant aux personnes concernées de contester l'utilisation de ces mesures devant une autorité judiciaire »*[1170]. En somme, il faut respecter les principes prévus et permettre le contrôle de leur mise en en œuvre par des juridictions ou des autorités administratives compétentes et indépendantes.

650. La surveillance des données constitue un autre défi en vue du respect des droits de l'homme dans la lutte antiterroriste. Le §g) du Plan d'action contre l'extrémisme violent de l'AG et l'article 17 du Pacte international relatif aux droits civils et politiques interdisent aux États parties, de porter atteinte à la vie privée des personnes relevant de leur compétence. Au contraire, ils doivent protéger juridiquement ces personnes contre les immixtions arbitraires ou illégales dans leur vie privée. La notion de vie privée englobe les renseignements concernant la vie sentimentale, la vie familiale, le secret relatif à la santé, le secret de la résidence et le droit à l'image[1171]. La plupart des États ont renforcé la sécurité dans les aéroports et dans d'autres lieux de transit. Ils collectent par exemple, des données biométriques auprès des passagers à travers des scanners des yeux et des empreintes digitales. Des contrôles de sécurité et des fouilles de personnes sont aussi effectués.

[1169] United Nations Security Council, Counter-Terrorism Committee, *Global survey of the implementation of Security Council resolution 1373 (2001) and other relevant resolutions by Member States,* 2021, §780.

[1170] V. E/CN.4/2005/103, §71 à 76 ; et A/HRC/4/26, p.120.

[1171] V. Comité des droits de l'homme, constatations concernant la communication n°453/1991, *Coeriel et autres* c. *Pays-Bas*, 31 octobre 1994 (A/50/40 (vol. II), annexe X, sect. D). En ce qui concerne la signification et la portée de la notion de « vie privée », V. Cour européenne des droits de l'homme, *Amann* c. *Suisse*, n°27798/95, arrêt du 16 février 2000, et *Rotaru* c. *Roumanie*, n°28341/95, arrêt du 4 mai 2000.

Des pouvoirs de surveillance notamment, les écoutes téléphoniques et l'utilisation de dispositifs de localisation sont utilisées comme méthodes d'investigation. Ces mesures occasionnent des intrusions dans l'intimité de la vie privée des intéressés, et posent la question de la protection des données personnelles. Toute limitation des droits doit être nécessaire pour satisfaire à de justes exigences et être proportionnelle à ces exigences. C'est ainsi que dans l'affaire *Klass c. Allemagne*, par exemple, la Cour européenne des droits de l'homme a déclaré que, quel que soit le système de surveillance retenu, des garanties adéquates et suffisantes doivent être prévues contre les abus[1172].

651. Le Conseil de Sécurité a adopté le 21 décembre 2017 la Résolution 2396 dans laquelle les États membres sont appelés à collecter les données des passagers pour empêcher une libre circulation des combattants terroristes étrangers. Il a *« exhort[é] les États membres à envisager, le cas échéant, de déclasser à des fins administratives les données de renseignement, y compris les données relatives aux voyages [...] afin de communiquer [...] et de les transmettre comme il convient aux autres États et organisations internationales compétentes concernés [...] »*[1173].

652. De manière générale, et au vu des développements de la technologie, la prévention du terrorisme est à l'origine d'une avancée considérable dans les traitements automatisés de données à caractère personnel[1174]. Le Conseil de Sécurité vise en l'occurrence autant les données biométriques que les informations préalables passagers et les données des dossiers passagers (Passenger Name Record -PNR-). Ces dernières connaissent depuis deux décennies une évolution non négligeable car la menace terroriste est amplifiée par les combattants terroristes étrangers. La France, les États-Unis, la Grande-Bretagne et d'autres États se sont dotés d'un système PNR national qui s'est révélé être un outil de renseignements efficace puisqu'il permet de briser les réseaux de grande criminalité[1175]. Toutefois, des critiques se sont

---

[1172] Cour européenne des droits de l'homme, *Klass c. Allemagne*, n°5029/71, arrêt du 6 septembre 1978, §50.

[1173] §8 de la Résolution.

[1174] Y. MAYAUD, « Répertoire de droit pénal et de procédure pénale », *Terrorisme – Prévention*, janvier 2018.

[1175] Sénat, Commission des lois, *Rapport n° 401 : La proposition de décision-cadre relative à l'utilisation de données des dossiers passagers à des fins répressives*, présenté par M. Simon Sutour et M. Yves Détraigne, 13 mai 2009.

élevées contre les dangers que pouvait constituer l'utilisation de ces données dès lors que le législateur ne délimitait pas la durée de leur conservation, et n'instituait pas une instance indépendante chargée de les traiter. Le CCT indique ainsi que *« les États devraient adopter une approche fondée sur les droits de l'homme pour l'utilisation de la technologie biométrique de lutte contre le terrorisme, qui inclut l'utilisation de garanties procédurales et un contrôle efficace de son application. Cela comprend l'établissement ou l'élargissement du mandat des organismes de surveillance indépendants et appropriés existants, pour superviser la mise en œuvre des lois pertinentes en matière de protection de la vie privée et la fourniture de recours efficaces en cas de violation à cet égard. Cela devrait être complété par un processus d'examen éthique qui éclaire toutes les politiques et décisions nationales concernant l'utilisation de la biométrie à des fins de lutte contre le terrorisme »*[1176]. Des garde-fous doivent ainsi être établis pour éviter les abus et le contrôle confié à des autorités probes. L'AG dans cette perspective, a demandé aux États de *« revoir, alors même qu'ils luttent contre le terrorisme et s'efforcent de prévenir l'extrémisme violent conduisant au terrorisme, leurs procédures, leurs pratiques et leur législation en matière de surveillance et d'interception des communications et de collecte de données personnelles, notamment à grande échelle, de façon à défendre le droit à la vie privée prévu à l'article 12 de la Déclaration universelle des droits de l'homme et à l'article 17 du Pacte international relatif aux droits civils et politiques »*[1177]. Le Rapporteur spécial sur la promotion et la protection des droits de l'homme et des libertés fondamentales dans la lutte antiterroriste, explique que les règles de droit interne qui régissent l'interception des communications devraient être actualisées afin de tenir compte des méthodes modernes de surveillance numérique qui ont une portée beaucoup plus large et impliquent une atteinte plus importante de la vie privée[1178]. Un avis de la Cour de justice de l'Union

---

[1176] *United Nations Compendium of Recommended Practices For the Responsible Use and Sharing of Biometrics in Counter Terrorism*, Recommandation 5a, p.46.

[1177] AG, Résolution 75/291 (2021) adoptée par l'Assemblée générale le 30 juin 2021, portant *Septième examen de la Stratégie antiterroriste mondiale de l'Organisation des Nations Unies*, A/RES/75/291, §107.

[1178] A/69/397 du 23 septembre 2014, rapport du Rapporteur spécial sur la promotion et la protection des droits de l'homme et des libertés fondamentales dans la lutte antiterroriste, portant *Promotion et protection des droits de l'homme et des libertés fondamentales dans la lutte antiterroriste,* p.16.

européenne rendu le 27 juillet 2017, avait également relancé les débats sur la compatibilité du système PNR avec la protection des données personnelles et les libertés fondamentales en général. La Cour se prononçant sur le projet d'accord entre le Canada et l'Union européenne concernant le transfert des données des passagers aériens, a affirmé que l'accord était incompatible avec les droits fondamentaux garantis par les traités européens. Les droits fondamentaux des citoyens européens ne doivent pas être sacrifiés sur *« l'autel des impératifs sécuritaires »*[1179] selon cette juridiction. Le Comité des droits de l'homme dans le même sens, dans son Observation générale n°16 (1988)[1180], a expliqué que les États devaient prendre des mesures efficaces afin de s'assurer que les renseignements concernant la vie privée des individus ne tombent pas entre les mains de personnes non autorisées par la loi à les recevoir, et ne soient jamais utilisés à des fins incompatibles avec le Pacte international relatif aux droits civils et politiques. Dans ce sens toujours, les Lignes directrices du Conseil de l'Europe sur les droits de l'homme et la lutte contre le terrorisme prévoient que *« dans le cadre de la lutte contre le terrorisme, la collecte et le traitement de données à caractère personnel par toute autorité compétente en matière de sécurité de l'État ne peuvent porter atteinte au respect de la vie privée des personnes si la collecte et le traitement sont, notamment i) Régis par des dispositions appropriées en droit interne; ii) Proportionnés à l'objectif pour lequel cette collecte et ce traitement ont été prévus; iii) Susceptibles d'un contrôle par une autorité externe indépendante »*[1181]. Ce sont là, les conditions à respecter pour ne pas violer la vie privée et les données personnelles des citoyens.

§2 Les difficultés juridiques liées à l'incriminations de la simple préparation de l'acte terroriste

653. Le recours à l'incrimination pénale a sans aucun doute une place de choix dans la prévention du terrorisme, *« la réaction au*

[1179] V. V. CORREAI, « À propos de l'avis 1/15 relatif au projet d'accord entre le Canada et l'Union européenne sur le transfert des données des passagers aériens », *LexisNexis, Communication – Commerce électronique* n° 6, Juin 2018, pp.9-15.

[1180] UN Doc. HRI/GEN/1/Rev.1(1994).

[1181] V. Lignes directrices du Conseil de l'Europe sur les droits de l'homme et la lutte contre le terrorisme, 11 juillet 2002, 32p.

terrorisme (étant) d'abord une affaire d'incrimination »[1182] comme dit Yves MAYAUD. Il a l'avantage d'afficher de manière immédiate la réprobation à l'égard de comportements antisociaux aux conséquences indicibles. La technique de l'incrimination de prévention qui permet une « *prévention pénale »*[1183], une « *anticipation de la répression* », s'inscrit dans une logique de « *prévention punitive »*[1184], prédictive qui caractérise un droit pénal de la dangerosité[1185]. La simple Résolution criminelle ou les actes préparatoires[1186], s'ils ne sont pas complétés par un commencement d'exécution ne peuvent être pénalement sanctionnés au titre de la tentative[1187] et restent dans ce cas, impunis. L'article 25 du Statut de la Cour pénale internationale, prévoit dans ce sens que quiconque ordonne, sollicite ou encourage la commission d'une infraction ne voit sa responsabilité pénale engagée, que si l'acte criminel en question est en fait commis ou s'il y a tentative de commission.

654. Le fait de réprimer dès l'origine le comportement pour empêcher son commencement d'exécution est donc une exception. Les infractions terroristes offrent de multiples exemples de l'incrimination sui generis d'actes préparatoires contrairement à ce principe bien établi[1188]. La volonté pour une personne de commettre une infraction spécifique aussi grave que le terrorisme, qui a d'ailleurs commencé à la préparer n'est pas moins dangereuse pour la société qu'une personne qui commet l'infraction dans son entièreté[1189]. L'intérêt de réprimer la préparation d'actes terroristes réside aussi dans la nécessité de

---

[1182] Y. MAYAUD, « La politique d'incrimination du terrorisme à la lumière de la jurisprudence récente », *AJ Pén.* 2013, p.442 et s.

[1183] J. ALIX, « Réprimer la participation au terrorisme », *RSC,* 2014, p.849 et s.

[1184] B.E. HARCOURT, « Preventing injustice », p.633 et s. in *Mélanges en l'honneur de Ch. Lazerges*, Paris, Dalloz, 2014, 831 p.

[1185] G. GIUDICELLI-DELAGE, C.H. LAZERGES (dir.), *La dangerosité saisie par le droit pénal*, Paris, PUF, 2011, 214 p.

[1186] J. DEVEZE, « Le commencement d'exécution de l'infraction en jurisprudence », *RSC,* 1981, p.777 et s.

[1187] Selon l'article 122-1 du Code pénal burkinabè, la tentative consiste dans l'entreprise de commettre un crime ou un délit, manifestée par des actes non équivoques tendant à son exécution, si ceux-ci n'ont été suspendus ou n'ont manqué leur effet que par des circonstances indépendantes de la volonté de leur auteur.

[1188] B. CORBOZ, « Les actes préparatoires », *RI crim. et pol.techn.* 1982, p.5 et s.

[1189] K. SUGMAN STUBBS et F. GALLI, « Inchoate offences. The sanctionning of an act prior to and irrespective of the commission of any harm » in. *EU Counter-terrorism offences – What impact on national legislation and case-law ?* Bruxelles, Éditions de l'Université de Bruxelles, 2012, p.294.

permettre aux autorités étatiques d'intervenir légalement avant que les événements projetés ne se réalisent. De plus, s'agissant d'actes terroristes, *« l'effet dissuasif habituel de l'enquête, du jugement, et de la sanction après l'infraction est parfaitement nul pour ceux qui sont prêts à mourir pour atteindre leur objectif »*[1190].

655. Le paragraphe 2 e) de la Résolution 1373 (2001) du Conseil de sécurité prévoit que les États doivent veiller à ce que *« ... toutes personnes qui participent au financement, à l'organisation, à la préparation ou à la perpétration d'actes de terrorisme ou qui y apportent un appui soient traduites en justice, à ce que, outre les mesures qui pourraient être prises contre ces personnes, ces actes de terrorisme soient érigés en crimes graves ... »*[1191] La Résolution 1373 (2001) comme on le voit exige la criminalisation de la préparation d'actes terroristes. Une criminalisation qui dépendrait de la commission ou de la tentative de commission de l'acte terroriste, entraverait de plus, l'efficacité de la répression des actes terroristes commis par les nationaux de ces États, dans des États qui incriminent la simple préparation des actes terroristes. Comme le prévoit l'article 2 de la Convention sur le financement du terrorisme, *« si un pays n'a pas, par la loi, fait savoir que le financement ou toute autre forme de préparation d'acte de terrorisme à l'étranger est un acte criminel réprimé par la législation nationale, le principe de légalité empêcherait les tribunaux de ce pays de punir la participation dans le pays à un acte qui n'est criminalisé que par la législation d'un pays étranger »*[1192].

656. La préparation peut être entendue comme la création des conditions nécessaires à la commission d'un acte criminel. Elle nécessite des actes matériels qui extériorisent la volonté d'accomplir un acte terroriste. Le choix des cibles à atteindre par des actes terroristes futurs par exemple, caractérise cette préparation indépendamment de tout commencement d'exécution du projet. En termes de mise en œuvre, le CCT a noté qu'en Afrique australe, *« trois États érigent en infraction pénale la planification, la préparation d'un acte terroriste et la participation à un tel acte en tant qu'infractions autonomes. Onze États érigent en infraction pénale l'association de malfaiteurs, la complicité ou d'autres formes de participation à des actes de terrorisme. Un seul État n'incrimine pas spécifiquement les actes de*

[1190] ONUDC, *Recueil des cas sur les affaires antiterroristes*, New-York, 2010, p.21.
[1191] S/RES/1373 (2001), §2 e).
[1192] V. l'article 2§3 de la Convention sur le financement du terrorisme de 1999.

planification, de préparation et d'appui à des actes de terrorisme en tant qu'infractions autonomes »[1193]. En Amérique du Sud, il a été noté que *« trois États de cette sous-région ont adopté des dispositions législatives qui leur permettent de lutter contre le recrutement pour le terrorisme. D'autres ont adopté des dispositions législatives plus générales qui érigent en infraction pénale le fait d'encourager la commission d'actes terroristes. Deux États peuvent utiliser le délit d'association illégale »*[1194]. En Amérique centrale, *« la sous-région reconnaît de plus en plus qu'il est essentiel d'intervenir contre les actes terroristes au stade de la planification et de la préparation. Plusieurs États érigent en infraction pénale la planification, la préparation et l'appui d'actes terroristes en tant qu'infractions autonomes et ont adopté des lois érigeant en infraction pénale la planification et la préparation d'attentats terroristes contre d'autres États ou leurs citoyens en dehors du territoire de l'État. La plupart des États sanctionnent les infractions qui ont été « commises », « tentées », « aidées ou encouragées », « ordonnées », « instiguées » ou pour lesquelles une « participation » a été établie »*[1195]. Toutefois, la définition claire et précise du contenu de la préparation d'actes terroristes fait défaut dans la plupart de ces législations. Seuls quelques États définissent avec suffisamment de précision les éléments de la planification, de la préparation et de l'appui illicites à un groupe terroriste ou à la commission d'un acte terroriste[1196]. D'autres droits bénéficient d'une protection plus importante destinée à les soustraire à toute violation.

[1193] United Nations Security Council, Counter-Terrorism Committee, *Global survey of the implementation of Security Council resolution 1373 (2001) and other relevant resolutions by Member States,* 2021, §105, [notre traduction].

[1194] Ibidem, §406, [notre traduction].

[1195] United Nations Security Council, Counter-Terrorism Committee, *Global survey of the implementation of Security Council resolution 1373 (2001) and other relevant resolutions by Member States,* 2021, §454, [notre traduction].

[1196] Idem.

Chapitre 2 La remise en cause de l'inviolabilité d'autres droits de l'homme

657. Les droits dits intangibles doivent toujours être respectés dans le cadre de la lutte antiterroriste. Cette obligation concerne aussi bien des droits substantiels que des droits procéduraux. Dans la pratique cependant, des violations de ces droits et même des tentatives de remise en cause de certains d'entre eux existent.

Section 1 Les droits substantiels

Les droits dits intangibles doivent être garantis en tout lieu et en toute circonstance. Ceux de ces droits qui intéressent particulièrement la lutte antiterroriste sont le droit à la vie **(§1)** et l'interdiction absolue de la torture et des pratiques assimilées **(§2)**.

§1 L'intangibilité du droit à la vie

658. Avant d'examiner l'intangibilité du droit à la vie proprement dit, il convient au préalable de fixer le contenu même de la notion de droit intangible. L'existence de circonstances exceptionnelles et l'admission par le droit international des situations de crise, n'excluent pas le respect de la légalité. Les clauses de dérogation ont un champ d'application réduit à des dispositions qui ne mettent pas en jeu les droits les plus fondamentaux. Le paragraphe 2 de l'article 4 du PIDCP est un exemple significatif de cette restriction en prévoyant que les dérogations qu'il autorise ne peuvent porter sur certains droits ou domaines protégés en l'occurrence le droit à la vie (article 6), l'interdiction des traitements inhumains ou dégradants (article 7), ou encore le droit à la liberté de pensée, de conscience et de religion (article 18). Les dérogations n'ont donc jamais une portée générale, mais visent seulement à libérer provisoirement l'État de l'exécution des seules obligations qui peuvent supporter quelques entorses temporaires[1197]. Il existe même des conventions qui, comme la Convention africaine des droits de l'homme et des peuples, n'envisagent pas cette question, et il faudra alors la résoudre avec les règles du droit international général[1198]. L'ensemble des instruments conventionnels qui admettent des régimes dérogatoires précisent les matières qui peuvent faire l'objet des

[1197] Lettre datée du 16 juin 2015, adressée au Président du Conseil de sécurité par le Président du Comité du Conseil de sécurité faisant suite aux résolutions 1267 (1999) et 1989 (2011) concernant Al-Qaeda et les personnes et entités qui lui sont associées, S/2015/441, §53.

[1198] V. infra

dérogations. Les formules consistent, en effet, à énumérer les dispositions qui ne peuvent faire l'objet de dérogation. L'article 4 paragraphe 2 du Pacte dispose ainsi que « *la présente disposition n'autorise aucune dérogation aux articles 6, 7, 8 (par. 1 et 2), 11, 15, 16 et 18* », qui se rapportent, respectivement, au droit à la vie, à la prohibition de la torture et des traitements inhumains et dégradants, à l'interdiction de l'esclavage, des incarcérations pour dettes, des atteintes au principe de légalité des délits et des peines, à la reconnaissance de la personnalité juridique, à la liberté de pensée et de conscience. L'article 15 paragraphe 2 de la Convention européenne des DH et l'article 27 paragraphe 2 de la Convention Interaméricaine des DH ont une approche similaire avec la particularité que la convention interaméricaine présente une assiette plus large des droits intangibles en incluant dans cette liste les droits de l'enfant et les droits politiques[1199].

659. La consécration de droits indérogeables est justifiée par la nécessité de préserver les droits de l'individu les plus fondamentaux, qui sont d'ordinaire qualifiés de « *noyau dur* » des droits de l'homme. Il ne pouvait d'ailleurs en être autrement dans la mesure où ces conventions reprennent pour l'essentiel des obligations internationales qui s'imposaient déjà par la coutume. Certaines d'entre-elles, ont même accédé au rang de droit impératif (*jus cogens*). Rien ne saurait autoriser par exemple, un État à recourir à la torture, sous quelque prétexte que ce soit. Les statuts des juridictions pénales internationales et leur jurisprudence ont largement contribué à l'identification de ces droits intangibles[1200].

660. L'existence d'un ordre public international[1201], c'est-à-dire de principes universellement acceptés, implique que les parties à un traité relatif aux droits de l'homme, n'ont pas le pouvoir d'autoriser des dérogations aux normes de jus cogens. Ainsi, le seul fait qu'une convention autorise une dérogation sur un droit ne suffit pas à ce que cette dérogation soit valable au regard du droit international. Le caractère impératif d'une norme a précisément pour effet, d'invalider toute règle conventionnelle contraire, de sorte que les parties à un traité soient dans l'impossibilité de s'entendre pour déroger à l'un de ces droits intangibles. Le Comité des Droits d'Homme dans son

---

1199 Voir la liste plus complète de l'article 27 §2.

1200 V. infra §3.

1201 V. H. ROLIN, « Vers un ordre public réellement international », *SFDI*, 2014/10, pp.441-462.

Observation générale n° 29, précise que « *la catégorie des normes impératives est plus étendue que la liste des dispositions intangibles figurant au paragraphe 2 de l'article 4. Les États parties ne peuvent en aucune circonstance invoquer l'article 4 du Pacte pour justifier des actes attentatoires au droit humanitaire ou aux normes impératives du droit international, par exemple une prise d'otages, des châtiments collectifs, des privations arbitraires de liberté ou l'inobservation de principes fondamentaux garantissant un procès équitable comme la présomption d'innocence* »[1202]. L'article 4 paragraphe 2 n'est donc pas, sous ce jour, limitatif, de sorte que certaines obligations contenues dans le Pacte, bien que n'étant pas évoquées par ce paragraphe, échappent à toute possibilité de dérogation. Il en va ainsi, selon le Comité, de l'article 10 qui prévoit que « *toute personne privée de sa liberté est traitée avec humanité et avec le respect de la dignité inhérente à la personne humaine* » ou encore de l'article 20 qui prévoit que « *toute propagande en faveur de la guerre est interdite par la loi. Tout appel à la haine nationale, raciale ou religieuse qui constitue une incitation à la discrimination, à l'hostilité ou à la violence est interdit par la loi* »[1203].

661. Comme on l'a vu plus haut, le Conseil de sécurité, dans plusieurs de ses Résolutions, a appelé les États à veiller à ce que les mesures antiterroristes soient conformes au droit international des droits de l'homme, au droit international des réfugiés et au droit international humanitaire[1204]. Dans son rapport au Conseil de sécurité de 2005, le Comité Contre le Terrorisme a réitéré cet appel[1205]. Il a également souligné que sa Direction Exécutive devait tenir compte de cette exigence dans ses activités.

662. Le droit des droits de l'homme, qu'il soit international ou régional, reconnaît que les États ont l'obligation de protéger les individus relevant de leurs juridictions. Dans la pratique toutefois, certaines des mesures que les États ont adoptées pour protéger les individus des actes de terrorisme ont elles-mêmes fait peser de graves menaces sur le droit à la vie. Ce sont notamment les assassinats « délibérés » ou « ciblés », qui visent à

[1202] Observation générale n° 29 sur les états d'urgence (article 4), 31 août 2001, CCPR/C/21/Rev.1/Add.11, §14.

[1203] Idem.

[1204] V. les Résolutions 1456 (2003), annexe, §6, et 1624 (2005), §4, du Conseil de sécurité.

[1205] S/2005/800.

éliminer certains individus plutôt que de les arrêter et de les traduire en justice. La politique des États en matière d'usage de la force léthale, devrait être clairement énoncée dans des directives adressées aux commandants militaires et toutes les plaintes relatives à un usage excessif de la force, devraient donner rapidement lieu à une enquête effectuée par un organe indépendant. Avant de recourir à la force meurtrière, tous les moyens permettant d'arrêter une personne soupçonnée d'être en train de commettre un acte de terrorisme devraient être épuisés[1206]. Il ne s'agit pas de mettre en danger la vie des soldats mais le droit international humanitaire dans toute sa rigueur doit être respecté. Le respect de cette obligation n'est malheureusement pas la chose la mieux partagée. Il est arrivé que des États donnent pour instructions aux policiers et aux militaires, de « tirer pour tuer » en réaction à ce qui était perçu comme une menace terroriste[1207] en méconnaissance flagrante de cette obligation. Cela est attesté par le rapport sur les exécutions extrajudiciaires, sommaires et arbitraires en RDC de Philip ALSTON, Rapporteur Spécial sur les exécutions extrajudiciaires, sommaires ou arbitraires, adressé à l'AG[1208]. Comme il l'a fait observer, la rhétorique du "tirer pour tuer" et ses équivalents font peser une menace lourde et durable sur les approches de la répression fondées sur les droits de l'homme. L'expression "tirer pour tuer", comme "élimination ciblée", est utilisée pour désigner une approche nouvelle et suggérer que, face au terrorisme, il est vain d'agir dans le cadre de la loi. Cette pratique met en danger des personnes présumées innocentes qui ne bénéficient plus de la protection du DIH et du DIDH. Il s'agit d'une pratique inopportune en plus d'être illégale car le droit des droits de l'homme autorise déjà le recours à la force meurtrière lorsque cela est strictement nécessaire pour sauver des vies humaines. Conformément au droit international et régional des droits de l'homme, la protection contre la privation arbitraire de la vie n'est pas susceptible de dérogation même dans le cas où un danger public exceptionnel menace l'existence de la nation[1209]. Selon le Comité des

---

[1206] V. A/58/40 (Vol. I), §85.

[1207] V. P. ALSTON, *Exécutions extrajudiciaires, sommaires ou arbitraires : Rapport du Rapporteur spécial*, E/CN.4/2006/53, §44 à 54 et M. SCHEININ, *Rapport du Rapporteur spécial sur la promotion et la protection des droits de l'homme et des libertés fondamentales dans la lutte antiterroriste*, A/HRC/4/26, §74 à 78.

[1208] A/HRC/14/24/Add.3 du 14 juin 2010.

[1209] Le Pacte international relatif aux droits civils et politiques (article 6) comme la Convention américaine des droits de l'homme (article 4) interdisent la privation

droits de l'homme, *«la protection contre la privation arbitraire de la vie ... est d'une importance capitale. Le Comité considère que les États parties doivent prendre des mesures ... pour empêcher que leurs propres forces de sécurité ne tuent des individus de façon arbitraire. La privation de la vie par les autorités de l'État est une question extrêmement grave. La législation doit donc réglementer et limiter strictement les cas dans lesquels une personne peut être privée de la vie par ces autorités »*[1210]. Pour se conformer au droit international des droits de l'homme, toute politique de l'État autorisant le recours à la force meurtrière doit donc relever des cas étroits où la privation de la vie ne peut être considérée comme arbitraire.

663. Pour être considéré comme légitime, le recours à la force meurtrière doit toujours se conformer au principe de nécessité et doit être utilisé dans une situation où il est nécessaire pour l'autodéfense ou pour la défense de la vie d'autrui. Il doit toujours être conforme au principe de proportionnalité, et des tactiques non meurtrières de capture ou de prévention doivent toujours être tentées si cela est faisable. Dans la plupart des circonstances, les responsables de l'application des lois doivent donner aux suspects la possibilité de se rendre et employer un recours progressif à la force[1211]. *« Le cadre juridique de l'État doit donc "strictement contrôler et limiter les circonstances" dans lesquelles les forces de l'ordre peuvent avoir recours à la force meurtrière »*[1212]. En la matière, le CCT constate que les progrès sont lents dans le sens du respect des droits de l'homme. En Afrique de l'Ouest, il note que *« dans les États où les forces militaires sont fortement impliquées dans la riposte au terrorisme, des violations des droits de l'homme (par exemple, des exécutions extrajudiciaires, des incendies de maisons et*

---

arbitraire de la vie. La Convention européenne prévoit à son article 2 que la mort ne peut être infligée à quiconque intentionnellement et qu'un recours à la force rendu absolument nécessaire peut être utilisé pour assurer la défense de toute personne contre la violence illégale.

1210 V. Comité des droits de l'homme, Observation générale n°6 (1982).

1211 V. Comité des droits de l'homme, constatations concernant la communication n°45/1979, *Suárez de Guerrero c. Colombie*, 31 mars 1982 (A/37/40, annexe XI, §12.2, 13.1 à 13.3). V. également Principes de base sur le recours à la force et l'utilisation des armes à feu par les responsables de l'application des lois (A/CONF.144/28/Rev.1) ; Principes relatifs à la prévention efficace des exécutions extrajudiciaires, arbitraires et sommaires et aux moyens d'enquêter efficacement sur ces exécutions (Résolution 1989/65 du Conseil économique et social).

1212 V. Cour européenne des droits de l'homme, *McCann c. Royaume-Uni*, n°18984/91, arrêt du 27 septembre 1995.

l'usage disproportionné de la force par les forces de sécurité et de défense) dans le cadre d'opérations antiterroristes sont régulièrement signalées »[1213]. Le respect de l'inviolabilité du droit à la vie connaît donc de nombreuses entorses dans beaucoup de régions de la planète malheureusement. L'interdiction absolue de la torture et pratiques assimilées connait sensiblement le même sort.

§2 L'inviolabilité de l'interdiction absolue de la torture et pratiques assimilées

664. L'AG exhorte les États à s'acquitter pleinement des obligations que leur impose le droit international dans la lutte contre le terrorisme. En bonne place de ces obligations, se trouve l'interdiction absolue de la torture et des autres peines ou traitements cruels, inhumains ou dégradants[1214]. L'interdiction de la torture est une norme impérative de droit international comme déjà indiqué. Cela n'empêche cependant pas que des initiatives pour la méconnaître soient développées. L'article premier de la Convention des Nations Unies contre la torture définit la torture comme *« tout acte par lequel une douleur ou des souffrances aiguës, physiques ou mentales, sont intentionnellement infligées à une personne aux fins notamment d'obtenir d'elle ou d'une tierce personne des renseignements ou des aveux, de la punir d'un acte qu'elle ou une tierce personne a commis ou est soupçonnée d'avoir commis, de l'intimider ou de faire pression sur elle ou d'intimider ou de faire pression sur une tierce personne, ou pour tout autre motif fondé sur une forme de discrimination quelle qu'elle soit, lorsqu'une telle douleur ou de telles souffrances sont infligées par un agent de la fonction publique ou toute autre personne agissant à titre officiel ou à son instigation ou avec son consentement exprès ou tacite. Ce terme ne s'étend pas à la douleur ou aux souffrances résultant uniquement de sanctions légitimes, inhérentes à ces sanctions ou occasionnées par elles »*[1215]. Cette définition a été reconnue comme relevant du droit international coutumier[1216]. Pour la Cour européenne des droits de l'homme, la

---

[1213] Ibidem, §499.

[1214] Résolution 73/174 (2018) adoptée par l'Assemblée générale le 17 décembre 2018 portant *Terrorisme et droits de l'homme*, A/RES/73/174, §10.

[1215] V. La Convention des Nations Unies contre la torture et autres peines ou traitements cruels, inhumains ou dégradants à son article 1.

[1216] V. Tribunal pénal international pour l'ex-Yougoslavie, *Le Procureur c. Anto Furundzija.* V. aussi, Observation générale n° 29 sur les états d'urgence, 31 août 2001, CCPR/C/21/Rev.1/Add.11.

torture implique des traitements inhumains délibérés provoquant de fort graves et cruelles souffrances[1217]. En conséquence, *« même dans les circonstances les plus difficiles, telle la lutte contre le terrorisme et le crime organisé, la Convention prohibe en termes absolus la torture et les peines ou traitements inhumains ou dégradants »*[1218]. Il a également été établi que les techniques de "désorientation" ou de "privation sensorielle", tels que les "postures de tension" (*Wall standing*), le fait d'être cagoulé, la soumission à un bruit fort et continu, la privation de sommeil, et la privation combinée de "nourriture solide et liquide", sont prohibées par le droit international en tant que "traitements cruels, inhumains ou dégradants"[1219]. La Cour a considéré que la station debout contre un mur pendant des périodes longues dans une posture de tension (1); l'encapuchonnement, consistant à couvrir la tête d'un sac d'une manière permanente (2); le bruit constant d'un fort sifflement(3); la privation de sommeil (4); la privation de nourriture solide et liquide (5), chacun pris isolément n'a pas atteint le niveau de torture. Elle souligne dans le même temps, qu'utilisés cumulativement, ils ont présenté le caractère d'un traitement inhumain et dégradant, qui avait pour but d'arracher des aveux, des renseignements, et ont été appliqués d'une manière systématique[1220]. Pour la Cour, la torture sert un objectif (obtenir des renseignements ou des aveux, voire imposer une peine) et constitue généralement une forme aggravée de traitement inhumain[1221].

665. L'interdiction de la torture et des autres peines ou traitements cruels, inhumains ou dégradants ne cède pas devant la menace posée par le terrorisme ou devant le danger que poserait un individu à la sécurité d'un État[1222]. Le recours à la torture et à d'autres traitements cruels, inhumains ou dégradants pour soutirer des informations à des

---

[1217] CEDH, *Irlande c. Royaume-Uni*, 18 janvier 1978, requête n° 5310/71, §167.

[1218] V. l'affaire *Selmouni c. France*, 28 juillet 1999, §95 ; *Berktay c. Turquie*, 1er mars 2001, §162.

[1219] Idem.

[1220] CEDH, *Irlande c. Royaume-Uni*, 18 janvier 1978, requête n° 5310/71.

[1221] CEDH, *Affaire grecque*, Rapport de la Commission du 5 novembre 1969, Annuaire, p.186.

[1222] V. Comité contre la torture, *Constatations concernant la communication n°39/1996*, *Tapia Paez c. Suède*, 28 avril 1997 : « le critère énoncé à l'article 3 de la Convention est absolu. Chaque fois qu'il y a des motifs sérieux de croire qu'un individu risque d'être soumis à la torture s'il est expulsé vers un autre État, l'État partie est tenu de ne pas renvoyer l'intéressé dans cet État. La nature des activités auxquelles l'intéressé s'est livré n'est pas une considération pertinente quand on prend une décision conformément à l'article 3 de la Convention. »

personnes soupçonnées de terrorisme, est absolument interdit. Des pratiques tels que la détention au secret ou dans des lieux secrets[1223], ainsi que l'emprisonnement cellulaire prolongé et les mesures analogues visant à causer un stress, pourraient constituer un acte de torture ou un traitement cruel, inhumain ou dégradant[1224]. L'utilisation dans les procédures judiciaires d'éléments de preuve obtenus par la torture et d'« éléments de preuve secrets » n'est pas admise[1225].

666. La Cour européenne, dans l'affaire *Irlande c. Royaume-Uni* du 18 janvier 1978[1226], a permis au Royaume-Uni de mettre en place des pouvoirs d'arrestation, de détention et d'internement extrajudiciaires. Elle a considéré que l'interdiction des traitements inhumains ou dégradants ne peut cependant faire l'objet de dérogation, tout comme le droit à la vie ainsi que l'a montré la décision *McCann c. Royaume-Uni*[1227]. La Cour a jugé dans cette affaire, que le Royaume-Uni avait violé l'article 3 de la CEDH en raison de l'application de certaines techniques d'interrogatoires tels que l'encapuchonnement, la privation de sommeil, de nourriture et de boisson à des personnes en détention préventive pour des actes de terrorisme. Le TPIY ajoute que *« la valeur de jus cogens de l'interdiction de la torture rend compte de l'idée que celle-ci est désormais l'une des normes les plus fondamentales de la communauté internationale. En outre, cette interdiction doit avoir un effet de dissuasion en ce sens qu'elle rappelle à tous les membres de la communauté internationale et aux individus sur lesquels ils ont autorité, qu'il s'agit là d'une valeur absolue que nul ne peut transgresser »*[1228]. Malgré cela, depuis le 11 septembre 2001, certains États et institutions intergouvernementales se sont appuyés sur "les intérêts de la sécurité nationale" pour suggérer qu'il puisse être justifié

[1223] V. également la Résolution 2005/39 de la Commission des droits de l'homme « … une période prolongée de détention au secret ou dans des lieux secrets peut faciliter la pratique de la torture ou d'autres peines ou traitements cruels, inhumains ou dégradants et peut en soi constituer un tel traitement, et demande instamment à tous les États de respecter les garanties concernant la liberté, la sécurité et la dignité de la personne », §9.

[1224] V. Comité des droits de l'homme, Observation générale n°20 (1992), §6, et « Situation des personnes détenues à Guantánamo Bay », E/CN.4/2006/120, §53.

[1225] V. *Rapport du Rapporteur spécial sur la question de la torture et des autres peines ou traitements cruels, inhumains ou dégradants,* A/61/259, §44-65.

[1226] Cour EDH, 18 janvier 1978, *Irlande c. Royaume-Uni*, requête n° 5310/71.

[1227] Cour EDH, 27 septembre 1995, *McCann c. Royaume-Uni*, requête n° 18984/91.

[1228] TPIY, 10 décembre 1998, *Le Procureur c. Anto Furundzija*, affaire n° IT-95-17/1-T10, Chambre de première instance II, jugement, § 151.

d'outrepasser l'interdiction de la torture et des peines ou traitements cruels, inhumains, ou dégradants.

667. L'exception dite de la "bombe à retardement" déjà enclenchée ("*ticking time bomb*"), a été présentée comme une justification du recours à la torture et aux autres peines ou traitements cruels, inhumains ou dégradants lors de l'interrogatoire de terroristes présumés. L'argument selon lequel la torture ou d'autres formes de mauvais traitements puissent servir à obtenir des renseignements qu'une personne est soupçonnée de détenir concernant une bombe prête à exploser, est assurément controversé[1229]. Sans se soucier de savoir si la torture est une méthode efficace pour obtenir des renseignements fiables[1230], l'exception évoque "l'état de nécessité ", qui exonèrerait la responsabilité pénale d'une personne dont l'action illégale était nécessaire pour empêcher une perte plus importante de vies humaines.

668. Les États-Unis se sont référés à cette théorie dans le cas d'un détenu à Guantanamo Bay, soupçonné de détenir des renseignements nécessaires pour empêcher une attaque terroriste imminente. Ce dernier a subi des techniques d'interrogatoire agressives telles que des humiliations sexuelles et religieuses, la privation de sommeil[1231]. Il n'est pas prouvé que les techniques d'interrogatoire autorisées n'étaient pas suffisamment "efficaces" et que des techniques abusives conduiraient à de meilleurs résultats[1232]. Le Professeur Alan DERSHOWITZ a préconisé l'emploi de "mandats" pour réglementer le recours à la torture face aux scénarii du type "bombe à retardement" en se fondant sur le fait que ce genre de réglementation officielle, permettrait une forme de contrôle sur l'utilisation de la torture afin d'empêcher la survenue d'actes imminents de terrorisme massif[1233].

[1229] *Judgment concerning the legality of the general security service's interrogation methods*, Supreme Court of Israel, 6 septembre 1999, 38 I.L.M. 1471, §34.

[1230] Comme l'explique Mark BOWDEN « les drogues comme la marijuana, l'alcool et le sodium pentothal peuvent baisser les inhibitions, mais ils n'effacent pas les croyances profondément ancrées. Plus la drogue est puissante, moins le témoignage sera fiable », M. BOWDEN, *The Dark Art of Interrogation*, octobre 2003, http://www.theatlantic.com/issues/2003/10/Bowden.htm .

[1231] Department of Defense *background briefing, Di Rita,* 20/05/2004, http://www.defenselink.mil/transcripts/2004/tr20040707-0981.html .

[1232] Department of Defense Press release, *DOD provides details on interrogation process*, 22/06/2004.

[1233] A. DERSHOWITZ, « The torture warrant : A response to Professor Strauss », *New York Law School Revew 48,* 275, 2004.

669. La Cour Suprême d'Israël qui s'est penchée dans un arrêt important sur les méthodes d'interrogatoire employées par les services généraux de sécurité israélienne (GSS), a décidé que l'état de nécessité ne peut servir de justification pour le recours à la torture ou d'autres moyens d'interrogatoire prohibés[1234]. Les États-Unis, dont les positions et pratiques ont suscité le plus de critiques dans ce domaine, ont finalement adopté des mesures législatives qui réaffirment sans équivoque le caractère absolu de cette protection. Ainsi, aux termes du Detainee Treatment Act, adopté par le Congrès à la fin de l'année 2005, *« aucun individu sous la garde ou sous le contrôle physique du gouvernement des États-Unis ne sera soumis à des peines ou traitements cruels, inhumains ou dégradants »*[1235]. L'interdiction de la torture relève ainsi de la catégorie des « droits absolument intangibles » pour reprendre l'expression de Olivier De FROUVILLE[1236]. Ce caractère indérogeable de l'interdiction de la torture est rappelé par le Comité contre la torture[1237] et par la Convention des Nations Unies contre la torture qui énonce que *« aucune circonstance exceptionnelle, quelle qu'elle soit, qu'il s'agisse de l'état de guerre ou de menace de guerre, d'instabilité politique intérieure ou de tout autre état d'exception, ne peut être invoquée pour justifier la torture »*[1238].

670. Le CCT a noté que trois États du Caucase du Sud peuvent être cités en exemple dans cette lutte contre la pratique de la torture. Aussi bien leurs dispositifs législatifs qu'institutionnels ont été adoptés et adaptés à cette lutte. Ces États ont même mis en place une institution indépendante pour mener les investigations sur les allégations de tortures et autres crimes associés et des mécanismes de réception et de

---

[1234] Arrêt de la Cour Suprême d'Israël, Op. Cit. §38, « Clearly, a legal statutory provision is necessary for the purpose of authorizing the government to instruct in the use of physical means during the course of an interrogation, beyond what is permitted by the ordinary 'law of investigation', and in order to provide the individual GSS investigator with the authority to employ these methods. The 'necessity' defence cannot serve as a basis for this authority ».

[1235] Section 1003, a de la loi du 30 décembre 2005.

[1236] O. DE FROUVILLE, *L'intangibilité des droits de l'homme en droit international : régime conventionnel des droits de l'homme et droit des traités*, Pedone, 2004, p.117.

[1237] Comité contre la torture, Convention contre la torture et autres peines ou traitements cruels, inhumains ou dégradants. Observation générale n°2, *Application de l'article 2 par les États parties*, CAT/C/GC/2, 24 janvier 2008, §5.

[1238] Article 2, § 2 de la Convention des Nations Unies contre la torture.

traitement des plaintes individuelles[1239]. L'inadmissibilité des déclarations obtenues par la torture ou d'autres formes de mauvais traitements est une garantie supplémentaire, à la fois contre la torture et les mauvais traitements, et pour le droit à un procès équitable[1240]. Comme l'explique Lord HOFFMAN au sujet de l'arrêt *Montgomery contre HM Advocate*[1241], *« un prévenu qui est détenu sur la base d'aveux qui lui ont été extorqués par la torture n'a pas eu un procès équitable. Les déclarations, confessions ou autres éléments de preuve obtenus par toute forme de coercition ou de force, en particulier par la torture et les peines et traitements cruels, inhumains et dégradants, la détention au secret, la disparition, l'absence de garanties procédurales élémentaires ou autres violations graves des droits humains internationalement protégés ne seront pas utilisés comme éléments de preuve dans une procédure, sauf s'ils sont utilisés contre la personne accusée des abus précités »*[1242].

671. Dans la pratique, le respect de l'interdiction de la torture et des pratiques assimilées n'est pas la chose la mieux partagée dans les différents États. En Asie du Sud par exemple, le CCT a constaté que *« de nombreux mécanismes des droits de l'homme des Nations Unies, y compris le Haut-Commissaire, ont noté de nombreux cas d'abus commis par la police et les forces de sécurité, notamment des exécutions extrajudiciaires et des actes de torture »*[1243]. En Amérique Centrale, le Comité fait remarquer que *« des rapports se sont dits préoccupés par le fait que les garanties juridiques fondamentales, en particulier le droit d'être traduit devant un juge dans les délais fixés par la loi, ne sont pas respectées et que les cas de tortures et de mauvais*

[1239] Ibidem, §333.

[1240] L'article 15 de la Convention des Nations Unies contre la torture dispose que *« tout État partie veille à ce que toute déclaration dont il est établi qu'elle a été obtenue par la torture ne puisse être invoquée comme un élément de preuve dans une procédure, si ce n'est contre la personne accusée de torture pour établir qu'une déclaration a été faite. »*

[1241] *Adjouaou and A, B, C and D (Appellants) v. Secretary of State for the Home Department (Respondent)* « an accused who is convicted on evidence obtained from him by torture has not had a fair trial. »

[1242] CADHP, *Directives et principes sur le droit à un procès équitable et à l'assistance judiciaire en Afrique*, Section N(6)(a) et (d) (1) ; CADHP, *Directives et mesures pour la prohibition et la prévention de la torture et des peines ou traitements cruels, inhumains ou dégradants en Afrique*, Article 15.

[1243] United Nations Security Council Counter-Terrorism Committee, *Global survey of the implementation of Security Council resolution 1373 (2001) and other relevant resolutions by Member States*, 2021, §292, [notre traduction].

traitements visant des personnes arrêtées pour avoir manifesté ou exprimé leur dissidence persistent »[1244]. Dans la région Amérique du Sud, *« les mécanismes des Nations Unies relatifs aux droits de l'homme se sont dits préoccupés par la lenteur des enquêtes sur les cas de tortures, de disparitions forcées et d'exécutions extrajudiciaires, ainsi que par le faible nombre de poursuites pénales. La durée de la détention provisoire est un défi majeur, en raison de l'inefficacité du système judiciaire, en particulier dans les zones rurales »*[1245]. Ce sont autant de cas de non-respect de l'interdiction absolue de la torture et des pratiques assimilées, qui indiquent que les efforts doivent être multipliés pour obtenir de meilleurs résultats. Les droits procéduraux bénéficient de la même protection que l'interdiction de la torture et pratiques assimilées.

Section 2 Les droits procéduraux

672. Ce n'est pas parce qu'une personne est poursuivie pour des infractions terroristes qu'elle a moins de droit que les autres criminels. Elle ne doit pas être soumise à un procès expéditif. Selon l'AG, toute personne mise en cause pour terrorisme, a droit *« à un procès public et équitable devant un tribunal compétent, indépendant et impartial, à un examen de la détention et à la présomption d'innocence et aux autres garanties judiciaires fondamentales, comme celles d'une procédure régulière, conformément aux obligations découlant du droit international »*[1246].

§1 Les droits de la défense

673. Selon l'AG, la défense et la protection des droits de l'homme pour tous et la primauté du droit, sont indispensables pour toutes les composantes de la SAM[1247]. Dans le cadre de la mise en œuvre des Résolutions du Conseil ou d'autres actions de lutte antiterroristes, des atteintes aux intérêts ou aux droits des individus sont à redouter. Certains États se sont même dits préoccupés de devoir geler les avoirs des personnes listées par le Comité 1267, car cela entrainerait des conséquences désastreuses pour leurs familles. Les affaires Ahmed Ali Yusuf et Yassin Abdullah Kadi sont la parfaite illustration des enjeux

[1244] Ibidem, §423, [notre traduction].
[1245] United Nations Security Council Counter-Terrorism Committee, *Global survey of the implementation of Security Council resolution 1373 (2001) and other relevant resolutions by Member States*, 2021, §499, [notre traduction].
[1246] A/RES/74/147 (2019) du 18 décembre 2019, §9.
[1247] A/RES/60/288, pilier 4.

du respect des droits de la défense[1248]. Les affaires Yusuf et Kadi concernent une réglementation communautaire européenne élaborée pour appliquer la Résolution 1267[1249] du Conseil de sécurité de l'ONU. En l'espèce, le Conseil de l'Europe a adopté le règlement 881/2002[1250] mettant en œuvre la position commune 2002/402/PESC. Le règlement vise à mettre en œuvre la Résolution 1390 (2002) condamnant les Talibans pour avoir permis à Al Qaeda et à d'autres groupes d'installer en Afghanistan, la base de leurs activités terroristes. Sur la base de ces Résolutions, l'Union européenne a décidé de reprendre exactement la liste établie par le Comité des sanctions des Nations Unies sur laquelle figure le nom des personnes soupçonnées d'entretenir des liens avec les groupes terroristes, notamment Al Qaeda[1251]. Les requérants dont les noms figuraient sur cette liste, ont initié séparément un recours auprès du Tribunal de première instance des communautés européennes, devenu entre-temps Tribunal de première instance (TPI), afin d'obtenir l'annulation du règlement, pour violation de leurs droits fondamentaux.

674. Dans deux arrêts rendus le 21 septembre 2005[1252], le TPI a établi l'absence de violation des droits fondamentaux des destinataires de ces mesures[1253]. Pour aboutir à une telle solution, le TPI a fait montre d'une vision moniste dans laquelle prédomine le droit international. En premier lieu, selon le juge communautaire, *« force est de constater que, du point de vue du droit international, les obligations des États*

[1248] V. J-P. JACQUE, « Primauté du droit international et protection des droits fondamentaux ; à propos de l'arrêt Kadi de la CJCE », *Revue L'Europe des libertés n° 27*, septembre 2008, Doctrine p. 11 ; « Primauté du droit international versus protection des droits fondamentaux, à propos de l'arrêt Kadi de la CJCE », *RTD* eur. 2009 ; P. CASSIAS et F. DONNAT, « Terrorisme international et droits fondamentaux : les leçons du droit communautaire », *RFDA*, 2008.

[1249] Résolution 1267 (1999) adoptée par le Conseil de sécurité le 15 octobre 1999, S/RES/1267 (1999).

[1250] Règlement n°881/2002 du Conseil du 27 mai 2002, Op. Cit., pp.9 à 22. V. aussi S/RES/1390 (2002) du 16 janvier 2002.

[1251] V. A. MIRON, « Les « sanction ciblées » du Conseil de sécurité des Nations Unies, Réflexions sur la qualification juridique des listes du Conseil de sécurité », Op. Cit., p.35 et s.

[1252] Arrêts du TPI, 21 septembre 2005, *Yassin Abdullah Kadi c. Conseil*, affaire T-315/01, *Ahmed Ali Yusuf et Al Barakaat International Foundation c. Conseil et Commission*, affaire T-306/01.

[1253] V. D. SIMON et F. MARIATTE, « Le Tribunal de première instance des Communautés : Professeur de droit international ? A propos des arrêts Yusuf, Al Barakaat International Foundation et Kadi du 21 septembre 2005 », *Europe*, Décembre 2005, Etude 12, p 6.

membres de l'ONU au titre de la charte des Nations Unies l'emportent incontestablement sur toute autre obligation de droit interne ou de droit international conventionnel, y compris, pour ceux d'entre eux qui sont membres du Conseil de l'Europe, sur leurs obligations au titre de la CEDH et, pour ceux d'entre eux qui sont également membres de la Communauté, sur leurs obligations au titre du traité CE »[1254]. Selon l'article 103 de la Charte en effet, *« en cas de conflit entre les obligations des Membres des Nations Unies en vertu de la présente Charte et leurs obligations en vertu de tout autre accord international, les premières prévaudront. »*

675. La Cour[1255] a annulé la décision du TPI en estimant que les circonstances dans lesquelles les noms des requérants ont été inscrits sur les listes doivent conduire à juger que les droits de la défense en l'occurrence celui d'être entendu et de bénéficier d'un contrôle juridictionnel effectif n'ont pas été respectés. Pour respecter les droits de la défense, l'autorité communautaire est tenue de communiquer à la personne ou à l'entité concernée, les motifs sur lesquels sont fondés l'inclusion de son nom sur la liste figurant en annexe I du règlement[1256]. Cette communication doit en outre intervenir dans des délais permettant aux personnes ou entités visées, d'exercer si elles l'estiment nécessaire, leur droit de recours[1257]. Or, le règlement attaqué n'a prévu aucune procédure dans ce sens et le Conseil n'a pas informé les requérants des éléments retenus pour justifier les mesures prises à leur encontre[1258]. Se fondant sur ces manquements, la Cour européenne a conclu que *« les moyens invoqués par M. Kadi et Al Barakaat à l'appui de leurs recours en annulation du règlement litigieux et tirés d'une violation de leurs droits de défense, en particulier le droit d'être entendu, ainsi que du principe de protection juridictionnelle effective sont fondés »*[1259]. La

---

[1254] Ibidem, point 181.

[1255] L'article 61 alinéa 1er du statut de la Cour prévoit que « lorsque le pourvoi est fondé, la Cour de justice annule la décision du Tribunal. Elle peut alors soit statuer elle-même définitivement sur le litige, lorsque celui-ci est en état d'être jugé, soit renvoyer l'affaire devant le Tribunal pour qu'il statue. »

[1256] CJ, 3 septembre 2008, *Yassin Abdullah Kadi et Al Barakaat International Foundation contre Conseil et Commission*, Op. Cit., point 334.

[1257] Ibidem, point 337.

[1258] J. BAQUERO CRUZ , « La CJCE et le système onusien. La réception de l'arrêt Kadi de la Cour de justice des Communautés européennes » in E. DUBOUT, S. TOUZE, (dir.), *Les droits fondamentaux : charnières entre ordres et systèmes juridiques*, Paris, A. Pédone, 2009, p.117- 144, p.28.

[1259] Ibidem, points 341 à 353.

Cour a ainsi annulé le règlement objet du litige estimant qu'*«il doit être conclu que, dans les circonstances de l'espèce, l'imposition des mesures restrictives que comporte le règlement litigieux à l'égard de M. Kadi, en raison de l'inclusion de ce dernier dans la liste contenue à l'annexe I du règlement litigieux constitue une restriction injustifiée de son droit de propriété »*[1260]. Dans l'affaire NADA contre l'État Suisse[1261], la CEDH a réaffirmé qu'en considération de la nature spécifique de la Convention Européenne des Droits de l'Homme, traité de garantie collective des droits de l'homme et des libertés fondamentales, l'État défendeur à savoir la Suisse ne pouvait pas valablement se contenter d'avancer la nature contraignante des résolutions du Conseil de sécurité, mais aurait dû la convaincre qu'il avait pris (ou au moins tenté de prendre) toutes les mesures envisageables en vue d'adapter le régime des sanctions à la situation individuelle du requérant. Elle conclut que *« le requérant n'a eu à sa disposition aucun moyen effectif de demander la radiation de son nom de la liste annexée à l'ordonnance sur les Talibans et, dès lors, de remédier aux violations de la Convention qu'il dénonçait »*[1262].

676. La plupart des commentateurs ont déduit de l'arrêt Kadi et Al Barakaat la fin de l'immunité juridictionnelle des Résolutions du Conseil de sécurité[1263]. Il convient pourtant de nuancer cette affirmation. Ce sont les actes communautaires qui ne jouissent pas de cette immunité, les Résolutions de Conseil de sécurité, que la Cour a bien pris soin d'écarter au cours de son raisonnement, restent ce qu'elles sont à savoir des actes dépourvus de garanties pour les individus de voir leurs droits fondamentaux respectés[1264]. Pour autant, le Conseil de sécurité et son comité ont tiré les leçons de ces écueils pour assurer l'efficacité de ses Résolutions. Au fil des années, le Comité est devenu

---

1260 V. MICHEL, « L'autonomie du droit de l'Union européenne au regard de la jurisprudence récente de la CJCE *», CEJEC-Chronique de Droit européen & Comparé*, n°XXV, p.1-8, Op. Cit., p.4

1260 P. PESCATORE, *L'ordre juridique des Communautés européennes, Études des sources du droit communautaire*, 1975, réimpression, Bruxelles, Bruylant, 2006, p.164.

1261 CEDH, 12 septembre 2012, Nada contre Suisse, req. n°10593/08, §196.

1262 Idem §213.

1263 M. BENLOLO-CARABOT, « La CJCE et la protection des valeurs fondamentales de l'ordre juridique communautaire », *RMCUE*, n° 529, juin 2009, p.380-386, p.382.

1264 D. SIMON, A. RIGAUX, « Le jugement des pourvois dans les affaires Kadi et Al Barakaat : smart sanctions pour le Tribunal de première instance ? », *Europe,* n°11-2008, p.134.

de plus en plus exigeant sur l'ampleur et la précision des informations que les États doivent donner, quand ils proposent d'ajouter un nom à la liste récapitulative. Ils doivent inclure dans leurs motivations, des constatations précises démontrant *« l'existence des activités terroristes alléguées ou de l'association avec Oussama Ben Laden, Al-Qaeda ou les Talibans »*[1265]. Il faut établir des liens étroits avec les Talibans, Al-Qaeda et Oussama Ben Laden. Les éléments utilisés pour établir ce lien doivent constituer des justificatifs clairs et précis de l'inscription[1266]. L'intérêt de l'arrêt du 3 septembre 2008 réside dans le fait que le juge communautaire veille au respect des droits fondamentaux dans l'exécution des Résolutions du Conseil et cela constitue un réel progrès[1267].

677. La Cour suprême du Royaume-Uni[1268] et le Rapporteur spécial dans la lutte antiterroriste[1269] déplorent que le Conseil de sécurité n'ait toujours pas établi un organe indépendant et impartial chargé de statuer, en droit comme en fait, sur les recours dirigés contre les décisions individuelles prises par le Comité des sanctions. Ils ont considéré que l'institution du Médiateur et des procédures suivies devant lui, ne satisfait pas à l'exigence d'un organe indépendant pour connaître de cette question. Pour Guillaume LE FLOCH, *« la seule réforme qui serait à même de définitivement clore cette partie de bras de fer entre le Conseil de sécurité et certaines juridictions consiste en l'instauration d'un mécanisme de recours devant un organe, si ce n'est juridictionnel au moins indépendant et impartial qui soit directement accessible aux*

1265 I. COUZIGOU, « La lutte du Conseil de sécurité contre le terrorisme international et les droits de l'homme », Op, Cit, p. 54.

1266 S/RES/1526 du 30 janvier 2004 §17, S/RES/1617 du 20 octobre 2005 §4, S/RES/1735 du 22 décembre 2006 §,5, S/RES/1822 du 30 juin 2008 §12 et 13, S/RES/1904 du 17 décembre 2009 §8.

1267 Y. MOINY, « Aperçu de la jurisprudence communautaire développée dans le cadre de la lutte contre le financement du terrorisme international », *Revue du Droit de l'Union européenne 1/2009*, p.1-54, p. 54. V. aussi N. TÜRKÜLER ISIKSEL, « Fundamental rights in the EU after Kadi and Al Barakaat », *European Law Journal*, vol. 16, n° 5, septembre 2010, p.551-577.

1268 Arrêt de la Cour suprême du Royaume-Uni, *Her Majesty's Treasury (Respondent) v. Mohammed Jabar Ahmed and others* (FC) (Appellants) Her Majesty's Treasury (Respondent).

1269 *Rapport du Rapporteur spécial sur la promotion et la protection des droits de l'homme et des libertés fondamentales dans la lutte antiterroriste*, A/65/258, 6 août 2010, § 56.

individus assujettis aux sanctions ciblées »[1270]. Il fait bien d'observer dans le même temps, qu'il n'est pas sûr que le Conseil de sécurité soit disposé à aller aussi loin dans la mesure où le terrorisme est une question extrêmement sensible pour lequel le Conseil souhaite conserver toutes ses prérogatives[1271]. L'accroissement des pouvoirs du Médiateur, la transparence des procédures devant lui que nous avons explicités dans la première partie de cette étude, ainsi que l'importance numérique des demandes qui lui sont soumises, montrent son efficacité. C'est un bon compromis entre les différentes positions.

678. Toujours concernant les droits de la défense, les législations doivent prévoir l'autoreprésentation. Nul ne doit en principe être contraint d'accepter un avocat commis d'office[1272]. Toute personne a le droit d'être représentée par un avocat de son choix, tant dans les procédures criminelles que non criminelles mais ce droit peut être limité, lorsque l'avocat est désigné par l'aide juridictionnelle[1273]. Ainsi, exceptionnellement, lorsque des raisons objectives ainsi que l'intérêt de la justice l'exigent, dans le cas d'un procès particulier, la commission d'office d'un avocat contre la volonté de l'accusé est possible[1274]. Le libellé de l'alinéa d) du paragraphe 3 de l'article 14 du Pacte international relatif aux droits civils et politiques précise que le droit à l'aide juridictionnelle est subordonné à deux conditions : premièrement, la personne concernée n'a pas les moyens de rémunérer l'assistance juridique ; et, deuxièmement, les intérêts de la justice exigent qu'un avocat soit désigné pour représenter la personne[1275]. Selon l'Équipe

---

[1270] G. LE FLOCH, « L'influence des jurisprudences Kadi sur le régime des sanctions instauré par la Résolution 1269 (1999) », in E. SAULNIER-CASSIA, (dir.), *La lutte contre le terrorisme dans le droit et la jurisprudence de l'union européenne Rapport final de la recherche réalisée avec le soutien de la Mission de recherche Droit et justice*, 2012, 514p, p.339.

[1271] Pour l'Equipe de surveillance, « il est difficile d'imaginer que le Conseil de sécurité accepte qu'un quelconque groupe d'experts semblant amenuiser son autorité absolue puisse prendre des mesures concernant des questions relatives à la paix et à la sécurité internationales », S/2008/324, Op. Cit., § 41.

[1272] Comité des Droits de l'Homme, Domukovsky et autres contre c/ Georgie, Communication numéros 623/1995, 624/1995, 626/1995, 627/1995.

[1273] Comité des Droits de l'Homme, Ricketts C/ Jamaica, Communication numéro 667/1995.

[1274] Rapport du Rapporteur Spécial sur la promotion et la protection des droits de l'homme et des libertés fondamentales dans la lutte antiterroriste (A/63/223), §37; Comité des Droits de l'Homme, Correia de Matos C/ Portugal, Communication numéro 1123/2002.

[1275] *Legal Digest of International Fair Trial Rights*, pp. 146-149.

Spéciale, dans le contexte de la lutte contre le terrorisme, des restrictions à la représentation par un avocat choisi sont parfois imposées par crainte que l'avocat puisse être utilisé pour véhiculer des informations inappropriées entre le client de l'avocat et une organisation terroriste. Des États excluent ou retardent dans ce sens, la disponibilité d'un conseil ou exigent que les consultations entre le Conseil et son client fassent l'objet d'une surveillance électronique ou qu'elles se déroulent en présence d'un agent de police[1276]. Le Rapporteur spécial sur les droits de l'homme dans la lutte antiterroriste a déclaré à cet égard que *« d'une manière générale, toute modification du droit de choisir son conseil doit reposer sur une base raisonnable et objective, susceptible d'être contestée par un contrôle judiciaire. Tout retard ou exclusion d'un avocat ne doit pas être permanent ; ne doit pas porter préjudice à la capacité de la personne de répondre à l'affaire ; et, dans le cas d'une personne placée en garde à vue, ne doit pas créer une situation dans laquelle la personne détenue est effectivement détenue au secret ou interrogée sans la présence d'un conseil »*[1277].

§2 Le droit à une procédure régulière et à un procès équitable

679. La garantie des droits relatifs à une procédure régulière, notamment pour les individus soupçonnés d'activités terroristes, est essentielle pour l'efficacité des mesures antiterroristes. Le droit à une procédure régulière signifie que toute personne doit bénéficier d'un traitement individuel de son cas, qui prend en compte sa situation particulière[1278]. Les protections dont bénéficient toutes les personnes accusées d'infractions pénales bénéficient également aux personnes poursuivies pour actes de terrorisme. Ces droits procéduraux comprennent le droit à la présomption d'innocence, le droit à ce que sa cause soit entendue équitablement et dans un délai raisonnable[1279] par

[1276] Rapport du Rapporteur Spécial sur la promotion et la protection des droits de l'homme et des libertés fondamentales dans la lutte antiterroriste, Martin SCHEININ (A/63/223), §38.

[1277] Ibidem.

[1278] Bureau de lutte contre le terrorisme, Centre des Nations Unies pour la lutte contre le terrorisme, *Les droits de l'homme et les contrôles effectués dans le cadre de la sécurité et de la gestion des frontières*, New York, 2018, 28p., p.19.

[1279] United Nations Counter-Terrorism Implementation Task Force CTITF Working Group on Protecting Human Rights while Countering Terrorism Basic Human Rights Reference Guide: Right to a Fair Trial and Due Process in the Context of Countering

un tribunal compétent, indépendant et impartial[1280]. Il implique aussi l'accès à un double degré de juridiction offrant la possibilité de faire examiner la cause par une juridiction supérieure[1281].

680. Dans le préambule de la Résolution 2395 (2017), le Conseil souligne que *« le développement et le maintien de systèmes de justice pénale équitables et efficaces, de manière pleinement conforme à l'attachement au respect des droits de l'homme et des libertés fondamentales dans le cadre de l'état de droit, doivent être au cœur de toute stratégie effective de prévention et de lutte contre le terrorisme »*[1282]. L'AG pour sa part a affirmé dans sa Résolution 74/147 (2019), qu'il importe que *« toute personne affirmant que ses droits de l'homme ou ses libertés fondamentales ont été violés du fait des mesures prises ou des moyens employés pour lutter contre le terrorisme ou l'extrémisme violent qui peut conduire au terrorisme ait accès à la justice, à une procédure régulière et à un recours utile »*[1283]. Pourtant, lors de l'enquête mondiale de 2016 sur l'application de la Résolution 1373 (2001), le CCT a noté que *« bien que la plupart des États aient inscrit dans leurs constitutions respectives les principes de justice impartiale, de présomption d'innocence et de garantie d'un procès équitable, dans la pratique, de nombreux détenus, y compris ceux qui sont impliqués dans des actes de terrorisme, ne jouissent pas de tous leurs droits fondamentaux »*[1284] en Afrique de l'Ouest et en Asie Occidentale. Une pratique de détention administrative non juridiquement encadrée est de mise dans certains États. Cette détention administrative se prolonge parfois sur plusieurs mois avant la judiciarisation du dossier. Pendant cette période, ces personnes subissent des traitements qui aboutissent à l'extorsion d'aveux ou d'informations mais qui portent atteinte à leurs droits fondamentaux. Le risque de graves violations des droits de l'homme a été noté lors des interrogatoires secrets réalisés par les agences de renseignements[1285].

Terrorism October 2014 With the support of Special Rapporteur on the promotion and protection of human rights, 68 p., p.30

[1280] Ibidem, p.20.

[1281] V. l'article 14 du PIDCP.

[1282] S/RES/2395 (2017).

[1283] A/RES/74/147 du 18 décembre 2019, §8.

[1284] DECT, *Enquête mondiale portant sur la mise en œuvre de la Résolution 1373 (2001) du Conseil de sécurité par les États membres*, S/2016/49, 20 janvier 2016, §126 et 244.

[1285] Report of the Special Rapporteur on the promotion and protection of human rights and fundamental freedoms while countering terrorism, Martin SCHEININ

Les sévices corporels et autres mauvais traitements peuvent radicaliser ces individus. C'est pourquoi, pour toute forme de détention administrative ou préventive pour des raisons de sécurité nationale doit se faire dans un cadre qui respecte les lois et règlements[1286]. Cette **détention administrative** doit être distinguée de la procédure régulière de **retenue** pour vérification de situation administrative qui existe dans certains États. Elle consiste pour toute personne faisant l'objet d'un contrôle ou d'une vérification d'identité, lorsque ce contrôle ou cette vérification révèle qu'il existe des raisons sérieuses de penser que son comportement peut être lié à des activités terroristes, à être retenue sur place ou dans un local de police où elle est conduite pour une vérification de sa situation par un officier de police judiciaire. Il s'agit d'une mesure de police administrative dont la finalité est le renseignement[1287]. Sa durée est brève et ne peut excéder quelques heures soit le temps nécessaire à l'accomplissement de la vérification de la situation.

681. En Europe de l'Est par exemple, le CCT a noté que les personnes impliquées dans les affaires de terrorisme ne bénéficiaient pas du respect de leurs droits procéduraux, particulièrement leur droit à un procès équitable. Précisément, *« dans cinq des 11 États de cette sous-région, les principes clefs de l'état de droit n'ont pas été pleinement respectés dans les affaires de terrorisme. Les lacunes identifiées tant par le Comité que par les mécanismes des Nations Unies relatifs aux droits de l'homme sont notamment les retards ou les restrictions à l'accès à un avocat dans les affaires de terrorisme ; la prolongation de la détention provisoire ; le fait que la présomption d'innocence, bien qu'énoncée dans la loi, n'est pas toujours respectée dans la pratique ; et les préoccupations concernant l'indépendance de la magistrature »*[1288].

682. La violation du droit au procès équitable est encore plus prononcée lorsque les affaires terroristes sont connues par des

---

(A/HRC/10/3), §39; Report of the Working Group on Arbitrary Detention (A/HRC/22/44), §73.

1286 United Nations Counter-Terrorism Implementation Task Force CTITF, Working Group on Protecting Human Rights while Countering Terrorism, Basic Human Rights Reference Guide: Detention in the Context of Countering Terrorism, October 2014, 52 p., p.9.

1287 Y. MAYAUD, *La prévention du terrorisme*, Paris, Dalloz, 2021, 240p., p.156.

1288 United Nations Security Council Counter-Terrorism Committee, *Global survey of the implementation of Security Council resolution 1373 (2001) and other relevant resolutions by Member States*, 2021, §545, [notre traduction].

juridictions militaires. Le recours aux tribunaux militaires a été largement critiqué par le Comité des droits de l'homme des Nations Unies, ainsi que les Cours européenne et interaméricaine des droits de l'homme[1289]. Comme l'a rappelé la dernière citée, les tribunaux militaires font partie de l'exécutif et ne satisfont pas à l'exigence d'une juridiction spéciale[1290]. Les tribunaux militaires ne devraient en aucune circonstance, juger des civils et devraient avoir uniquement compétence pour connaître des infractions d'une nature purement militaire commises par le personnel militaire. Dans l'exercice de leur fonction, les tribunaux militaires doivent respecter les critères d'un procès équitable[1291].

[1289] V. International Commission of Jurists, *Military jurisdiction and international law: military courts and gross human rights violations*, vol. 1, http://www.icj.org/publi.php3?lang=en&id_article=3389.

[1290] IAHC report, §231 ; *UN Digest of jurisprudence, terrorism and human rights*, section E2, Military and other special courts, http://www.unhchr.ch/html/menu6/2/digest.doc.

[1291] V. CADHP, *Directives et principes sur le droit à un procès équitable et à l'assistance judiciaire en Afrique*, Section A(4)(e); Comm. 54/91-61/91-96/93-98/93-164/97-196/97-210/98, *Malawi African Association, Amnesty International, Ms Sarr Diop, Union interafricaine des droits de l'Homme et RADDHO, Collectif des veuves et ayants-droits, Association mauritanienne des droits de l'Homme c. Mauritanie* (2000), §93 à 100.

Conclusion de la deuxième partie

683. Dans ce titre, il s'est agi d'aborder les rapports entre les droits de l'homme et la prévention du terrorisme. Il est établi que le respect des droits de l'homme et la prévention du terrorisme sont des objectifs complémentaires et non pas contradictoires. Les violations des droits de l'homme dans la lutte antiterroriste créent des frustrations et pire des blessures et des souffrances chez les victimes. Ces mécontentements les rendent réceptives aux idées radicales tendant à la vengeance ou à des revendications d'ordre politique. Le respect des droits de l'homme dans cette lutte permet *a contrario*, de priver les terroristes de l'essentiel de leurs arguments en faveur du recrutement.

684. La conciliation entre respect des droits de l'homme et lutte antiterroriste s'avère cependant difficile. La lutte antiterroriste est souvent l'occasion de violation des droits de l'homme. Particulièrement, des restrictions et des dérogations au respect des droits de l'homme sont accordées dans le cadre de cette lutte. Ces limitations des droits de l'homme sont souvent l'occasion d'abus de la part des États. Heureusement, l'existence de droits dits intangibles tels que le droit à la vie, le droit de la défense, le droit à une procédure régulière et le droit à l'interdiction de la torture et aux traitements inhumains et dégradants n'admettent pas de dérogation.

CONCLUSION GENERALE

685. La première partie de cette étude a consisté en l'examen de l'action des NU pour empêcher la commission d'actes terroristes. La perpétration proprement dite des actes terroristes et l'accès aux moyens militaires et financiers ont été abordés. On peut relever que les Nations Unies se sont véritablement investies dans l'accomplissement de leur mission de prévention du terrorisme sur ces aspects. Cet investissement abondant sur le plan normatif a été accompagné d'actions concrètes sur le plan de la mise en œuvre à travers des mécanismes institutionnels très efficaces.

686. Sur le plan normatif, le Conseil dans sa Résolution 1373 (2001) et d'autres Résolutions adoptées ultérieurement, que nous avons citées de façon régulière, a progressivement pris en charge l'ensemble des préoccupations touchant la question de la prévention du terrorisme. L'interdiction du terrorisme ne souffre d'aucune ambiguïté ni d'aucune exception, qu'il s'agisse d'un soutien actif ou d'un soutien passif à cette entreprise. Les États ou les particuliers ne doivent pas favoriser par leur action ou leur inaction l'accomplissement d'actes terroristes. Mieux, le Conseil a mis en place des mesures de pression pour faire face aux cas de violation de ces obligations par les États membres en privilégiant les sanctions ciblées pour éviter de faire de nombreuses victimes collatérales. Ces sanctions ont montré leur efficacité au Soudan[1292] et en Libye notamment[1293].

687. Des obligations d'agir proactivement à l'effet d'empêcher la commission d'actes terroristes ont été mises à la charge des États. Les mesures administratives tels que les contrôles d'identité et les interdictions de voyager permettent de détecter à temps, les projets des terroristes pour empêcher leur réalisation. Des actions sont aussi développées pour donner suite aux prescriptions du Conseil et de l'AG en ce qui concerne la sûreté maritime et la sûreté aérienne. Les navires et les aéronefs subissent des contrôles importants avant les départs. Les passagers subissent des contrôles importants à l'embarquement à travers les informations fournies par les systèmes de renseignement préalables et les dossiers passagers pour identifier avant le départ, les

---

[1292] S/RES/1054 (1996) du 26 avril 1996, §3 et 4.

[1293] S/RES/1506 (2003) du 12 septembre 2003, Préambule.

personnes suspectes[1294]. Ces mesures lorsqu'elles sont convenablement implémentées, ont montré leur efficacité. Les infrastructures critiques qui hébergent des matières dangereuses pouvant intéresser les groupes terroristes, reçoivent une attention particulière à travers la mise en œuvre des prescriptions contenues dans divers documents conçus sous les auspices du Conseil[1295] et de l'AG[1296].

688. S'agissant de l'action centrée sur les moyens d'action des groupes terroristes à savoir les moyens militaires et les moyens financiers, l'action de l'ONU est constante et importante. Des mesures d'interdiction de l'acquisition d'armes ont été édictées et les États les mettent en œuvre avec plus ou moins d'efficacité. Des armes particulièrement des ALPC, continuent cependant de circuler en nombre important dans certaines régions du monde, qu'il s'agisse d'armes volées ou d'armes détournées. Les mécanismes de non-prolifération des armes de destruction massive se heurtent aussi à quelques résistances[1297]. Le traçage des armes en particulier, n'est pas systématique et intervient généralement lorsqu'une arme est saisie et qu'il faut l'identifier. Cela cause quelques difficultés pour parvenir à un traçage complet. Les embargos sur les armes aussi sont difficiles à appliquer au regard des nombreux intermédiaires qui interviennent dans le secteur et du secret qui entoure la fabrication et le commerce des armes[1298]. Le système de prévention de l'accès des terroristes aux armes reste donc à parfaire pour atteindre sa pleine efficacité.

689. Les moyens financiers des terroristes sont difficiles à contrôler. Lorsqu'ils proviennent de sources illicites, ils peuvent être appréhendés lors de leur introduction dans les circuits financiers aux fins de blanchiment ou d'acquisition de biens. Les moyens financiers provenant de sources licites doivent subir le même contrôle et la même rigueur de transparence car ils sont encore plus difficiles à déceler. Cette difficulté s'accroît encore davantage lorsque les ressources sont transférées à travers des circuits alternatifs comme les hawala et les

---

[1294] S/2015/939 du 23 décembre 2015 portant *Guide pratique pour les États membres dans leur lutte pour endiguer le flot de combattants terroristes étrangers, Principes Directeurs de Madrid.*

[1295] S/RES/2341 (2017) du 13 février 2017.

[1296] V. notamment la Résolution S/RES/2341 (2017) du 13 février 2017.

[1297] C. STIERNON, « Armes légères et nouvelles technologies, Quels défis pour le contrôle des ALPC ? », GRIP, septembre 2015, 20p.

[1298] A/RES/75/241 du 31 décembre 2020 *portant sur le commerce illicite des armes légères et de petit calibre sous tous ses aspects*, §3.

transports d'espèces. Il faut dans tous les cas, une vigilance accrue. Les comités particulièrement le comité 1267, jouent un rôle important dans le gel, la saisie et la confiscation des avoirs des terroristes en établissant des listes des personnes à sanctionner et en révisant ces listes pour les mettre à jour. Une ligne directrice guide l'action du Conseil et de l'AG en matière de financement du terrorisme : il s'agit d'une approche fondée sur les risques permettant d'identifier les risques réels afin de cibler et consacrer les moyens disponibles aux secteurs d'activités et aux organisations qui présentent de vrais risques. L'avantage de cette méthode est la rationalisation des moyens disponibles et une efficacité de l'action. Les obligations imposées aux banques de signaler les mouvements suspects de fonds, à travers les déclarations de soupçon aident à débusquer certains financements terroristes qui utilisent le processus de noircissement de l'argent. Les banques s'emploient à respecter leurs obligations même si des États non coopératifs existent. Ce système est globalement satisfaisant du point de vue de son efficacité.

690. Dans la mise en œuvre de toutes ces mesures, les comités et d'autres organes que le Conseil et l'AG ont mis en place jouent un rôle primordial. Ce rôle accru et la confiance qui résulte de leur légitimité et de leurs méthodes de travail transparentes, leur permettent de se déplacer dans les États pour examiner les diligences et les actions concrètes adoptées dans le sens de l'implémentation des mesures prescrites par le Conseil et l'AG sans beaucoup de difficultés. Des recommandations faites aux États à ces occasions, leur permettent d'améliorer leurs dispositifs et leurs actions opérationnelles. La perspective des autres visites encourage les États à réagir rapidement pour présenter des résultats probants à l'occasion des prochaines visites. Les évolutions statistiques sur l'adoption de dispositifs normatifs et opérationnels d'une date à une autre que nous avons évoquées dans cette étude, montrent l'efficacité de l'action du Conseil et de l'AG. L'AG qui évalue aussi la mise en œuvre de la Stratégie antiterroriste mondiale tous les deux ans, participe à ce contrôle opérationnel de l'action des États.

691. Les niveaux de développement et les capacités opérationnelles des États ont une incidence importante sur l'efficacité des mesures de prévention[1299]. Des États manquent de capacités opérationnelles pour

---

1299 Résolution 2370 (2017) adoptée par le Conseil de sécurité, le 2 août 2017, S/RES/2370 (2017).

mettre en œuvre leurs obligations. C'est pourquoi, dans de nombreuses Résolutions, le Conseil et l'AG ne cessent d'appeler les États à la coopération pour renforcer leurs capacités. Cette coopération se fait à travers les actions directes des organes du Conseil et de l'AG sur le terrain consistant à donner des conseils aux États, diagnostiquer leurs difficultés, mettre à leur disposition des guides, standards et autres lois-types. Les comités mis en place par le Conseil et l'AG, mettent aussi en relation avec beaucoup d'efficacité, les demandes d'assistance technique et les offres d'assistance technique pour permettre une bonne coopération. Ces comités suscitent parfois les offres et les demandes d'assistance technique pour permettre une bonne exécution des normes que le Conseil et l'AG édictent. Il faut dire qu'en cette matière, les comités mis en place par le Conseil et l'AG avec leurs partenaires tels que l'ONUDC, l'OACI, INTERPOL et autres, font un travail d'une efficacité avérée.

692. Malgré quelques difficultés notées çà et là, les Nations Unies ont ainsi engrangé des résultats probants dans la prévention de la commission des actes terroristes avec la participation active des États. Une prévention en cette matière ne peut du reste connaître une efficacité totale, car les moyens utilisés par les terroristes ne sont pas susceptibles d'être contrôlés totalement. Certaines ressources utilisées proviennent d'activités licites ordinaires au sujet desquelles, les contrôles sont difficiles. De plus, certains terroristes ne se déplacent plus pour agir et utilisent des armes artisanales qu'eux-mêmes peuvent assembler à partir de marchandises qu'on peut obtenir dans les commerces de quartier comme les engrais. Les résultats engrangés par l'AG et le Conseil doivent donc être appréciés à leur juste valeur. Globalement, on peut faire le constat que lorsqu'elles sont implémentées, les mesures édictées par l'ONU en vue d'empêcher la perpétration d'actes terroristes sont efficaces. Les buts qui sont assignés à ces mesures sont atteints puisque des actes terroristes ne sont en général pas signalés dans ce contexte. Le défi se trouve donc principalement au niveau de l'effectivité des mesures édictées par l'ONU.

693. Les droits de l'homme constituent un pan incontournable de la lutte contre le terrorisme en général et de la prévention du terrorisme en particulier. Apparemment inconciliables en raison des enjeux qui leur sont propres, à l'analyse, ils sont complémentaires en raison de leurs effets réciproques. Les violations des droits de l'homme conduisent à la radicalisation en créant des frustrés, des victimes qui aspirent à la vengeance. Lorsque des populations se sentent brimées voire opprimées par les forces de l'ordre censées les protéger, les rancœurs augmentent[1300]. Malgré les efforts déployés par l'ONU, de nombreuses violations des droits de l'homme sont régulièrement notées. Les restrictions des libertés d'expression, de religion et de mouvement, peinent à être contenues dans les limitations légalement prévues. De nombreux abus sont notés et font le lit à de nouveaux actes terroristes. Il en va de même pour les droits spécifiques tels que le droit à la non-discrimination à l'occasion des profilages. Même les droits dits intangible n'échappent pas à ces violations. L'effectivité étant une condition sine qua non à l'efficacité de ces mesures, il va sans dire qu'en dehors d'une telle effectivité, les objectifs visés par l'ONU, ne peuvent être atteints. L'ONU concentre pourtant une bonne part de ses efforts à ce domaine avec une activité normative intense et des mécanismes de mise en œuvre opérationnels. Les différents Comités mis en place s'évertuent à renforcer les capacités des États en matière des droits de l'homme dans la lutte antiterroriste et à contrôler l'état de mise en œuvre de ces mesures à l'occasion de leurs visites de terrain. Seulement, face à l'atrocité des crimes terroristes et de leur impact psychologique sur le moral des troupes, les soldats montrent une réticence voire un refus de respecter les droits de l'homme. Or, si les États peuvent être admis à contester l'application du DIH dans les conflits terroristes en se fondant sur le caractère asymétrique du conflit, ils devraient se souvenir que le droit international des droits de l'homme (DIDH) lui, est applicable en tout temps et à l'égard de tous. Une telle compréhension du DIDH, aiderait les États à accepter les règles imposées par l'ONU dans la lutte antiterroriste en matière de respect des droits de l'homme. Cela reste tout de même un réel défi car certains États promeuvent même la doctrine du « tirer pour tuer » comme nous l'avons indiqué.

694. La réelle difficulté pour assurer une bonne efficacité de l'action de l'ONU réside dans l'ineffectivité de certaines mesures. L'une des explications de cette ineffectivité qu'il convient de prendre en charge est l'aide à apporter aux États pour qu'ils aient un véritable contrôle de l'intégralité de leurs territoires. Il a été démontré qu'un État qui n'a pas le contrôle de son territoire, ne peut empêcher que des groupes terroristes trouvent refuge sur ce territoire. Il en va de même en ce qui

---

[1300] V. La Stratégie antiterroriste mondiale de l'Organisation des Nations Unies précitée et la Résolution 1456 (2003), S/RES/1456 (2003) du 20 janvier 2003 du Conseil notamment.

concerne l'action contre le financement du terrorisme par des activités illicites. Comment un État pourrait-il empêcher la commission d'infractions sur une portion du territoire qu'il ne contrôle pas ? L'autre moyen de renforcer l'effectivité des actions et partant leur efficacité, est le renforcement de la capacité des États en matière de technologies. Pour assurer un bon contrôle de la circulation des passagers, il faut une technologie qui n'est pas à la portée de tous les États. Pour identifier de façon exhaustive les biens notamment immobiliers des groupes terroristes qui constituent en général leurs biens les plus précieux, il faut une informatisation du cadastre. Il en va de même pour la protection physique des infrastructures critiques. Le traçage des armes implique aussi un bon système de gestion des stocks d'armes et de la circulation de ces armes.

695. Il faut en outre, plus de sincérité et de sanction dans l'élimination des armes chimiques qui ont malheureusement été utilisées en Syrie aussi bien par les groupes terroristes que les forces étatiques. Il faut sanctionner ces pratiques et cesser de tolérer que des États comme Israël et la République Démocratique de Corée ne se mettent impunément en marge du traité de non-prolifération. Tous ces développements nous permettent de conclure à une efficacité véritablement recherchée par l'ONU et les États, même si quelques obstacles objectifs demeurent.

BIBLIOGRAPHIE

I/OUVRAGES SPECIALISÉS

ADRAOUI (M-A.), *Du Golfe aux Banlieues : le salafisme mondialisé*, Paris, PUF, 2013.

ALIX (J.), *« Terrorisme et Droit pénal. Pour une étude critique des incriminations terroristes »* in BJØRGO (T.) ET HORGAN (J.), (dir.), *Leaving Terrorism Behind : Individual and collective disengagement*, Londres, Routledge, 2009.

BEULLAC (L.), KREMPEL (J.), METZGER (G.) et al., *Armes légères, syndrome d'un monde en crise*, Paris, Collectif études sécuritaires, coll. Questions contemporaines, L'Harmattan, 2006.

BOURDON (W.), *Les dérives de l'état d'urgence,* Paris, Actualité, Plon, 2017.

CASSIA (E.), (dir.), *La lutte contre le terrorisme dans le droit et la jurisprudence de l'union européenne, Rapport final de la recherche réalisée avec le soutien de la Mission de recherche Droit et justice,* 2012, 514p.

CAMUS (C.), *La guerre contre le terrorisme. Dérives sécuritaires et dilemme démocratique*, Paris, Felin, 2007, 151p.

COMBACAU (J.), *Le pouvoir de sanction de l'ONU. Etude théorique de la coercition non militaire*, Paris, Pedone, 1974, 394 p.

CONESA (P.), HUYGHE (F.B.), CHOURAQUI (M.), *La propagande francophone de Daech : la mythologie du combattant heureux*, Fondation sciences de l'Homme, 282p.

DE FROUVILLE (O.), *L'intangibilité des droits de l'homme en droit international : régime conventionnel des droits de l'homme et droit des traités*, Paris, Pedone, 2004.

DENIS (C.) *Le pouvoir normatif du Conseil de sécurité : portée et limites,* Bruxelles, Bruylant 2004.

DISLEY (E.) et al., *Individual disengagement from Al Qa'ida-influenced terrorist groups: A Rapid Evidence Assessment to inform policy and practice in preventing terrorism*, Office for Security and Counter-Terrorism, UK Home Office, 2001.

DISPOT (L.), *La machine de la terreur,* Paris, Grasser, 1978.

DUQUET (N.) et VAN ALSTEIN (M)., *Guns for sale : The Belgian illicit gun market in a European perspective*, Brussels : Flemish Peace Institute, 2016.

EHRENFELD (R.), *Narco-Terrorism,* New York, Basic Books, 1990.

FATF, *Guidance for a Risk-Based Approach for Money or Value Transfer Services*, 2016, Paris, 71 p.

FATF, *Emerging Terrorist Financing Risks*, 2015, 48p.

FATF, *Guidance for a guidance for a risk-based approach to virtual currencies convertible virtual currency exchangers*, 2015, 48 p.

FATF, *Risk-based approach guidance for the banking sector*, 2014, 50p.

FATF, *Guidance for a risk-based approach prepaid cards, mobile payments and internet-based payment services*, 2013, 47 p.

FATF, *Global Money Laundering & Terrorist Financing Threat Assessment, A view of how and why criminals and terrorists abuse finances, the effect of this abuse and the steps to mitigate these threats*, Paris, July 2010, 76p.

GAFI, *Mesures de lutte contre le blanchiment de capitaux et le financement du terrorisme - France, Rapport du quatrième cycle d'évaluations mutuelles*, 2022.

GAFI, *Lignes directrices de l'approche fondée sur les risques pour les professions juridiques*, 2019, 114p.

GAFI, *Normes internationales sur la lutte contre le blanchiment de capitaux et le financement du terrorisme et de la prolifération*, février 2012.

GAFI, *Pays et territoires non coopératifs*, publié sur le site du GAFI [www.fatf-gafi.org/NCCT_fr.htm].

GAFI, *Les IX recommandations spéciales du GAFI, Normes du GAFI*, octobre 2001 ; GAFI, *Rapport sur les typologies de blanchiment 2003-2004*.

GAFI, *Notes directives aux recommandations spéciales relatives au financement du terrorisme et au questionnaire d'auto-évaluation*, p.3,

GAFI, *Rapport sur les typologies du blanchiment de capitaux*, 2000-2001, 1er février 2001, p. 31.

HEARNE (E.), *Participants, Enablers, and Preventers : The Roles of Women in Terrorism*, étude présentée à la conférence annuelle de la British International Studies Association, Leicester, Royaume-Uni décembre 2009.

HORGAN (J.), *Walking Away from Terrorism: Accounts of Disengagement from Radical and Extremist Movements*, London, Routledge, 2009.

JACOBSON (M.), *Terrorism Dropouts : Learning from Those Who Have Left*, Policy Focus, n° 101, The Washington Institute for Near East Policy, 2010.

JACQMIN (D.), *L'Ukraine : une nouvelle source pour le trafic d'armes*, éclairage du GRIP, 23 août 2016.

KARP (A.), *Completing the Count : Civilian firearms* in Small Arms Survey 2007 (Dir.) *Guns and the City*, Cambridge University Press, 2007.

KHOSROKHAVAR (F.), *Radicalisations*, Paris, Editions de la Maison des sciences de l'homme, novembre 2019, 209p.

KNETSCH (J.), *Le droit de la responsabilité et les fonds d'indemnisation*, Paris, LGDJ, 2013.

MARTIN (J-C.), *Les règles internationales relatives à la lutte contre le terrorisme*, Bruxelles, Bruylant, 2006, 618 p.

MAYAUD (Y.), *La prévention du terrorisme*, Paris, Dalloz, 2021, 240p.

MAYAUD (Y.), *Terrorisme, infractions, poursuites pénales et indemnisations*, Paris, Dalloz, 2021, 408p.

Office pour le contrôle des drogues et la prévention du crime de l'ONU, *Paradis financiers, secrets bancaires et blanchiment d'argent*, 1998.

ONUDC, *Manuel sur la gestion des détenus extrémistes violents et la prévention de la radicalisation violente en milieu carcéral*, New York, 2017, 168p.

ONUDC, *Manuel sur la sécurité dynamique et le renseignement pénitentiaire*, New York 2015, 102p.

ONUDC, *Recueil de cas sur le terrorisme*, New York, 2010, §127.

PAYE (J-C.), *La fin de l'État de droit. La lutte antiterroriste : de l'état d'exception à la dictature*, Paris, La Dispute, 2004, 215 p.

PNUD, *Les besoins de réintégration des ex-otages de Boko Haram installés à Zamay, région de l'Extrême Nord du Cameroun, Maroua : Rapport du Groupe PVE,* novembre 2018.

SCHMID (A.P.), *Links Between Terrorist and Organized Crime Networks : Emerging Patterns and Trends,* Milan, International Scientific and Professional Advisory Council, 2004.

SHAYGAN (F.), *La compatibilité des sanctions économiques du Conseil de Sécurité avec les droits de l'homme et le droit international humanitaire*, Bruxelles, Bruylant, 2008.

STURGEON (W.), *Radicalization and Intelligence Gathering in Correctional Institutions*, 2015.

UNODOC, *Guidance manual for Member States on terrorist financing risk assessments*, Vienna, 2018, 98 p.

UN, *Prison Incident Management Handbook*, 2013, 112 p.

VERRI (P.), *Dictionnaire du droit international des conflits armés*, Genève, CICR, 1988.

WEIMANN (G.), *Terror on the Internet : The New Arena, the New Challenges,* Washington, D.C., United States Institute of Peace Press, 2006.

WILLIAMS (M.J.), HORGAN (J.) et EVANS (W.P.), *The Critical Role of Friends in Networks for Countering Violent Extremism: Toward a Theory of Vicarious Help-Seeking. Behavioral Sciences of Terrorism and Political Aggression,* octobre 2015.

II/ARTICLES

ABDELWAHAB (B.), « Le traité sur le commerce des armes classiques : entre accord de maîtrise des armements et instrument à dimension humanitaire », *Annuaire français de droit international*, volume 60, 2014. pp. 195-215.

ALAIN (J.), « La lutte contre les ressources du terrorisme », *Pouvoirs,* 2016/3 (N° 158), p. 25-37.

ALIX (J.), « Réprimer la participation au terrorisme », *RSC,* 2014.

AMICELLE (A.) « (Il)légitimité du renseignement financier : usages transnationaux de la traçabilité des flux de capitaux », *Criminologie*, 2014, 47(2), pp.77-104.

AMICELLE (A.), « Les professionnels de la surveillance financière. Le malentendu comme condition de possibilité », *Criminologie*, 46(2), 2013, pp.195-219.

AMICELLE (A.) « Trace my money if you can : European security management of financial flows », in MORTH (U.) & HELGESSON (K.S.) (dir.), *Securitization, Accountability and Risk Management : Transforming the Public Security Domain*, London : Routledge, 2012, pp.110-131.

AMICELLE (A.), « État des lieux de la lutte contre le financement du terrorisme : entre critiques et recommandations », *Cultures & Conflits,* 2008.

AMICELLE, (A.) « La lutte contre le financement du terrorisme » *in* BIGO (D), BONELLI (L) & DELTOMBE (T.), (dir.), *Au nom du 11 septembre... Les démocraties à l'épreuve de l'antiterrorisme* Paris : La Découverte, 2008, pp.131-138.

AMICELLE (A.), « La lutte contre le financement du terrorisme », *in* Didier BIGO (dir.), *Au nom du 11 septembre…*, La découverte, 2008, p. 131-138.

ASSONITIS (G.), « Aspects juridiques du déploiement préventif des forces des Nations Unies : le cas de l'ex-république yougoslave de macédoine », 14 p.

AWOUMOU (C.D.), « La mise en œuvre du mécanisme d'alerte rapide de l'Afrique centrale : Un processus enfin lancé ? », *Enjeux*, n°33, 2007.

BARANGER (D.), « Quel 'État de droit' ? Quels contrôles ? Le juge des référés et le maintien en vigueur de l'état d'urgence », *RFDA*, 2016.

BARTHE (C.), « Réflexions sur la satisfaction en droit international », *Annuaire français de droit international*, volume 49, 2003. pp.105-128.

BASSOU (A.), « Combattants terroristes étrangers : Le temps des retours », *Policy Paper*, Janvier 2017.

BASSIOUNI (C.), « Reconnaissance internationale des droits des victimes », *in* SOS attentats, *Terrorisme, victimes et responsabilité pénale internationale*, Editions Calmann-Lévy.

BEDJAOUI (M.), « Du contrôle de la légalité des actes du Conseil de sécurité » in *Nouveaux itinéraires en droit. Mélanges en l'honneur de François Rigaux*, Bruxelles, Bruylant, 1993.

BERGHEZAN (G.), « Côte d'Ivoire et Mali, au cœur des trafics d'armes en Afrique de l'Ouest », in *Les Rapports du GRIP,* 2013/1, Bruxelles, 2013.

BERMAN (E.G.), « La République centrafricaine et les armes légères, une poudrière régionale », in *SMALL ARM SURVEY*, Institut universitaire des Hautes études de Genève, Genève, 2008.

BETTATI (M.), « Les dérogations humanitaires aux sanctions internationales », Mélanges en l'honneur du DOYEN PAUL ISOART, Paris, Pedone, 1996.

BEN ACHOUR (R.), « Les sanctions contre l'Irak : quelle efficacité ? », *in* MEDHI (R.), (Dir.) *Les Nations Unies et les sanctions : Quelle efficacité ?* Huitièmes rencontres internationales d'Aix en Provence, Paris, Pedone, 2000, p. 103.

BONNEAU (K.), « Le droit à réparation des victimes de violations des droits de l'homme : le rôle pionnier de la cour interamericaine des droits de l'homme », *Droits fondamentaux*, n° 6, janvier - décembre 2006.

BORIS (M.), « L'engagement des États à travers la Résolution 61/295 portant Déclaration des Nations Unies sur les droits des peuples autochtones », *Revue Québécoise de droit international*, volume 21-1, 2008, pp.211-242.

BOUDIER (C.), « Les ventes d'armes », *Politique étrangère*, n°2, 1987, pp. 410-414.

BYMAN (D.L.) et SHAPIRO (J.), « Be Afraid. Be a Little Afraid : The Threat of Terrorism from Western Foreign Fighters in Syria and Iraq » *The Brookings Institution,* 2015.

CANO PAÑOS (M.A.), SANZ (J-B.), « Le régime pénitentiaire pour les terroristes en espagne : la prison, une arme pour combattre l'ETA », *Revue internationale de droit pénal,*2012/3 Vol. 83, pp.413-458.

CAMMILLERI-SUBRENAT (A.), « La qualification d'ADM », *L'Observateur des Nations Unies*, 2005, n°18, p. 5.

CARIO (R.), « L'indemnisation des victimes d'actes de terrorisme en droit français », *Revue AJ pénal*, 2013, n°5, pp.175-194.

CHARPENTIER (J.), « L'affaire du Rainbow Warrior », *AFDI*, 1985, pp.210-220.

CHARVIN (R.), « Les mesures d'embargo : la part du droit », *Revue belge de droit international* 1996, Bruxelles, pp. 5-32.

CHELINI-PONT (B.), TAWIL (E.), « Liberté d'expression et religion- Rapport sur la France », *XIIème Table ronde internationale de justice constitutionnelle*, Septembre 2007, Aix-en-Provence, France.

COSNARD (M.), « Observations à propos de l'arrêt rendu par la Haute Cour de justice écossaise dans l'affaire de Lockerbie », *AFDI*, 2000, pp 643-653.

COLLIER (P.) et HOEFFER (A.), « Greed and grievance in civil war », *World Bank Policy Research Working Paper,* n° 2355, 2000.

COMBALDIEU (R.), « Le problème de la tentative de complicité ou le hasard peut-il être arbitre de la répression ? », *RSC*, 1959.

CONDORELLI (L.), « The imputability to States of acts of international terrorism », *Israël Yearbook of Human Rights,* 1989, pp. 241-242.

CONDORELLI (L.), « Les attentats du 11 septembre et leurs suites : où va le droit international ? » 2001, *R.G.D.I.P*, p.835.

COOLSAET (R.), « Quelle politique de déradicalisation face à la génération Daech », *Journal de la Police*, Septembre 2016, pp.14-19.

CORTEN (O.), « Le débat sur la légitime défense préventive à l'occasion des 60 ans de l'ONU : nouvelles revendications, oppositions persistantes », *in* Rahim Kherad (Dir.), *Légitimes défenses*, LGDJ, 2007.

COSNARD (M.), « Observations à propos de l'arrêt rendu par la haute Cour de justice écossaise dans l'affaire de Lockerbie », *Annuaire français de droit international*, volume 46, 2000. pp. 643-653.

De FROUVILLE (O.), « Réforme du fonctionnement du Conseil ou le Conseil comme institution internationale : Que peut-on faire sans modifier la Charte ? », in NOVOSSELOFF (A) (dir.), *Le Conseil de sécurité des Nations Unies. Entre impuissance et toute puissance*, éditions du CNRS, 2016, pp. 297-314.

DUMOULIN (L.), « Black lists et gel des avoirs : Bilan et perspectives du Médiateur du Comité 1267 des Nations Unies », *Revue de science criminelle et de droit pénal comparé*, 2013/1 N°1 | pp.23-50.

EKLÖF AMIRELL (S.), « La piraterie maritime en Afrique contemporaine : Ressorts locaux et internationaux des activités de piraterie au Nigeria et en Somalie », *Karthala, « Politique africaine »*, 2009/4 N°116, pp.97-119.

EL DIFRAOUI (A.) et UHLMANN (M.), « Prévention de la radicalisation et déradicalisation : les modèles allemand, britannique et danois », *Institut français des relations internationales, Politique étrangère*, 2015/4, pp. 171-182.

EL-QORCHI (M.), « Hawala, Comment fonctionne ce système informel de transfert de fonds et faut-il le règlementer ? », *Finance et Développement*, 2002.

EUDELINE (H.), « Le terrorisme maritime, une nouvelle forme de guerre », *Outre-Terre,* 2010/2 n° 25-26, pp.83-99.

EUDELINE (H.), « Le terrorisme maritime contemporain », *Institut de Stratégie Comparée*, vol. 100-101, n°2, 2012, p. 269

EUDELINE (H.), « Le terrorisme maritime, une menace réelle pour la stabilité mondiale », *Hérodote*. vol.163, 2016.

EVANS (G.), « Prévenir les conflits : un guide pratique », *Institut français des relations internationales, « Politique étrangère »* 2006/1, Printemps, pp. 91-104, p.97

FOLSCHÉ (C.), « L'efficacite des sanctions de l'organisation des Nations Unies », *Revista Colombiana de Derecho Internacional, núm. 3*, juin, 2004, pp. 11-72

JACQUE (J-P.), « Primauté du droit international et protection des droits fondamentaux ; à propos de l'arrêt Kadi de la CJCE », *Revue L'Europe des libertés n° 27*, septembre 2008.

JACQUÉ (J-P.), « Primauté du droit international versus protection des droits fondamentaux », *Revue trimestrielle de droit de l'homme*, 2009, n°1, janvier-mars, pp. 161-179.

JACQUES (R.), « Les situations d'urgence en droit constitutionnel », *Revue internationale de droit comparé*, Vol. 42 N°2, Avril-juin 1990, pp. 751-764

JENZEN-JONES (N.R.), « Small Arms and Additive Manufacturing : An Assessment of 3D-Printed Firearms », *in* KING (B.) et MCDONALD (G.) (dir.), *Behind the Curve New Technologies, New Control Challenges*, Small Arms Survey, Occasional paper, février 2015.

KALALA (T.), « La décision de l'O.U.A. de ne plus respecter les sanctions décrétées par l'ONU contre la Libye : désobéissance civile des états africains à l'égard de l'O.N.U. », *Revue Belge de Droit International 1999/2*, pp.546-576.

KLEIN (P.), « Le Droit International à l'épreuve du terrorisme », *RCADI,* tome 321, Leiden/Boston, Martinus Nijhoff Publishers, 2007.

KLEIN (P.), « Le Conseil de sécurité et la lutte contre le terrorisme : dans l'exercice de pouvoirs toujours plus grands ? », *Revue québécoise de droit international* (Hors-série), 2007.

LE FLOCH (G.), « L'influence des jurisprudences Kadi sur le régime des sanctions instauré par la Résolution 1269 (1999) », in SAULNIER-CASSIA (E.) (dir.), *Rapport final de la recherche réalisée avec le soutien de la Mission de recherche Droit et justice*, 2012, 514p.

LEVASSEUR (G.), *« Les aspects répressifs du terrorisme international » in* GUILLAUME (G.) et G. LEVASSEUR (G.) (dir.), *« terrorisme international »*, Paris, Pedone, 1977.

LAZERGES (C.), « Les droits de l'homme à l'épreuve du terrorisme », *Revue de science criminelle et de droit pénal comparé*, 2018/3 N°3, pp.753-764.

MARTIN (J-C.), « Le cadre juridique européen de la protection des victimes d'actes de terrorisme » in SAULNIER-CASSIA (E.), (dir.), *La lutte contre le terrorisme dans le droit et la jurisprudence de l'union européenne Rapport final de la recherche réalisée avec le soutien de la Mission de recherche Droit et justice*, 2012, 514p.

MAYAUD (Y.), « La politique d'incrimination du terrorisme à la lumière de la jurisprudence récente », *AJ Pén.* 2013.

MÉGRET (F.), « War ? Legal semantics and the move to violence », *EJIL*, 2002.

MOINY (Y.), « Aperçu de la jurisprudence communautaire développée dans le cadre de la lutte contre le financement du terrorisme international », *Revue du Droit de l'Union européenne 1/2009*, pp.1-54.

NAPOLEONI (L.), « La nouvelle économie de la terreur : comment le terrorisme est financé », *Autrement*, 2005.

NAWAF (S.), « L'utilisation des données personnelles dans la lutte contre le terrorisme », *International Journal of Open Governments*, 2019, pp.21-32.

NORICKS (D.), « Disengagement and Deradicalization : Processes and Programs », *Social Science for Counterterrorism : Putting the Pieces Together*, RAND Corporation, 2009.

NOWAK (M.) et GSELL (A.), « Handmade and Deadly Craft Production of Small Arms in Nigeria », *Small arms survey*, *Briefing paper*, Juin 2018.

OLANESCU (R.), OLANESCU (A.) et OLANESCU (S.) « Terrorisme et manipulation financière » *Curentul Juridic – Juridical Current,* 2016, Vol. 67, N° 4, pp. 138-147

OLARTE (D.C.) et FOLSCHE (C.), « L'efficacité des sanctions de l'organisation des Nations Unies », International Law, *Revista Colombiana de Derecho Internacional*, numéro 3, juin 2004, pp.11-72.

OSBORN (A.), « Islamic State looting Syrian, Iraqi sites on industrial scale – UNESCO », *Reuters*, 2 juillet 2015.

OUEDRAOGO (A.) « La *due diligence* en droit international : de la règle de la neutralité au principe général », *Revue générale de droit*, *42* (2), 2012, pp.641–683.

PONCELLE (A.), « Les infractions de prévention, argonautes de la lutte contre le terrorisme », *RDLF*, 2017 chron. n°26.

PONTIER (J-M.), « L'indemnisation hors responsabilité », *AJDA* 2010.

POWER (J.), « Maritime Terrorism : A New Challenge for National and International Security », *Barry Law Review*, vol. 10, 2008, p. 118

RAPOPORT (C.), « Les sanctions ciblées dans le droit de l'ONU », *Collection Les conférences publiques du Centre d'Excellence Jean Monnet Université Pierre-Mendes-France-Grenoble*, 2011, pp.3-24.

SANDOZ (Y.), « Lutte contre le terrorisme et droit international : risques et opportunités », *Revue Suisse de Droit International et Européen*, 2003/3, p 319-354, p.326.

SASSOLI (M.), « La guerre contre le terrorisme, le droit international humanitaire et le statut de prisonnier de guerre », *The Canadian Yearbook of International Law,* vol.39, 2001, pp.1-28.

SIMON (D.) et MARIATTE (F.), « Le Tribunal de première instance des Communautés : Professeur de droit international ? A propos des arrêts Yusuf, Al Barakaat International Foundation et Kadi du 21 septembre 2005 », *Europe*, Décembre 2005.

SIMON (D.), RIGAUX (A.), « Le jugement des pourvois dans les affaires Kadi et Al Barakaat : smart sanctions pour le Tribunal de première instance ? », *Europe,* n°11-2008.

SIRSELOUDI (M.P.) « Le dépistage rapide des campagnes terroristes » in ONUDC, F*orum sur le crime et la société*, Volume 4, numéros 1 et 2, décembre 2004.

TUERK (H.), « Combatting Terrorism at Sea - The Suppression of Unlawful Acts against the Safety of Maritime Navigation », *University of Miami International and Comparative Law Review*, vol. 15, 2008, p.354.

VERHOEVEN (J.), « Les étirements de la légitime défense », *Annuaire français de Droit International*, Volume 48, 2002, pp.49-80, p. 53.

III/JURISPRUDENCE

A/COURS EUROPENNE DES DROITS DE L'HOMME

CEDH, *Ivanov* c. *Russie*, requête n° 35222/04, arrêt du 25 février 2007.

CEDH (2e Section), 28 mars 2006, n°46771/99.

CEDH, *Dağtekin c. Turquie*, n° 36215/97, 13 janvier 2005.

CEDH, *Norwood* c. *Royaume-Uni*, requête n° 23131/03, arrêt du 11 novembre 2004

CEDH, *Ipek c. Turquie*, Arrêt du 17 février 2004.

CEDH, Affaire *Aktas c. Turquie*, Arrêt du 24 avril 2003.

CEDH, Affaire *Orhan c. Turquie*, Arrêt du 18 juin 2002.

CEDH, *Amann* c. *Suisse*, n°27798/95, arrêt du 16 février 2000.

CEDH, *Rotaru* c. *Roumanie*, n°28341/95, arrêt du 4 mai 2000.

CEDH, *Selmouni c. France*, 28 juillet 1999.

CEDH, *Sürek et Özdemir c. Turquie,* numéros 23927/94 et 24277/94, 8 juillet 1999.

CEDH, Affaire *Çakici c. Turquie*, Arrêt du 8 juillet 1999, *Recueil* 1999-IV.

CEDH (Grande chambre), 08/07/1999, arrêt n°23168/94.

CEDH (Grande chambre), 08/07/1999, arrêt n°26682/95

CEDH, *Affaire Tanrikulu c. Turquie*, Arrêt du 8 septembre 1999, *Recueil* 1999-IV.

CEDH 23 septembre 1998, *Lehideux et Isorni contre France.*

CEDH, Affaire *Kurt c. Turquie*, Arrêt du 25 mai 1998, *Recueil* 1998-III.

CEDH, *Affaire Selçuk et Asker*, Arrêt du 24 avril 1998, *Recueil* 1998-II.

CEDH, *Goodwin c/Royaume-Uni*, arrêt du 27 mars 1996.

CEDH, *McCann c. Royaume-Uni*, n°18984/91, arrêt du 27 septembre 1995.

CEDH, *Klass c. Allemagne*, n°5029/71, arrêt du 6 septembre 1978, §50.

CEDH, *Arrêt de la Chambre des Lords Irlande contre Royaume-Uni* du 18 janvier 1978, *série A*, *n°25*, pp. 74-75, § 196.

CEDH, *Affaire Airey c. Irlande*, Arrêt du 9 octobre 1979, série A n° 32, § 24.

CEDH, *Irlande c. Royaume-Uni*, 18 janvier 1978, requête n° 5310/71.

CEDH, Arrêt *Handside c/Royaume-Uni* du 7 décembre 1976.

CEDH, *Affaire grecque*, Rapport de la Commission du 5 novembre 1969.

B/COURS INTERAMERICAINE DES DROITS DE L'HOMME

CIDH, *Chiriboga c. Equateur*, Arrêt du 3 mars 2011.

CIDH, *Bueno-Alves c. Argentine*, Arrêt du 11 mai 2007.

CIDH, *Arrêt López Álvarez c. Honduras*, Série C n° 141, 1er février 2006.

CIDH, *Molina-Theissen c. Guatemala*, Arrêt du 03 juillet 2004.

CIDH, *Loayza-Tamayo c. Pérou,* 27 novembre 1998.

CIDH, *Caballero-Delgado et Santana c. Colombie*, Arrêt du 29 janvier 1997.

CIDH, *Aloeboetoe et al. c. Suriname*, Arrêt du 10 septembre 1993

CIDH, *Velásquez-Rodríguez c. Honduras*, 21 juillet 1989.

C/COUR INTERNATONALE DE JUSTICE

CIJ, Affaire des *Activités militaires et paramilitaires au Nicaragua et contre celui-ci (Nicaragua c. États-Unis),* 2006.

CIJ, *Projet Gabcikovo-Nagymaros*, Arrêt du 25 septembre 1997, *Recueil* 1997.

CIJ, Affaire *du personnel diplomatique et consulaire des États-Unis à Téhéran* (Iran contre

CIJ, 20 novembre 1950, *Affaire du droit d'Asile*, *Recueil,* p. 284.
CIJ, avis consultatif, 18 juillet 1950, Interprétation des traités de paix, *Recueil* 1950.

D/CONSEIL D'ÉTAT FRANÇAIS

CE, 25 février 2016, n° 397153.
CE, 29 avril 1987, Concl. Christian Vigouroux, *RFDA*, 1986, p. 686.
CE, 29 avril 1987, *Consorts Yener et Erez*, *Recueil*, p. 453.
CE, 28 mai 1984, *Société française de protection*, *Recueil,* p. 728.
CE, 11 mai 1984, *S.A. Alta et Chemt-Vincent.*
CE, 10 février 1982, *Recueil*, p. 696.
CE, 22 mars 1979, *Ministère de l'Intérieur c/ Cie Air Inter*, *Recueil*, p. 119.
CE, 22 octobre 1975, *Recueil*, p. 586.
CE, 17 juin 1959, *Recueil* p. 336.

E/AUTRES JURIDICTIONS

QPC du 10 février 2017, décision n°2017-682 QPC, du 15 décembre 2017.
CPI, jugement du 27/09/2016, n° ICC-01/12-01/15.
Conseil Constitutionnel français, décision n°2016-611.
Tribunal correctionnel francophone de Bruxelles, 5 juillet 2016.
CADHP, *Konate c. Burkina Faso*, Requête n°004/2013, Arrêt du 03 juin 2016.
CADHP, *Zongo c. Burkina Faso*, Requête n° 013/2011, Arrêt du 05 juin 2015.
TGI Paris, 18 mars 2015, *Juris-data* n° 2015-005323
Tribunal de grande instance de Paris, 14e chambre/2, Jugement du 4 mai 2012, *Affaire n° 0926639036*.
Cour suprême du Royaume-Uni, *Her Majesty's Treasury v. Mohammed Jabar Ahmed and others*, 27 janvier 2010.
CJUE, grande chambre, arrêt du 3 septembre 2008, Affaires jointes C-402/05 P et C-415/05 P, *Yassin Abdullah Kadi et Al Barakaat International Foundation c. Conseil de l'Union européenne*, *Recueil*, p. I-6351
Comité des Droits de l'Homme, *Affaire Busyo c. République démocratique du Congo*, Décision du 9 août 2003, CCPR/C/78/D/933/.
TPIY, Affaire *Galic « Sarajevo »*, n°IT-98-29, décision du 3 octobre 2002.

TPIY, *Le Procureur c. Anto Furundzija,* 21 juillet 2000.

Commission africaine des droits de l'homme et des peuples, Affaire *Malawi African Association et al. c. Mauritanie*, mai 2000.

TPIY, 10 décembre 1998, *Le Procureur c. Anto Furundzija*, affaire n° IT-95-17/1-T10.

TPIY, *Le Procureur c/ Dusko Tadic*, 2 octobre 1995.

Tribunal Arbitral, *Affaire Rainbow Warrior*, *RSA*, vol. XX, 1990, p. 251.

Tribunal des conflits, 24 juin 1985, *Préfet Val-de-Marne c/ TGI Créteil*, *Recueil,* p. 407.

CPJI, *Affaire relative à l'Usine de Chorzów*, Série A N° 17, 13 septembre 1928.

INDEX ALPHABETIQUE

Table des matières

Structures éditoriales du groupe L'Harmattan

L'Harmattan Italie
Via degli Artisti, 15
10124 Torino
harmattan.italia@gmail.com

L'Harmattan Hongrie
Kossuth l. u. 14-16.
1053 Budapest
harmattan@harmattan.hu

L'Harmattan Sénégal
10 VDN en face Mermoz
BP 45034 Dakar-Fann
senharmattan@gmail.com

L'Harmattan Cameroun
TSINGA/FECAFOOT
BP 11486 Yaoundé
inkoukam@gmail.com

L'Harmattan Burkina Faso
Achille Somé – tengnule@hotmail.fr

L'Harmattan Guinée
Almamya, rue KA 028 OKB Agency
BP 3470 Conakry
harmattanguinee@yahoo.fr

L'Harmattan RDC
185, avenue Nyangwe
Commune de Lingwala – Kinshasa
matangilamusadila@yahoo.fr

L'Harmattan Congo
219, avenue Nelson Mandela
BP 2874 Brazzaville
harmattan.congo@yahoo.fr

L'Harmattan Mali
ACI 2000 - Immeuble Mgr Jean Marie Cisse
Bureau 10
BP 145 Bamako-Mali
mali@harmattan.fr

L'Harmattan Togo
Djidjole – Lomé
Maison Amela
face EPP BATOME
ddamela@aol.com

L'Harmattan Côte d'Ivoire
Résidence Karl – Cité des Arts
Abidjan-Cocody
03 BP 1588 Abidjan
espace_harmattan.ci@hotmail.fr

Nos librairies en France

Librairie internationale
16, rue des Écoles
75005 Paris
librairie.internationale@harmattan.fr
01 40 46 79 11
www.librairieharmattan.com

Librairie des savoirs
21, rue des Écoles
75005 Paris
librairie.sh@harmattan.fr
01 46 34 13 71
www.librairieharmattansh.com

Librairie Le Lucernaire
53, rue Notre-Dame-des-Champs
75006 Paris
librairie@lucernaire.fr
01 42 22 67 13

www.ingramcontent.com/pod-product-compliance
Lightning Source LLC
LaVergne TN
LVHW011145061026
849535LV00003B/602